LAW&BUSINESS

法商圖書

CITY DEVELOPMENT LAW FIRM 建纬

施工合同纠纷

专题解析与法律实务

建纬大湾区建设工程业务中心 | 编 著

蓝新宏 | 主 编

章德奎 | 副主编

法律出版社 | LAW PRESS

北京

图书在版编目(CIP)数据

施工合同纠纷专题解析与法律实务 / 建纬大湾区建设工程业务中心编著 ; 蓝新宏主编. -- 北京 : 法律出版社, 2022

ISBN 978-7-5197-6433-3

Ⅰ. ①施… Ⅱ. ①建… ②蓝… Ⅲ. ①建筑施工-合同纠纷-研究-中国 Ⅳ. ①D923.64

中国版本图书馆 CIP 数据核字(2022)第 025531 号

施工合同纠纷专题解析与法律实务
SHIGONG HETONG JIUFEN ZHUANTI JIEXI YU FALÜ SHIWU

建纬大湾区建设工程业务中心 编著
蓝新宏 主编

策划编辑 肖 越
责任编辑 肖 越
装帧设计 汪奇峰

出版发行 法律出版社
编辑统筹 法商出版分社
责任校对 王 丰
责任印制 胡晓雅
经　　销 新华书店

开本 710 毫米×1000 毫米 1/16
印张 20.25　　**字数** 319 千
版本 2022 年 5 月第 1 版
印次 2022 年 5 月第 1 次印刷
印刷 天津嘉恒印务有限公司

地址:北京市丰台区莲花池西里 7 号(100073)
网址:www.lawpress.com.cn
投稿邮箱:info@lawpress.com.cn
举报盗版邮箱:jbwq@lawpress.com.cn

销售电话:010-83938349
客服电话:010-83938350
咨询电话:010-63939796

书号:ISBN 978-7-5197-6433-3
定价:98.00 元

凡购买本社图书,如有印装错误,我社负责退换。电话:010-83938349

《施工合同纠纷专题解析与法律实务》

编　委　会

主　编：蓝新宏

副主编：章德奎

撰稿人：王　垚　杨漪虹　吴冬雪　章德奎
彭　丹　蓝新宏　熊　婷　缪金华

前　言

随着过去30年的快速城镇化以及国家进一步深入推进新型城镇化，建筑行业规模不断发展壮大。与此同时，由于建筑行业具有合同标的额大、涉及多方当事人、行业法律法规存在较多空白模糊地带等特点以及外部环境不断地变化，近年来建设工程合同纠纷案件数量也在不断上升，最高人民法院施工合同纠纷案件数量于2018年到达一个高点。

面对建筑业日趋复杂化的纠纷类型，本书着眼于建设工程施工合同纠纷，通过大数据分析报告、争议焦点类型化深度分析、争议处理实务与技巧三方面的内容，从广度到深度，从普遍到特殊，从事先预防、事中控制到事后处理，以大数据揭开建筑业施工合同纠纷的概貌，以具体案例深度分析诸多诉讼、审判难点，以实践经验梳理归纳出风险控制、纠纷解决之道。

本书第一部分的大数据分析报告，通过整理分析最高人民法院、六省市高院、大湾区九市于2015年至2020年的建设工程施工合同纠纷案件，揭示了近年来的案件数量变化、判决结果、典型争议焦点等概况。基于第一部分所提炼的结果，本书第二部分采用争议焦点类型化的方式，针对施工合同效力、工程价款、工程质量、建设工期、建设工程价款优先受偿权、实际施工人权利保护、合同解除及撤场等典型施工合同纠纷作进一步分析，从具体案例中探究不同时期、不同地区的审判尺度。本书第三部分以解决施工合同纠纷的实际问题为导向，结合本所建设工程业务中心在建工行业丰富的实践经验，从建设单位到参建单位，从前端中端风险防控，到后端争议解决，归纳梳理出争议处理实务技巧。

在写作过程中，运用技术与人才的结合，是本书的亮点之一。本书的大数据报告由中科院先进院得理法律人工智能实验室协助提供，力争迎上行业创新的潮流，用数据创造价值，用科技推进律师行业的发展。本书文章出自本所建设工程业务中心的成员之手，他们利用丰富的工作经验及团队智慧，在海量的案例中提炼出典型争议焦点,通过每周例会开展头脑风暴,精选出具有代表性的案例进行剖析,结合日常工作、经办案件所积累的经验汇编出实务技巧,给出风险提示,以期为广大律师同仁、法律工作者、当事人处理建设工程施工合同纠纷提供参考。

为者长成,行者常至。本所作为一家专注于建筑、房地产、不动产金融领域法律服务的专业品牌律所,拥有一支兼具工程与法律背景的卓越律师服务团队,本所建设工程业务中心已累计服务全国100多个建设工程项目,时刻关注建筑、房地产、不动产金融等领域的热点问题,热诚于深入研究理论与实务问题,以协助客户从容应对建设工程领域纷繁复杂的难题与挑战。本书的写作目的与本所的价值取向是一致的,我们期待本书的出版能为建设工程法律行业的有序发展尽绵薄之力,以供法律行业从事者、建筑行业从事者等各界人士相互学习与指正。

凡　　例

1. 本书所涉我国的法律及法规名称中带有“中华人民共和国”字样的，均统一省去，简写为《×××法》，例如，《中华人民共和国民法典》简称为《民法典》。

2. 最高人民法院：本书中简称“最高院”。

3. 高级人民法院：本书中简称“高院”。

4. 中级人民法院：本书中简称“中院”。

5. 仲裁委员会：本书中简称“仲裁委”。

6. 住房和城乡建设部：本书中简称“住建部”。

7. 建设行政主管部门：本书中简称“建设主管部门”。

8.《最高人民法院关于审理建设工程施工合同纠纷案件适用法律问题的解释(一)》：本书中简称“《建设工程司法解释(一)》”。

9.《最高人民法院关于审理建设工程施工合同纠纷案件适用法律问题的解释》①：本书中简称“原《建设工程司法解释》”。

10.《最高人民法院关于审理建设工程施工合同纠纷案件适用法律问题的解释(二)》②：本书中简称“原《建设工程司法解释(二)》”。

11.《最高人民法院关于民事诉讼证据的若干规定》：本书中简称“《证据规定》”。

12.《最高人民法院关于建设工程价款优先受偿权问题的批复》③：本书中简称“最高院《优先权批复》”。

13.《最高人民法院关于适用〈中华人民共和国合同法〉若干问题的解释

---

① 《最高人民法院关于审理建设工程施工合同纠纷案件适用法律问题的解释》已失效。

② 《最高人民法院关于审理建设工程施工合同纠纷案件适用法律问题的解释(二)》已失效。

③ 《最高人民法院关于建设工程价款优先受偿权问题的批复》已失效。

(二)》[①]:本书中简称"原《合同法司法解释(二)》"。

14. 最高人民法院过往全国民事审判工作会议纪要:本书中简称"《××××年全国民事审判工作会议纪要》"。

15.《北京市高级人民法院关于审理建设工程施工合同纠纷案件若干疑难问题的解答》:本书中简称"北京高院《解答》"。

16.《河北省高级人民法院建设工程施工合同案件审理指南》(2018):本书中简称"河北高院《指南》"。

17.《江苏省高级人民法院关于审理建设工程施工合同纠纷案件若干问题的解答》:本书中简称"江苏高院《解答》"。

18.《浙江省高级人民法院民事审判第一庭关于审理建设工程施工合同纠纷案件若干疑难问题的解答》:本书中简称"浙江高院《解答》"。

19.《安徽省高级人民法院关于审理建设工程施工合同纠纷案件适用法律问题的指导意见(二)》(2014):本书中简称"安徽高院《意见(二)》"。

20.《广东省高级人民法院关于审理建设工程施工合同纠纷案件若干问题的指导意见》(2011)[②]:本书中简称"广东高院《2011 意见》"。

21.《福建省高级人民法院关于审理建设工程施工合同纠纷案件疑难问题的解答》(2007):本书中简称"福建高院《解答》"。

22.《四川省高级人民法院关于审理建设工程施工合同纠纷案件若干疑难问题的解答》(2015):本书中简称"四川高院《解答》"。

23.《建设工程工程量清单计价规范》(GB50500－××××):本书中简称"《××××版清单计价规范》"。

---

① 《最高人民法院关于适用〈中华人民共和国合同法〉若干问题的解释(二)》已失效。

② 《广东省高级人民法院关于审理建设工程施工合同纠纷案件若干问题的指导意见》(2011)已失效。

CONTENTS 目　录

第三章 争议处理实务与处理技巧

第四章 建设工程施工合同纠纷裁定书大数据分析报告

第一章

建设工程施工合同纠纷大数据分析报告

一、最高人民法院判决书数据分析

裁判时间：2015年1月1日至2021年12月31日

案　　由：建设工程施工合同纠纷、建设工程优先受偿权纠纷

审理法院：最高院①

搜索基准日：2021年5月12日

文书类型：判决书

根据上述搜索条件，在公开的案例数据库中进行检索，剔除重复的案例，并考虑关联性与典型性后，总计筛选出592份判决书。

截至搜索基准日，在2015年1月1日至2021年12月31日，从最高院公布的判决文书中筛选出592份判决书。本章将从案件数量、审判程序、判决结果、反诉情况、律师代理情况及典型争议焦点等几个维度，对最高院的判决进行大数据分析。

（一）案件数量变化趋势

2015～2021年，最高院作出的判决数量整体呈先升后降的趋势：从2015年起迅速增加，转折节点出现在2018年，达到了判决数量的顶峰160件。由于受到新冠肺炎疫情的影响，2020年的判决数量较往年有所下降（见图1－1）。

---

① 目前，最高院下设7个巡回法庭，分别处理巡回区内案件的审判工作。7个巡回区分别是：第一巡回法庭巡回区：广东省、广西壮族自治区、海南省、湖南省；第二巡回法庭巡回区：黑龙江省、吉林省、辽宁省；第三巡回法庭巡回区：福建省、江苏省、江西省、上海市、浙江省；第四巡回法庭巡回区：安徽省、河南省、湖北省、山西省；第五巡回法庭巡回区：贵州省、四川省、西藏自治区、云南省、重庆市；第六巡回法庭巡回区：甘肃省、宁夏回族自治区、青海省、陕西省、新疆维吾尔自治区；中央巡回区：北京市、河北省、内蒙古自治区、山东省、天津市。

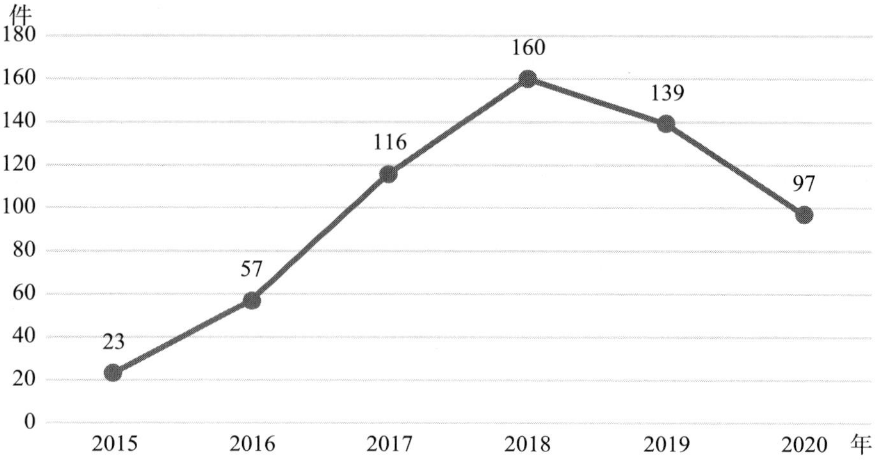

图1－1　最高院审判作出判决的建设工程施工合同纠纷和建设工程优先受偿权纠纷案件判决书数量(2015～2020年)

从图1－2各巡回区每年判决的案件数量,可以看出经济较为发达地区的案件数量总体少于经济不发达地区的案件数量。原因在于经济发达地区的纠纷解决方式更加多元化,诉讼并不是当事人解决纠纷的唯一方式。基于保密性、灵活性和一裁终局等优势,仲裁日益受到当事人的青睐,成为十分常见的纠纷解决方式。通过公开渠道查询可以发现,各大仲裁机构受理的建设工程施工合同纠纷案件数量呈上升趋势。例如,中国国际经济贸易仲裁委员会在2019年受理的建筑工程案件数量为312件,①在2020年受理的"建筑、装修工程、承包工程、房地产开发建设纠纷"案件数量则为336件;②北京仲裁委员会在2019年受理的建设工程合同类案件数量为723件,③在2020年受理的建设工程合同类案件则为737件。④ 同时,经济发达地区的企业一般规模比较大,更为重视合同风险控制与法律服务团队培养,往往在纠纷初期就聘请专业的律师介入。许多纠纷尚未进入

① 参见《中国国际经济贸易仲裁委员会2019年工作报告》,载中国国际经济贸易仲裁委员会网,http://www.cietac.org/index.php? m=Article&a=show&id=16447,最后访问日期:2021年2月15日。

② 参见《贸仲委2020年工作总结和2021年工作计划(PPT版)》,载中国国际经济贸易仲裁委员会网,http://www.cietac.org.cn/index.php? m=Article&a=show&id=17429,最后访问日期:2021年2月15日。

③ 参见《北京仲裁委员会/北京国际仲裁中心2019年度工作总结》,载中国国际经济贸易仲裁委员会网2020年3月31日,https://www.bjac.org.cn/news/view? id=3687。

④ 参见《北京仲裁委员会/北京国际仲裁中心2020年度工作总结》,载中国国际经济贸易仲裁委员会网2020年2月10日,https://www.bjac.org.cn/news/view? id=3890。

诉讼阶段,就已通过谈判、和解等方式予以解决。因此,在上述多种原因的综合作用下,在总体上经济发达地区通过诉讼方式解决的建设工程施工合同纠纷案件少于经济不发达地区。

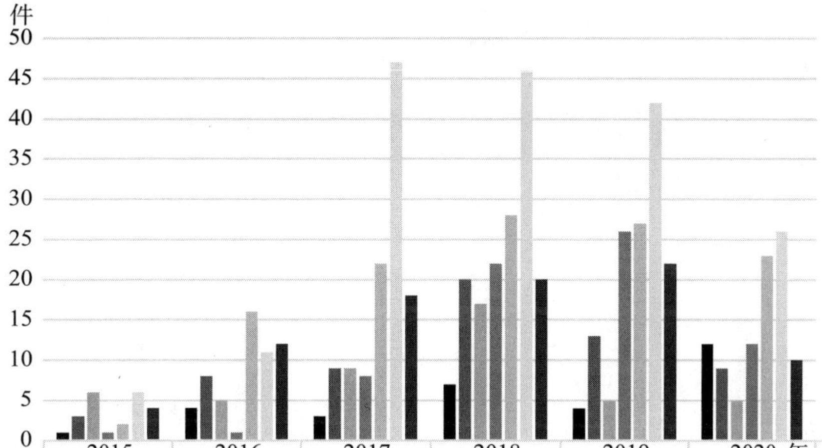

件	2015	2016	2017	2018	2019	2020 年	合计
第一巡回区	1	4	3	7	4	12	31
第二巡回区	3	8	9	20	13	9	62
第三巡回区	6	5	9	17	5	5	47
第四巡回区	1	1	8	22	26	12	70
第五巡回区	2	16	22	28	27	23	118
第六巡回区	6	11	47	46	42	26	178
中央巡回区	4	12	18	20	22	10	86

(a)最高院各巡回区

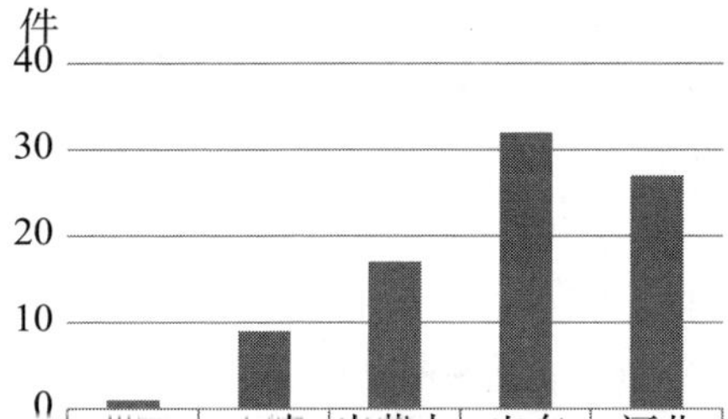

件	北京	天津	内蒙古	山东	河北
数量	1	9	17	32	27

(b)中央巡回区

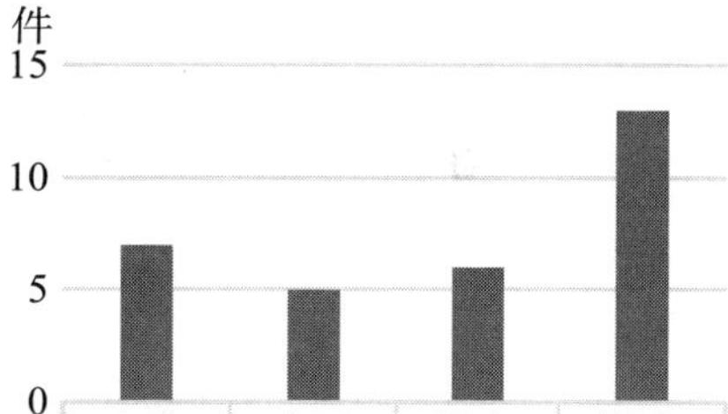

件	广东	广西	海南	湖南
数量	7	5	6	13

(c)第一巡回区

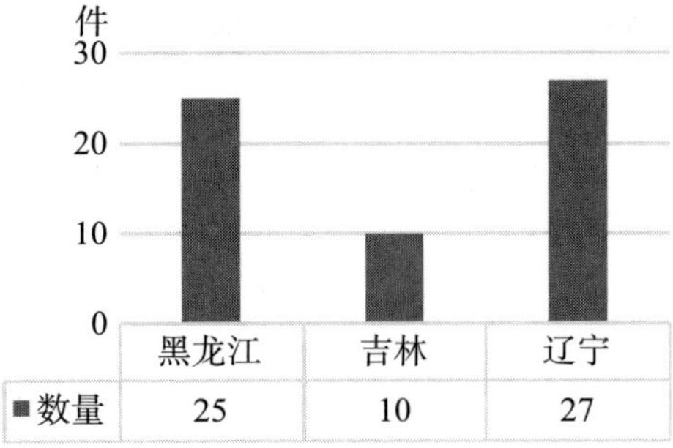

(d)第二巡回区

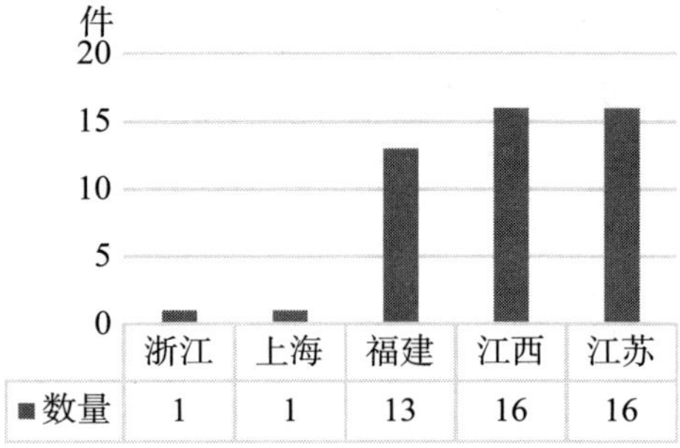

(e)第三巡回区

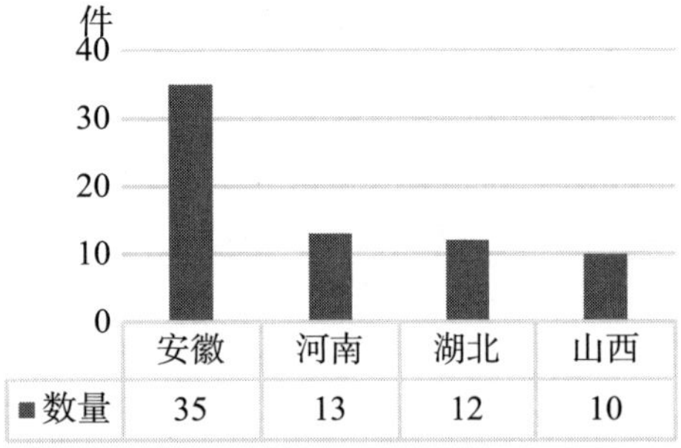

(f)第四巡回区

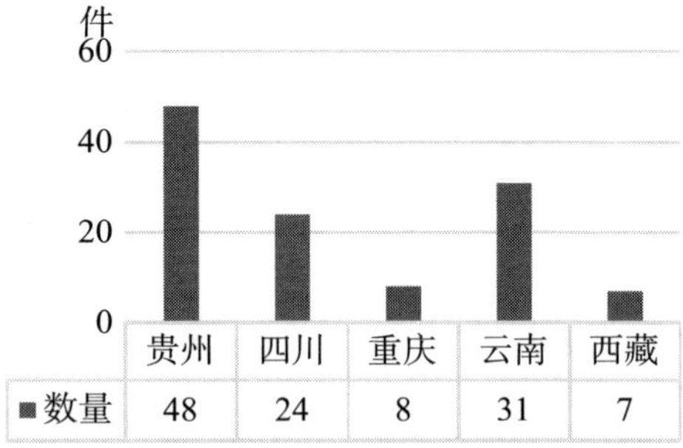

(g)第五巡回区

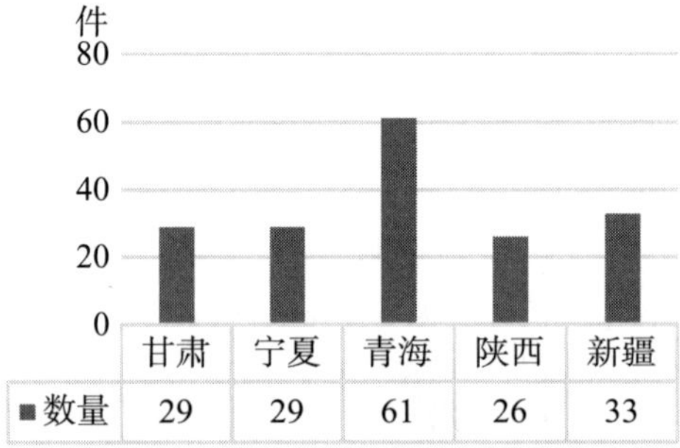

(h)第六巡回区

图1-2 最高院各巡回区建设工程施工合同纠纷和建设工程优先受偿权纠纷案件判决书数量

(二)审判程序比例

由最高院作出判决的审判程序仅包括二审和再审,暂未有一审或其他程序。

《民事诉讼法》第20条[①]规定:“最高人民法院管辖下列第一审民事案件:(一)在全国有重大影响的案件;(二)认为应当由本院审理的案件。”在最高院审理的(2014)民一终字第21号案件中,对于该案是否应当由最高院作为一审审理的问题,最高院认为,根据《民事诉讼法》的规定,其一审的案件应当是“在全国有重大影响的案件”,而“在全国有重大影响的案件”不仅仅指案件争议标的额的重大,而且该案件应在全国范围内具有一定的影响力。因此,截至目前,尚未有民商事案件在最高院进行一审。

同时,由于建设工程施工合同纠纷与建设工程优先受偿权纠纷的诉讼标的额通常比较高,很多案件的一审法院就已经是高院,因此最高院审理的建设工程施工合同纠纷与建设工程优先受偿权纠纷中作出的二审判决案件占绝大部分,有462件,约占总数的78.04%,再审判决案件有130件,约占总数的21.96%(见图1-3)。

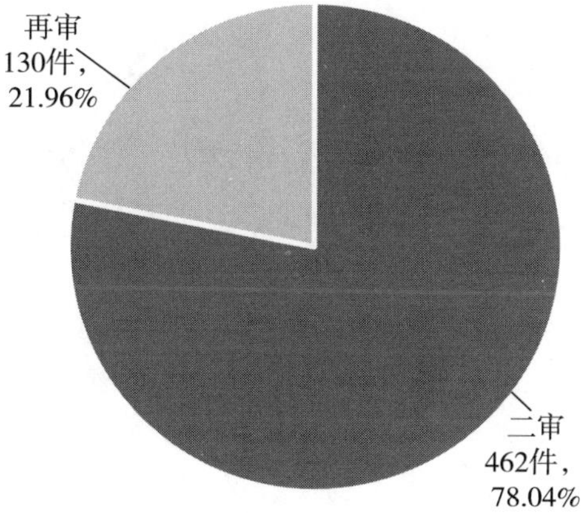

图1-3 最高院建设工程施工合同纠纷和建设工程优先受偿权纠纷案件二审、再审判决书数量(2015~2020年)

但是,2019年4月30日,最高院发布了《关于调整高级人民法院和中级人民法院管辖第一审民事案件标准的通知》(法发〔2019〕14号),规定诉讼标的额在50亿元人民币以上的(包含本数)案件,由高院管辖,诉讼标的额在50亿元人民币以下的,由中院管辖。该通知自2019年5月1日起实施。最高院本次关于法

① 《民事诉讼法》2021年修正,第20条已改为第21条。

院管辖诉讼标的额案件标准不再按照地区进行划分，而是采用了全国统一的标准，且调整幅度相当大。本次调整之后，绝大多数民商事案件，包括建设工程施工合同纠纷，将会由中院或基层人民法院审理。此后，最高院二审审理的建设工程施工合同纠纷与建设工程优先受偿权纠纷案件数量可能减少，再审案件数量可能会相对增多。

（三）判决结果分析

1. 二审判决结果

从最高院在2015～2020年对建设工程施工合同纠纷和建设工程优先受偿权纠纷作出的462件二审判决中，可以总结出维持原判和改判两类判决结果。如图1－4所示，维持原判的案件数量占到了全部二审案件的近2/3，有1/3左右的案件进行了改判。由此可见，最高院在二审程序中进行改判的概率并不低。如果能够抓住二审机会，或许可以实现判决结果的“逆风翻盘”。

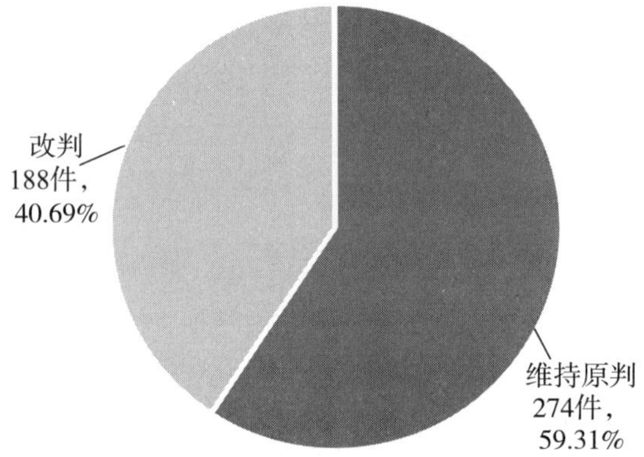

图1－4 最高院建设工程施工合同纠纷和建设工程优先受偿权纠纷案件二审判决结果情况（2015～2020年）

2. 再审判决结果

与二审判决结果相比，最高院在再审程序中改判的案件数量比例有所下降。这是因为再审程序针对的是已生效的判决或裁定，基于维护司法权威性、终局性与安定性等因素，不仅当事人申请再审的难度不小，而且上级法院同意启动再审程序的概率也并不高，在再审中实现改判的难度也更大（见图1－5）。

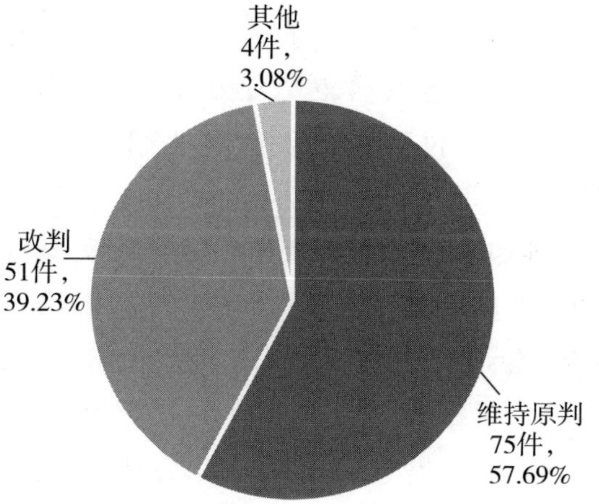

图1－5　最高院判决建设工程施工合同纠纷和建设工程优先受偿权纠纷案件再审判决结果情况(2015～2020年)

在最高院的再审判决中,还有其他一类判决结果,即撤销二审判决、维持一审判决。这一类判决结果的案件数量较少,仅占到全部再审案件的3.08%。

(四)反诉情况

最高院2015～2020年审判的592件建设工程施工合同纠纷和建设工程价款优先受偿权纠纷中,涉及反诉的案件有277件,约占总数的46.79%。其中,二审判决中涉及反诉的案件有220件,约占二审案件的47.62%;再审判决中涉及反诉的案件有57件,约占再审判决的43.85%。从这一统计数据可以看出,在建设工程施工合同纠纷与建设工程优先受偿权纠纷的二审程序与再审程序中,当事人提出反诉的概率比较高(见图1－6)。

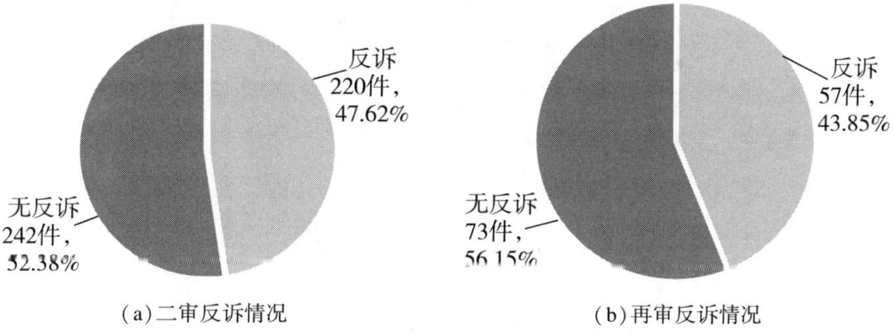

图1－6　最高院判决建设工程施工合同纠纷和建设工程优先受偿权纠纷案件二审、再审反诉情况(2015～2020年)

首先,这是由建设工程案件本身的特点及争议焦点的复杂性决定的。建设工程案件的当事人一般是发包人、承包人或分包人。承包人与分包人起诉发包人的诉讼请求一般是要求支付工程款,发包人则多以工程存在质量问题或者工程出现工期延误等进行抗辩。对于工程质量问题或工期延误,在施工合同中通常会约定违约金或其他违约责任,发包人通过提起反诉,既可以起到抗辩工程款支付的作用,又可以同时向承包人或分包人主张违约责任。其次,反诉也是当事人通常会采取的一种应诉策略,反诉可以起到主动抗辩的作用,在一定程度上可以获得谈判筹码。并且,根据《诉讼费用交纳办法》第 18 条的规定:"被告提起反诉、有独立请求权的第三人提出与本案有关的诉讼请求,人民法院决定合并审理的,分别减半交纳案件受理费。"因此,在审理过程中提起反诉,诉讼费减半收取,有利于一并解决争议,节约诉讼成本,减少诉累。

(五)最高人民检察院抗诉情况

根据《民事诉讼法》(2021 年修正)第 216 条的规定,法院驳回再审申请的、法院逾期未对再审申请作出裁定的或再审判决、裁定有明显错误的,当事人可以向人民检察院申请检察建议或者抗诉。检察院抗诉是一种民事检察监督程序。在最高院 2015 ~ 2020 年作出的 592 件建设工程施工合同纠纷和建设工程优先受偿权纠纷判决中,由最高人民检察院提起抗诉的案件仅有 9 件,数量极少(见图 1 - 7)。这一数据反映出当事人申请检察院抗诉的成功率并不理想。从另一个角度

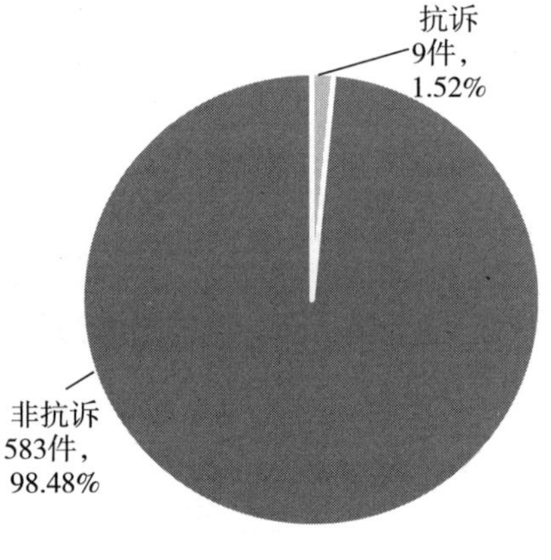

图 1 - 7　最高院判决建设工程施工合同纠纷和建设工程优先受偿权纠纷中由最高人民检察院提起抗诉的案件情况(2015 ~ 2020 年)

来看,虽然检察院抗诉的案件数量不多,但是在这9件案件中,6件案件都实现了撤销一审或二审判决,改判成功率高达66.67%。因此,在当事人申请检察院抗诉成功的前提下,案件得到改判的概率比较高。

（六）律师代理情况

1. 二审律师代理情况

在最高院判决的462件二审案件中,上诉人委托执业律师作为诉讼代理人的有439件,约占总数的95.02%;被上诉人委托执业律师作为诉讼代理人的有301件,约占总数的65.15%;双方同时委托代理律师的案件有280件,占二审判决总数的60.61%(见图1-8)。由此可见,上诉人通常更倾向于委托律师代理。原因在于,首先,上诉人是对一审判决结果不服的一方,更愿意积极地主张权利。其次,建设工程案件往往标的额比较高,如果涉及鉴定等程序,审理时间跨度会非常长,由于涉及很多专业领域的技术知识,建设工程案件对审判人员以及代理人的能力要求也很高。委托律师参与二审程序,在一定程度上能够改善己方在二审程序中的表现。

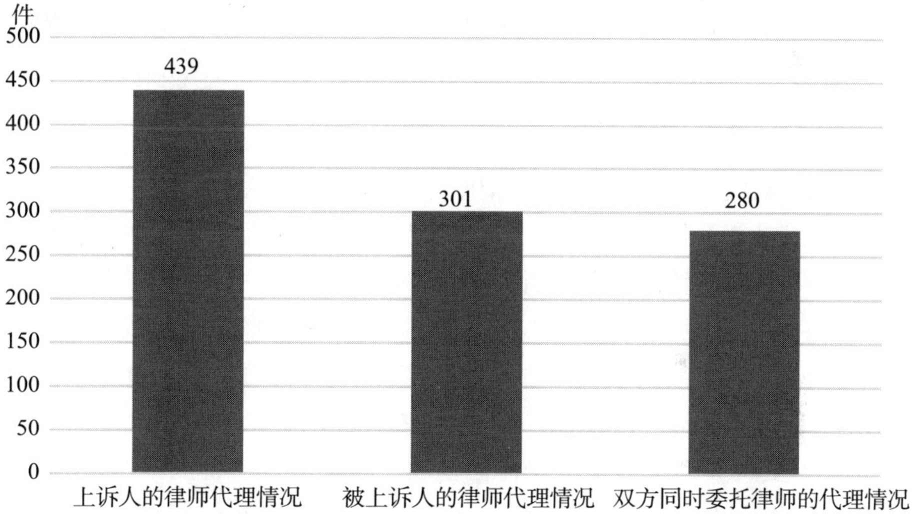

图1-8　最高院判决的建设施工合同纠纷和建设工程优先受偿权纠纷案件二审律师代理情况(2015~2020年)

2. 再审律师代理情况

在最高院审理的130件再审案件中,再审申请人委托执业律师作为诉讼代理人的有 122 件,约占总数的 93.85%;被申请人委托执业律师作为诉讼代理人的有 112 件,约占总数的 86.15%;双方同时委托律师的案件有 105 件,占再审判决总数的 80.77%(见图 1-9)。相较于二审程序,当事人在再审程序中委托律师代理的比例大幅提高。

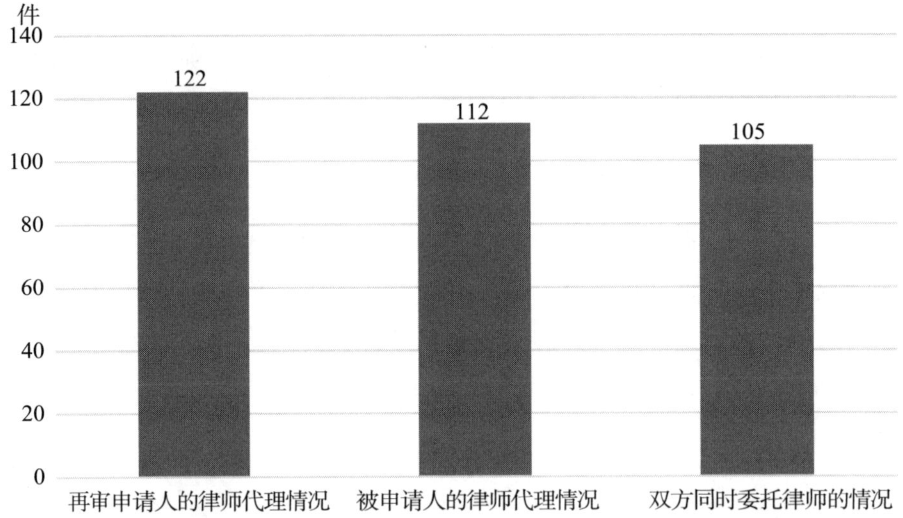

图 1-9　最高院判决的建设施工合同纠纷和建设工程优先受偿权纠纷案件再审律师代理情况(2015～2020 年)

《民事诉讼法》(2021 年修正)第 206 条规定:"当事人对已经发生法律效力的判决、裁定,认为有错误的,可以向上一级人民法院申请再审;当事人一方人数众多或者当事人双方为公民的案件,也可以向原审人民法院申请再审。当事人申请再审的,不停止判决、裁定的执行。"再审是对已生效的判决或裁定进行纠正的程序。对于在生效判决或裁定中败诉的当事人而言,再审作为最后的诉讼救济途径,可谓是其最后一根救命稻草。对于在此前的诉讼程序中胜诉的当事人而言,也不希望案件判决结果出现任何差池。同时,再审案件一般比较疑难复杂,启动再审程序的难度较二审程序更高。因此,双方当事人对再审程序都更为重视,委托专业的律师代理也就顺理成章。

(七)典型争议焦点

通过梳理最高院 2015～2020 年的判决书,可以将建设工程施工合同纠纷与建设工程优先受偿权纠纷案件中的争议焦点分为施工合同效力相关纠纷、工程价款纠纷、工程质量纠纷、建设工期纠纷、建设工程优先受偿权纠纷、实际施工人权利保护纠纷、合同解除及撤场纠纷以及其他纠纷。

在上述八大争议焦点中，工程价款纠纷的案件数量最多，在592份判决书中，涉及工程价款纠纷的判决书达到519份，占全部案件数量的87.67%。工程价款纠纷涵盖工程预付款、进度款、结算款支付问题，以及相应的利息与逾期付款违约金，同时还与质量、工期等其他争议焦点相关联，因此几乎在每个案件中工程价款纠纷都是当事人的争议焦点。施工合同效力相关纠纷与工程质量纠纷也分别占全部案件数量的25.67%和22.47%。施工合同效力相关纠纷在建设工程施工合同与建设工程优先受偿权纠纷中占比不低，原因在于工程项目一般需要经过招投标程序，并且对施工单位有资质要求，如果未能满足法定招投标程序和资质要求，施工合同将会面临合同无效的法律风险。建设工程优先受偿权纠纷本来就是一个案由，但在建设工程施工合同纠纷中，承包人也可以将其作为一个诉讼请求提出，因此，建设工程优先受偿权纠纷的案件数量也不少。工程质量纠纷则是另一大争议焦点，这是因为质量纠纷一般较为复杂，查明质量问题的成因、质量责任的承担、修复费用等，往往需要第三方机构的介入。在当事人对质量问题难以达成一致意见的时候，通过诉讼可以起到一定的定分止争作用（见图1－10）。

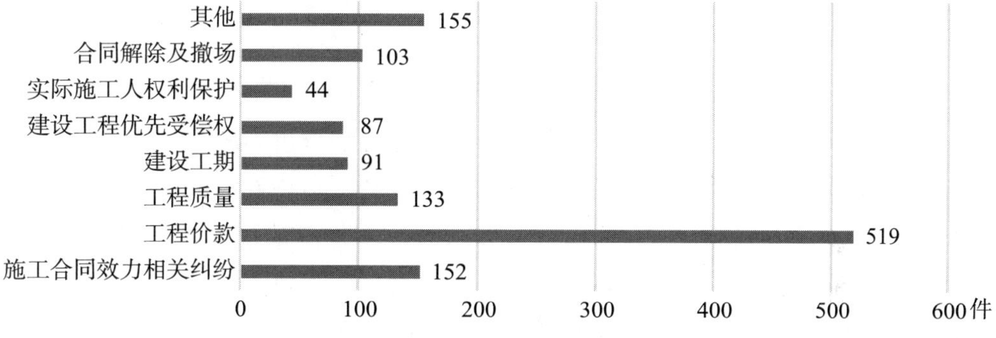

图1－10　最高院建设工程施工合同纠纷和建设工程优先受偿权纠纷中典型争议焦点涉及案件数量（2015～2020年）

1.施工合同效力及相关纠纷

《民法典》建设工程合同章、《建设工程司法解释（一）》中，共有11个条款涉及施工合同的效力以及处理，并规定以下施工合同无效情形：未取得/超越资质等级、无资质的实际施工人借用有资质的施工企业名义、必须招标的工程未招标或者中标无效、转包或违法分包、招标人与中标人另行签订与中标合同实质性内容不一致的合同、未取得工程规划许可证签订的施工合同。司法裁判中关于合同无效的争议,较多发生于必须招标未招标、转包或违法分包以及中标后另行签订与中标合同实质性内容不一致合同等情形,关于合同无效后处理的争议,主要集中在工程价款的结算。

必须招标的项目根据招标投标法律法规进行判断,《招标投标法》第 3 条规定,关系社会公共利益或公众安全的项目、全部或部分使用国有资金投资或国家融资的项目、使用国际组织或外国政府贷款或援助资金的项目必须进行招标,国家发展和改革委员会 2018 年第 16 号令、发改法规〔2018〕843 号文对必须招标项目的范围和规模标准进行规定。裁判中存在较大争议的是对发包人是否属于国有企业进行判断,进而认定该项目是否必须招标。《国有资产法》《审计法》《中共中央、国务院关于深化国有企业改革的指导意见》《企业国有资产交易监督管理办法》等法律法规及规范性文件中都曾使用"国有企业"的表述,但"国有企业"在上述文件中的含义并不一致,可以被理解为指代国有独资企业、国有独资公司、国有资本控股公司、国有资本参股公司等多种形式,从相关法律法规中难以明确获知招标投标法中国有企业的含义。在司法裁判中,法院主要会考虑国有资本在该企业中的占比以及对企业的控制管理情况,在最高院的几个案例中认为国有资本仅持股、参股未实际控制的企业非国有企业。

内部承包作为转变企业经营机制、增强企业活力的一种经营方式在市场中存在,住建部市场监管司曾在《建筑工程施工转包违法分包等违法行为认定查处管理办法(试行)》的释义中表示,承包人在承包工程后以内部承包方式授予自己的分公司或内部机构施工不构成转包,可见内部承包未被行政主管部门禁止。在浙江省、福建省、北京市等地区的司法文件中也存在明确认可内部承包合同效力的指导意见。因具有将承包工程转由他人实施的形式,且该形式合法,一些挂靠、转包、违法分包在内部承包的外衣下进行,签订名为内部承包合同,实为实施挂靠、转包、违法分包,法院通常都要对是否构成内部承包进行实质审查。在判断是否属于内部承包合同时,法院通常考察内部承包双方是否具有内部关系、承包人是否进行管理以及工程项目的出资情况等因素。在此类纠纷中,经审查不属于内部承包的,大多数情况下施工合同将因挂靠、转包而无效。

《招标投标法》规定,招标人、中标人不得再行订立背离合同实质性内容的协议。《建设工程司法解释(一)》规定,招标人和中标人另行签订施工合同约定的实质性内容与中标合同不一致,一方当事人请求按照中标合同确定权利义务,法院应予支持,发包人将依法不属于必须招标的工程招标后,同样不得另行订立背离中标合同实质性内容的其他施工合同。司法实践中,对哪些内容属于合同实质性内容是适用本项规定的难点,改变工程范围、工期、质量、价款较多被认定为变更合同实质性内容,有案例认为改变工程款支付方式构成对合同实质性内容变更,还有案例认为建设—移交(BT)模式下,资金占用费率、回购期也属于合同的实质性内容,但法院认为如果由于客观原因改变承包范围、工程价款并不构成对合同实质性内容的变更。除对合同实质性内容进行判断外,建设工程领域背离中标合同另行签订其他合同的黑白合同现象远比规则更复杂,存在中标合同、另行签订的合同多份合同情况下,因签订顺序的不同也经常导致合同效力的差别,并非一概以中标合同作为双方结算的依据。

合同无效后主要的争议是如何结算工程价款。《民法典》第 793 条(原《建设工程司法解释》第 2 条、第 3 条)规定,建设施工合同无效,工程竣工验收合格的,可以参照合同约定的工程价款折价补偿承包人,竣工验收不合格但经修复后验收合格的,仍可参照合同约定的工程款进行主张,但由承包人承担工程修复费用,竣工验收不合格且经修复后仍不能合格的,承包人无权参照合同约定的工程款请求折价补偿。上述条款确定了合同无效但工程质量合格情况下参照合同约定价款确定工程款的处理方式,但存在多份无效合同且约定的价款并不相同时,问题又将变得复杂。对此,《建设工程司法解释(一)》第 24 条(原《建设工程司法解释(二)》第 11 条)规定,当事人就同一建设工程签订多份施工合同均无效,但工程质量合格,一方当事人请求参照实际履行合同的价款确定折价补偿价款的,法院应予支持,实际履行的合同难以确定时,当事人请求参照最后签订的,合同关于工程价款的约定折价补偿承包人的,法院应予支持。司法实践中,在确定实际履行的合同时,法院可能对工程进度、承包范围、工程价款等方面进行考量。实际履行合同无法确定时,在司法解释的上述规则出台前,司法实践中还存在法院采取根据合同签订的先后顺序、以多份施工合同的价差为损失在双方之间根据过错程度分担、以市场价结算等多种处理方式。

2. 工程价款纠纷

建设工程价款纠纷是建设工程施工合同纠纷中最为常见的纠纷，发承包双方对于工程价款的争议五花八门，法院对于工程价款数额的认定需结合具体案件的合同履行情况、工程建设情况等进行具体分析。但综合看来，在诸多工程价款纠纷中，较为常见的争议焦点是工程价款的结算依据、工料机价格的调整、逾期付款利息或违约金的计算。

（1）工程价款的结算依据

①合法有效的备案中标合同与发承包双方另行签订的合同不一致时的结算依据

大量案例都存在发承包双方在签订中标合同并经备案后，又另行签订与备案合同不一致的施工合同的情况。在发生工程价款纠纷时，虽然发包人或承包人会主张以实际履行合同作为结算依据，但根据《建设工程司法解释（一）》第 22 条（原《建设工程司法解释》第 21 条）、《建设工程司法解释（一）》第 2 条（原《建设工程司法解释（二）》第 1 条），在备案的中标合同合法有效的情况下，法院往往会认定结算工程价款应以备案的中标合同为准。在（2017）最高法民再 249 号、（2019）最高法民申 6836 号、（2019）最高法民申 3425 号、（2019）最高法民申 3061 号等案中，最高院都据此认定工程价款的结算依据应当为合法有效的备案中标合同。

②多个施工合同都被认定为无效而建设工程经竣工验收合格时的结算依据

在不少案例中建设工程会存在必须招标而未招标或者串通投标等使施工合同无效的事由。施工合同无效而建设工程经竣工验收合格的，多数法院会参照合同约定对工程款支付进行判决。如果存在多个无效合同，法院通常以实际履行的施工合同为准，如（2013）民一终字第 117 号、（2018）最高法民终 857 号、（2018）最高法民再 459 号、（2017）最高法民终 730 号等案。

③建设工程未完工的情况下固定价格合同解除的结算依据

在不少案例中，法院都认为施工合同约定的固定价格是以全部工程完工为前提的，由于施工各阶段的成本、施工难度、利润率存在差异，如果在工程未全部完成的情况下解除合同，双方仍以固定价格折算已完工程价款的，可能会造成承包人的实际获利与其预期可得利益严重失衡，显失公平，例如最高院（2014）民一终字第 69 号、最高院（2016）民申 892 号、最高院（2018）民终 305 号等案。

至于具体的计价方式，法院可能会综合考虑案件的实际情况、当事人的过错程度以及利益平衡等司法价值取向，结合合同约定的固定价格、工程定额计价标准等各种因素，对已完工程价款进行调整。例如，在最高院（2016）民申 892 号案中，最高院以按照工程定额计价标准和实际工程量作出的鉴定结果作为工程价款的结算依据。在最高院（2015）民一终字第 309 号案中，最高院在合同约定的固定价格基础上计算出合同总价款，再根据工程定额计价标准鉴定出已完工程占整个工程的比例确定出已完工程的价款。

（2）工料机价格的调整

①政策性文件对人工费、材料费、机械费调整的影响

如果发承包双方约定人工费、材料费、机械费一律不予调整，当事人仅引用政府指导价格的调整而主张人工费、材料费、机械费的调整，大多数法院将不予支持。例如，在最高院（2018）民终 258 号案、最高院（2014）民抗字第 80 号案中，最高院认为政府指导价格的调整属于任意性规范，并不影响合同当事人关于人工费、材料费、机械费调整的约定。

但如果政府文件明确规定施工合同不得设置无限风险或明确了合同约定人工费、材料费不予调整时的具体调差计算方式，则人工费、材料费、机械费应否调整，不同法院有不同判决结果。例如，河南省高级法院（2013）民二终字第 73 号案中，二审法院认为，政府相关部门多次发文对调整材料价格提出指导意见并给出了调整方法的，应当调整材料价格。相反地，在最高院（2018）民终 380 号案中，最高院认为，即使相关政府部门曾发出通知，发包人可就价格变化对承包人给予适当补偿，但承包人未能举证证明价格变动构成情势变更的，无权突破合同约定要求调整价格。

②因发包人原因导致的工期延误期间人工费、材料费、机械费的调整

施工合同约定人工费、材料费、机械费不予调整，但发包人原因导致工期延误期间内价格上涨的，人工费、材料费、机械费应否予以调整，不同案例有不一样的判决结果。在最高院（2016）民终 259 号案中，最高院认为合同约定任何原因导致的工期顺延均不构成追加合同价款的理由的，工期顺延期间内发生人工费上涨，价格不予调整。而最高院（2019）民申 5628 号案中，最高院认为承包人已充分证明由于发包人原因导致工期延误以及该期间内人工费、材料费上涨对其造成的损失的，发包人应支付该部分价款。

(3)逾期付款利息或违约金的计算

在综合考虑当事人的合同履行情况以及有关违约金的约定基础上,最高院在计算发包人逾期支付工程价款违约金时有以下几种观点。

①按照双方合同中关于违约金的约定确定。

②根据原《合同法司法解释(二)》关于违约金的规定,以当事人损失的30%确定,如(2018)最高法民终781号案。

③参照《最高人民法院关于审理买卖合同纠纷案件适用法律问题的解释》第18条第4款规定,以中国人民银行同期同类人民币贷款基准利率/全国银行间同业拆借中心公布的贷款市场报价利率为基础,参照逾期罚息利率标准确定,将违约金的金额控制在同期银行贷款利率/全国银行间同业拆借中心公布的贷款市场报价利率的1.3~1.5倍;如(2019)最高法民再403号案和(2018)最高法民终384号案。

④参照《最高人民法院关于审理民间借贷案件适用法律若干问题的规定》确定,总计超过年利率24%或合同成立时一年期贷款市场报价利率4倍的部分,不予支持;但在《2019年全国法院民商事审判工作会议纪要》中,第50项规定:"除借款合同外的双务合同,作为对价的价款或者报酬给付之债,并非借款合同项下的还款义务,不能以受法律保护的民间借贷利率上限作为判断违约金是否过高的标准,而应当兼顾合同履行情况、当事人过错程度以及预期利益等因素综合确定。"这也反映了最高院并不提倡审判实践中参照《最高人民法院关于审理民间借贷案件适用法律若干问题的规定》确定逾期付款违约金金额。

⑤参照中国人民银行同期同类人民币贷款利率/全国银行间同业拆借中心公布的贷款市场报价利率的一定倍数确定,如(2017)最高法民申1604号案。

⑥法院在自由裁量的范围内酌情确定。

3. 工程质量纠纷

通过对最高院涉及建设工程施工合同质量纠纷的133件案件的梳理,笔者发现当事人申请建设工程质量司法鉴定或单方委托第三方机构进行质量鉴定的案件并不多,仅有49件。其中,当事人仅委托第三方机构进行质量鉴定,而未申请法院委托鉴定机构进行质量鉴定的案件有1件。在当事人申请了建设工程质量司法鉴定或单方委托了第三方机构进行质量鉴定的案件中,2015年的案例有3件,2016年的案件有2件,2017年的案件有5件,随后两年增幅较大,2018年的案例有 13 件,2019 年的案件有 12 件,2020 年的案件有 14 件。诚然,这与 2018 年、2019 年和 2020 年最高院有关建设工程施工合同纠纷的案件较多也有很大关系,但也能从当事人申请建设工程质量司法鉴定的案件数陡增的情况中看出,当事人越来越重视通过申请司法鉴定程序获得对自己有利的证据。

在上述 48 件涉及当事人申请法院进行建设工程质量司法鉴定的案件中,被法院驳回质量鉴定申请的有 18 件。其中,发包人申请工程质量司法鉴定被法院驳回的有 17 件,承包人申请工程质量司法鉴定被法院驳回的仅有 1 件。表 1－1 为当事人申请建设工程质量司法鉴定程序但被法院驳回的情况。

表 1－1 最高院驳回当事人申请建设工程质量司法鉴定的情况(2015～2020 年)

单位:件

申请人	2015 年	2016 年	2017 年	2018 年	2019 年	2020 年
发包人	1	1	1	5	4	5
承包人	1	0	0	0	0	0

笔者通过对法院驳回当事人申请建设工程质量司法鉴定案件的梳理,发现法院在对是否同意当事人质量鉴定申请的裁判口径较为一致,尽管 2018 年、2019 年和 2020 年法院驳回当事人质量鉴定申请的案件数目显然较多,但是这也在很大程度上归因于 2018 年、2019 年和 2020 年涉及建设工程施工合同质量纠纷的案件数较多,并不能推导出法院提高了是否同意当事人质量鉴定申请的审查标准。另外,发包人被法院驳回建设工程质量司法鉴定申请的案件较多,因为在建设工程施工合同质量纠纷中,通常都是发包人申请建设工程质量鉴定,希望能够通过鉴定机构的质量鉴定报告支持己方有关工程质量不合格或存在瑕疵以此要求减付工程款或扣除质保金的主张。

在上述 48 件涉及当事人申请法院进行建设工程质量司法鉴定的案件中,通过判决书能够明确工程质量司法鉴定申请人为承包人的案件仅有 3 件,可见承包人申请工程质量司法鉴定并非常态。这 3 件案件中承包人申请质量鉴定的原因均系发包人已举证证明案涉工程质量存在问题,承包人为证明工程质量合格而申请工程质量司法鉴定,如承包人认为诉争工程的质量问题系因设计瑕疵及第三方的原因导致等。

通常法院在审查当事人有关建设工程质量司法鉴定申请时,会着重衡量申请人提交的证据是否足以证明工程存在质量问题,委托鉴定机构进行质量鉴定是否有必要。如(2015)民一终字第379号案中,发包人单方制作的证据就被法院认为不足以证明工程存在质量问题而驳回发包人的质量鉴定申请。因发包人无法提供证据证明案涉工程存在质量问题,也未能证明其曾就该问题与承包人进行交涉(如提供电话录音、书面函件或其他形式等证明材料)或提供有关工程的相关维修票据等,法院会因此认为申请质量鉴定的依据不足,由此驳回质量鉴定申请,如(2018)最高法民终915号案、(2018)最高法民终875号案和(2018)最高法民终384号案。

发包人通常会以单方委托第三方鉴定机构出具的鉴定报告作为工程质量不合格或存在瑕疵的证据,以此支持其减付工程款或者扣除质保金的主张。但在司法实践中,对于单方委托第三方机构出具的质量鉴定报告的证明力存在不确定性。因此发包人通常也会采取另外一种策略,即将委托第三方机构出具的质量鉴定报告作为申请法院委托鉴定机构进行建设工程质量司法鉴定的依据。但是发包人提交的单方委托第三方机构出具的鉴定报告也需要符合一定的条件,如鉴定报告中需明确鉴定范围,第三方鉴定机构能够明确提出案涉工程是否存在一定的质量问题的意见等,否则法院仍然有可能会驳回发包人的工程质量鉴定申请[如(2019)最高法民终1837号案和(2017)最高法民终133号案]。

另外,如发包人已实际使用工程或已经单方委托第三方施工单位对其主张存在质量问题的部位进行维修等,导致发包人主张存在质量问题的部分工程已失去鉴定可能,法院也通常不同意当事人申请工程质量司法鉴定。

综上可知,如发包人欲通过申请工程质量司法鉴定来证明工程存在质量问题,由此主张减付工程款或扣除质保金,发包人应当注重对工程存在质量问题的证明材料的收集,包括但不限于委托第三方鉴定机构进行鉴定、发出书面函件告知承包人工程存在质量问题等手段。另外,委托第三方鉴定机构进行质量鉴定的,应当充分利用单方委托的鉴定报告,鉴定范围和鉴定意见均应明确。

4. 建设工期纠纷

建设工期纠纷是建设工程施工合同纠纷中的另一大争议焦点,在原《建设工程司法解释》与原《建设工程司法解释(二)》分别对实际竣工日期与实际开工日期的认定作出较为明确的审判指导后,在最高院2015~2020年作出的判决中,关于上述两个日期认定的争议并不多，更多的争议集中在确定实际开工日期与实际竣工日期后，如何认定案涉工程工期延误的责任主体以及如何承担工期延误的违约责任。

（1）工期延误的责任主体认定

通常在工程已经确定出现工期延误的情况下，承包人是首要的责任主体。但是，通过梳理2015～2020年最高院的相关判决，可以发现在涉及建设工期纠纷的案件中，出现了大量发包人应当承担工期延误责任的情形，这说明承包人主张发包人对工期延误应当负有一定责任的成功率不低。对于承包人证明发包人对工期延误应当承担责任的主张，通常包括以下几种情形。

首先，工程存在设计变更或工程量增加是发包人应当承担工期延误责任的最主要情形。在（2019）最高法民终202号、（2019）最高法民终126号、（2018）最高法民再115号、（2018）最高法民终92号、（2019）最高法民终491号、（2018）最高法民再203号、（2018）最高法民终663号等案件中，最高院都据此认定发包人应承担一定的工期延误责任或案涉工程的工期应予顺延。

其次，发包人未按期足额支付工程款是另一大构成发包人工期延误责任的情形，在（2018）最高法民终857号、（2015）民一终字第9号、（2018）最高法民终1313号、（2018）最高法民终663号、（2018）最高法民终663号、（2019）最高法民再166号、（2019）最高法民终1622号以及（2019）最高法民终202号等案件中，发包人都因为未按时支付工程款被判决承担一定的工期延误责任。

最后，发包人未能提供符合正常施工条件的场地也是法院认定其工期延误责任的情形之一，在（2018）最高法民再442号、（2018）最高法民再203号、（2018）最高法民终663号以及（2019）最高法民终1622号等案件中均出现此类判决。

除此之外，发包人需要承担工期延误责任的情形还包括发包人未能按照合同约定的索赔程序与索赔时间向承包人主张逾期竣工违约金［如（2016）最高法民终523号］、甲供材供应不及时［如（2018）最高法民终1313号与（2018）最高法民终663号］、提供施工图纸滞后［如（2018）最高法民终92号、（2016）最高法民终689号及（2019）最高法民终1622号］、未按约定办理施工手续［如（2016）最高法民终689号、（2019）最高法民终1622号及（2019）最高法民终202号］、监理履职不到位［如（2018）最高法民终660号］等。

如果承包人能够证明发包人存在上述情形，最高院通常认为案涉工程的工期延误并非承包人的单方责任。

(2)承包人如何承担工期延误的违约责任

最高院认为,如果案涉工程的施工合同无效,发包人与承包人在合同中关于逾期竣工违约金的约定也属无效条款,不能据此向承包人主张该违约金。如果发包人未能证明因承包人逾期竣工造成其实际经济损失,法院对其逾期竣工损害赔偿的主张一般不予支持。在(2019)最高法民终589号、(2018)最高法民终1206号、(2017)最高法民再14号、(2017)最高法民再14号等案件中,最高院采取了此类判决思路。

在发包人提出存在因承包人逾期竣工造成其实际经济损失的情况下,最高院认为,发包人应当提供证明该损失已实际发生的证据,且该证据应与合同等其他证据相互印证。例如,在(2018)最高法民再235号、(2019)最高法民终973号、(2019)最高法民终108号等案件中,最高院均要求发包人提供其向案外人支付违约金的支付凭据等证据证明其损失已经实际发生。

承包人是否应当承担发包人向商品房购房人支付的违约金,是建设工期纠纷中发包人经常提出的一项赔偿主张。对此,在已经查明承包人对案涉工程的工期延误承担全部或部分责任的前提下,如果发包人可以提供其已经向商品房购房人实际支付违约金的证据,法院一般支持发包人此项索赔请求,判决承包人承担一定的赔偿责任,例如,在(2018)最高法民终74号与(2018)最高法民再296号案中,发包人提供了其向商品房购房人支付违约金的付款凭证等证据,可以证明发包人向商品房购房人支付了逾期交房违约金,法院对此主张予以支持。而在(2017)最高法民终975号与(2017)最高法民终258号案中,发包人仅提供了其与商品房购房人的相关民事判决书,未能提供其实际支付违约金的损失数额,法院没有支持其要求承包人赔偿该项损失的诉讼主张。

除此之外,在工期索赔中,最高院还会考察发包人主张的违约金是否合理,是否有必要进行调整。例如,在(2018)最高法民再235号案中,最高院认为,相较于工程总造价,按照双方约定的损失计算方法确定的赔偿数额明显过高。对案涉工程逾期竣工的原因、逾期竣工涉及的工程在整个案涉工程造价中的占比、发包人迟延使用案涉工程可能造成的经营等损失、逾期竣工对发包人出售案涉房产及酒店装修的影响,以及承包人作为施工企业在工程施工中的履约情况及正常经营利润等因素综合考虑,法院对承包人应承担的逾期竣工违约金予以酌情调低。与此类似，在(2019)最高法民终1622号案中，最高院认为，合同违约金数额的确定以补偿性为主，惩罚性为辅，在发包人未能证明其因承包人逾期竣工所造成的实际损失金额的情况下，对承包人应承担的逾期交付工程违约金予以适当调低。

5. 建设工程优先受偿权纠纷

最高院涉及建设工程施工合同优先受偿权纠纷的87个案件中有9个案件涉及发包人向法院主张案涉工程项目为住宅小区且商品房已出售，故承包人不再享有优先受偿权。发包人的该主张依据的是原最高院《优先权批复》第2条的规定："消费者交付购买商品房的全部或者大部分款项后，承包人就该商品房享有的工程价款优先受偿权不得对抗买受人。"但该主张大多数不被法院支持，最高院给出的裁判理由主要有以下两个。

(1)根据原最高院《优先权批复》第2条的规定，即对建设工程承包人优先受偿权与商品房买受人之间权利优先性的规定，建设工程施工合同中的发包人并不享有该条款规定的权利请求权。即使承包人对案涉工程行使建设工程价款优先受偿权，损害了购房人的利益，也应当由购房人行使相应的诉讼权利，如(2019)最高法民终269号案、(2019)最高法民终1533号案和(2016)最高法民终474号案。

(2)承包人的优先受偿权能否对抗买受人并非判定承包人享有建设工程价款优先受偿权的要件，不影响对承包人享有的权利进行确认。发包人可在执行过程中依照原最高院《优先权批复》的规定处理。承包人不因发包人预售了部分房屋而丧失对整体工程依法享有的建设工程价款的优先受偿权，如(2019)最高法民终164号案和(2018)最高法民终300号案。

但也有例外，(2017)最高法民终730号案中，法院以最高院《优先权批复》第2条规定为依据认为承包人建设工程价款优先受偿权不得对抗案涉房屋的买受人。

从最高院的裁判案例可以看出，最高院更多地认为该条款的规定并非赋予发包人对抗承包人建设工程价款优先受偿权的权利。

《2019年全国法院民商事审判工作会议纪要》中也有关于承包人的建设工程价款优先受偿权与商品房消费者的权利的规定。《2019年全国法院民商事审判工作会议纪要》第126条规定："根据《最高人民法院关于建设工程价款优先受偿权问题的批复》第1条、第2条的规定,交付全部或者大部分款项的商品房消费者的权利优先于抵押权人的抵押权,故抵押权人申请执行登记在房地产开发企业名下但已销售给消费者的商品房,消费者提出执行异议的,人民法院依法予以支持。但应当特别注意的是,此情况是针对实践中存在的商品房预售不规范现象为保护消费者生存权而作出的例外规定,必须严格把握条件,避免扩大范围,以免动摇抵押权具有优先性的基本原则。因此,这里的商品房消费者应当仅限于符合本纪要第125条①规定的商品房消费者。买受人不是本纪要第125条规定的商品房消费者,而是一般的房屋买卖合同的买受人,不适用上述处理规则。"

综上可见,对于原最高院《优先权批复》第2条规定的适用,司法实践中越来越强调应严格把握适用条件,提出"消费者生存权"的概念来限制该条款的适用。可想而知,类似上述法院以承包人建设工程价款优先受偿权不得对抗案涉房屋的买受人从而支持发包人主张的例外案件会越来越少。

6. 实际施工人权利保护纠纷

围绕原《建设工程司法解释》与原《建设工程司法解释(二)》中关于实际施工人的规定,在最高院2015~2020年作出的判决书中,实际施工人权利保护纠纷中主要有两大争议焦点,即实际施工人的身份认定以及实际施工人如何承担证明发包人欠付工程款的举证责任。

---

① 《2019年全国法院民商事审判工作会议纪要》第125条规定:实践中,商品房消费者向房地产开发企业购买商品房,往往没有及时办理房地产过户手续。房地产开发企业因欠债而被强制执行,人民法院在对尚登记在房地产开发企业名下但已出卖给消费者的商品房采取执行措施时,商品房消费者往往会提出执行异议,以排除强制执行。对此,《最高人民法院关于人民法院办理执行异议和复议案件若干问题的规定》第29条规定,符合下列情形的,应当支持商品房消费者的诉讼请求:一是在人民法院查封之前已签订合法有效的书面买卖合同;二是所购商品房系用于居住且买受人名下无其他用于居住的房屋;三是已支付的价款超过合同约定总价款的50%。人民法院在审理执行异议之诉案件时,可参照适用此条款。

问题是,对于其中"所购商品房系用于居住且买受人名下无其他用于居住的房屋"如何理解,审判实践中掌握的标准不一。"买受人名下无其他用于居住的房屋",可以理解为在案涉房屋同一设区的市或者县级市范围内商品房消费者名下没有用于居住的房屋。商品房消费者名下虽然已有1套房屋,但购买的房屋在面积上仍然属于满足基本居住需要的,可以理解为符合该规定的精神。

对于其中"已支付的价款超过合同约定总价款的百分之五十"如何理解,审判实践中掌握的标准也不一致。如果商品房消费者支付的价款接近于百分之五十,且已按照合同约定将剩余价款支付给申请执行人或者按照人民法院的要求交付执行的,可以理解为符合该规定的精神。

(1)实际施工人的身份认定

在涉及实际施工人的纠纷中,法院首先需要查明工程是否存在实际施工人。在梳理最高院的判决书后可以看出,如果工程存在转包或违法分包,转包合同、违法分包合同的承包人一般被认定为实际施工人。通常,最高院可以通过各主体之间签订的施工合同等文件综合认定工程是否存在转包或违法分包,在(2018)最高法民终611号、(2016)最高法民再270号、(2017)最高法民终533号、(2018)最高法民再204号、(2019)最高法民终1363号等案件中,最高院都是对实际施工人与发包人、转包人或违法分包人之间签订的各类协议进行审查后确定实际施工人的身份。其次,实际施工人还需要提供一定的证据证明其在案涉工程中进行了实际施工,包括提供案涉工程的技术资料、财务账簿、工程预决算资料、施工签证及项外签证、材料采购协议、收据等[如(2016)最高法民再270号],或是发包人曾经向其实际支付了部分工程款[如(2019)最高法民终274号],或是其曾向现场施工人员支付报酬[如(2019)最高法民终682号]等。最后,在最高院审理过的相关案件中,最高院一般认为挂靠人不属于实际施工人。最高院的理由是,挂靠人不属于转包人、违法分包人或发包人,《建设工程司法解释(一)》第43条(原《建设工程司法解释(二)》第24条)并未明确规定挂靠人有权向发包人主张权利,如在(2018)最高法民终391号、(2019)最高法民再329号等案件中,最高院采取了此类审判思路。

(2)实际施工人承担证明发包人欠付工程款的举证责任

根据原《建设工程司法解释》与原《建设工程司法解释(二)》的规定,发包人在欠付建设工程价款范围内对实际施工人承担责任。在解决了实际施工人的身份问题、认可其成为适格的权利主体后,通常需要实际施工人承担发包人欠付工程款的举证责任。例如,在(2019)最高法民终1549号与(2019)最高法民终682号案中,最高院认为,实际施工人实际投入人力、物力进行施工,有权向发包人主张工程款。但是,发包人只有在转包人和违法分包人没有向实际施工人支付工程款,也没有能力支付,而发包人尚存在拖欠转包人和违法分包人工程款的情况下,在未支付工程款的范围内,向实际施工人承担支付工程款的责任。在(2017)最高法民终144号案中,最高院还认为,实际施工人突破合同相对性原则向发包人主张工程款时,应提供证据证明发包人可能欠付工程款,以及转包人或违法分包人有破产等严重影响实际施工人权利实现的情形。

虽然最高院在部分判决书中认为发包人欠付工程款的举证责任应遵循“谁主张,谁举证”的要求,但是考虑到实际的取证难度,最高院在部分裁定中认为应当由发包人承担举证责任。例如,在(2020)最高法民申707号与(2019)最高法民申6065号案中,最高院认为,由于发包人未举证证明其已向违法分包人或转包人付清工程款,发包人应在违法分包人或转包人欠付实际施工人工程款范围内承担付款责任。河北高院、安徽高院与广东高院出台的审判指导意见指出,法院在审理实际施工人纠纷中,应当要求发包人对其付款情况承担举证责任。

7. 合同解除及撤场纠纷

合同解除及撤场纠纷是建设工程纠纷中较为常见的类型,合同解除及撤场纠纷案件中主要涉及以下几方面的争议:一是施工合同是否可以解除,二是发包人主张要求承包人移交完整的竣工资料、施工图纸及技术资料能否得到法院支持,三是合同解除后的损失赔偿问题。具体分析如下。

(1)关于施工合同是否可以解除的争议

关于施工合同是否可以解除的争议,法院主要从几个方面进行判断:①约定解除条件是否满足:约定解除条件主要见于施工合同约定,法院一般会结合案件事实判断合同约定解除条件是否满足;②在合同无约定的情况下,法定解除条件是否满足:法定解除条件的规定主要见于《民法典》第563条(原《合同法》第94条)和《民法典》第806条(原《建设工程司法解释》第8条)的规定,如发包人拒绝履行付款义务致使合同目的无法实现的,构成根本违约,法院一般会判决支持解除施工合同,如(2018)最高法民终1144号案,在不构成根本违约的情况下,法院一般不会判决支持解除施工合同,如(2018)最高法民终102号案;③施工合同是否具有继续履行的可能性:如施工合同已无实际履行的必要,如发包人已委托第三方进行施工,则此情况下法院一般会判决支持解除合同,如(2017)最高法民终603号案、(2017)最高法民终666号案;④施工合同主要工作是否已履行完成:在施工合同主要工作基本履行完毕的情况下,法院一般不会判决支持解除合同,如(2018)最高法民终627号案。实践中,还有一类先行判决解除施工合同的案例,一般在相关事实清晰,满足合同解除条件下,法院可以根据当事人的诉请先行判决解除施工合同,如(2015)皖民四终字第00370号案。

（2）关于发包人要求承包人移交完整的竣工资料、施工图纸及技术资料的诉请能否得到法院支持的争议

关于发包人要求承包人移交完整的竣工资料、施工图纸及技术资料的诉请能否得到法院支持的争议，法院一般认为承包人拒绝交付竣工备案资料构成违约，大多数情况下会判决支持发包人的诉请，如（2018）最高法民再326号案、（2017）最高法民终766号案、（2018）最高法民终384号案。对于承包人移交施工资料的范围，仅限于其自行负责的施工工程范围，对于非由其完成的工程（如发包人直接分包工程），法院认为不属于承包人移交资料的范围，如（2019）最高法民终1622号案。实践中，发包人取得要求承包人提交施工资料的判决并不困难，但该判决在执行过程中却往往面临重重障碍，因该判决项是要求承包人履行一定行为，若承包人拒绝履行，也无法强迫其进行履行。因此，针对该种困境，实践中有以下几种解决办法：①发包人可以通过委托有资质的第三方鉴定机构出具安全性鉴定报告，以取代施工单位的施工资料而通过当地建设主管部门备案，如（2018）最高法民再134号案、（2020）皖02民终806号案；②难以执行的情况下，法院可向相关部门发出协助执行通知组织竣工验收，介入工程竣工验收程序组织竣工验收并形成竣工验收备案所需资料，如（2015）苏民终字第00631号案。

（3）关于合同解除后损失赔偿的争议

关于合同解除后损失赔偿的争议，法院一般会根据双方当事人的违约行为、双方当事人提交的证据判断是否具有该项损失以及该项损失是否合理。①如果双方当事人都存在违约行为，在各自的过错程度以及损失范围相差无几的情况下，法院可能判决双方各自承担的违约责任相互抵销，如（2015）民提字第193号案；②当事人应当提交充分证据证明其遭受的损失，如承包人主张撤场损失、施工现场遗留的物资或周转物资材料损失、设备租金损失等，则需提供证据证明该等损失，在当事人未能提供充分证据证明其损失的情况下，法院一般不会支持该项损失，如（2018）最高法民终121号案、（2017）最高法民终428号案；③即使当事人证明存在损失，因为发包人、承包人解除合同应当采取适当措施防止损失扩大，对于因当事人自身未采取正当措施造成扩大的损失，法院一般不会支持，如（2018）最高法民再95号案。

二、六省份高院判决书数据分析

由广东高院、广西高院、海南高院、湖南高院、北京高院、上海高院作出的判决文书总计635份，相关的数据分析如下。

（一）案件数量

广东、广西、海南、湖南、北京、上海六省份高院2015～2020年，审判建设工程施工合同纠纷和建设工程优先受偿权纠纷案件的数量分别为102件、73件、101件、300件、46件和13件，具体历年的数量分布如图1－11所示。

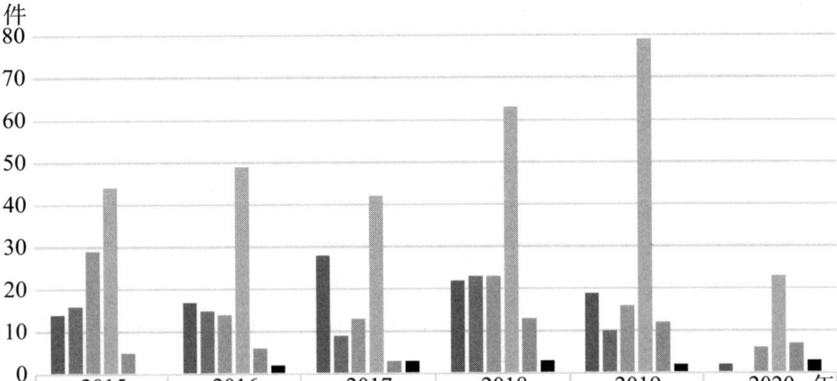

	2015	2016	2017	2018	2019	2020 年
■广东高院	14	17	28	22	19	2
■广西高院	16	15	9	23	10	0
■海南高院	29	14	13	23	16	6
■湖南高院	44	49	42	63	79	23
■北京高院	5	6	3	13	12	7
■上海高院	0	2	3	3	2	3

图1－11　六省份高院判决建设工程施工合同纠纷和建设工程优先受偿权纠纷案件的数量（2015～2020年）

（二）审判程序

六省份高院的判决情况如图1－12所示。可以看出，二审程序占绝大多数。

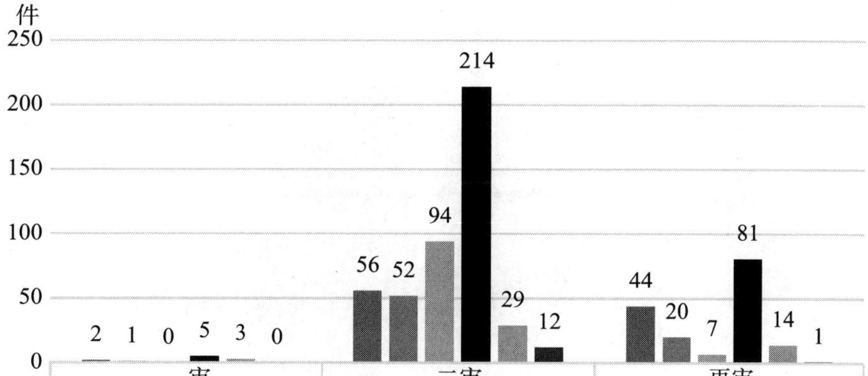

	一审	二审	再审
■广东高院	2	56	44
■广西高院	1	52	20
■海南高院	0	94	7
■湖南高院	5	214	81
■北京高院	3	29	14
■上海高院	0	12	1

■广东高院 ■广西高院 ■海南高院 ■湖南高院 ■北京高院 ■上海高院

图 1－12　六省份高院判决建设工程施工合同纠纷和建设工程优先受偿权纠纷案件审判程序情况(2015～2020 年)

(三)判决结果

鉴于六省份的一审程序的判决书数量较少,我们就仅讨论六省份高院二审和再审的审理情况。同时,由于六省份的判决书总数相较裁定书的总数少了许多,所以我们将六省份的判决结果合并研究,仅单独讨论广东高院的判决结果。

1. 二审判决结果

首先,六省份高院二审判决结果如图 1－13 所示。457 份二审判决书中“维持原判”与“改判”的结果基本持平,占比均在 46% 左右。相较于最高院的二审判决,“改判”的比例有所提高。

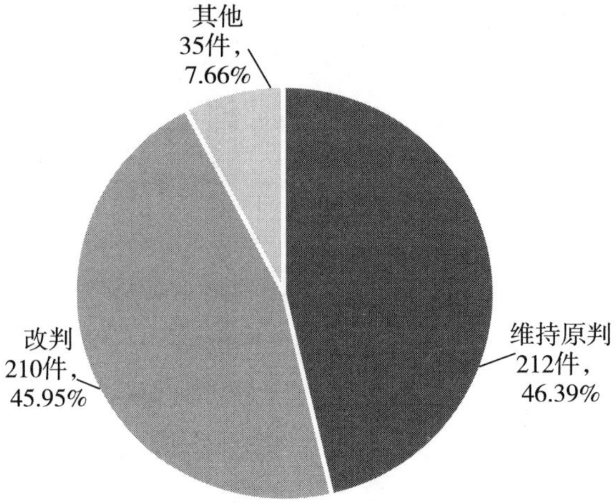

图1－13　六省份高院判决建设工程施工合同纠纷和建设工程优先受偿权纠纷案件二审判决情况(2015～2020年)

广东高院的二审判决情况如图1－14所示。

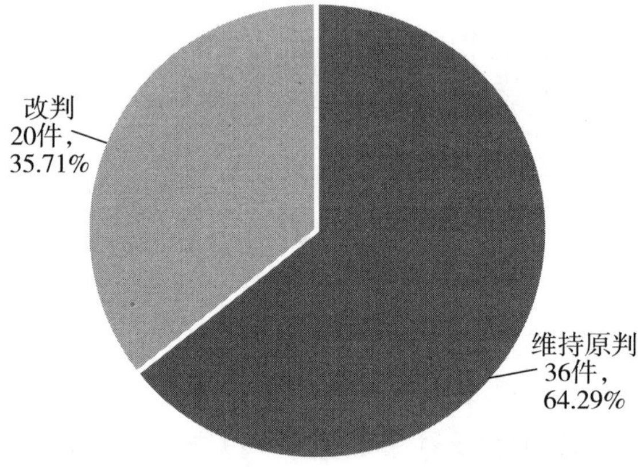

图1－14　广东高院判决建设工程施工合同纠纷和建设工程优先受偿权纠纷案件二审判决情况(2015～2020年)

2. 再审判决结果

六省份高院再审判决结果如图1－15所示。“维持原判”的结果占68.86%，“改判”的结果仅有23.95%。相较于最高院再审判决39.23%的改判率，改判率下降了不少。

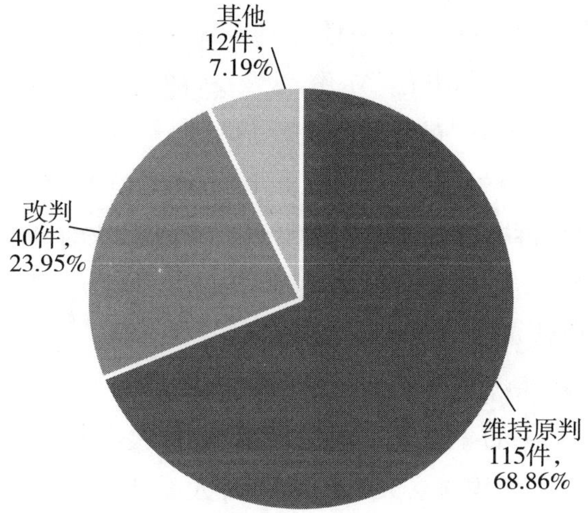

图 1－15　六省份高院判决建设工程施工合同纠纷和建设工程优先受偿权纠纷案件再审判决情况(2015～2020 年)

广东高院的再审判决情况如图 1－16 所示。可以看出,改判率进一步下降,降至 18.18%。

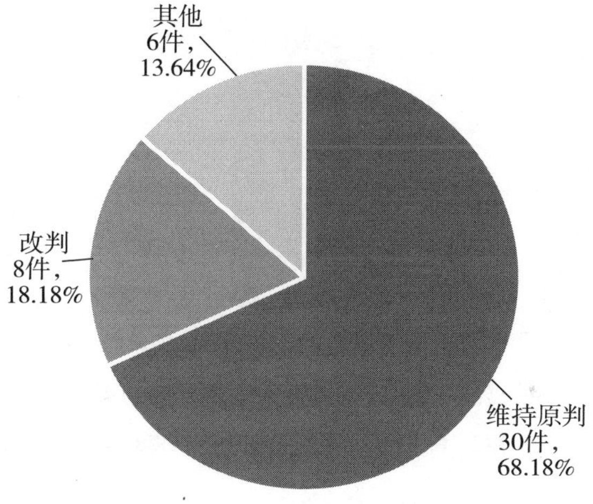

图 1－16　广东高院判决建设工程施工合同纠纷和建设工程优先受偿权纠纷案件再审判决情况(2015～2020 年)

(四)反诉情况

六省份高院作出的 635 份判决书中,涉及反诉的案件有 245 件,约占总数的 38.58%。其中一审判决有 11 份,涉及反诉的案件有 6 件,占总数的 54.55%(因样本数量较小,该数据可能不具有参考性);二审判决有 457 份,涉及反诉的案件有 187 份,约占 40.92%;再审判决有 167 份,涉及反诉的案件有 52 份,约占 31.14%。

如果我们把“维持原判”的结果视为反诉败诉,二审中被上诉人提起反诉并得到“维持原判”的结果的判决有 76 份,反诉的败率约为 71 ÷ 187 ≈ 37.97%;再审中被申请人提起反诉并得到“维持原判”的结果的判决有 35 份,反诉的败率约为 35 ÷ 167 ≈ 20.96%。

(五)律师代理情况

1. 二审律师代理情况

在六省份高院判决的 457 起二审案件中,上诉人委托执业律师作为诉讼代理人的有 425 起,约占总数的 93.00%;被上诉人委托执业律师作为诉讼代理人的有 291 起,约占总数的 63.68%;双方同时委托律师的案件有 265 起,约占二审判决总数的 58.00%。具体情况如图 1 – 17 所示。

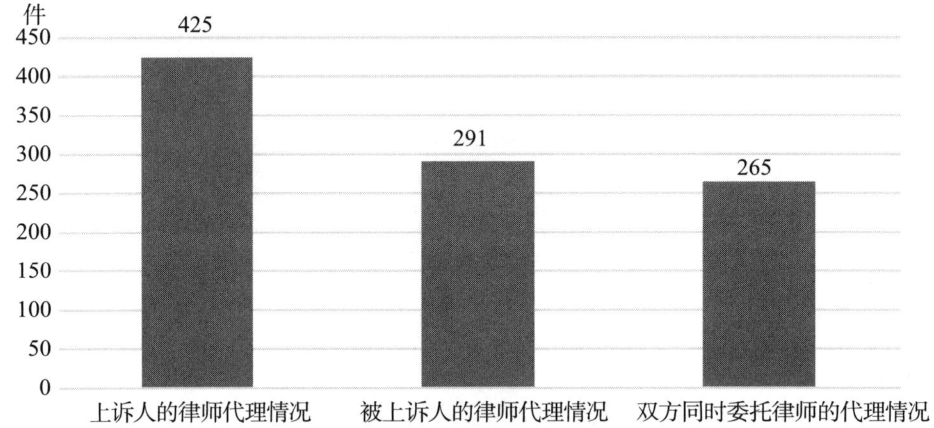

图 1 – 17　六省份高院判决建设工程施工合同纠纷和建设工程优先受偿权纠纷案件二审律师代理情况(2015 ~ 2020 年)

2. 再审律师代理情况

在六省份高院判决的 167 起再审案件中,再审申请人拥有执业律师作为委托诉讼代理人的有 143 起,约占总数的 85.63%;被申请人拥有执业律师作为委托诉讼代理人的有 134 起,约占总数的 80.24%;双方同时请律师的案件有 114 起,占二审判决总数的 68.26%,见图 1 – 18。

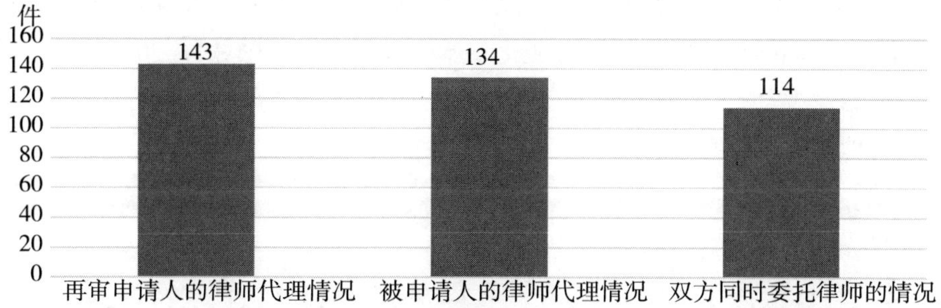

图 1－18　六省份高院判决建设工程施工合同纠纷和建设工程优先受偿权纠纷案件再审律师代理情况(2015～2020 年)

三、大湾区九市①中院判决书数据分析

由广州中院、深圳中院、珠海中院、佛山中院、江门中院、中山中院、东莞中院、惠州中院、肇庆中院作出的判决文书总计 3259 份,相关的数据分析如下。

(一)案件数量

广州、深圳、珠海、佛山、江门、中山、东莞、惠州、肇庆九市中院 2015～2020 年,建设工程施工合同纠纷和建设工程优先受偿权纠纷案件判决书的数量分别为 758 件、359 件、334 件、555 件、161 件、343 件、253 件、355 件、141 件,历年的具体数量分布如图 1－19 所示。

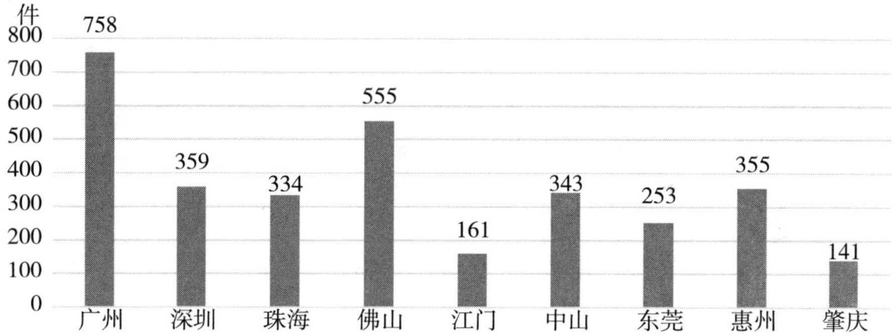

图 1－19　大湾区九市中院判决建设工程施工合同纠纷和建设工程优先受偿权纠纷案件总数(2015～2020 年)

---

① 大湾区九市包括广州、深圳、珠海、佛山、江门、中山、东莞、惠州、肇庆。

通过对总的案件数量的观察，可以发现广州、佛山两市中院判决的案件数量较多；各市中院的判决数量随年份变化基本呈上升趋势，见图 1－20。

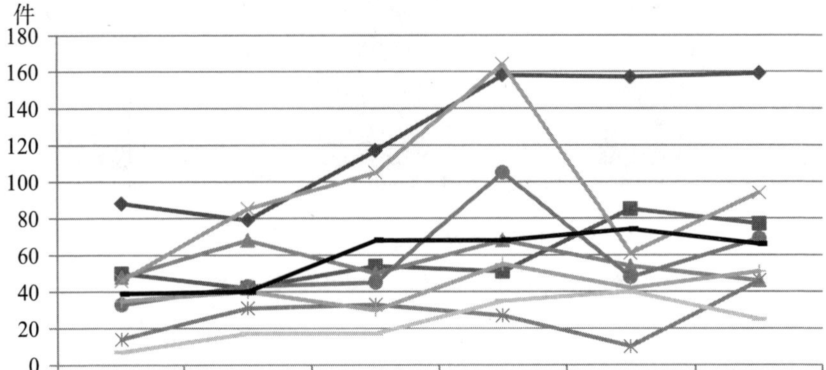

	2015	2016	2017	2018	2019	2020 年
广州	88	79	117	158	157	159
深圳	50	42	54	51	85	77
珠海	48	68	50	68	54	46
佛山	46	85	105	164	61	94
江门	14	31	33	27	10	46
中山	33	43	45	105	48	69
东莞	35	40	30	55	42	51
惠州	39	40	68	68	74	66
肇庆	7	17	17	35	40	25

图 1－20　大湾区九市中院判决建设工程施工合同纠纷和建设工程优先受偿权纠纷案件变化情况（2015～2020 年）

（二）审判程序

大湾区九市中院判决的审判程序情况如图 1－21 所示。可以看出，二审程序占绝大多数。

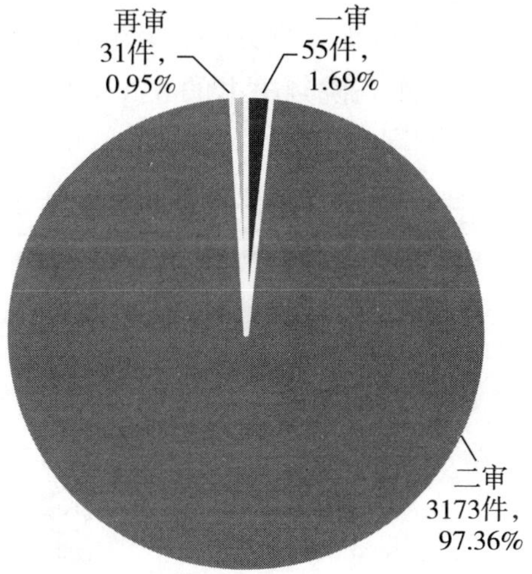

图 1-21　大湾区九市中院判决建设工程施工合同纠纷和建设工程优先受偿权纠纷案件审判程序情况(2015~2020年)

(三)判决结果

鉴于大湾区九市中院的一审和再审程序案件数量较少,我们就仅讨论各中院二审的审理情况,如图1-22所示。

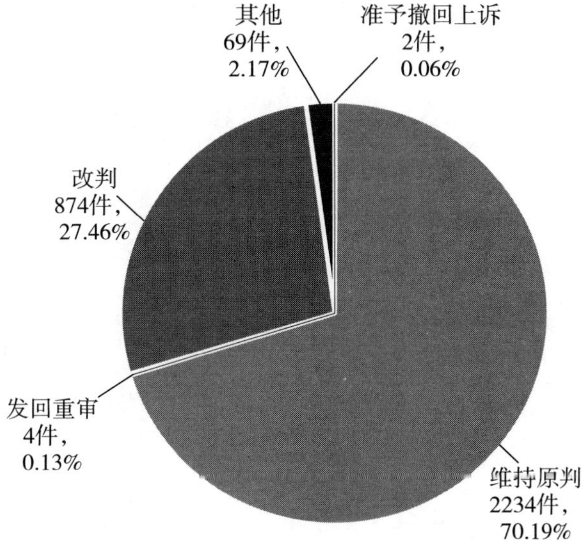

图 1-22　大湾区九市中院判决建设工程施工合同纠纷和建设工程优先受偿权纠纷案件二审判决结果(2015~2020年)

从总体来看，“维持原判”占绝大部分，约占70.19%，“改判”的判决结果约占27.46%，但相比于前文广东高院判决书的35.71%的“改判”结果，仍下降了不少。

大湾区九市各中院二审判决结果具体如图1－23所示。

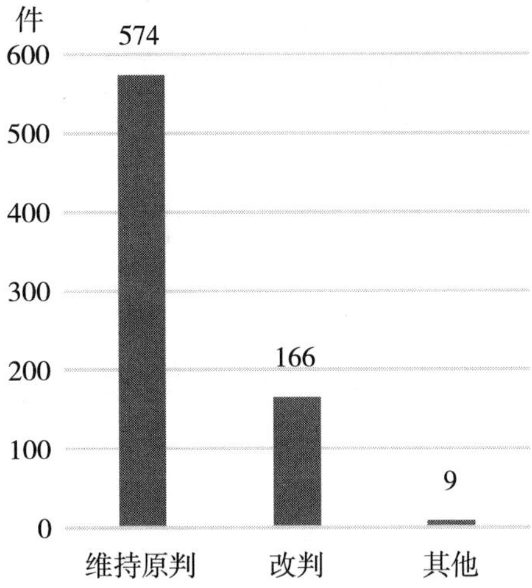

（a）广州中院

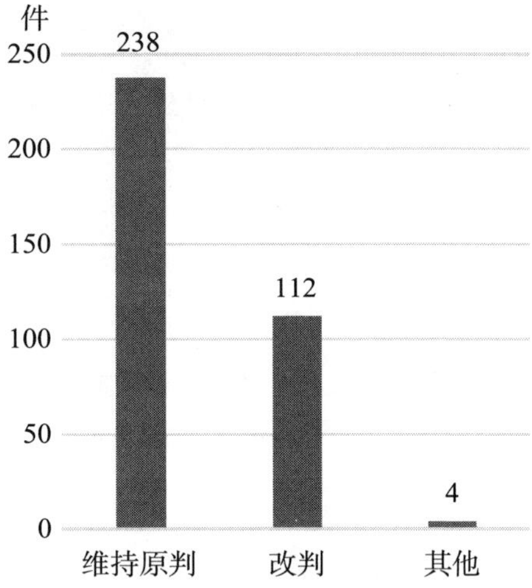

（b）深圳中院

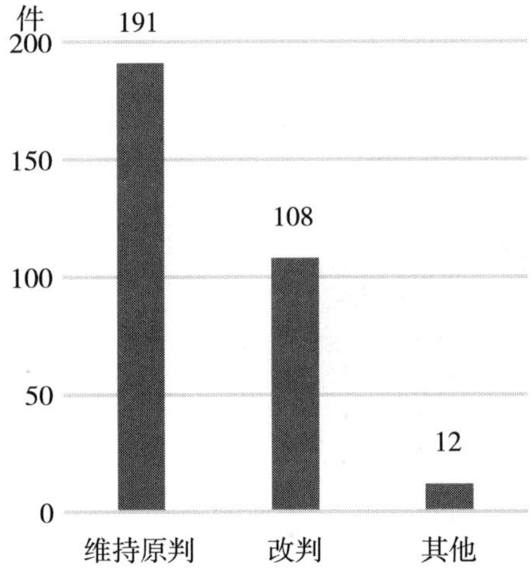

（c）珠海中院

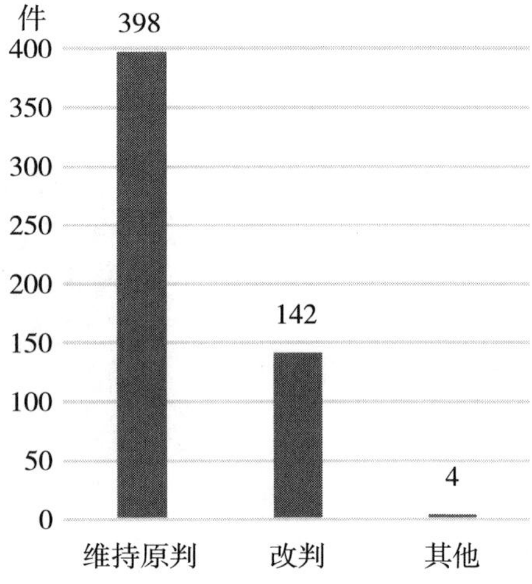

（d）佛山中院

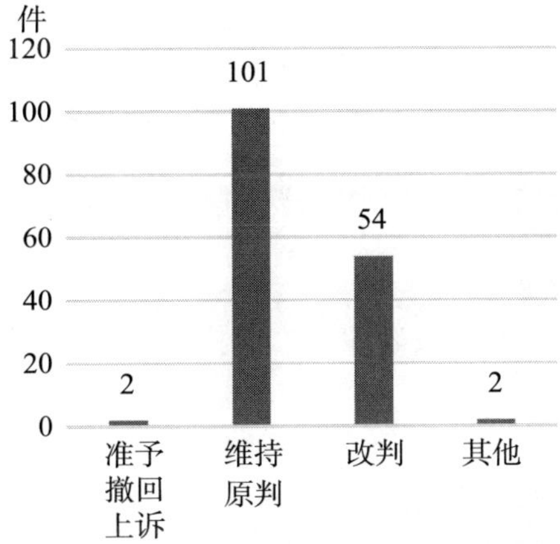

(e)江门中院

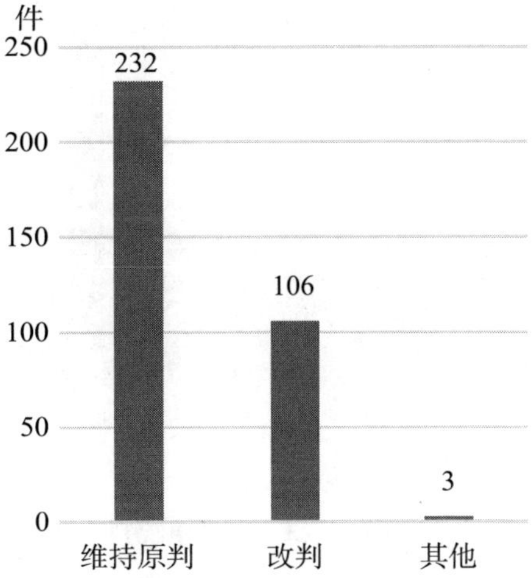

(f)中山中院

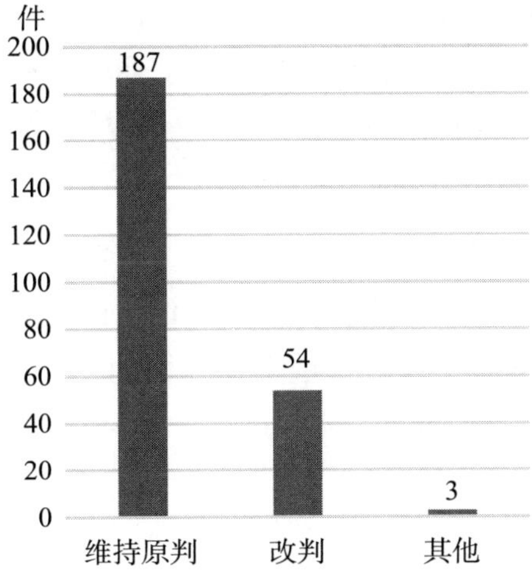

(g)东莞中院

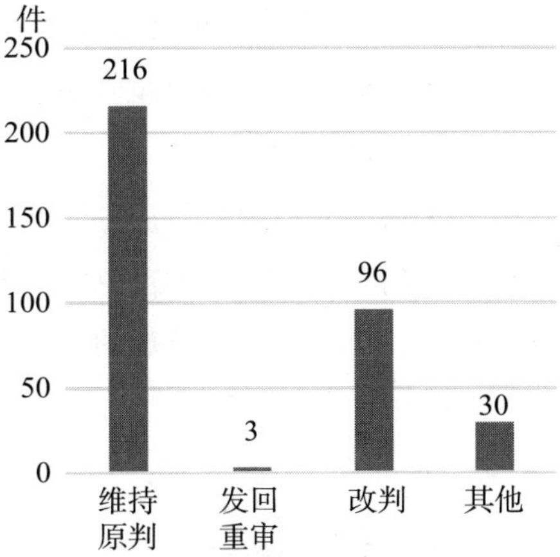

(h)惠州中院

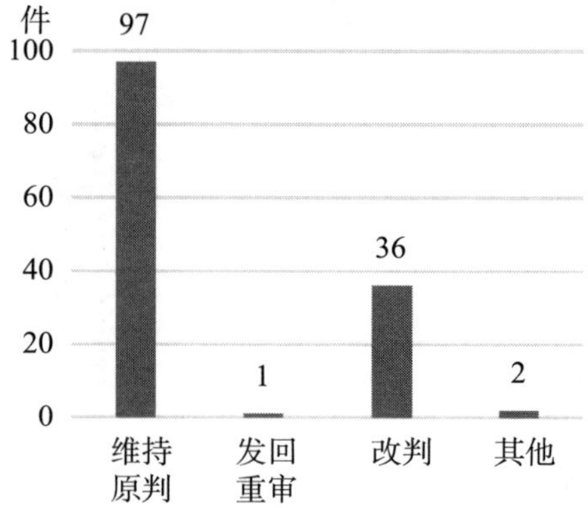

(i)肇庆中院

图1－23　广州中院判决建设工程施工合同纠纷和建设工程优先受偿权纠纷案件二审判决结果(2015～2020年)

(四)反诉情况

大湾区九市中院的3259份判决书中,涉及反诉的案件有938份,占总数的28.8%,明显低于前文所述最高院和六省份高院判决中46.79%和38.58%的反诉率。一审和再审案件数量较少,参考性较小,在此不作比较。

(五)律师代理情况

在大湾区九市中院判决的3173件二审案件中,上诉人委托执业律师作为诉讼代理人的有2769件,约占总数的87.27%;被上诉人委托执业律师作为诉讼代理人的有2429件,约占总数的76.55%;双方同时委托律师的案件有2123件,约占66.91%,如图1－24所示。

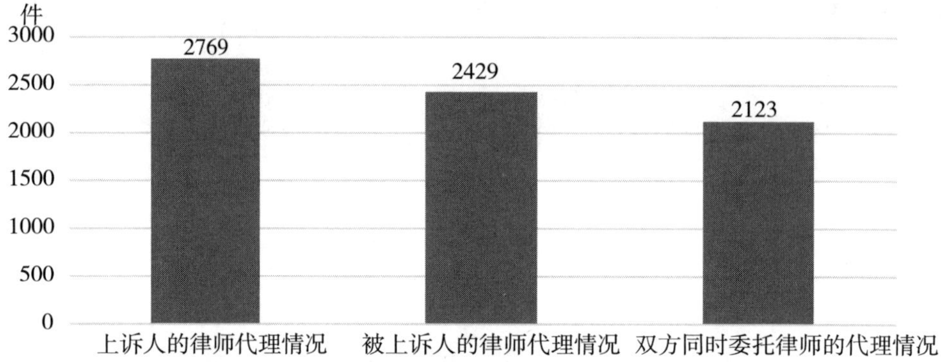

图1－24　大湾区九市中院判决建设工程施工合同纠纷和建设工程优先受偿权纠纷案件二审律师代理情况(2015～2020年)

第二章

争议焦点类型化深度分析

第一节 施工合同效力及相关纠纷

专题一 建设工程项目中标通知书发出后一方拒签合同的民事责任

核心要点

中标通知书发出后建设工程合同是否成立、一方拒签合同应承担的民事责任、被拒签方可主张的损失赔偿范围在理论上、实践中均存在争议。对于合同是否成立,现有裁判中主要存在合同成立、合同未成立和成立预约合同三种观点。主张合同成立一方经常提出虽未签订书面合同,但一方已经履行主要义务并为对方接受,因此合同成立;但从司法裁判来看,仅仅进行施工准备或前期施工难以被认定为履行合同主要义务。受损方进行追责,需要对由于对方原因导致合同未能签订证明可获得赔偿的范围,若被认定合同尚未成立,则可获得赔偿的范围中不包含预期利益损失,受损方只能对基于信赖产生的实际损失获得赔偿;若被认定合同成立,受损方可对预期利益损失进行主张,为了尽可能获得支持,都应该对实际损失进行充分举证。

一、裁判观点分析

(一)中标通知书发出后合同是否成立在司法裁判中存在较大分歧

中标通知书发出后合同是否成立,一方拒签合同应承担何种责任,司法裁判中存在争议,主要存在三种观点:第一种观点认为合同已经成立,拒签方应承担违约责任;第二种观点认为合同尚未成立,拒签方仅承担缔约过失责任;第三种观点认为中标通知书发出后双方成立预约合同,拒签方应承担预约合同违约责任。

合同已成立的观点认为,合同通过要约、承诺订立,招标投标是要约、承诺的一种具体形式,招标投标中的招标、投标、评标、定标对应合同成立中的要约邀请、要约、承诺等阶段。《民法典》第473条明确规定发布招标公告为要约邀请,投标人为订立合同进行投标性质上应属于要约,中标通知书发出后对双方具有法律效力,并且双方权利义务的主要内容已经可以根据招标文件、投标文件确定,因此中标通知书的性质应该属于承诺,承诺生效则合同成立。最高院的(2014)民一终字第155号案例中认为:“一审判决依据中标通知书,认定广厦公司、台江公司之间就案涉项目确立合同关系正确。本案双方当事人的权利义务,应依据台江公司的《招标文件》、广厦公司的《投标文件》、中标通知书及相关证据予以认定。”本案中,最高院认为中标通知书发出后合同成立,当事人的权利义务应当根据招标投标文件确定,拒签方应承担违约责任。

虽然有最高院的案例支持,但仍然有大量的案例认为中标通知书发出后合同尚未成立,拒签方仅承担缔约过失责任。如海南省高院在(2016)琼民终288号案例中认为:“根据合同法第二百七十条、建筑法第十五条之规定,建设工程施工合同应当采用书面形式。根据合同法第三十二条规定,采用合同书形式订立合同的,自双方当事人签字或者盖章时合同成立。本案中,双方并未签订书面形式的施工合同,双方之间的施工合同关系尚未成立,舜元公司的施工行为属无效行为。”本案中,法院认为原《合同法》、《招标投标法》对建设工程合同做出书面形式的要求,中标通知书发出后、书面合同签订前合同尚未成立。《招标投标法》第46条明确规定招标人、中标人应当在中标通知书发出后签订书面合同,招标公告中通常也要求双方签订书面合同,因此签订书面合同是《招标投标法》对建设工程合同的形式要求,也是招标人、中标人的合意。如果认为书面合同签订前合同已成立,不仅违反法律规定,也与双方真实意思不一致。因此,应该认为中标通知书发出后、书面合同签订前合同尚未成立,一方拒签合同应承担缔约过失责任。不仅海南省高院在判决中认为中标通知书发出后合同尚未成立,而且安徽省高院、长沙市中院、上海市第二中院、重庆市第四中院均曾在判决中持有此种观点。

中标通知书发出后成立预约合同的观点认为,《招标投标法》第46条规定双方应当签订书面合同,因此中标通知书发出后建设工程合同虽尚未成立,但双方已经负有按照招标文件、投标文件、中标通知书签订合同的义务,可以认为双方已经成立建设工程预约合同,一方拒签合同应承担预约合同违约责任。

(二)仅仅进行施工准备或前期施工不能被认为承包人已经履行合同主要义务

为节约工期,尚处于合同条款磋商阶段,发包方就可能通知承包方进场进行施工前期准备或提前施工,后续双方未对合同条款达成一致,或由于其他原因未签订合同，承包方可能依据《民法典》第 490 条的规定主张虽未签订书面合同，但一方已经履行主要义务、对方接受的，合同成立。但从现有案例来看，仅仅进行施工准备或前期施工难以被认定为履行合同主要义务。

安徽省高院(2016)皖民终 700 号案例中认为："广业公司虽派员进场搭建了部分施工设施、运进了部分施工材料，但这仅是为工程建设做准备，案涉主体工程并未开建，合同的主要义务并未履行。至于缴纳履约保证金的行为，是按照招标文件的要求而为，并不能视为合同已经成立。"该案认为，承包人进场进行施工准备以及缴纳履约保证金不能视为履行合同主要义务。

海南省高院在(2016)琼民终 288 号案例中认为："舜元公司辩称合同主要义务已经履行，故依据《合同法》第三十六条、第三十七条[①]之规定合同已经成立，但案涉工程仅实际施工至土方部分即停止是不争的事实，舜元公司以合同主要义务已履行而主张合同成立无事实及法律依据。"该案认为承包人仅施工土方部分不能认为已经履行合同主要义务。

(三)损失方应证明由于对方原因合同未签订

中标通知书发出后双方未签订合同可能存在多种原因，如合同条款不能达成一致、承包人未按招标文件要求提交履约担保、项目发生重大变更发包人计划调整等，多数情况虽是发包方原因导致合同未能签订，但也不乏双方共同原因或承包方单方原因导致合同未签订，在双方原因的情况下需按双方过错承担损失，承包方单方原因的情况下承包方需自行承担损失，甚至还可能被发包方追责。

(2016)湘 01 民终 8342 号案例中长沙市中院认为："因双方未签订合同，根本无履行之可能，且上诉人自身对未能签订合同存在过错，以及上诉人要求被上诉人赔偿直接经济损失 4,705,200 元及预期利益损失 12,594,075.56 元的证据不足，故上诉人的该请求，本院不予支持。"

(2019)渝 04 民初 2252 号案例中重庆市第四中院认为："重庆设备安装公司未按照前述规定从其基本账户一次性缴纳履约保证金，华渝置业公司依据该规定致函重庆设备安装公司取消其中标资格，即该取消中标资格行为合法有效……鉴于重庆设备安装公司与华渝置业公司之间的建设工程施工合同未成立，重庆设备安装公司主张解除该合同以及基于合同解除进而主张返还财产、赔

① 现为《民法典》第 490 条。

偿损失的各项请求,缺乏事实基础,本院不予支持。"该案认为,中标后投标人未按招标文件要求缴纳履约保证金,发包方根据招标文件规定取消中标人的中标资格合法有据,不需要对中标人承担赔偿责任。

(四)损失方可主张的损失赔偿范围

因对方拒签合同受到损失,损失方可请求赔偿,若合同被认定尚未成立,追责依据为缔约过失责任,可获赔偿的损失为信赖利益,若合同已经成立,则追责依据为违约责任,根据《民法典》第584条的规定,违约责任赔偿范围为违约造成的所有损失,包括合同履行后可以获得的利益。司法实践中普遍认为信赖利益中不包括履行合同可获得的利益,即合同未成立的情形不能主张预期利益。

(2011)沪二中民二(民)初字第5号案例中上海市第二中院认为:"在订立合同过程中违背诚实信用原则,给对方造成损失的,应当承担损害赔偿责任。该损失是指因另一方的缔约过失行为而使合同不能成立,导致信赖人所支付各种费用和其他损失不能得到弥补。不包括履行利益的损失,也不能包括全部损失。因此,卓艺公司要求瀛汉司公司赔偿工程预期利润损失21,000,000元,本院不予支持。"

1.合同成立与否均可主张的损失

无论合同是否成立,都可能获得支持的损失包括参加案涉工程投标产生的必要费用以及进场准备履约产生的合理费用。参加案涉工程投标产生的必要费用中通常包含:中标交易费、投标担保费用、标书编制费用、标书装订费用、差旅费、履约担保费用以及其他投标过程中实际产生的费用,进场准备履约产生的合理费用通常包含:现场管理费用、现场临时设施费用、机械设备进退场费用、配合服务费用、开工前备料损失等进场准备产生的实际费用。承包人如已实际施工,还应支付工程款、利息以及停窝工损失等。

2.合同成立的情形下,预期利益损失有较大可能获得支持

若被认定合同成立,损失方主张预期利益损失很有可能获得支持,但可以获得赔偿的具体数额,通常由法院自由裁量确定。

(2017)赣民终325号案例中江西省高院认为:"开发区建投公司承担违约责任除赔偿直接损失外,还应包括合同履行后可以获得的预期利益。华泰公司向开发区建投公司递交的投标报价汇总表中明确载明利润为1,010,323.82元。华泰公司上诉提出合同履行后可以获得的利益损失5,566,832元(按照中标价

69,585,404.91 元的 8% 计算而来）应当由开发区建投公司承担，因仅凭现有的证据无法证明工程项目存在预期收益 5,566,832 元，故该上诉主张不予支持。综合本案实际情况，根据双方当事人基本利益平衡的公平原则和民商事活动诚实信用的原则予以衡量，兼顾当事人的过错程度以及预期利益等综合因素，二审参照案涉工程五标段（杨梅四期东区项目）利润金额为基数酌情在 10% 利润的范围内作为预期利益赔偿金向华泰公司支付 101,032.38 元（1,010,323.82 × 10% = 101,032.38），以弥补华泰公司的违约损失。”

（2017）粤 06 民终 2706 号案例中佛山市中院认为：“广西四建公司是具备相应资质的建设工程施工单位，通常情况下，其完成案涉工程的施工，可以获得正常的利润，该利润损失具有确定性。并且，作为市场经营主体，翔基公司也应预见到广西四建公司能够获得利润。虽利润金额因诸多因素存在一定程度的不确定性，但不能因此否定该损失的存在。本院综合考量行业利润率、合同履行进度、合同履行风险等因素，并从《合同法》平等、对等原则考虑，酌定广西四建公司的利润损失为 100 万元。”

3. 损失方对损失大小承担证明责任

请求赔偿实际损失时，损失方应对损失大小承担证明责任，但证明难度较大，普遍存在因举证不能而未获支持的情形。

（2014）民一终字第 155 号案例中最高院认为：“一审中，广厦公司未就前期费用数额提出书面鉴定申请，且该费用支出数额亦不属于人民法院应依职权鉴定的专门性问题，因此，广厦公司应于一审举证期限内提出鉴定申请，其未提出应自行承担相应不利后果。而且，在广厦公司自认不能提供大部分票据原件，案涉项目已经另行招投标，并由案外人实际施工建设的情况下，通过鉴定评估确定广厦公司前期投入费用的条件亦已丧失。广厦公司提出的前期费用赔偿请求，应结合其提交的证据及双方合同约定等事实及相关法律规定，综合予以认定……对上述前期费用，广厦公司请求台江公司予以赔偿，缺乏充分的事实和法律依据，一审判决对广厦公司提出的上述赔偿请求未予支持的结果正确。”

4. 损失方还受到减损规则限制

一方拒签合同后，损失方应采取适当措施防止损失扩大，未采取适当措施致使损失扩大，难以就扩大的损失获得赔偿。

（2014）琼环民终字第 11 号案例中海南省高院认为：“从 2011 年 10 月 22 日

通知退场之日起至2012年6月30日止,展诚公司在无合同依据的前提下,不按骏华公司通知退场,却主张误工补偿,没有依据;”

(2014)民一终字第155号案例中最高院认为:“广厦公司提交的上述保安费用、管理费用的证据,亦显示大部分费用均发生在2010年12月14日台江公司通知其取消中标资格之后。本院认为,在台江公司通知广厦公司取消中标资格后,广厦公司对中标通知无法继续履行的事实应当明知,即使台江公司取消其中标资格的行为构成违约,根据《中华人民共和国合同法》第六条、[①]第一百一十九条[②]第一款之规定,广厦公司亦负有防止损失扩大之义务,其拒不退出施工场地,造成损失扩大部分,不得要求台江公司予以赔偿。”

二、实务指引

鉴于建设工程项目招标投标程序相比一般交易程序,书面来往的特征更为明显;若发出中标通知书后,对方原因拒签合同,从风险防控的角度,建议按照合同已经成立并生效的理解,尽力主张对方承担违约责任。

及时发函说明主张对方原因导致合同解除,注意保存邮件寄送证明(注明邮件内容),对方的签收记录(或者拒收记录)。函件内明确说明对方原因拒签合同,同时注意保留对方拒签合同的相关材料,包括聊天记录、邮件记录、我方已多次要求签约的行为等。

按照合同约定和法律规定主张对方承担违约责任(例如,拒不履行合同主要义务),承包方拒签合同时发包方可扣除投标保证金。

及时收集材料,主张对方违约导致的其他相关损失:如工期延误、停工误工、材料设备采购、前期进场准备、重新选聘供应商、租金等损失以及预期利润损失;必要时可提出鉴定。

即使是对方拒签合同,也要注意避免损失扩大,因未采取减损措施导致的扩大损失部分,法院难以支持。

如承包人已进场施工,双方应注重界面划分,尽量协商完成已完工程量的核对、退场移交资料的工作,必要时须聘请专业机构现场见证。

---

① 《民法典》第7条。

② 《民法典》第591条。

专题二 依法必须招标中国有企业投资项目的认定

核心要点

《招标投标法》第3条规定，全部或者部分使用国有资金投资并符合建设规模标准的工程相关采购必须进行招标。《必须招标的工程项目规定》（国家发展和改革委员会令第16号）第2条规定，国有资金投资项目包括使用国有企业事业单位资金，并且该资金占控股或者主导地位的项目。根据上述规定，国有企业资金占控股地位或主导地位并且达到必须招标规模的项目为依法必须招标的项目，若未招标，根据《建设工程司法解释（一）》第1条第3项的规定该合同无效。但国有资金投资的表现形式具有多样性，法律中没有国有企业的统一定义，对国有企业的界定分散在法规中，如国务院国有资产监督管理委员会、财政部、审计署、国家统计局等的规定中，并且界定的国有企业范围也并不完全一致，判断是否属于国有企业投资项目在实践中存在较大困难。在司法裁判中国有资本持股、参股、不能体现控股的情形通常不会被认定为国有企业投资。

一、法律法规及裁判观点分析

1. 法律法规对国有企业的界定

《必须招标的工程项目规定》中虽规定使用国有企业事业单位资金的项目，但招标投标法律法规中并未对国有企业的含义进一步阐释。目前，关于国有企业的界定分散在零散的法规中，且国务院各部门对国有企业的认定也存在差异，本书对各法规中的“国有企业”的认定进行了梳理，主要分为以下几种情况。

（1）国务院国有资产监督管理委员会对国有企业的认定

根据规定（如表2-1所示），国资委一般将国有及国有控股（含绝对控股和相对控股）认定为国有企业，但在各规定中又存在细微的差别，比如，在上市公司国有股东标志管理规定中，并未将国有实际控制企业（国有持股小于50%但处于实际支配地位的企业）作为标注为国有股东标识。

表2－1　国务院国有资产监督管理委员会对国有企业认定的相关规定

法规名称	发文机关	发文日期	对国有企业的认定
《国务院国有资产监督管理委员会关于实施〈关于规范国有企业职工持股、投资的意见〉有关问题的通知》	国务院国有资产监督管理委员会	2009.3.24	《规范意见》所称国有企业，是指各级国有及国有控股（含绝对控股和相对控股）企业及其授权经营单位（分支机构）
《国务院国有资产监督管理委员会关于施行〈上市公司国有股东标识管理暂行规定〉有关问题的函》	国务院国有资产监督管理委员会	2008.3.4	持有上市公司股份的下列企业或单位应按照《上市公司国有股东标识管理暂行规定》（国资发产权〔2007〕108号）标注国有股东标识： 1. 政府机构、部门、事业单位、国有独资企业或出资人全部为国有独资企业的有限责任公司或股份有限公司。 2. 上述单位或企业独家持股比例达到或超过50%的公司制企业；上述单位或企业合计持股比例达到或超过50%，且其中之一为第一大股东的公司制企业。 3. 上述"2"中所述企业连续保持绝对控股关系的各级子企业。 4. 以上所有单位或企业的所属单位或全资子企业
《企业国有资产交易监督管理办法》	国务院国有资产监督管理委员会、财政部	2016.6.24	第四条　本办法所称国有及国有控股企业、国有实际控制企业包括： （一）政府部门、机构、事业单位出资设立的国有独资企业（公司），以及上述单位、企业直接或间接合计持股为100%的国有全资企业； （二）本条第（一）款所列单位、企业单独或共同出资，合计拥有产（股）权比例超过50%，且其中之一为最大股东的企业； （三）本条第（一）、（二）款所列企业对外出资，拥有股权比例超过50%的各级子企业； （四）政府部门、机构、事业单位、单一国有及国有控股企业直接或间接持股比例未超过50%，但为第一大股东，并且通过股东协议、公司章程、董事会决议或者其他协议安排能够对其实际支配的企业

（2）财政部对国有企业的认定

根据规定（如表2－2所示），财政部一般将国有独资、国有股权超过50%的绝对控股企业认定为“国有企业、公司”，对于国有股权处于相对控股的企业是否认定为“国有企业、公司”持谨慎态度，需进行具体分析，并明确了具体的判断标准。

表 2－2　财政部对国有企业认定的相关规定

法规名称	发文机关	发文日期	对国有企业的认定
《财政部关于国有企业认定问题有关意见的函》	财政部	2003.4.23	三、对“国有公司、企业”的认定，应从以下角度加以分析： 1.从企业资本构成的角度看，“国有公司、企业”应包括企业的所有者权益全部归国家所有、属《企业法》调整的各类全民所有制企业、公司（指《公司法》颁布前注册登记的非规范公司）以及《公司法》颁布后注册登记的国有独资公司、由多个国有单位出资组建的有限责任公司和股份有限公司。 2.从企业控制力的角度看，“国有公司、企业”还应涵盖国有控股企业，其中，对国有股权超过50%的绝对控股企业，因国有股权处于绝对控制地位，应属“国有公司、企业”范畴；对国有股权处于相对控股的企业，因股权结构、控制力的组合情况相对复杂，如需纳入“国有公司、企业”范畴，须认真研究提出具体的判断标准
《财政部关于印发〈金融企业财务规则——实施指南〉的通知》	财政部	2007.3.30	（一）关于国有及国有控股企业。 国有企业是指依照《中华人民共和国公司法》设立的国有独资公司；由两个及两个以上的国有独资公司或者各级人民政府及其部门、机构或者其他国有单位出资设立的有限责任公司和股份有限公司。 国有控股企业是指国有资本占实收资本50%以上的有限责任公司和股份有限公司；国有资本占实收资本的比例虽然不足50%，但国有资本投资者享有的表决权已足以对股东（大）会的决议产生重大影响的有限责任公司和股份有限公司；国有资本占实收资本的比例虽然不足50%，但通过投资关系、协议或者其他安排，国有资本投资者能够实际支配金融企业行为的金融企业

（3）审计署对国有企业的认定

根据规定（如表2－3所示），审计署一般将国有和国有资本占控股或主导地位的企业认定为国有企业。

表 2－3　审计署对国有企业认定的相关规定

法规名称	发文机关	发文日期	对国有企业的认定
《审计法实施条例》	国务院	2010.5.1	第十九条　审计法第二十一条所称国有资本占控股地位或者主导地位的企业、金融机构，包括： （一）国有资本占企业、金融机构资本（股权）总额的比例超过50%的； （二）国有资本占企业、金融机构资本（股权）总额的比例在50%以下，但国有资本投资主体拥有实际控制权的。 审计机关对前款规定的企业、金融机构，除国务院另有规定外，比照审计法第十八条第二款、第二十条规定进行审计监督
《审计署关于内部审计工作的规定》	审计署	2018.1.12	第三十一条　本规定所称国有企业是指国有和国有资本占控股地位或者主导地位的企业、金融机构

（4）国家统计局对国有企业的认定

根据规定（如表 2－4 所示），国家统计局认为广义的国有企业包含纯国有企业、国有控股企业（绝对控股和相对控股）、国有参股企业，与上述国资委、财政部、审计署未将国有参股企业作为国有企业的认定略有不同。

表 2－4　国家统计局对国有企业认定的相关规定

法规名称	发文机关	发文日期	对国有企业的认定
《国家统计局关于对国有公司企业认定意见的函》	国家统计局	2003.4.18	国有企业有广义、狭义之分。广义的国有企业是指具有国家资本金的企业，可分为三个层次： 一、纯国有企业。包括国有独资企业、国有独资公司和国有联营企业三种形式，企业的资本金全部为国家所有。 二、国有控股企业。根据国家统计局《关于统计上国有经济控股情况的分类办法》的规定，国有控股包括国有绝对控股和国有相对控股两种形式。 国有绝对控股企业是指在企业的全部资本中，国家资本（股东）所占比例大于50%的企业。 国有相对控股企业（含协议控制）是指在企业的全部资本中，国家资本（股本）所占的比例虽未大于50%，但相对大于企业中的其他经济成分所占比例的企业（相对控股）；或者虽不大于其他经济成分，但根据协议规定，由国家拥有实际控制权的企业（协议控制）。 三、国有参股企业。是指具有部分国家资本金，但国家不控股的企业。国有与其他所有制的联营企业，按照上述原则分别划归第2、3层次中。狭义的国有企业，仅指纯国有企业

综上所述，国家各部门对国有企业的认定在标准上存在差异，一般对国有及国有控股（国有股权超过 50%）认定为“国有企业”没有争议，但对于国有相对控股或者国有实际控制企业（国有股权未超过 50%）是否认定为属于国有企业存在不一致的规定，且即使被认定为属于国有企业也需满足一定的条件。虽然上述规定适用于国有资产交易监管、上市公司股权管理、审计、统计等不同领域，并非直接规范招标投标领域，但对于判断是否属于必须招标的国有企业投资项目具有一定的参考价值。

2. 裁判观点分析

（1）国有资本持股、参股未超过 50% 的企业可能被认定为非国有企业

（2017）最高法民终 612 号案例中，最高院认为，“甘肃机械集团公司对星火机床公司持股，并不能直接说明案涉项目使用了国有企业自有资金，是由甘肃机械集团公司实际拥有控制权的项目。故甘肃一建主张案涉工程属于使用国有资金投资的项目，未依法进行招投标，案涉合同无效的上诉理由没有事实和法律依据，本院不予采信。”经查询，全民所有制企业甘肃机械集团公司对星火机床公司持股 8%，在该案中最高院认为甘肃机械集团公司对发包人仅持股，并不能直接说明案涉项目使用了国有企业自有资金，是由国有企业实际拥有控制权的项目。

（2017）最高法民申 1117 号案例中，发包人砂宝斯公司主张其为国有企业控股，案涉项目依法必须招标，但最高院认为，案涉合同项下工程建设项目不属于《招标投标法》第 3 条规定的必须进行招标的范围，发包人以该公司系由国有企业控股为由主张案涉尾矿库工程属于必须招标的项目缺乏依据。经查询，国有独资公司的全资子公司持有发包人砂宝斯公司 42.93% 的出资份额。

（2018）最高法民申 455 号案例中，发包人为国有资本参股 22.66% 的企业，最高院认为，发包人并非国有企业，案涉项目未使用国有企业自有资金投资或有国有资金占控股或主导地位的情形，故不属于应当公开招标的项目。

上述案例中国有资本持有发包人的股份均未超过 50%，也无相关证据表明国有资本实质控制，最高院认为此种情形下国有资本仅持股、参股，并认为此情形下并非国有企业投资项目。

（2）国有控股企业可以被认定为国有企业

（2016）最高法民申 3153 号案例中，发包人云冶矿业的母公司为国有控股企

业,最高院认为,发包人作为国有控股公司,工程使用资金为国有资金,并且工程投资已经达到必须招标的工程规模,因此必须进行招标。

二、实务指引

综上,招标投标规范体系中未对国有企业直接界定,现行规范出于其他监管目的对国有企业的含义及认定进行了规定,上述规定不完全一致,法院在认定发包人是否属于国有企业时未直接援用该等规定,因此,仅具有一定的参考性。在本书中所涉及的是否属于国有企业的案例中,最高院均未对国有企业的认定依据进行说明,但在上述案例中,最高院认为国有资本持股、参股、不能体现控股的情形不属于国有企业投资项目。我们建议:

1. 如发包人对其是否属于国有企业存疑的,建议与当地建设主管部门沟通,尽量获得建设主管部门对发包人所投资项目不需要招标的认可;

2. 如国有资本对发包人的持股超过50%以上的,为避免所签订的施工合同被认定无效,建议通过招标的方式订立施工合同。

专题三　建设工程内部承包合同的效力及认定

核心要点

内部承包是指企业与其分支机构、职能部门或员工个人通过协议约定,分支机构、职能部门或员工个人进行经营管理,实现目标效益后可获得绩效或提成,内部承包作为转变企业经营机制,增强企业活力的一种经营方式在市场中普遍存在,建设工程领域同样存在大量的内部承包情形,我国建筑领域法律法规并不禁止内部承包经营方式。

建设工程领域对承包人的资质有硬性要求,在承包人无资质、借用资质情况下签订的施工合同以及非法转包、违法分包的合同无效,实践中大量存在以“内部承包”之名行挂靠、转包、违法分包之实的承包行为,因此,内部承包的识别对合同效力至关重要。结合多个法院的司法指导文件及案例,司法裁判通常从内部承包双方的关系、承包人有无进行管理以及工程项目的出资情况对是否构成内部承包进行甄别。在被认定不属于内部承包的情况下,内部承包合同大多被认定为转包或挂靠而无效。

一、裁判观点分析

1. 司法实践对内部承包合同效力的认定

《建筑工程施工发包与承包违法行为认定查处管理办法》第 6 条、第 7 条禁止施工单位承包工程后将其承包的工程转包给其他单位或个人施工。

除住建部门对内部承包的规定外，各省法院在一些审判指导意见、案件疑难问题解答等规范性文件中对内部承包合同的效力作出指示。如浙江高院《解答》中规定："建设工程施工合同的承包人与其下属分支机构或在册职工签订合同，将其承包的全部或部分工程承包给其下属分支机构或职工施工，并在资金、技术、设备、人力等方面给予支持的，可认定为企业内部承包合同；当事人以内部承包合同的承包方无施工资质为由，主张该内部承包合同无效的，不予支持。"北京高院在北京高院《解答》、福建高院在福建高院《解答》中均认为内部承包合同不因内部承包人缺乏施工资质而无效。

因此，内部承包的经营方式未被我国法律法规禁止，建筑市场允许以内部承包实施工程，法院亦认可内部承包合同的效力。

2. 司法中对内部承包合同的识别（与挂靠、转包、违法分包的甄别）

正因为内部承包合同是有效合同，为规避法律对挂靠、转包、违法分包的限制，一些挂靠、转包、违法分包选择在内部承包的外衣下进行，法院会对是否构成内部承包进行甄别。总结目前地方司法指导文件以及相关裁判案例，我们认为法院在认定内部承包时通常重点考察以下一些要件。

（1）内部承包双方是否具有内部关系

双方具有隶属关系、劳动关系等内部关系是内部承包的前提。浙江省高院、北京市高院以及福建省高院的指导意见均表明内部承包发生在工程承包人与其下属分支机构、在册职工之间，如不具有内部关系，则不满足内部承包的前提。

司法裁判中，双方是否具有内部关系也是法院关注的重点，如（2015）民申字第 2872 号案例中最高院认为："因王某并非登达公司职工，双方签订的《内部承包合同》并不符合内部承包的法律特征。……双方签订的《内部承包合同》应认定为无效。"（2019）粤民再 49 号案例中，广东省高院认为："开平建安与辛某祥签订的《承包协议书》及其附件约定，辛某祥内部承包案涉工程。但从实际履行情况及现有证据看，开平建安与辛某祥并未建立劳动关系，案涉工程由辛某祥负责组织施工、采购材料和设备等，开平建安没有对案涉工程投入资金、技术以及管理。一审、二审认定辛某祥与开平建安是内部承包关系，证据不足。”

（2）工程承包人是否进行管理

内部关系是认定内部承包的前提，但仅具有内部关系也可能被认定为挂靠、转包或违法分包。内部承包人具有经营管理权，但工程不能完全脱离工程承包人的管理，工程承包人仍应对工程质量、安全、财务等进行管理。

安徽高院《意见（二）》第 2 条规定：“建筑施工企业的内部人员对外以企业名义承包工程，对内与企业签订承包协议，企业只收取管理费，不在资金、技术、设备、人力等方面提供支持，不承担技术、质量监管和经济责任的，应当认定为借用资质，以建筑施工企业名义与发包人签订的建设工程施工合同无效。”据此，安徽省高院认为，工程即使为内部人员承包，工程承包人只收取管理费、不对工程进行管理的情况下，属于名为内部承包实为挂靠。

司法裁判中，法院在认定内部承包时会对工程承包人是否管理工程进行考量，如（2012）民一终字第 31 号案例中，最高院认为，在《内部经济承包协议书》第 4 条中规定了乙方（彭某海）每月应按公司财务科的要求上报当月生产进度计划及财务收付成本核算清单，将当月执行情况以书面报告形式上报公司存档。凡未送工程进度计划及财务报表的，公司有权督促实行。第 5 条规定了“乙方的财务管理受甲方监督，乙方的工程款必须汇入甲方指定的账户，甲方保证专款专用”。由这些条款可知，彭某海承包讼争工程时，有关施工生产进度及财务收支等情况都由六建福州公司进行监管。这说明按《内部经济承包协议书》约定，六建福州公司有权对生产进度、财务收支等进行监管。从上述内容看，双方的约定与单纯出借资质只收取管理费不参与生产经营管理的做法有本质的不同。金山房地产公司主张讼争《施工合同》及后续相关补充合同、补充协议虽由金山房地产公司与六建公司、六建福州公司签订，但实际施工人却是原审第三人彭某海个人，这属于没有资质的实际施工人借用有资质的建筑施工企业名义签订合同的情形，法院不予支持。

（3）工程项目的出资情况

内部承包中内部承包人具有一定独立性，但经营资产仍由工程承包人所有，工程承包人出资并享有最终收益，内部承包人不享有独立所有权，也不承担全部经营风险。挂靠、转包则相反,通常约定由挂靠人、转包人出资并享有收益,工程承包人只收取管理费不承担任何风险。

司法裁判中,也有法院考量工程项目的出资情况,如(2018)粤民终 328 号案例中,广东省高院认为:"内部承包是以承包使用企业的财产为主,自己投入的财产在使用的财产中仅占次要地位。从《工程项目内部承包协议书》的约定来看,甲方(锦宸公司)对施工进度、建筑材料、工程款使用、工人工资发放等仅有监督义务,乙方(赵某心)则应履行甲方在工程施工合同中与发包方约定的一切事宜。协议书第 7 条约定工程的材料款必须经甲方账户转账支付给材料商,乙方须提供材料供应商的联系方式和材料收据或(发票)票据供甲方财务记账、审计和查询,乙方承担一切费用。结合赵某心关于'整个项目我们没有领过工程款,全是我垫资做的,然后由南湖国旅直接支付工程款给班组及供应商'的陈述,《工程项目内部承包协议书》约定的内容亦不符合建设工程内部承包经营的特征。"据此,法院认为内部承包人独立出资、享有收益不属于内部承包经营。

3. 不构成内部承包情况下的合同效力

实践中存在大量的以内部承包之名实施挂靠、转包行为,较多案例中"内部承包合同"被法院认为不构成内部承包,在不构成内部承包时,"内部承包合同"的效力应根据《民法典》《建设工程司法解释(一)》等规定进行判断。因内部承包人不具有资质以及工程内容转由其实施,既可能被认定为转包而"内部承包合同"无效,也可能被认定为挂靠导致施工承包合同、"内部承包合同"均属于无效。

(1)"内部承包合同"、施工合同可能因挂靠而无效

《施工合同司法解释(一)》第 1 条规定,没有资质的实际施工人借用有资质的建筑施工企业名义签订的施工合同无效。是否构成内部承包人借用工程承包人的名义签订施工合同,通常会考虑内部承包人有无介入承发包过程,如内部承包人参与承发包过程则可能被认定构成挂靠,从而导致施工合同无效,"内部承包合同"因违反法律规定也会被认定为无效。

在(2017)粤民终 3049 号案例中,一审法院认为:"从陈某标提交的数份《建设工程施工合同》及《经营责任内部承包合同》上签约主体及其陈述的签约过程可见,陈某标以环宇公司的代理人身份参与宏都公司与环宇公司之间的承发包活动,随后以个人名义与环宇公司签署内部承包合同的方式取得案涉工程承包人的权利义务,该系列行为可以认定陈某标系挂靠环宇公司,借用有资质的建筑

施工企业环宇公司的名义承揽工程。根据《最高人民法院关于审理建设工程施工合同纠纷适用法律问题的解释》第四条①的规定，陈某标作为无资质的实际施工人，其借用有资质的建筑施工企业即环宇公司名义与宏都公司订立的前述《建设工程施工合同》均为无效。”本案中，法院以内部承包人以承包人代理人的身份参与承发包过程认定构成挂靠，进一步认定施工合同无效。

(2)“内部承包合同”因构成转包而无效，施工合同仍然有效

《施工合同司法解释(一)》第1条规定，承包人非法转包、违法分包的合同应当被认定无效。不构成内部承包的情形，通常是工程承包人将工程转包、违法分包给内部承包人，“内部承包合同”因构成转包、违法分包而无效，但承包人与发包人之间的施工合同仍然有效。

如(2017)最高法民申2372号案例中最高院认为：“银利公司将案涉工程发包给中成公司，中成公司又将工程转包给唐某斌、巫某兵、李某军三人实际施工，因以上三人无建筑施工企业资质，故其与中成公司《内部承包合同》因非法转包而无效。”法院认为，内部承包的实质为转包，“内部承包合同”因构成转包而无效。

(2017)最高法民终578号案例中最高院认为：“案涉工程招投标程序合法。关于邗建公司与邓某的关系问题，从案涉工程的招投标过程，邗建公司与邓某签订的《工程施工内部承包协议书》约定的内容来看，邗建公司与邓某系转包合同关系，且邗建公司与邓某均称其二者系转包关系，故璞润公司辩称邓某系借用邗建公司资质与其签订《建设工程施工合同》无事实及法律依据，不予支持。综上，案涉工程招投标程序合法，邗建公司具有房屋建筑工程总承包一级资质，邗建公司与璞润公司根据《中标通知书》于2013年7月3日签订《建设工程施工合同》并经备案，该合同有效。”本案中，最高院认为，从工程招投标过程来看，招投标程序合法，即使“内部承包合同”因转包无效，但施工合同依然有效。

二、实务指引

为避免内部承包合同被认定为属于挂靠、转包、非法分包的行为而导致签

---

① 《建设工程司法解释(一)》第1条。

订的内部承包合同、施工合同被认定无效，建议建筑施工企业采取如下防范措施。

1. 内部承包协议中的乙方签约主体应为与公司有合法的人事或者劳动合同以及社会保险关系的人员，或者具有隶属关系的下属分支机构。一般情况下，是否具有劳动关系应以书面劳动合同、社保缴纳凭证、工资发放证明等予以证实。

2. 内部承包协议约定应明确具体，就公司与内部承包人之间的权利义务责任进行明确的划分，因公司在对外关系上承担全部责任，如在内部承包协议中约定公司对外承担责任后由内部承包人最终承担相关责任的，则公司承担责任后，可要求内部承包人最终承担责任。内部承包合同要明确约定诸如工程价款的结算条件、违约责任、承包的最终责任划分、中途接管的法律后果等问题。

3. 在工程施工过程中，公司应对工程项目给予技术、资金、材料、人员等各方面的支持，应以使用公司的财产为主，项目经理或附属分支机构投入的财产仅占次要的地位。

4. 加强对施工过程及施工质量的管理，并对工程项目的质量、安全、进度进行监督。

专题四　施工合同中"合同实质性内容"的判断

核心要点

对于招标人和中标人在定标后签订的与中标合同实质性内容不一致的合同，建设工程司法解释规定以中标合同作为结算工程价款、确定双方权利义务的依据，在特定情况下，背离中标合同实质性内容的约定还可能被认定无效。因此，判断合同变更是否构成对"合同实质性内容"的变更十分重要，直接关涉到变更有无约束力。《建设工程司法解释（一）》第2条明确规定"工程范围、建设工期、工程质量、工程价款"属于合同实质性内容，除该等明确规定外，本书通过对裁判观点的梳理，发现在一些案例中也曾将改变工程款支付方式、修改违约责任、建设—移交（BT）合同改变资金占用费率和回购期认定为合同实质性内容变更。

一、裁判观点分析

《招标投标法》第46条第1款规定:“招标人和中标人应当自中标通知书发出之日起三十日内,按照招标文件和中标人的投标文件订立书面合同。招标人和中标人不得再行订立背离合同实质性内容的其他协议。”《招标投标法实施条例》第57条第1款规定:“招标人和中标人应当依照招标投标法和本条例的规定签订书面合同,合同的标的、价款、质量、履行期限等主要条款应当与招标文件和中标人的投标文件的内容一致。招标人和中标人不得再行订立背离合同实质性内容的其他协议。”《建设工程司法解释(一)》第2条规定:“招标人和中标人另行签订的建设工程施工合同约定的工程范围、建设工期、工程质量、工程价款等实质性内容,与中标合同不一致,一方当事人请求按照中标合同确定权利义务的,人民法院应予支持。招标人和中标人在中标合同之外就明显高于市场价格购买承建房产、无偿建设住房配套设施、让利、向建设单位捐赠财物等另行签订合同,变相降低工程价款,一方当事人以该合同背离中标合同实质性内容为由请求确认无效的,人民法院应予支持。”

根据上述规定可知,工程范围、建设工期、工程质量、工程价款涉及招标人、投标人的基本权利义务,对当事人产生根本的影响,这4项内容应当属于合同实质性内容,双方未按招投标文件的上述内容签订合同或者双方另行签订改变中标合同中上述内容的合同,应当以中标合同或招标文件、投标文件确定双方权利义务。司法实践中对上述4项内容属于合同实质性内容较早达成了普遍的共识,除上述4项内容外的其他合同内容是否属于“合同实质性内容”仍存在一些争议。

1. 改变工程款支付方式可能被认定为改变合同实质性内容

建筑行业属劳动力密集、资金密集的行业,建设项目需要投入的资金多,建设周期长,承包方式是垫资施工、部分垫资施工还是业主预付款项后施工,工程款的支付方式不同,承包人对应考虑是否进行融资、融资金额、融资周期等,承包人的成本相应改变,工程款支付方式的改变对双方必然产生较大的影响。

司法实践中,有案例认为工程款支付方式属于合同实质性内容,如(2017)最高法民终437号案例中最高院认为:“双方另行签订的施工合同将付款方式改为‘主体结构十五层以下暂不付款’，即主体结构十五层以下由承包人垫资施工，改变了备案合同关于发包人支付预付款和进度款的约定，明显加重了承包人的义务，对承包人的利益影响较大，一审法院认定另行签订的施工合同属于与备案合同实质性内容矛盾的黑合同，违反招标投标法强制性规定而为无效，并无不当。”因此，双方改变工程款支付方式可能被法院认定为改变中标合同实质性内容。

2. BT 建设模式下，改变资金占用费率、回购期可能被认定为改变合同的实质性内容

BT 建设模式下，承包人自行融资后建设，除负责施工外，承包人还需承担融资上的成本，建设单位何时回购建成项目、以何种标准补偿承包人的融资成本，直接影响承包人的利益。在司法实践中，当事人改变招标文件、投标文件中的回购期、资金占用率可能被法院认定为违反合同实质性内容。(2019)最高法民终 1905 号案例中，最高院认为：投标文件载明资金占用率 5%，建设工程施工合同载明资金占用率为当年同期银行贷款利率，施工合同变更了投标文件中的资金占用率，并且建设工程施工合同约定的回购款支付期限也与招标文件不一致，建设工程施工合同对招投标文件进行了实质性修改，无论是付款期限还是支付利息的金额均加重了建设单位的合同义务，应执行招投标文件的约定。因此，改变合同中的回购期、资金占用率可能构成对合同实质性内容的改变。

3. 改变违约责任也存在被认定为改变合同实质性内容的可能性

违约责任是否属于合同实质性内容存在争议，多数人持有的观点认为违约责任与工程价款等内容属于不同的范畴，违约责任条款不构成合同实质性内容，但在司法裁判中，仍然有案例认为违约责任属于合同实质性内容。(2018)最高法民申 1235 号案例中，双方签订补充合同改变中标合同中工期违约责任及其他内容，二审法院认定补充协议中实质性条款变更的内容无效，包括工期违约责任，再审申请人主张违约责任并非实质性条款，最高院认为根据合同法的规定，违约责任是要约的实质性内容，再审申请人主张违约责任不属于实质性条款并无依据。因此，变更违约责任也存在被认定为变更合同实质性内容而无效的可能性。

4. 由于客观原因改变承包范围、工程价款可能不会被认定为改变合同实质性内容

根据最高院《2011 年全国民事审判工作会议纪要》(法办〔2011〕442 号)“关于建设工程合同纠纷案件”的规定,建设工程开工后,发包方与承包方因涉及变更、建设工程规划指标调整等原因,通过补充协议、会议纪要、来往函件、签证等形式变更工期、工程价款、工程项目性质的,不应认定为变更中标合同的实质性内容。根据本条规定,双方基于正当客观原因变更合同主要内容不构成变更中标合同的实质性内容,客观原因变更、非正当变更具有不同的效力。也有案例支持由于客观原因变更合同的效力,如(2019)最高法民终 922 号案例中,最高院认为:“关于旅游学院上诉主张应以招投标文件作为工程价款结算依据问题,因案涉工程在施工过程中图纸设计发生变化,工程量较招投标时明显增加,且 24 号审计报告中已对合同约定结算方式与招标文件不同的因素予以了合理考虑,故旅游学院上诉提出 24 号审计报告不能作为结算依据的理由,也不能成立。”

二、实务指引

根据上述裁判观点,非基于客观原因改变中标合同约定的工程范围、建设工期、工程质量、工程价款等内容构成改变合同实质性内容;还有案例认为改变工程款支付方式、违约责任等内容也构成改变合同实质性内容,为避免双方另行签订的合同被认定改变中标合同实质性内容而不具有约束力,我们建议:

1. 对于非必须招标的项目,建议不通过招标投标的方式订立合同,即便是参照招标投标的程序,建议在采购文件中明确本采购程序非招标投标,不适用招标投标法的规定。

2. 对于依法必须招标的项目,建议在招标前对招标文件、合同文件进行严格审查,避免中标后对合同文本进行调整修改。中标合同严格按照招标文件、投标文件、中标通知书的条款签订。

3. 对于依法必须招标的项目,建议仅在施工正常变更、规划指标调整等客观原因情况下考虑另行签订补充协议,并在补充协议“鉴于条款”中将该等客观事由予以明确,其他情况下仍建议按照中标合同执行不再另行签订合同。

专题五 施工合同中黑白合同情况下结算依据的判断

核心要点

根据《建设工程司法解释(一)》第2条、第22条的规定,招标人、投标人另行订立与中标合同实质性内容不一致的建设工程施工合同,以中标合同确定双方权利义务;招标人、投标人签订的建设工程施工合同与招标文件、投标文件、中标通知书载明的工程范围、建设工期、工程质量、工程价款不一致的,以招标文件、投标文件、中标通知书作为结算工程价款的依据。实践中,通常将中标合同称为"白合同",将双方违反规定另行订立的合同称为"黑合同",上述规定确立了以中标合同作为结算依据的原则,但现实中黑白合同的情况更加复杂,并非一概能以中标合同作为结算依据,能否以中标合同作为结算依据还取决于中标合同的效力、黑白合同的签订顺序等多种因素,本专题拟以依法必须在招标项目中进行一次招标的情况下存在的黑白合同情况为例,说明该等黑白合同情况下确定结算依据的相关裁判规则。

一、裁判观点分析

1. 中标合同签订之后另行签署黑合同的,在中标合同合法有效的情况下,应以中标合同作为结算依据

中标合同签订后,双方再签订黑合同改变中标合同的实质性内容是一种常见的黑白合同,此种情形中黑合同容易与正常的合同变更混淆,如黑合同实质性变更了中标合同内容,在中标合同合法有效的情况下,应以中标合同作为确定双方权利义务的依据。

(2016)最高法民终778号案中,2011年11月5日当事人经招标投标程序签订《建设工程施工合同》并备案,约定以固定价加调差计价,工程总造价为57,311,051.71元。2011年11月18日当事人签订《协议书》,约定工程价款按实结算,工程造价暂定1亿元,并约定上述《建设工程施工合同》仅用于备案。2014年2月18日当事人签订《补充协议》,约定工程价款最终以施工图纸、设计

变更和现场签证结算为准,工程总价约8000万元。2015年3月12日当事人签订另一份《协议书》,约定工程预结算金额为92,832,336.95元。最高院认为,一审法院在认定以上备案合同之外另行签订的三份协议均对备案合同约定的工程价款数额及计算方式等核心条款作出实质性变更,但又依据第二份《协议书》的约定认为双方确定工程预结算金额为92,832,336.95元是真实意思表示并据此计算案涉工程价款,存在前后矛盾,根据原《建设工程司法解释》第21条①的规定,在经审查确认双方当事人另行订立的协议与经过备案的中标合同实质性内容不一致的情况下,应当以备案的中标合同作为结算工程价款的依据。

(2017)最高法民再249号案中,2011年12月8日当事人依据中标文件签订《建设工程施工合同》并办理备案,约定工程价款为15,816,541.39元,为固定价格,无论工程是否有变更或工程量增减均不调整合同价款。同日,双方签订《合作合同书》,约定建成的职工住宅第十七层至十八层共6套职工宿舍套房分给承包人,发包人所得的60套住房按定死造价每平方米2280元结算,总造价约为13,800,000元。2011年12月18日,双方签订《补充协议书》又约定,地下室由承包人投资建设,工程底层架空层临路27米长的场地使用权归承包人所有,小区道路、园林绿化、围墙工程由承包人施工,工程价款另行结算。最高院认为,根据《招标投标法》第46条的规定,招标人、投标人应按照招标文件和投标文件订立书面合同,不得再行订立背离合同实质性内容的其他协议。根据原《建设工程司法解释》第21条②的规定,当事人另行订立的施工合同与备案的中标合同实质性内容不一致的,应以备案的中标合同作为结算依据。《合作合同书》《补充协议书》约定的内容均涉及对案涉工程总造价及支付方式的约定,且与中标备案《建设工程施工合同》中关于工程结算的约定不一致,属于对中标合同实质性内容的变更,《合作合同书》《补充协议书》无效,工程结算应以中标备案合同为依据。

2. 双方未依据招标文件、投标文件、中标通知书签订中标合同的,应以招投标文件作为结算依据

《招标投标法》规定,招标人和中标人应当按照招标文件和投标文件订立书

---

① 《建设工程司法解释(一)》第2条。

② 《建设工程司法解释(一)》第2条。

面合同,《建设工程司法解释(一)》第 22 条也规定,签订的施工合同与招标文件、投标文件、中标通知书载明的工程范围、建设工期、工程质量、工程价款不一致,应以招标文件、投标文件、中标通知书作为结算依据。司法实践中,也存在较多案例对未按照招投标文件签订中标合同情况下结算依据的确认进行认定。

在(2020)最高法民终 1142 号案中,新田公司与万利公司签订中标合同约定工程价款为 329,874,156.18 元,工程内容为"招标文件和投标文件中规定的范围",承包范围为"施工图纸范围内已经列明和包含的所有项目",同日,新田公司与万利西宁第一分公司签订另一份《协议书》约定工程价款为 357,744,699 元,工程内容载明"2012 年设计施工图纸范围内的土建、安装",与中标合同不一致。对于案涉合同是否包含双方争议的 16 项工程的认定,最高院认为:"本案中,从中标合同载明的工程内容和承包范围、已查明的投标清单记载内容、鉴定机构已明确的工程范围以及施工图纸领取时间在招投标及合同签订后等情况看,案涉中标合同与投标清单载明的工程范围不一致,对该 16 项工程的确定应以投标清单记载内容为准,即不应包括在工程范围之内;而新田公司二审提交的玻璃幕墙情况说明等不能否认上述事实,本院不予支持。故一审判决对该事实的认定并无不当。"

3. 中标合同签订之前已经签订黑合同的,原则上两份合同均无效,应以实际履行合同作为结算依据

在中标合同签订前双方已经签订了黑合同,通常会被法院认定为招标人、投标人在中标前已经对合同实质性内容进行谈判或者存在串通投标行为,中标无效,则双方签订的中标合同也因此无效。如案涉项目为依法必须招标的项目,黑合同因未经招投标程序订立也属于无效,黑白合同均无效。对于黑白合同均无效的情况下如何确定结算依据的问题,根据《建设工程司法解释(一)》第 24 条的规定,多份施工合同均无效,但建设工程质量合格,应参照实际履行的合同关于工程价款的约定折价补偿承包人,实际履行的合同难以确定,当事人请求参照最后签订合同关于工程价款的约定折价补偿承包人的,人民法院应予支持。

(2019)最高法民终 612 号案中,2010 年 6 月 13 日当事人签订《万隆广场施工总承包合同》,并实际开始施工,2012 年 10 月 15 日当事人经招投标程序签订中标合同。最高院认为,根据《招标投标法》的规定串标行为将导致中标无效,中标合同属于"先定后招",违反了《招标投标法》的规定应被认定无效。根据《招

标投标法》第3条规定并参照2000年国家发改委《工程建设项目招标范围和规模标准规定》(2018年6月6日作废),案涉万隆广场项目在当时系强制招标工程,《万隆广场施工总承包合同》及相应补充协议未通过招投标程序订立也应无效。法院支持以当事人共同签署确认的结算报告及其补充结算协议作为结算依据。

黑合同签订于白合同之前,虽通常情况下法院会认为白合同因串通投标而无效,但也存在例外。如(2015)民一终字第9号案中,招标前当事人签订了《工程补充合同书》,其后南北公司通过招投标程序确定环宇公司为案涉工程的中标人,双方依据招标文件和投标文件签订了《建设工程施工合同》并备案。最高院认为,虽然招标前环宇公司与南北公司签订了《工程补充合同书》,但《工程补充合同书》约定的工程价款、支付方式、开工和竣工的时间等内容与《建设工程施工合同》中的约定明显不同,故双方投标前的谈判行为对中标结果未产生实质性影响。鉴于此,《建设工程施工合同》不违反《招标投标法》的相关规定,且合同内容也体现了双方的真实意思,故该合同有效,并以该合同作为结算依据。而《工程补充合同书》系双方在招标投标前签订的,违反了《招标投标法》的规定,该补充合同无效。

二、实务指引

1. 对于依法必须招标的项目,签订中标合同后,应避免另行签订合同对中标合同实质性内容进行变更。建议仅在施工正常变更情况下考虑另行签订合同,其他情况下建议按照中标合同执行而不再另行签订合同。对于施工过程中发生的正常变更需签订补充协议的,建议在补充协议中介绍相关背景,并保留相应背景资料,避免将来产生争议时被认定为构成合同实质性内容变更。

2. 对于依法必须招标的项目,建议在招标前对招标文件、合同文件进行严格审查,避免中标后对合同文本进行调整修改。中标合同应严格按照招标文件、投标文件、中标通知书的条款签订。如公司在招投标过程中需进行不平衡报价调整的,建议在招标文件中对招标人调整不平衡报价约定具体的规则,同时,调整不平衡报价后,要求拟中标人提供调整后的报价清单,调整后的报价清单与第一次投标报价清单的日期保持一致,不将调整不平衡报价的澄清函等过程文件作为合同文件。

3. 对于依法必须招标的项目，建议通过招标确定中标单位，避免未经过招标签订的合同被认定为无效合同，同时避免进行标前谈判，在签订中标合同前签订黑合同。如无法实现的，则建议确保以公司内部签订的合同作为实际履行的合同，内部合同签署时间控制在政府的中标备案合同之后，同时确保中标备案合同内容更优于公司内部签订的合同。

专题六　多份施工合同均无效时如何确定折价补偿的依据

核心要点

《建设工程司法解释（一）》第 24 条对多份施工合同均无效时的折价补偿问题进行规定，多份施工合同均无效、工程质量合格，当事人请求参照实际履行合同关于工程价款的约定折价补偿承包人的，法院应予支持；实际履行合同难以确定的，当事人请求参照最后签订的合同关于工程价款的约定折价补偿的，法院应予支持。根据上述规定，多份施工合同均无效时，原则上应参照实际履行合同折价补偿，实际履行合同无法确定时，则可参照最后签订合同折价补偿。但当实际履行合同无法确定、合同订立的先后顺序也不明确时，如何确定折价补偿的依据仍然存在问题。本专题通过对案例进行梳理，发现在多份施工合同无效、无法确定实际履行合同的情况下，有以最后签订合同为折价补偿依据、将多份合同的价差视为损失按双方过错承担、按市场价进行折价补偿等多种裁判思路。

一、裁判观点分析

1. 确定实际履行的合同时，可根据工程进度、承包范围、工程价款等合同内容判断

多份合同无效但工程质量合格的情况下如何折价补偿承包人首先规定于原《建设工程司法解释（二）》中，但该解释出台前在司法裁判中几乎已达成共识，即首先尊重当事人的真实意思，探寻当事人实际履行的合同，在可以确定实际履行合同的情况下，则以实际履行合同折价补偿承包人，只有在无法识别实际履行的合同时，才采取其他方式折价补偿。在认定实际履行合同时，法院会将当事人的履行行为与合同约定进行对比，从工程进度、承包范围、工程价款、是否提供履

约担保、工程款支付等方面综合判断。

如(2020)最高法民申1242号案例中,最高院认为:“从实际工程进度来看,帝成公司在2015年4月已进场施工,5月施工合同约定工程于2015年8月25日完工,之后《补充协议书》中将工期延长至2015年10月30日;12月备案合同签订时实际已完成大部分工程,但12月备案合同约定的施工日期为2015年12月25日至2016年12月25日;12月备案合同约定的施工日期与实际施工时间及《补充协议书》的约定均不符。其次,从实际施工范围来看,5月施工合同的承包范围不包含门窗、内外墙涂料、钢结构、库房车间电器照明,帝成公司实际施工内容与5月施工合同工程内容一致,与12月备案合同内容不相符。再次,从工程价款约定来看,12月备案合同为单价合同,单价完全按照金正大公司委托的造价咨询机构作出的造价进行约定;12月备案合同中约定的部分施工内容在该合同签订时已由金正大公司分包给他人施工,该合同中并未剔除由他人施工部分,而是将全部工程进行造价。5月施工合同是总价合同,包含有图部分的固定价及无图部分的预估价,该合同对工程未出图部分及变更部分约定‘工程结算价下浮15%为最终结算价’,对未确定部分的计量取费亦进行了约定。5月施工合同约定的工程价款更符合双方协商的结果。故结合以上,原判决依据5月施工合同认定工程价款,并无不当。”本案中,最高院认为5月施工合同约定的工期、承包范围、工程价款符合实际施工情况,而备案合同约定的工期、承包范围、工程价款与实际不符,进而认定5月施工合同是实际履行的合同,以此作为折价补偿承包人的依据。

2.无法确定实际履行合同,但可确定合同签订的先后顺序,以最后签订的合同作为折价补偿的依据

《建设工程司法解释(一)》第24条第2款规定:“实际履行的合同难以确定,当事人请求参照最后签订的合同关于工程价款的约定折价补偿承包人的,人民法院应予支持。”因此,在无法确定实际履行的合同时,原则上当事人可以主张参照最后签订合同的约定折价补偿。

如(2019)最高法民申5242号案例中,最高院认为:“案涉《20140715合同》《建设工程施工合同协议》《20150605合同》均无效,双方当事人在履行主要合同义务时,既未按《20140715合同》履行,也未按《20150605合同》履行,依据现有证据不能认定双方实际履行的是哪份合同,在双方对核建公司的施工工程部分有

争议,而核建公司亦未完成全部承包工程项目的情况下,需要对项目核建公司已完工部分的工程造价进行鉴定。根据本案查明事实,《20150605 合同》是双方当事人最后签订的合同。《鉴定报告》参照《20150605 合同》,得出工程价款为109,493,823.80 元的鉴定结论,比《20140715 合同》约定的 119,053,590 元低了9,558,766.2 元,符合实际,亦较好地平衡了双方当事人的利益。"本案中,当事人的履行行为与两份无效施工合同均不符,不能确定实际履行的合同,但可确定两份合同签订的先后顺序,法院最终以最后签订的合同作为折价补偿的依据。

3. 无法确定实际履行合同时,两份施工合同的价差为损失,根据双方过错程度分担

《建设工程司法解释(一)》虽规定无法确定实际履行合同时可参照最后签订的合同折价补偿承包人,但现实情况远比司法解释的规定复杂,既不能确定实际履行合同也无法确定多份合同签订先后次序的情形比比皆是,并且如果后签订合同明显违背当事人真实意思,以及按后签订的合同履行时明显不公平,能否一概以签订在后的合同作为折价补偿的依据也存在问题。

(2017)最高法民终 175 号案例是最高院在 2018 年发布的公报案例,本案中《备案合同》与《补充协议》的落款时间相差仅 20 天,从签订时间上无法判断实际履行合同,承包人实际施工范围与两份合同约定的承包范围都不完全一致,不能根据承包范围判断实际履行合同,从合同价款上也无法识别。最高院认为:"在无法确定双方当事人真实合意并实际履行的合同时,应当结合缔约过错、已完工程质量、利益平衡等因素,根据《合同法》第五十八条①规定由各方当事人按过错程度分担因合同无效造成的损失。一审法院认定本案中无法确定真实合意履行的两份合同之间的差价作为损失,基于昌隆公司作为依法组织进行招投标的发包方,江苏一建作为对于招投标法等法律相关规定也应熟知的具有特级资质的专业施工单位的过错,结合本案工程竣工验收合格的事实,由昌隆公司与江苏一建按 6∶4 比例分担损失并无不当。"根据《民法典》的规定,合同无效产生返还财产/折价补偿、赔偿损失的法律后果,在无法确定实际履行合同时,本案中法院将多份合同之间的价差作为损失,并根据双方过错程度判令各方承担的责任。

---

① 《民法典》第 157 条。

4. 无法确定实际履行合同时,以市场价进行折价补偿

最高院2011年发布的另一公报案例(2011)民提字第104号案例中,同样存在多份合同无效且无法确定实际履行合同的问题,本案中法院采用市场价折价的方法补偿承包人。

不能确定当事人真实意思的情况下,多份无效合同均不能作为折价补偿的参考依据,最高院认为对工程价款进行鉴定并无不当。最高院认为:"由于本案双方当事人提供了由相同的委托代理人签订的、签署时间均为同一天、工程价款各不相同的三份合同,在三份合同价款分配没有规律且无法辨别真伪的情况下,不能确认当事人对合同价款约定的真实意思表示。因此,该三份合同均不能作为工程价款结算的依据。一审法院为解决双方当事人的讼争,通过委托鉴定的方式,依据鉴定机构出具的鉴定结论对双方当事人争议的工程价款作出司法认定,并无不当。"

关于鉴定依据,最高院认为应当按照市场价鉴定,不应当按照定额鉴定。最高院认为:"首先,建设工程定额标准是各地建设主管部门根据本地建筑市场建筑成本的平均值确定的,是完成一定计量单位产品的人工、材料、机械和资金消费的规定额度,是政府指导价范畴,属于任意性规范而非强制性规范。在当事人之间没有作出以定额价作为工程价款的约定时,一般不宜以定额价确定工程价款。其次,以定额为基础确定工程造价没有考虑企业的技术专长、劳动生产力水平、材料采购渠道和管理能力,这种计价模式不能反映企业的施工、技术和管理水平。本案中,环盾公司假冒中国第九冶金建设公司第五工程公司的企业名称和施工资质承包案涉工程,如果采用定额取价,亦不符合公平原则。再次,定额标准往往跟不上市场价格的变化,而建设行政主管部门发布的市场价格信息,更贴近市场价格,更接近建筑工程的实际造价成本。此外,本案所涉钢结构工程与传统建筑工程相比属于较新型建设工程,工程定额与传统建筑工程定额相比还不够完备,按照钢结构工程造价鉴定的惯例,以市场价鉴定的结论更接近造价成本,更有利于保护当事人的利益。最后,根据《中华人民共和国合同法》第六十二条第(二)项[①]规定,当事人就合同价款或者报酬约定不明确,依照合同法第六十

① 《民法典》第511条。

一条[①]的规定仍不能确定的,按照订立合同时履行地的市场价格履行;依法应当执行政府定价或者政府指导价的,按照规定履行。本案所涉工程不属于政府定价,因此,以市场价作为合同履行的依据不仅更符合法律规定,而且对双方当事人更公平。”本案中,法院认为无法确定实际履行合同时,当事人真实意思无法确定,应以市场价进行折价补偿承包人。

二、实务指引

1. 在同一项目签订多份施工合同的情况下,为避免多份施工合同均被认定无效,至少应确保一份施工合同的有效性,以便作为合同双方结算的依据。

2. 如签订的多份施工合同均有可能被认定无效,确保最后签订的合同为双方实际履行的合同。

3. 为避免合同相对方主张按其他合同履行,建议调整其他合同中价款、工期、承包范围等内容,确保各合同之间约定的一致性,或者调整后的内容应对公司更有利。

4. 如需签订多份合同,建议要求承包人出具承诺函,承诺是由于政府备案或报建等原因需签订此份合同,明确该份合同不是双方的真实意思表示,双方实际以其他合同作为实际履行合同。

专题七　签证的效力认定

核心要点

签证作为工程建设中一种重要的书面文件,内容直接涉及承包人施工情况、责任承担以及工程价款,是工程管理的重要内容。对于签证的法律性质,载明权利义务处分内容的签证性质上属于补充协议应不存在争议,但也有签证并未直接涉及权利义务的处分,仅内容上反映承包人的施工情况,这种签证可以作为证明承包人工作内容的依据,根据《建设工程司法解释(一)》第20条(原《建设工程司法解释》第19条)的规定,当事人对工程量有争议的,按照施工过程中形成

① 《民法典》第510条。

的签证等书面文件确认。实际操作中,因各种因素导致存在大量不完全规范的签证,如签证的签署主体不符、签证程序存在瑕疵、事后补签等问题,在司法实践中,双方经常对签证的效力产生争议,本专题通过梳理最高院关于签证效力的案例,总结梳理出一些关于签证效力的裁判规则。

一、裁判观点分析

1. 现场总监理工程师签署的签证可能被予以认可

记载承包人施工内容的现场签证,即使无建设单位认可、监理单位盖章,经现场总监理工程师签署后也可能被认为足以反映承包人的实际施工情况,签证内容获得法院支持。(2014)民一终字第69号案例中,最高院认为:"双方有争议的工程变更、签证项目均由监理单位指派的监理人中冯某贵签字确认,该部分鉴定价格为1,451,136.16元。根据方升公司提交的《藏文化产业创意园项目监理部拟进场人员名单》,冯某贵系监理单位指派的总监代表,双方有争议的工程鉴证单均系冯某贵签署。根据最高人民法院《关于审理建设工程施工合同纠纷案件适用法律若干问题的解释》第十九条'当事人对工程量有争议的,按照施工过程中形成的签证等书面文件确认。承包人能够证明发包人同意其施工,但未能提供签证文件证明工程量发生的,可以按照当事人提供的其他证据确认实际发生的工程量'的规定,冯某贵作为总监代表,又是现场唯一监理,其在工程签证单上的签字,是对本案建设工程现场施工情况的真实反映。因此,其签署的工程签证单能够证明变更、签证项目的实际发生,变更、签证的工作量应当予以认定。一审判决以签证单上无监理单位签章,隆豪公司不予认可,总监理工程师不知情为由,认定上述签证单是冯某贵超越权限的个人行为,不能作为结算工程款,于事实不符,于法律无据,予以纠正;方升公司提出的变更、签证的工程量应当予以认定的上诉理由成立,予以支持。"

2. 建设单位项目经理签署的签证可能被认定有效

建设单位项目经理依据授权代表建设单位履行施工合同,其实施的行为对建设单位发生效力,施工合同中可能未明确约定项目经理的授权范围是否包括签发签证,项目经理签发签证后是否有效可能产生争议。(2020)最高法民申846号案例中,最高院认为:"关于易富公司主张赵某并非案涉工程项目负责人、赵某签署确认的签证无效的问题,因案涉施工合同明确约定,发包人派驻的工程师为赵某,其职务系项目经理,职权系‘现场施工质量监督,现场变更签证’,易富公司向赵某出具的《授权委托书》亦载明‘授权赵某作为甲方代表,全权处理与装修施工单位往来文件的签署及协调工作’,一审法院据此认定赵某为案涉项目负责人,并认定赵某在工程施工过程中签署的确认工程量的签证有效并无不当。”

3. 建设单位集中补签的签证可以认定有效

因履约证据意识的缺乏,经常出现施工单位按照建设单位、监理单位的指令施工,完工后未及时要求签发签证,而在施工后期才要求建设单位统一签发签证,因签证内容可能已被覆盖或缺乏其他证据佐证,双方对是否补签可能产生争议,即便是进行了补签,因签证程序违反双方约定的签发程序,补签的签证是否发生效力存在争议。(2018)最高法民申79号案例中,最高院认为:“关于案涉工程增项价款能否认定的问题。本案中,案涉工程的变更单、签证单盖有特莱维公司的真实印鉴,说明特莱维公司认同案涉工程存在变更增项的事实。即使案涉工程变更单、签证单在形式上、程序上存有瑕疵,亦应归责于特莱维公司,而不影响其证据效力。”

4. 不符合合同约定签证签署要件的签证可能被认定无效

因签证在项目管理中的重要性以及签证纠纷的易发性,建设单位越来越重视并加强对签证签发程序的管理,制定签证签发制度,并在合同中明确约定签证签发要件、程序等。如果合同中明确约定了签证的签发要件,那么未按照合同约定签发的瑕疵签证可能被认定为无效。(2018)最高院民终696号案例中,最高院认为:“编号为2011-7-16、2011-07-14-1、2011-07-14-4的三张工作联系单,缺少建设单位最终同意签章,与《建设施工协议书》第七项第三条工程签证应经甲方主管领导审批并加盖甲方印章后生效的约定不符,故对该三份签证单,本院不予确认。对于编号为2013-03-27、2013-05-05-3的施工签证单,编号为10、11工程现场签证单,均有施工单位、监理单位、建设单位项目部及建设单位分管领导签字、盖章确认,其内容为独立费部分增加的地下室桩基费用、增加管桩检测费用以及增加的汽运费等费用,共计337,994.78元,本院对鉴定单位该选择性结果部分予以选择认定。”

5. 不符合双方交易习惯的签证可能不被认可

施工合同纠纷中,大多数情况下双方并非对所有的签证均存在争议,双方对多数签证可能达成一致，而对少数签证不能达成一致，少数签证形式上若与其他签证不一致，也可能被法院认为不符合双方签证的习惯，进而认为瑕疵签证不发生效力。（2019）最高法民终354号案例中，最高院认为："南通四建公司在施工过程中完成的工程量，均系以签证单的方式由监理方签字，煤田灭火局、南通四建公司签字盖章确认，但一审法院在对经济签证签章审查过程中，发现涉及95.4514万元的经济签证签章仅有煤田灭火局现场人员的签字，并无盖章，部分有监理单位签字。南通四建公司主张因煤田灭火局未支付监理费用，致使监理单位不配合工作，同时一部分工程变更系现场作出，不属于原正式图纸的变更，监理人员对该部分超出图纸之外的变更一般不作确认，但其并未提交证据证明该主张。因在施工中，双方对签证单均系以签字加盖章的方式确认，该95.4514万元工程款对应的签证单因不符合双方的交易习惯，一审法院未予确认并无不妥。南通四建公司该上诉理由不能成立，本院不予支持。"

6.签证形式虽无瑕疵，但有证据表明可能存在串通制作假签证，且无其他证据佐证签证内容，签证可能不被认可

经建设单位、监理单位及承包人签署的签证，形式上最完备，通常可以作为证明承包人施工内容或责任事件的直接证据，但如有证据证明签证虚假、签证内容有误，而承包人不能提供其他证据佐证签证内容，签证可能不被认可。（2019）最高法民终1082号案例中，最高院认为："虽然11份签证上都有芝兴公司的签字盖章，其中10份上还有总监理工程师的签字，但是在一审庭审时，总监理工程师陈某刚出庭作证，称其签字的所有签证都是芝兴公司当时的负责人韩某君、赵某波分几次让他签的，其中4份数额较大的签证是虚假的，其他6份签证虽有相关事实，但是数额偏大。一审时，芝兴公司还提交了烟台市公安局芝罘分局经济犯罪侦查大队出具的《情况说明》，《情况说明》载明芝兴公司当时的法定代表人韩某君和项目负责人赵某波涉嫌利用职务便利编制虚假工程经济签证单、现场签证侵占芝兴公司工程款，涉嫌职务侵占罪，已立案侦查。另一方面，从签证内容看，签证涉及数千万元误工费、机械租赁费、材料租赁费等，但是芝兴公司没有提交任何能够与签证相对应的工程资料等证据相佐证，而且签证体现的巨大的人材机数量、停窝工天数等确实与常理不符，不符合工程签证应遵循的实事求是原则。《最高人民法院关于适用〈中华人民共和国民事诉讼法〉的解释》第一百零八条规定：'对负有举证证明责任的当事人提供的证据，人民法院经审查并结

合相关事实，确信待证事实的存在具有高度可能性的，应当认定该事实存在。对一方当事人为反驳负有举证证明责任的当事人所主张事实而提供的证据，人民法院经审查并结合相关事实，认为待证事实真伪不明的，应当认定该事实不存在。'通过对上述证据的分析可知，通州建总公司仅凭所提交的签证无法达到令人确信签证所载事实'存在具有高度可能性'的证明程度。通州建总公司二审时主张签证所载事实至少有部分是真实的，但是其并未提交充足证据证明哪部分是真实的，在这种情形下，其有关经济签证、现场签证涉及的1.39亿元应当计入工程价款的主张不能成立，一审判决对此认定并无不当。"

二、实务指引

1.建设单位应当重视合同履行中的签证管理，制定、完善签证签发制度，并在合同中明确约定签证的签发程序，包括但不限于承包人提请签证的期限、签认流程、签署人员等，并约定未执行合同约定签发的签证不具有效力、承包人逾期未提出签证视为放弃签证权利。

2.建设单位应当重视施工合同中对项目经理职权的约定，授予的职权中是否包含签发工程指令、签证等，如授权中未包含上述事项，应该明确签发工程指令、签证经建设单位盖章才能发生效力。

3.施工单位应该严格遵照合同约定的期限、流程及时提出签证，避免在施工后期大量补签，应在签证内容完工后及时催促各方签认，并注意签认主体有无权限，如合同约定建设单位盖章才能发生效力，应当及时要求建设单位盖章。即便是与建设单位对签证内容存在争议，建设单位拒绝签发，也应该尽可能由现场监理人员、总监理工程师、监理单位的签署。

4.施工单位应当做好证据管理，收集并保管好签证事件的证据，如关于停窝工损失的签证，除获得签证外，还应当收集好现场怠工人员、设备、材料等记录，以及支出费用的凭据。

第二节　工程价款纠纷

专题一　达成结算协议对发承包方再行主张索赔、违约金等权利的影响

核心要点

工程竣工验收合格后，发承包双方可能会达成结算协议，实践中存在部分结算协议并未明确约定最终结算价款是否包含工期或质量违约金、停窝工索赔等其他费用的情形。目前法律法规对“结算协议是否具有终局性”并无明确规定，地方法院的指导意见观点不一，各地法院的判决结果也有所不同。对于结算时发承包双方已经明确保留或放弃结算前违约金、索赔等权利的情况，法院往往会基于双方当事人的意思自治及合意，依照结算协议的约定进行裁判。对于结算时未予以明确的情况，既存在以当事人未明确放弃该等权利为由，支持当事人主张结算前违约金、索赔等请求的案例，也存在认定双方在结算协议中未对违约、索赔等问题另行约定的，视为已放弃或者已考虑违约责任与索赔款的案例。

综合分析各法院的裁判观点可以看出，法院往往不会单凭结算协议就直接否定当事人再行主张违约、索赔的权利，而是结合具体案情的其他因素分析当事人在签订结算协议时是否具有放弃追偿的意思表示；但从最高院以及各地法院近年来的判例来看，支持“结算协议具有终局性”的案例数量更多，司法实践中逐渐呈现认可结算协议终局性的趋势，更偏向于认定达成结算协议后当事人原则上无权再主张违约金、索赔等费用，除非另有约定。

一、裁判观点分析

1. 结算时发承包双方已经明确保留或放弃结算前违约金、索赔等权利的情况

结算协议中有“违约金或索赔事项由双方另行协商处理”或“放弃其他任何形式的费用请求或索赔”等类似表述的，属于结算时当事人已经明确保留或放弃结算前违约金、索赔等权利的情况，法院往往会基于双方当事人的意思自治及合

意，依照结算协议进行判决。例如，（2017）最高法民终 883 号案中，最高院认为，结算协议中“放弃对彼此其他任何形式的费用请求或索赔”的表述，明确表明了这一结算金额是各方磋商、互谅的最终结果，不应再有任何扣减。

2. 结算时发承包双方未明确保留或放弃结算前违约金、索赔等权利的情况

（1）只有在当事人明确放弃结算前的违约金、索赔的情况下，结算协议才具有终局性

在结算时未予明确是否保留追究违约金、索赔等权利的情况下，存在支持违约金或索赔主张的地方性法院指导意见。广东省高院在 2006 年发布的《关于审理建设工程施工合同纠纷案件若干问题的意见》第 4 条规定：“没有证据证明当事人已同意不计算结算前的违约金和垫资款利息，一方当事人在结算完毕后再主张结算前的违约金和垫资款利息的，可予支持。”

同时，也存在以当事人未明确放弃该等权利为由，支持当事人主张结算前违约金、索赔等请求的案例。（2017）粤 07 民终 2086 号案中，法院认为：“（双方当事人达成的）《最终结算协议书》是对涉案三项工程总体工程量的结算，协议中列明各项工程项目及结算价格，协议内容均是工程项目，双方并明确没有对逾期竣工违约责任进行约定，结合协议书上下文义也无法得出富盛公司（发包人）有放弃追偿逾期竣工违约责任的意思表示”，因此法院支持了发包人主张承包人承担损失赔偿责任的请求。该案例中，一审法院及二审法院在对裁判理由进行说明时，从以下两个角度进行了论证：①结算协议中结算价格一一对应各工程项目，如果结算书中各款项有对应的工程量，那么可以认为该结算书仅对工程量进行结算，而不是概括地对工程的所有事项（包括违约金、损失赔偿）进行结算；但是如果结算书是笼统的一个或几个价格构成，那么就可以认为该结算书是对工程所有事项（包括违约金、损失赔偿）进行结算，具有终局性；②结算协议并未对逾期竣工违约责任或损失赔偿进行明确的约定，认为结算协议只有在当事人明示的情况下才具有终局性，此角度与上述广东省高院的指导性意见第（四）条的规定相吻合：除非有证据证明当事人达成“不再计算结算前的违约金、垫资款利息”的协议，否则当事人对此再主张权利的，法院可予以支持。

（2）只要当事人未明确保留结算前的违约金、索赔等权利，则结算协议具有默示的终局性

与上述观点相反的是，在结算时未予明确是否保留追究违约金、索赔等权利

的情况下，存在不支持违约金或索赔主张的地方性法院指导意见。北京市高院在2012年发布的《关于审理建设工程施工合同纠纷案件若干疑难问题的解答》第24条规定："结算协议生效后，承包人依据协议要求支付工程款，发包人以因承包人原因导致工程存在质量问题或逾期竣工为由，要求拒付、减付工程款或赔偿损失的，不予支持，但结算协议另有约定的除外。当事人签订结算协议不影响承包人依据约定或法律、行政法规规定承担质量保修责任。结算协议生效后，承包人以因发包人原因导致工程延期为由，要求赔偿停工、窝工等损失的，不予支持，但结算协议另有约定的除外。"

同时，也存在以当事人未明确保留该等权利为由，不予支持当事人主张结算前违约金、索赔等请求的案例。

在(2017)最高法民再97号案中，最高院认为，除在结算时因存有争议而声明保留的项目外，竣工结算报告经各方审核确认后的结算意见，属于合同各方进行工程价款清结的最终依据。一方当事人在进行结算时没有提出相关索赔主张或声明保留，完成工程价款结算后又以对方之前存在违约行为提出索赔主张，依法不予支持。

在(2019)粤民再165号案中，广东省惠州市中院认为最终结算中当事人没有明确放弃违约责任的，发包人主张承包人承担违约责任的请求应予以支持。但再审时广东省高院结合最终结算的法律性质及双方当事人对结算程序的约定，不予支持发包人再主张违约责任的请求。广东省高院在对裁判理由进行阐明时，从以下两个角度进行论证：①结算协议具有终局性。该案中，广东省高院认为，结算的目的在于最终确定因履行建设工程施工合同所产生的债权债务，结算协议是就建设工程施工合同履行过程产生的包括工程款争议在内的各种争议进行协商并达成一致的结果，由此可见，广东省高院肯定了结算协议具有终局性。②当事人充分知悉结算程序及合同相对方的违约行为，但未在最终结算中要求对违约问题另行处理。该案中，发包人向承包人主张违约赔偿的方式为：按补充合同约定的工程造价的90%结算支付已完成工程量的相应工程款。除此之外不予其他任何补偿。但发包人在知悉承包人的违约行为的情况下，不是按工程造价的90%结算，而是向承包人出具《证明》进行最终结算。另外，发包人也没有要求对承包人违约问题另行处理。发包人的上述行为应视为已充分考虑了施工及结算过程中已完成的工程量造价及索赔等因素而出具的《证明》，因此不得在最终结算款的基础上再要求扣减10%。

3. 小结

对于结算时当事人已经明确保留或放弃结算前违约金、索赔等权利的情况，法院往往会基于双方当事人的意思自治及合意，依照结算协议进行判决。

对于结算时未予以明确的情况，法院一般不会仅凭结算协议进行分析，通常会结合结算协议的价格构成、双方当事人约定的结算程序等因素，分析双方当事人在结算时是否已充分考虑工程价款所涉及的所有因素。

结合现有案例分析，虽然存在"以当事人未明确放弃该等权利为由，支持当事人主张结算前违约金、索赔等请求"的案例[(2017)粤07民终2086号]，但在2019年的另一案例[(2019)粤民再165号]中广东省高院作出截然相反的判决，认定"结算协议未对违约问题另行约定且没有证据证明当事人在结算后主张违约金的，结算行为视为已放弃或者已考虑违约责任"，再结合上述最高院的判例以及北京市高院在2012年发布的指导性意见第24条，可以看出，法律实务中逐渐呈现认可结算协议终局性的趋势，更偏向于认定"除另有约定外，达成结算协议后当事人原则上无权再主张违约金、索赔等费用"。

二、实务指引

鉴于司法实践中对此问题仍尚有争议，为避免产生不必要的风险和纠纷，建设工程的发包方和承包方在进行结算时应结合实际情况在结算协议或文件中明确存在争议的违约金、索赔事项，以及保留追偿的权利。如果发承包双方确实就工程的一揽子事宜的结算金额达成一致意见，则建议在结算协议或文件中明确约定放弃主张其他任何费用或索赔的权利。

专题二　签订施工合同时没有图纸或只有简略图纸对固定总价计价方式的影响

核心要点

施工合同中，发承包双方可能会采取固定总价的计价方式对工程进行结算。一般来说，法院会根据合同约定的计价方式对工程价款进行裁判，除发生合同约定或法律规定的调整价款的因素外，固定总价在合同约定的风险范围内不作调整。但在有些工程，发承包双方在签订固定总价合同时没有图纸或只有简略的图纸，事后如果实际工程价款与合同约定的固定总价相差甚远，双方就结算款产生争议时，法院将可能结合具体施工图纸的提供时间、合同的效力、实际价款与合同价款的差额大小等因素，推翻合同约定的固定总价计价方式。

本专题主要对(2016)最高法民再135号案中法院推翻合同约定的固定总价计价方式的判决理由进行分析，并结合其他相关案例，探讨签订施工合同时没有图纸或只有简略的图纸对固定总价合同的影响。

一、裁判观点分析

1. 签订固定总价合同后才提供相对完整的施工图纸的，将可能被视为双方对固定价款的约定协商不足

根据《工程造价术语标准》(GB/T 50875—2013)第3.3.6条对总价合同的定义，总价合同是指发承包双方约定以施工图及其预算和有关条件进行合同价款计算、调整和确认的建设工程施工合同。因此，在建设工程施工合同中，施工图及其预算是签订固定总价合同的基础，如果未形成具体的施工图纸以及相对准确的工程量，双方当事人难以就合同履行的利益有较为全面的了解以及合理预期，由此签订的固定总价合同将可能被法院视为协商不足；如果后续施工过程中提供的详细施工图纸确定的施工范围与合同签订时预估的施工范围相差甚远，以这种协商不足的固定价款衡量实际工程量的交易方式将会被法院以显失公平为由而否决。

在(2016)最高法民再135号案中，最高院认为，本案中双方当事人签订施工合同时仅有一份简略的总平面布置图可资参考，对具体的施工范围以及相对准确的工程量等与工程价款的厘定有密切关系的基本事实并未确定，而具体的施工图纸在合同签订后、施工期间才由发包人向承包人陆续提交，因此即便承包人作为专业建设施工单位具有相当的施工经验和市场风险判断能力，对于案涉大型基础建设施工工程而言，也不可能基于一份简略的总平面布置图而对工程量和造价做出相对准确的评估。另外，施工合同中关于"2·11、工程项目价格表，合计为20,495万元，本工程为土建总承包，范围含有合同中所列表格内容，但不限于该内容，详见施工图纸"的条款也说明随着陆续提供的详细施工图纸所确定实际的施工范围会逐步超出合同签订时预估的施工范围，那么这种以协商不足

的固定价款来对应不断增加的工程量的交易方式对承包人而言是极不公平的。

同样地，在(2017)湘民再102号案中法院也以双方当事人在签订合同时"没有全部施工图纸"为由，不予采信按合同固定总价计算的鉴定金额。该案中，鉴定人员在《补充鉴定报告》中按不同的计价方式提供了两个鉴定工程款金额供法院参考：一是假设施工图纸在签订合同前提供的，则按结算工程量＝招标清单量＋签证工程量(固定总价包干结算)鉴定工程款金额；二是假设施工图纸在签订施工合同后提供，图纸发生变更增加的情况下，按结算工程量＝竣工图纸工程量－招标清单量＋签证工程量(按实结算)鉴定工程款金额。法院认为，双方当事人在签订合同时没有全部施工图纸，签订合同后，建设方才向施工方提供完整的施工图纸，且由审核人、建设方、施工方三方签字认可的《建设工程结算审查定案报告书》，采用的计算方法与《补充鉴定报告》的第二种计算方式一致，因此本案应采信第二种计算方式，即按实结算的计价方式。

2. 固定总价合同无效且签订时未提供相对完整的图纸的，将无法被法院/仲裁机构采信作为结算和支付工程价款的参照

虽然根据《建设工程司法解释(一)》第24条第1款的规定，"当事人就同一建设工程订立的数份建设工程施工合同均无效，但建设工程质量合格，一方当事人请求参照实际履行的合同关于工程价款的约定折价补偿承包人的，人民法院应予支持"，建设工程施工合同被认定为无效时，法院可以参照合同约定对工程价款进行裁决，并且法律实务中确已存在大量以实际履行合同为结算依据的判例，但是，将无效合同比照有效合同处理的前提是该无效合同是双方当事人经充分协商后的真实意思表示。如上文所述，在签订固定总价合同时如未提供相对完整的施工图纸的，法院将可能认定双方对固定总价的协商不足，进而判定该固定总价不得作为工程价款的参照。

在(2016)最高法民再135号案中，最高院认为，双方当事人签订的合同因未依法履行招投标程序而无效，原《建设工程司法解释》第2条①虽有"建设工程施工合同无效，但建设工程经竣工验收合格，承包人请求参照合同约定支付工程价

---

① 《建设工程司法解释(一)》第24条第1款调整为："当事人就同一建设工程订立的数份建设工程施工合同均无效，但建设工程质量合格，一方当事人请求参照实际履行的合同关于工程价款的约定折价补偿承包人的，人民法院应予支持。"

款的,应予支持"的规定,但无效合同比照有效合同处理的前提是当事人对权利义务进行充分协商、各自意志已充分表达,只有对合同履行的利益有了全面以及合理的预期时才能够接受合同条款的约束。签订固定总价合同时未提供相对完整的图纸的,仅凭简略的总平面布置图将无法对工程量和造价做出相对准确的评估,以协商不足的固定价款来对应不断增加的工程量的交易方式对施工方而言是极不公平的。

3. 签订固定总价合同时未提供相对完整的图纸,且实际工程价款与合同固定总价的差额超出合理范围的,执行该未经充分协商的合同固定总价缺乏事实基础,并将导致双方当事人的利益失衡

签订合同时未提供相对完整的图纸应否继续执行合同固定总价,法院还会根据实际工程价款与合同固定总价的差额大小进行判断。如果实际工程价款与合同固定总价的差额超出合理的范围,法院可能认定该合同固定总价缺乏事实基础并将导致双方当事人的利益失衡,进而判决变更原有固定总价的计价方式。

在(2016)最高法民再135号案中,最高院认为,施工方提供的关于建设工程费为4.9亿元的概算结论能在一定程度上证明本案所涉工程实际成本的大致区间,与合同约定的固定价格2.0495亿元相距悬殊且已经超出了合理的范围。《韶关建筑工程造价信息月刊》也可以证明施工过程中建筑主材发生异常涨价、涨幅高达一倍,按照未经充分协商的合同固定价继续履行主材成本大幅攀升的施工合同已缺乏可能,建设方在质证时对此并不否认、仅抗辩应以合同约定固定价格结算,故上述证据可以证明案涉施工合同所约定的固定承包价缺乏事实基础并实际导致利益失衡,在此情况下双方当事人根据施工合同的实际履行情况以及市场的重大变化重新议定工程价款具有合理性,原判决关于案涉合同执行固定价而非据实结算的认定缺乏事实根据。因此,发承包双方在合同履行过程中根据实际情况以及陆续提交的施工图纸所确定的施工量重新议定工程承包总价格、变更原有固定价的工程价款确定方式,既有相应事实依据且合乎常理,亦有利于保证案涉工程的质量和建设施工的顺利完成。

4. 签署合同时提供的图纸所对应的承包范围足够明确的,承包人不得以部分材料缺漏或图纸不详尽为由,主张变更固定总价的计价方式

本文上述提及的变更固定总价计价方式的判例都是在签署合同时没有图纸或图纸过于简略以致无法准确评估工程量和造价的基础上作出的。固定总价合

同中，只要发包人提供的图纸所对应的承包范围足够明确，即使实际工程量与预估的工程量存在差异，承包人也不得以部分材料缺漏或图纸不详尽为由，主张变更固定总价的计价方式。

在(2017)陕05民初13号案中，承包人主张因发包人在招标阶段提供的施工图纸没有图集导致无法准确报价，故应该对增加的工程量据实结算。法院认为，因本案合同系固定总价合同，所以发包人提供了施工图纸和说明后，承包人应该根据图纸自行计算工程量进行申报，由于承包人已经计算并申报投标价，故所产生的量与价或者计算疏漏的风险应由其自行承担，申报过程中承包人也并未提起缺少施工蓝图的要求，故其按照设计图纸申报后与被告达成的固定总价约定应予确认，双方均应受其约束。且在发包人提供的设计图纸中附注有不详之处按照结构施工图统一说明或院标图集中相应要求制作的约定，故承包人主张因无图集导致报价不准确的理由，不能成立。

二、实务指引

一般来说，施工合同约定的计价方式为固定总价的，法院会根据合同约定的计价方式进行裁判，即使发生合同约定或法律规定的调整价款的因素，也往往会在确认固定总价的基础上，参照合同约定或法律规定对增减部分进行结算，再根据结算结果相应增减总价款。但是，如果发承包双方在签订固定总价合同时没有图纸或只有简略的图纸，事后如果实际工程价款与合同约定的固定总价相差甚远，法院可能认定双方对固定价款的约定协商不足，执行该等未经充分协商的固定总价缺乏事实基础，将导致双方当事人的利益失衡，并以此为由直接变更合同计价方式。因此为避免固定总价的计价方式被法院推翻，发承包双方应当在已形成相对完整的图纸的基础上制作施工图预算进行重新计量，并据此签订固定总价的补充协议，才能按照正式下发的施工图进行总价包干。

专题三　固定价格合同解除后已完工程价款的结算问题

核心要点

建设工程施工合同约定的固定价格是以全部工程完工为前提的，由于施工各阶段的成本、施工难度、利润率存在差异，该固定价格应当是贯彻施工各阶段的综合平衡报价，如果在工程未全部完成的情况下解除合同，双方仍以固定价格折算已完工程价款的，可能会造成承包人的实际获利与其预期可得利益的严重失衡，显失公平。法院会综合考虑案件实际情况、当事人的过错程度以及利益平衡等司法价值取向，结合合同约定的固定价格、工程定额计价标准等各种因素，对已完工程价款进行调整。

裁判观点分析

1. 合同约定的固定价格以全部工程完工为前提，在中途解除合同时，仍按固定价格折算已完工程价款的，显失公平

实践中，不少建设工程合同约定的承包范围同时囊括工程地下部分、结构施工、安装装修等多个阶段，承包人在签订固定价格合同时，是基于工程地下部分、结构施工、安装装修等阶段全部完成的情况下进行报价，该固定价格应当是贯彻了工程各阶段的综合平衡报价。我国当前的建筑市场行业普遍存在地下部分和结构施工的难度较大，建筑材料价格较高，风险和成本较大，而安装、装修部分风险和成本相对较低、获取利润较高的现象，承包人在整体承揽工程时，前期土建工程的利润需要在安装装修工程中补回，因此承包人整体承揽工程中所包含的土建部分报价一般会低于单独承包土建工程时的报价。如果在工程未全部完成的情况下解除合同，双方仍以固定价格折算已完工程价款的，土建部分的利润将无法在安装装修部分补回，将会造成承包人的获利明显低于其预期可得利益，显失公平。因此，在这种情况下，法院往往不会直接适用合同约定的固定价格或者在固定价格的基础上折算已完工程的价款。

(2014)民一终字第69号案中，最高院认为，首先，根据双方签订的《建设工程施工合同》约定，合同价款采用按约定建筑面积量价合一计取固定总价，即以一次性包死的承包单价乘以建筑面积作为固定合同价。作为承包人的方升公司，其实现合同目的、获取利益的前提是完成全部工程。因此，本案的计价方式，贯彻了工程地下部分、结构施工和安装装修三个阶段，即三个形象进度的综合平衡的报价原则。其次，我国当前建筑市场行业普遍存在地下部分和结构施工薄利或者亏本的现象，这是由于钢筋、水泥、混凝土等主要建筑材料价格相对较高且大多包死，施工风险和难度较高，承包人需配以技术、安全措施费用才能保质

保量完成等所致;而安装、装修施工是在结构工程已完工之后进行,风险和成本相对较低,因此,安装、装修工程大多可以获取相对较高的利润。本案中,承包人将包括地下部分、结构施工和安装装修在内的土建 + 安装工程全部承揽,其一次性包死的承包单价是针对整个工程作出的。如果承包人单独承包土建工程,其报价一般要高于整体报价中所包含的土建报价。发包方单方违约解除了合同,如果仍以合同约定的 1860 元/平方米作为已完工程价款的计价单价,则对承包人明显不公平。最后,合同解除时,承包人的施工面积已经达到了双方审定的图纸设计的结构工程面积,但整个工程的安装、装修工程尚未施工,承包人无法完成与施工面积相对应的全部工程量。此时,如果仍以合同约定的总价款约 68,345,700 元确定本案工程价款,则对发包人明显不公平,这也印证了双方当事人约定的工程价款计价方法已无法适用。

(2016)最高法民申 892 号案中,最高院认为,由于合同约定的固定单价结算是以合同完全履行为前提,而本案所涉合同未完全履行,且合同解除的过错方为发包人,故发包人要求按照固定单价折算已完工程造价,不符合合同约定。

(2019)最高法民申 1396 号案中,最高院认为,双方合同约定的承包单价是针对工程整体作出的,省安装公司主要完成的是结构工程,利润有限;未完成工程主要是装修、安装工程,利润较高。双方直接按合同约定的固定单价方式结算工程价款对省安装公司有失公平。

甚至在可调价格合同中,如果双方约定了全部工程完成后的让利系数,合同中途解除的,法院也可能对让利系数进行调整。(2018)最高法民终 305 号案中,最高院认为,因案涉工程为未完工工程,承包人完成部分工程后,建设单位与发包人解除案涉合同,致发包人与承包人之间的合同无法继续履行,而双方约定的让利 13.6% 适用于工程全部完成进行最终结算的情形。本案中,承包人完成工程的造价只占合同约定工程款 3 亿元中的 25.9%,从公平原则出发,双方合同约定的工程价款让利幅度 13.6% 应根据工程完成比例进行确定,即让利 3.52%(13.6% ×25.9%)。

2. 法院可能直接按照定额标准并结合已完工程量确定已完工程的价款,或者在合同约定的固定价格基础上计算出合同总价款,再根据工程定额计价标准鉴定出已完工程占整个工程的比例确定出已完工程的价款

固定价格合同中途解除时,在确定已完工程价款时,法院会根据具体案情,

自由裁量已完工程价款的计价方式。

有的法院会直接采信按照工程定额计价标准和实际工程量作出的鉴定结果，例如(2016)最高法民申 892 号案中，最高院认为，1 号鉴定报告系按照内蒙古自治区 2009 工程定额的计价标准，对实际完成工程量作出的造价鉴定，二审法院采信此鉴定报告，并依此认定已完工程的造价并无不当。

也有法院会综合考虑当事人的真实意思表示和双方的利益平衡，在合同约定的固定价格基础上计算出合同总价款，再根据工程定额计价标准鉴定出已完工程占整个工程的比例确定已完工程的价款。例如(2015)民一终字第 309 号案中，发承包双方约定采用固定单价的方式进行结算，其中住宅为 1650 元/平方米、商业为 1950 元/平方米、车库在双方协商甲方确定施工时再定。截止到诉讼时，承包人已施工基本完成相应的主体工程，对部分装修工程进行了施工。诉讼过程中，为了确定已施工部分占整个工程的比例，鉴定机构基于法院的委托，按定额标准对已施工部分和未施工部分进行了造价鉴定。同时基于因人工费的调整问题，鉴定单位出具了两种鉴定结论，一审法院采信了鉴定机构的第一种鉴定结论：已完成的工程造价是 94, 196, 480. 18 元，未完成工程造价为 23, 468, 939. 3 元，并认为承包人已施工的部分占全部工程的比例为：94, 196, 480. 18 元 ÷(94, 196, 480. 18 元 + 23, 468, 939. 3 元) = 80. 05%。根据施工后双方核对的结果，本案工程涉及住宅的面积为 76, 864. 24 平方米，涉及商业的面积为 18, 603. 7 平方米。根据约定住宅的按每平方米 1650 元计算，商业的按每平方米 1950 元计算，结果为：76, 864. 24 平方米 × 1650 元 + 18, 603. 7 平方米 × 1950 元 = 163, 103, 211 元。163, 103, 211 元即为按平方米单价确定的总工程价款。承包人已施工的工程价款为：163, 103, 211 元 × 80. 05% = 130, 564, 120. 41 元。再审法院认为，一审判决先以固定单价乘以双方约定的面积计算出约定的工程总价款，再通过鉴定机构按照定额标准对已完成工程和未完成工程的部分进行造价鉴定计算出承包人完成的部分占整个工程的比例，再用计算出的比例乘以约定的工程总价款确定承包人应得的工程价款，此种计算方法，能够兼顾合同约定与工程实际完成情况，并无不当。

(2019)最高法民申 1396 号案中，最高院认为，二审法院参照鉴定意见计算的已完工程价款为 105, 982, 315. 24 元，综合全案实际，酌定结算价款较定额价格下浮比例为 6. 9%，据此确定案涉工程合同内已完工程价款为 98, 669, 315. 24

元,计算方式及酌定数额不存在明显的偏颇。

3. 在确定已完工程价款时,应当综合考虑案件实际情况、双方当事人的过错程度以及利益平衡等司法判决的价值取向

固定价格合同中途解除时,在计算已完工程价款时,除了上述案例中的计算方式外,在司法实践中,还可能存在其他计算方式,例如以合同约定总价与全部工程预算总价的比值作为下浮比例,再以该比例乘以已完工程预算价格进行计价;或者以已完施工工期与全部应完施工工期的比值作为计价系数,再以该系数乘以合同约定总价进行计价。

如果双方当事人主张的计算方式不一致,或者鉴定机构提供了多种计算方式供法院参考,法院往往会综合考虑案件实际履行情况以及双方当事人的过错程度,从而确定已完工程价款的计算方式。如果计价方式存在以下几种情况的,将可能不会被法院采信。(1)计价方式中采用的价款、工程量等因素与合同实际履行情况、双方当事人的真实意思表示不一致;(2)采用该计价方式得出的结果将可能使违约方得利的;(3)根据该计价方式计算出的工程总价款远高于/远低于合同约定总价款的。

(2014)民一终字第69号案中,最高院认为:

首先,鉴定意见书采用的计价方式是以合同约定总价与全部工程预算总价的比值作为下浮比例,再以该比例乘以已完工程预算价格进行计价,一审法院也采信了这种计价方式。然而,法院从以下四个方面否定了这种计价方式:一是现无证据证明鉴定的全部工程预算价是当事人缔约时依据的预算价,用以计价的合同总价款也是通过鉴定得出的,并非当事人缔约时约定的合同总价款。二是用鉴定出的两个价款进行比对得出的下浮比例,与当事人的意思表示没有任何关联,如此计算出来的价款当然不可能是合同约定的价格。三是如采用这一种方法,发包人应支付的全部工程价款将明显低于合同约定的总价。显然,如采用此种计算方法,将会导致发包人虽然违反约定解除合同,却能额外获取910余万元利益的现象。这种做法无疑会助长因违约获得利益的社会效应,因而该方法在本案中不应被适用。四是虽然一审判决试图以这一种计算方法还原合同约定价,但却忽略了当事人双方的利益平衡以及司法判决的价值取向。至发包人解除合同时,承包人承包的土建工程已全部完工,发包人解除合同的行为破坏了双方的交易背景,此时如再还原合同约定的土建工程价款,既脱离实际情况,违背

交易习惯,又会产生对守约一方明显不公平的后果。

其次,法院认为,如果以已完施工工期与全部应完施工工期的比值作为计价系数,再以该系数乘以合同约定总价进行计价,发包人应支付的全部工程价款明显高于合同约定的总价,此时虽然符合发包人中途解除合同必然导致增加交易成本的实际情况,但该计算结果明显高于已完工程相对应的定额预算价,对发包人明显不公,因而也不应采用。

最后,法院认为,如依据政府部门发布的定额计算已完工程价款,则已完工程价款既不明显低于合同约定总价,也不过分高于合同约定总价,与当事人预期的价款较为接近,因而比上述两种计算结果更趋合理。另外,政府部门发布的定额属于政府指导价,依据政府部门发布的定额计算已完工程价款亦符合《合同法》第62条[①]第2项"价款或者报酬不明确的,按照订立合同时履行地的市场价格履行;依法应当执行政府定价或者政府指导价的,按照规定履行"以及《民法通则》第88条第4项"价格约定不明确,按照国家规定的价格履行;没有国家规定价格的,参照市场价格或者同类物品的价格或者同类劳务的报酬标准履行"等相关规定,审理此类案件,除应当综合考虑案件实际情况外,还特别应当注重双方当事人的过错和司法判决的价值取向等因素,以此确定已完工程的价款。因此,承包人提出的以政府部门发布的预算定额价结算本案已完工程价款的上诉理由成立,应予支持。

专题四 政策性文件对人工费、材料费调整的影响

核心要点

政策性文件对人工费、材料费的调整主要有以下两种情况:一是仅对人工费、材料费的政府指导价格进行调整,但并未对在合同约定人工费、材料费不予调整的情形下是否可以进行调差作出规定;二是在对人工费、材料费的政府指导价格进行调整的同时,明确规定了合同约定人工费、材料费不予调整时具体调差计算方式,即禁止发承包人约定无限风险。一般而言,当事人仅引用政府指导价

① 《民法典》第511条。

格的调整而主张人工费、材料费的调整，将难以得到法院支持；但如果政府文件明确规定施工合同不得设置无限风险，并明确了合同约定人工费、材料费不予调整时具体调差计算方式的，则人工费、材料费应否调整，不同法院有不同判决结果。

一、裁判观点分析

1. 政府指导价格的调整属于任意性规范，并不影响合同当事人关于人工费、材料费调整的约定

政策文件中对于人工费、材料费的指导价格进行调整的规定，属于任意性规范而非强制性规范，合同当事人对于人工费、材料费调整的标准与政策文件规定的标准不一致的，应当以合同当事人的约定为准。

（2018）最高法民终 258 号案中，最高院认为，关于人工费计价标准，根据《建筑法》第 18 条规定、原《建设工程司法解释》第 16 条[①]第 1 款、第 2 款规定，对于工程计价标准或计价方法应遵从有约定依约定、无约定或不能达成一致参照政府指导价确定的原则。发包单位与承包单位如果在承包合同中约定了计价方法和计价标准，只要该约定不违反法律、行政法规的强制性规定以及不损害当事人的利益，就应依据当事人约定的工程计价标准来确定工程价款。建设工程定额标准是各地建设主管部门根据本地建筑市场建筑成本的平均值确定的，可以理解为完成单位工程量所消耗的劳动、材料，以及机械台班等的标准额度，属于政府指导价范畴，属任意性规范而非强制性规范，其并不禁止合同当事人随行就市订立与定额标准不一致的工程结算价格。建设工程施工合同约定的工程款结算标准与建筑行业主管部门颁布的工程定额标准和造价计价办法不一致的，应以合同约定为准。本案中，案涉工程施工期间，辽东湾管委会于 2012 年 4 月 3 日印发《关于调整盘锦沿海经济区施工企业人工费支付标准的批复》，将盘锦沿海经济区施工企业人工费调整为力工 80～100 元/日、技工 150～200 元/日。其后，辽东湾管委会于 2013 年 8 月 27 日就调整案涉工程人工费召开专题会议，决定将案涉工程人工费调整为力工 100 元/日，技工 200 元/日，北方建设公司对此予以接受，此举表明双方对人工费标准达成新的合意。虽上述调整后的人工费标准高

---

① 《建设工程司法解释（一）》第 19 条。

于辽宁省住房和城乡建设厅及辽宁省财政厅2011年下发的《关于调整〈辽宁省建设工程计价定额〉人工日工资的通知》《关于建设工程人工费实行动态管理的通知》确定的标准，但因上述通知文件对建筑市场人工单价的确定属于政府指导价范畴，是任意性规范而非强制性规范，当该指导价与双方约定的人工费标准不一致时，应当以约定的即辽东湾管委会于2013年8月27日调增的人工费标准为准。据此，辽东湾管委会上诉主张案涉工程人工费应当按照辽宁省住房和城乡建设厅及辽宁省财政厅2011年确定的人工费标准计取，理据不足，法院不予支持。

(2014)民抗字第80号案中，最高院认为，双方当事人签订的《建设工程施工合同》约定，合同价款采用固定价格合同方式确定，其中人工费属合同的风险包干范围，不因政府指导价格的调整而发生变化。虽然在案涉工程施工期间，闽建筑(2007)15号对调整建设工程人工预算单价进行了调整，但根据本案施工合同关于风险包干范围的约定，不能因闽建筑(2007)15号文件的施行而对人工费进行调整。

2. 施工合同约定人工费、材料费不予调整，但政府文件规定不得设置无限风险，并对合同价格约定不予调整的情况提出了具体调差计算方式的，不同法院有不同判决结果

为引导建设各方主体公平、合理分担合同风险，《建设工程工程量清单计价规范》(GB 50500—2013)3.4.1条规定：建设工程发承包，必须在招标文件、合同中明确计价中的风险内容及其范围，不得采用无限风险、所有风险或类似语句规定计价中的风险内容及范围。并且，各地政府部门也可能发布相关通知，规定发承包双方应在合同中约定人工费、材料费的风险幅度，禁止单方承担无限风险。如果发承包双方约定人工费、材料费一律不予调整，而其中一方以相关政府文件主张人工费、材料费调整的，法院是否予以支持存在一定的争议。

(1)当地政府部门提出了具体的人工费、材料费调整价差计算方式，并且市场价格上涨幅度符合政府文件规定情况的，法院将可能据此调整人工费、材料费

有案例认为，当地政府部门多次发文对材料价格调整提出意见，并针对合同约定不予调整的情况，提出了具体的调整价差计算方式，即使合同约定对人工费、材料费不予调整，但市场价格上涨幅度符合政府文件规定的情况的，本着实事求是、风险共担的原则，应当调整人工费、材料费。

例如，(2013)豫法民二终字第73号案中，一审法院认为，虽然施工合同中约定，合同期内不调价，但市场材料价格变动为实际情况。河南省交通工程定额站作为河南省高速公路定额造价管理部门，多次发布文件要求在高速工程项目建设中，建设单位应在招标文件及合同中对材料价格涨降差价调整方法作出明确约定，并对原施工合同条款中规定的由于材料价格涨落因素影响对合同价格不予调整或没有明确调整方法的，提出了具体的调整价差费用计算公式及业主和施工单位的承担比例。本案查明，柴油、重油和石粉的投标单价较施工时单价均有大幅上涨，且涨幅超过10%，符合河南省交通工程定额站在《关于调整在建高速公路建设项目材料价格的指导性意见》中规定的应予调整材料品种及价格调整情形，故结合本案实际情况，依据公平原则，应予调整材料价差。二审法院认为，本案工程施工中确实存在设计变更、材料单价大幅上涨及窝工、赶工现象，河南省交通厅作为全省高速公路建设管理部门，其定额站多次发文对调整部分筑路材料价格提出指导意见，并给出了具体调整方法。本着实事求是、风险共担的原则，应该对本案工程造价进行鉴定，客观地认定工程价款，这对各方都是公平的。

(2)政府文件规定发承包双方在人工费、材料费波动较大时可修改合同条款对人工费、材料费的约定进行调整的，法院也可能严格按照情势变更原则判断是否可以调价

相反地，也有案例认为，即使政府文件规定人工费、材料费大幅上涨，波动较大，发承包双方可修改合同条款对人工费、材料费的约定进行调整，法院仍会严格按照情势变更原则，对人工费、材料费上涨是否符合以下四个要件进行判断：其一，发生在合同订立之后；其二，当事人订立合同时不能预见的；其三，导致当事人继续履行合同将明显不公平或将无法实现合同目的；其四，不属于商业风险。如不满足上述情势变更的要件，则法院将会按合同约定及双方当事人的协商结果对人工费、材料费进行判决。

例如，(2018)最高法民终380号案中，最高院认为，虽然十三冶金公司主张其施工期间材料及运费价格上涨，属于法律规定的情势变更情形，应当进行调整。但在本案中，相对于双方当事人在合同中约定的工程款总额，尚无充分证据证明施工期间自购钢材、燃油、自购材料运费价格变化的幅度，已经达到了当事

人订立合同时无法预见的程度，不构成原《合同法司法解释（二）》[1]第 26 条规定的情势变更情形。黄延公司与十三冶金公司签订的《合同协议书》通用条款 70.1 约定，该合同执行期间不考虑人工、机械施工和材料价格的涨落因素，即在施工期间对合同价格不予调整。虽然在本工程施工过程中，因国家宏观政策调整造成的钢材价格上涨，陕西省交通厅通知要求对于 2003 年 5 月底前签订施工合同的在建工程可依据合同工程单价和合同执行实际，参考招标时的市场价格与合同结算时的价格情况，可给施工企业予以适当补偿。但在 2010 年 1 月 23 日，黄延公司依据陕西省交通厅的通知精神，经黄延公司专题会议研究决定，补偿 HY－8合同段自购型钢差价款 1,415,287.55 元。一审判决认定十三冶金公司不能以该通知为依据突破合同约定要求黄延公司承担材料涨价的损失并无不妥。故十三冶金公司主张的要求黄延公司支付材料及运费调差 4,154,868 元的上诉请求不能成立，法院不予支持。

二、实务指引

对于发包人而言，发包人可以根据项目实际情况在施工合同中设置可以调整人工费、材料费的情形如价格波动超过 ±5% 以上时对人工费、材料费予以调差，而非约定人工费、材料费一律不予调整。

对于承包人而言，通常在施工合同约定为固定价格的情况下，如人工费、材料费波动较大确实在订立合同时难以预见的，建议施工单位注意收集相关部门出台的调价规定；另外，施工单位仅因政府指导价格上涨要求材料费、人工费调价的，结合现有情势变更原则适用的司法实践，政府指导价格上涨在司法实践中难以通过情势变更原则突破施工合同约定。对于此类纠纷，如果条件允许，可以

---

① 原《合同法司法解释（二）》第 26 条规定："合同成立以后客观情况发生了当事人在订立合同时无法预见的、非不可抗力造成的不属于商业风险的重大变化，继续履行合同对于一方当事人明显不公平或者不能实现合同目的，当事人请求人民法院变更或者解除合同的，人民法院应当根据公平原则，并结合案件的实际情况确定是否变更或者解除。"

值得注意的是，2021 年 1 月 1 日起施行的《民法典》第 533 条规定："合同成立后，合同的基础条件发生了当事人在订立合同时无法预见的、不属于商业风险的重大变化，继续履行合同对于当事人一方明显不公平的，受不利影响的当事人可以与对方重新协商；在合理期限内协商不成的，当事人可以请求人民法院或者仲裁机构变更或者解除合同。人民法院或者仲裁机构应当结合案件的实际情况，根据公平原则变更或者解除合同。"《民法典》删除了情势变更适用于非不可抗力的限定，明确不可抗力事件可适用情势变更原则，扩大了情势变更的外延及适用范围。

考虑与发包人协商将争议解决方式调整为仲裁,因为仲裁机构对于纠纷的处理除了不需要执行诉讼案件中最高院要求的情势变更原则的层报制度外,仲裁对于案件的裁判、对于当事人之间利益的平衡的自由度相对更大。

专题五　发包人原因导致的工期延误期间人工费、材料费的调整

核心要点

施工合同约定人工费、材料费不予调整,但由于发包人原因导致工期延误,在此期间内人工费、材料费上涨的,有案例认为,合同约定任何原因导致的工期顺延均不构成追加合同价款的理由的,工期顺延期间内发生人工费上涨,价格不予调整;但也有案例认为,承包人已充分证明由于发包人原因导致工期延误以及该期间内人工费、材料费上涨对其造成的损失的,发包人应支付该部分价款。

一、裁判观点分析

1. 合同约定任何原因导致的工期顺延均不构成追加合同价款的理由的,延误期间的人工费不予调整

施工合同约定人工费、材料费不予调整,但发包人原因导致工期延误,在此期间内人工费、材料费上涨的,有案例认为,合同约定任何原因导致的工期顺延均不构成追加合同价款的理由的,工期顺延期间内发生人工费、材料费上涨,价格不予调整。

例如,(2016)最高法民终 259 号案,最高院认为,案涉《建设工程施工合同》是固定总价合同,合同价款内已经包含了合同履行期间人工费上涨的风险因素。承包人提出是由于发包人原因导致停工一年。但是合同专用条款第 13.2 条“工期延误”约定,承包人了解并同意由任何原因导致的工期顺延并不构成追加合同价款的理由,除非发包人同意该等追加。二审中,承包人亦未能提供证据证明合同履行期间发包人同意增加人工费调整项目。而且承包人提供的《备忘录》是在工程竣工验收结束后,该《备忘录》对 2009 年 11 月工程复工后人工费调整专项予以补偿没有明确约定。一审判决对承包人主张上调人工费的诉讼请求未予支持,并无不当。

2. 承包人已充分证明由于发包人原因导致工期延误以及该期间的人工费、材料费上涨对其造成的损失的，发包人应支付该部分价款

尽管有案例认为，合同约定任何原因导致的工期顺延均不构成追加合同价款的理由的，延误期间的人工费不予调整，但各地方政府可能发布相应的规范性文件，规定由于发包人原因造成的工期延误导致的价差费用由发包人承担。例如，《深圳市住房和建设局关于印发〈深圳市建设工程工期管理办法〉的通知》第11条规定："由于发包人原因造成工期延误导致承包人损失的，应当计取相应补偿费用。"《中山市人民政府办公室关于批转市财政局市住房城乡建设局关于解决政府投资项目建筑主材价差问题指导性意见的通知》第2条规定："（一）如工程合同工期内正常施工或者发包人原因导致工期延误30天以内（含30天）时，材料价格涨落5%以内的风险由承包人承担，超出5%以上的涨价或降价风险由发包人和承包人各按50%的比例共同承担。（二）如工程合同执行中由于发包人原因导致工期延误超过30天时，材料涨落5%以内的风险由承包人承担，超出5%以上的涨价和降价风险均由发包人承担。"《天津市建设管理委员会关于印发〈建设工程计价补充规定〉的通知》第2条第3款规定："因发包人原因造成工期延误的，延误期间发生的价差由发包人承担。"当然，上述政府规范性文件有可能被认定为任意性管理规定从而并不具有强制效力，如合同当事人有相反约定的，从其约定。

也有案例认为，承包人已充分证明由于发包人原因导致工期延误以及该期间的人工费、材料费上涨对其造成的损失的，发包人应支付该部分价款。例如，（2019）最高法民申5628号案中，最高院认为，首先，原审法院认定由于发包人的原因造成工期延误有事实依据。一审时，承包人举证了各项情况报告，能够证明由于发包人征地、设计、协调等原因导致案涉工程无法按照进度进行施工，造成工期延误的事实。其次，承包人举证的各项关于申请材料价格调整的报告，以及一审法院依据承包人的申请委托河南远大建设工程管理有限公司所作的《鄂尔多斯市沿黄一级公路树林召至独贵塔拉段工程停窝工损失费及材料价差调整的司法鉴定意见书》，能够证明由于发包人原因所造成的工期延误带来的工程材料价格上涨、成本增加具体情况。因此，原审认定由于发包人的原因造成了工期延误，工期延误也带来了承包人工程材料成本增加，原审法院认定发包人对延误工期造成施工材料价格上涨、成本增加负有责任，有事实依据。此外，《招标文件》

虽然对正常施工工期内材料价格波动风险的承担作出了约定,但该约定并不适用因发包人导致的工期延误期间的材料款调差,以双方当事人可以预期的合理风险负担约定调整单方违约造成的损失扩大,显然有违公平、有悖逻辑。

另外,值得注意的是,即使确由于发包人原因导致工期延误,但承包人未能证明该期间的人工费、材料费上涨对其造成的损失的,应当承担举证不能的不利后果。例如,(2014)民抗字第 80 号案中,最高院认为,讼争工程约定在 2007 年 3 月 7 日开工,鉴于发包人于 2007 年 7 月才将该工程交由承包人施工,实际开工时间比合同约定的开工时间推迟了 4 个月,使本可以于 2007 年 5 月 1 日前发生的工程量推迟到 2007 年 5 月 1 日以后发生,为此造成的人工费损失,承包人有权要求发包人承担。但对双方正常履行合同的情况下仍不可避免的人工费调整风险,承包人无权要求调整。在原审诉讼中,由于承包人未能举证证明因推迟开工而导致其人工费损失所对应的工程量,故原判认定承包人所主张的人工费损失数额无法计算、其应承担举证不能的法律后果,并无不当。

二、实务指引

1. 发包人可根据项目实际情况在合同中明确约定"承包人了解并同意由任何原因导致的工期顺延并不构成追加合同价款的理由,除非发包人同意该等追加"等类似条款,以便在发生发包人原因导致工期延误并在该期间人工费、材料费上涨的情况下,如发包人主张不予调整合同价款时有据可依。

2. 承包人应注意收集并保留由于发包人原因造成工期延误及在工期延误期间人工费、材料费上涨的相关证据,包括但不限于工程联系单、往来函件、电子邮件、会议纪要、采购合同、支付凭证、价格调整相关文件等。

专题六 施工合同无效但建设工程验收合格时工程款的结算相关问题

核心要点

施工合同无效但建设工程经竣工验收合格的,法院可能参照合同关于工程价款的约定折价补偿承包人。如果存在多个无效合同,法院通常以实际履行的施工合同中关于工程价款的约定折价补偿承包人。

另外，虽然过往存在相关案例认为，根据原《建设工程司法解释》第2条的规定，施工合同无效时参照合同约定支付工程价款须由承包人提出请求，但是无论是已有司法判决的趋势，还是原《建设工程司法解释（二）》《民法典》《建设工程司法解释（一）》的规定，"承包人请求"应将不再是参照合同约定折价补偿承包人的前提条件。

裁判观点分析

1. 建设工程经竣工验收合格但多个施工合同均无效时，参照实际履行的合同中关于工程价款的约定折价补偿承包人

如果多份施工合同都被认定为无效，但建设工程经竣工验收合格的，法院会参照实际履行的合同而非备案合同的约定，对工程款进行结算。例如，（2018）最高法民终857号案中，最高院认为，在案涉施工合同均无效的情况下，根据原《建设工程司法解释》第2条的规定，本案中合同双方应参照能够体现其真实意思表示的《意向协议书》及《施工总承包补充协议》的约定进行工程价款的结算。而为了完善招投标程序而签订的《建设工程施工合同》因未实际履行，不能体现双方合意，故不能成为支付工程价款的结算依据。

又如，（2013）民一终字第117号，最高院认为，在案涉施工合同均无效的情况下，鉴于《a、d标段工程施工补充合同》系发承包双方真实意思表示，并已实际履行，且一审审理期间，双方均认可案涉工程款的取费标准和工程款支付均按照《a、d标段工程施工补充合同》的约定进行，故本案应以《a、d标段工程施工补充合同》作为结算的参照。承包人提出按照原《建设工程司法解释》第21条规定，应以备案的中标合同即《建设工程施工合同》作为结算依据。然而，上述司法解释第21条的适用，是建立在备案的中标合同有效的前提之下，如果因招标、投标违法导致中标无效，即使中标的合同经过有关部门备案，该合同仍然不能作为结算工程价款的法定依据。承包人提出的以备案合同作为结算依据的上诉请求，于法无据，与事实相悖，不予支持。

2. "承包人请求"将不再是参照合同约定支付价款的前提条件

（1）过往存在观点认为，"承包人请求"是参照合同约定支付价款的前提条件

原《建设工程司法解释》第2条规定："建设工程施工合同无效，但建设工程经竣工验收合格，承包人请求参照合同约定支付工程价款的，应予支持。"由此，

在过往的司法判决中，有相关案例认为，施工合同无效时参照合同约定支付工程价款须由承包人/实际施工人提出请求。例如，湖南省高院(2016)湘民再56号认为，案涉建设工程已竣工验收合格，施工合同因违法转包而无效，实际施工人可以请求参照合同约定支付工程价款。但实际施工人在诉讼中一直主张按定额计算工程价款。故本案不具备参照合同约定结算工程款的"承包人请求"的前提。

也有案例认为，如果工程存在设计变更、工程建设变更等情况且承包人未明确主张参照合同约定结算工程款的，不应当以合同约定的计价方式对工程款进行结算。例如，(2018)最高法民再166号案中，最高院认为，原《建设工程司法解释》是原《合同法》关于合同无效后"折价补偿"原则的体现，因建设工程施工合同的特殊性，已竣工验收合格的工程无法"各自返还"，考虑到合同无效后工程价款结算缺乏折价补偿的相关标准，故司法解释规定在工程验收合格的客观基础上，以尊重各方当事人的意思自治及缔约时的市场调节结果即合同约定价格为参考，对工程进行结算。然而，如设计变更、工程建设规模变更等情况导致工程量大幅增加，由于市场、人工等波动因素的影响，工程成本处于变动状态，在此情况下，如承包人未明确同意按照合同价格进行结算，不宜仅以施工方继续施工为由推定当事人具有继续按照合同价格结算的意思表示。

(2)基于司法实践的趋势以及随着原《建设工程司法解释(二)》《民法典》《建设工程司法解释(一)》的出台，"承包人请求"将不再是参照合同约定折价补偿承包人的前提条件

在原《建设工程司法解释(二)》《民法典》《建设工程司法解释(一)》出台之前，司法实践中已经存在承包人拒绝参照合同约定进行结算但法院仍参照合同约定进行结算的案例。

在(2018)最高法民终416号案中，最高院认为，承包人一方面主张2010年5月9日《建设工程施工合同补充协议》为双方实际履行的合同，另一方面又主张该协议无效，应采纳《工程造价鉴定报告书》中第一种鉴定意见，即按定额和规定计算的造价184,513,825.98元作为案涉工程价款。一审法院认为，根据原《建设工程司法解释》第2条的规定，建设工程施工合同无效，但建设工程经竣工验收合格，承包人请求参照合同约定支付工程价款的，应予支持。由于本案所涉三份施工合同均无效，故应先行确定当事人实际履行的合同，再参照该合同确定工

程价款。最高院对一审法院的判决予以支持。

原《建设工程司法解释(二)》第11条第1款规定:“当事人就同一建设工程订立的数份建设工程施工合同均无效,但建设工程质量合格,一方当事人请求参照实际履行的合同结算建设工程价款的,人民法院应予支持。”《民法典》第793条规定:“建设工程施工合同无效,但是建设工程经验收合格的,可以参照合同关于工程价款的约定折价补偿承包人”,《建设工程司法解释(一)》第24条第1款规定:“当事人就同一建设工程订立的数份建设工程施工合同均无效,但建设工程质量合格,一方当事人请求参照实际履行的合同关于工程价款的约定折价补偿承包人的,人民法院应予支持。”由此可见,原《建设工程司法解释(二)》《民法典》《建设工程司法解释(一)》的规定删除了原《建设工程司法解释》中“承包人请求”的表述,意味着“承包人请求”不再是参照合同约定支付价款的前提条件,即使承包人未主张参照合同对工程款进行结算,法院在进行裁决时也可以根据案情的实际情况,自由裁量是否参照合同约定折价补偿承包人。

值得注意的是,《建设工程司法解释(一)》第24条第1款对原《建设工程司法解释(二)》第11条第1款的表述进行了修改,将多份合同无效时“参照实际履行的合同结算工程价款”修改为“参照实际履行的合同关于工程价款的约定折价补偿”。原因在于“参照无效合同约定结算工程价款”的裁判规则常被人诟病是“无效合同按有效处理”。因此,《民法典》明确施工合同无效的处理中可以“参照合同关于工程价款的约定折价补偿承包人”,《建设工程司法解释(一)》的修改也与《民法典》的修订保持一致。尽管《民法典》与《建设工程司法解释(一)》对前述表述进行了修改,但两部旧的建设工程司法解释相关规定也并非秉持“无效合同按有效处理”的目的,实践中法院在处理相关案件时也是根据项目实际情况,以合同的工程结算计价条款作为折价补偿承包人的参照标准,而非直接适用无效合同。

专题七　发包人未在约定时间对结算文件予以回复的法律后果

核心要点

施工合同、施工过程的洽商文件约定“发包人收到竣工结算文件后,在约定期限内不予答复,视为认可竣工结算文件”即约定了结算默示条款,而发包人逾期审核结算文件,承包人请求按照竣工结算文件结算工程价款的,法院一般予以支持。但是,如仅在《通用条款》(尤其建设工程合同范本的通用条款)中约定“发包人在约定期限内不予答复即视为认可竣工结算文件”,而《专用条款》中仅约定发包人的答复期限,未约定逾期答复的法律后果的,不能简单地推论出发承包双方就结算默示条款达成合意,仍需结合其他要素判断双方的真实意思表示。

一、裁判观点分析

1. 施工合同、施工过程的洽商文件中约定了结算默示条款,发包人在约定期限内不予答复,视为认可竣工结算文件

《建设工程司法解释(一)》第 21 条(原《建设工程司法解释》第 20 条)规定:“当事人约定,发包人收到竣工结算文件后,在约定期限内不予答复,视为认可竣工结算文件的,按照约定处理。承包人请求按照竣工结算文件结算工程价款的,应予支持。”因此,施工合同、施工过程的洽商文件约定“发包人收到竣工结算文件后,在约定期限内不予答复,视为认可竣工结算文件”,如果发包人逾期审核结算文件,承包人请求按照竣工结算文件结算工程价款的,法院一般予以支持。

(2016)最高法民终 463 号案中,最高院认为,依据《建设工程司法解释》第 20 条[①]规定,结合案涉施工合同的约定:按各单位工程进行工程竣工结算,发包人收到承包人资料完整的竣工结算报告后的 45 天内完成结算审核,审核完毕的 7 天内除留 3% 工程质量保修金外,发包人应全部付清结算工程款。若发包人未在 45 天内完成审核,应视为发包人同意承包人的结算报告,并按结算报告所确定的金额在 7 天内付清。发包人未按照约定时间完成对工程结算报告的审核,视为其对承包人提交的竣工结算文件予以认可。

(2017)最高法民终 159 号案中,最高院认为,依据《建设工程司法解释》第 20 条[②]规定,结合双方在《补充协议》中的约定及发包人未依约履行审核义务的事实,原审判决将承包人提供的结算报告作为案涉工程的工程款结算依据,理据充分。

---

① 《建设工程司法解释(一)》第 21 条。

② 《建设工程司法解释(一)》第 21 条。

(2018)最高法民终902号案中,最高院认为,终止协议约定,发包人在收到承包人结算报告后80天内完成审核,未在此期限内完成审核视为认可结算报告所有内容。发包人超过约定期限未审核完成,根据协议约定,应以结算报告为结算依据。

2. 即使在建设工程施工合同格式文本中的通用条款中约定结算默示条款,除非专用条款也明确约定结算默示条款或者"执行通用条款的约定",否则不能简单推论出双方就结算默示条款达成合意

建设工程施工合同格式文本一般是指工程建设主管部门或行业组织为合同双方订约的便利,针对建设工程领域的共性问题,给订约双方提供的可通用的合同条款和范本。

如仅在建设工程施工合同格式文本中的通用条款约定"发包人在约定期限内不予答复即视为认可竣工结算文件",而专用条款中未约定逾期答复的法律后果的,虽然存在部分法院认为发承包双方未在专用条款中对通用条款的内容予以修改的,通用条款的结算默示条款对发承包双方具有法律约束力,但是最高院的大多数案例认为:除非专用条款也明确约定结算默示条款或者"执行通用条款的约定",否则不能简单地推论出发承包双方就结算默示条款达成合意,仍需结合其他要素判断双方的真实意思表示。

(1)部分法院认为发承包双方未在专用条款中或以另行签订协议的方式对通用条款的内容予以修改,通用条款的结算默示条款对发承包双方具有法律约束力

(2018)京民终598号案中,法院认为:《施工合同》由《合同协议书》《通用条款》《专用条款》及2个附件共同组成,其中,《通用条款》是双方当事人根据法律法规的规定,就案涉工程的建设实施及相关事项、双方的权利义务作出的原则性约定;《专用条款》是对通用条款原则性约定的细化、完善、补充、修改或另行约定的条款。在双方当事人未在《专用条款》中明确约定或以另行签订协议的方式对《通用条款》中相应条款内容予以修改时,则作为《施工合同》组成部分的《通用条款》的相关约定对双方当事人仍具有法律约束力。《通用条款》36.1.4约定,发包人在收到竣工结算报告及完整的竣工结算资料后,在合同文件约定的期限内对结算报告及资料未提出意见,则视同认可。发承包双方未在《专用条款》中或以另行签订协议的方式对《通用条款》36.1.4约定的内容予以修改,因此,《通

用条款》36.1.4 的约定对发承包双方具有法律约束力。依照《通用条款》36.1.4 的约定,发包人在收到承包人提交的竣工结算文件后,如在合同约定的期限内未提出意见的,则视为认可竣工结算文件。

但值得注意的是,上述判决被最高院于 2019 年 12 月 26 日发回重审[案号:(2019)最高法民再 300 号]。

(2)如果专用条款未明确约定结算默示条款或者“执行通用条款的约定”,不能简单推论出双方就结算默示条款达成合意

①(2019)最高法民再 110 号案中,最高院认为,根据《建设工程司法解释》第 20 条①的规定,承包人请求按照竣工结算文件结算工程价款,其前提必须是当事人对“发包人在约定期限内不予答复即视为认可竣工结算文件”这一内容有明确的约定,即必须是双方当事人协商一致的结果。2006 年 4 月 25 日《最高人民法院民事审判庭关于如何理解和适用〈最高人民法院关于审理建设工程施工合同纠纷案件适用法律问题的解释〉第二十条的复函》(〔2005〕民一他字第 23 号)(以下简称最高院 23 号复函)进一步明确:建设工程施工合同格式文本中通用条款的约定,不能简单地推论出,双方当事人在发包人收到竣工结算文件一定期限内不予答复,则视为认可承包人提交的竣工结算文件的一致意思表示,承包人提交的竣工结算文件不能作为工程款结算的依据。尽管该复函中所述合同格式文本中具体通用条款的条目与本案所涉合同格式文本中通用条款的条目有所不同,但该复函的实质精神是明确的,即双方当事人必须具有“发包人收到竣工结算文件一定期限内不予答复,则视为认可承包人提交的竣工结算文件”的一致意思表示,才能据此办理。

发承包人 2010 年 11 月 3 日签订的《建设工程施工合同》通用合同条款第 17.5.1.4 条虽有“发包人未在合同约定时限内出具书面审查意见的,视同认可承包人的竣工结算报告”的内容,但专用合同条款就同一事项进行约定时,双方未将前述通用合同条款的内容写入专用合同条款所对应的内容之中。换言之,本案中,同一合同项下的通用条款和专用条款对同一事项作出了不同的约定。在认定不同约定的法律效力时,就需要结合建设工程施工合同中通用合同条款和专用合同条款的不同地位以及合同解释的有关规定加以分析认定。

---

① 《建设工程司法解释(一)》第 21 条。

首先,建设工程施工合同中的通用合同条款一般是指工程建设主管部门或行业组织为合同双方订约的便利,针对建设工程领域的共性问题,给订约双方提供的可通用的合同条款和范本。通用合同条款作为格式条款,不是合同双方事先通过谈判,协商一致后确定的条款。建设工程施工合同中的专用合同条款是订约双方根据各方需要,针对合同项下工程项目的具体事项,经过谈判协商而作出的相应约定,系订约双方协商一致的结果。在专用合同条款就同一事项作出与通用合同条款中示范性内容不一致的约定时,应该理解为订约双方通过协商对通用合同条款中的相关事项进行了修改或者变更,双方当事人应该遵从专用合同条款的约定。针对合同法律文本适用的先后顺序,案涉《建设工程施工合同》专用合同条款第1.4条亦作了如此约定,即优先适用专用合同条款。因此,双方是否达成了“发包人在约定期限内不予答复即视为认可承包人提交的竣工结算文件”的一致意思表示,应以专用合同条款的约定为认定依据。

其次,如前所述,通用合同条款是格式条款,专用合同条款是当事人协商确定的非格式条款。根据《合同法》第41条①的规定,格式条款和非格式条款不一致的,应当采用非格式条款。就本案而言,通用合同条款确定了发包人对承包人结算资料的审查时限,同时也确定了发包人逾期未提交审查意见的法律后果(视为认可承包人提交的竣工结算文件);专用合同条款仅约定发包人对承包人结算资料的审查时限,而未约定发包人逾期未提交审查意见的法律后果。这种情况下不能作出发包人即接受了通用合同条款所预设的法律后果的解释,因为“视为认可承包人提交的竣工结算文件”这一责任后果,相对于发包人承担的在约定期限内不予答复的不利后果而言,并不具有唯一性。因此,在本案中不应作出“双方就‘发包人收到承包人竣工结算文件后,在约定期限内不予答复,视为认可竣工结算文件’达成了一致约定”这一事实的认定。

本案其他事实也可以印证发承包双方未就“发包人在约定期限内不予答复即视为认可竣工结算文件”达成一致。本案中,双方在2010年11月3日签订《建设工程施工合同》后,又于2010年12月8日签订了《施工承包协议书》,该协议第7条第4项约定“单体工程竣工验收合格30天内,承包人提供竣工结算书及结算资料,发包人收到竣工结算书60天内提出审核意见,双方并在30天内核

---

① 《民法典》第498条。

对完毕……”结合该协议详细约定的合同价款计价方式和标准等内容，可见该协议是双方反复磋商的结果，充分展示了双方当事人的真实意思表示。然而，从该协议前述第 7 条第 4 项的内容看，与案涉《建设工程施工合同》专用合同条款的约定方式一样，也仅约定发包方审查的时限，未约定通用合同条款中有关在约定期限内不予答复，视为认可竣工结算文件的内容。从专用合同条款和《施工承包协议书》的内容可以看出，但凡是经过双方磋商达成的约定，均没有上述通用合同条款中的示范性内容，也体现了发包人在条款磋商过程中意思表示的前后一致性，即未接受通用合同条款中有关在约定期限内不予答复，视为认可竣工结算文件的内容。而且，在 2014 年 9 月 22 日双方召开协调会之时，按照承包人的意思，发包人此时已经过了提交初审意见的时限，那么在给予发包人宽限期时完全可以在《会议纪要》中明确发包人逾期未提交初审意见即视为认可承包人结算报告的内容，但双方仍未将此内容写入《会议纪要》，也可以说明双方对在约定期限内不予答复即视为认可竣工结算文件的内容并未形成一致意思表示。

最后，发包人虽未对承包人报送的结算资料提出详细具体的审查意见，但其于 2014 年 10 月 13 日向承包人发出了有关承包人结算价差异较大的函件，表明发包人对承包人单方作出的竣工结算提出了异议。即便如承包人所言，通用合同条款的前述约定对双方有约束力，但因发包人与承包人在 2014 年 9 月 22 日达成会议意向：对承包人已经报送的结算资料，发包人将于 2014 年 10 月提出初审意见，双方就初审意见尽快落实相关的其他事宜。发包人已在双方约定的时限内提出了异议，承包人单方作出的《工程竣工结算报告》和结算资料亦不能作为认定案涉工程造价的依据。虽然承包人反驳称其未收到发包人的上述函件，但发包人出具函件的时间（2014 年 10 月 13 日）与投递的时间（2014 年 10 月 13 日）一致，承包人在一审期间亦确认快递单存根联所记载的收件人江某端为其原法定代表人、收件地址亦是其公司地址，而顺丰速递查询结果显示邮件已签收。故发包人主张其于 2014 年 10 月 13 日向承包人寄送上述函件的事实具有高度可能性。《最高人民法院关于适用〈中华人民共和国民事诉讼法〉的解释》第 108 条第 1 款规定：“对负有举证证明责任的当事人提供的证据，人民法院经审查并结合相关事实，确信待证事实的存在具有高度可能性的，应当认定该事实存在。”本院据此确认发包人主张的事实存在。对于承包人的反驳主张，因其未提交证据予以佐证，本院不予采信。

由此,二审判决认定发承包双方就“发包人在约定期限内不予答复即视为认可承包人提交的竣工结算文件”达成了一致,缺乏足够的事实基础。本案不具备适用《建设工程施工合同解释》第20条①的前提条件,二审判决适用该条规定以承包人提交的《工程竣工结算报告》作为认定案涉工程款的依据,属适用法律错误。

②(2020)最高法民申2786号案中,最高院认为,本案《建设工程施工合同》通用条款37.6约定“发包人收到竣工结算报告及结算资料后在本条规定期限内对结算报告及结算资料没有提出意见则视为认可”,合同专用条款未作相应约定。此种情形下,原判决综合全案事实,参照最高院23号复函认定不宜以通用条款简单推论发包人认可承包人的决算意见,进而按照专用条款约定的结算程序和方式,准许发包人的工程造价鉴定申请,并依据鉴定意见确定工程造价,具有事实和法律依据,并无不当。

(3)建设工程施工合同格式文本中的通用条款约定结算默示条款,专用条款也明确约定“执行通用条款的约定”的,发包人在约定期限内不予答复竣工结算文件,视为认可

①(2016)最高法民申3085号案中,最高院认为,首先,从《建设工程司法解释》第20条②规定以及最高院23号复函的内容上看,两个文件的精神是一致的,即都是认为不能仅依据通用条款第33条第3款规定视为当事人对竣工结算已有约定,而把承包人提供的竣工结算文件作为工程款结算依据。换言之,上述规定也并没有全盘否定《建设工程施工合同》通用条款第33条,只不过强调在当事人没有约定的情况下不能适用。

其次,根据原判决查明认定的事实,案涉工程于2006年9月交付发包人使用后,双方多次就工程结算问题进行磋商,发包人于2010年1月19日、1月26日、9月26日多次致函承包人要求决算,承包人于2010年12月28日至30日向皓月公司提交了相关工程结算书,直至2011年4月19日发包人签收了承包人递交的《工程结算汇表》,说明该《工程结算汇表》并非在工程完工交付使用后就由承包人制作提交的,而是经过双方多次协商并以双方合同约定的工程造价为基础形成的。尽管发包人在诉讼中认为该表系承包人单方制作,否认该《工程结算汇

① 《建设工程司法解释(一)》第21条。

② 《建设工程司法解释(一)》第21条。

表》的效力和作用，但其在 2013 年 1 月承包人提起诉讼前才委托信鉴明公司进行竣工结算审计。其间，双方虽有信函往来，但基本上是协商有关工程质量及维修问题，未涉及工程款的结算事宜，发包人对工程款结算问题在收到《工程结算汇表》近两年的时间里始终没有提出异议。

最后，本案中发包人与承包人签订的《建设工程施工合同》专用条款第 10 条关于“本合同通用条款第 33.3 条约定发包人违约应承担的违约责任：执行《通用条款》第 33 条”的约定，说明双方在《建设工程施工合同》专用条款中对于执行通用条款第 33.3 条作了补充约定，即发包人收到竣工结算报告及结算资料后 28 天内无正当理由不支付工程竣工结算价款，从第 29 天起按承包人同期向银行贷款的利率支付拖欠工程价款的利息，并承担应付款额每日 1% 的违约金。由于双方在《建设工程施工合同》专用条款中作出了执行通用条款第 33 条的相关约定，故原判决适用原《建设工程司法解释》第 20 条规定，以《工程结算汇表》中的工程款数额为依据，判令皓月公司向联发公司支付工程款，符合双方《建设工程施工合同》的约定。

②(2019)最高法民申 821 号案中，最高院认为，发包人与承包人签订的《山西省建设工程施工合同》专用条款第 9 条约定：“执行通用条款 32、33 项，工程竣工后验收合格后进行结算……”通用条款第 33.2 项规定：“发包人收到承包人递交的竣工结算报告及完整的结算资料后，应按上述期限进行核实，给予确认或者提出修改意见，如发包人在上述期限内对结算报告及资料没有提出意见，则视同认可……”发包人再审申请中未提供证据说明其与承包人就上述合同约定进行变更，也未举证说明“工作人员”出具收条的虚假性。原审亦查明，发包人与承包人签订的《山西省建设工程施工合同》并没有将共同委托鉴定作为结算的必要条件。发包人的工作人员在 2016 年 5 月 20 日收到结算报告出具收条，之后 60 日未就结算资料提出意见，依照合同约定，视为认可。因此，原审认定承包人已经按照约定时间提交完整的竣工结算资料有相应的证据支持，发包人主张其未收到竣工结算材料，案涉工程未竣工结算的再审理由不能成立。

二、实务指引

对于建设单位而言，建设单位应当重点关注施工合同中发包人的结算默示条款，尤其是施工合同示范文本通用条款中约定的发包人的结算默示条款。如果不适用该条款，建议在专用条款或补充条款中明确“发包人在约定期限内不予答复的，并不视为认可承包人提交的竣工结算文件”，并尽量收集双方并未就结算默示条款达成一致的相关证据，如后续双方签订的补充协议、会议纪要等。如果施工合同、施工过程中的洽商文件确实约定了结算默示条款的，在结算过程中应当注意结算文件的审核期限，避免因为逾期答复而承担不利后果，如对结算文件存在异议，应在审核期限内提出并列明异议之处；并且应当注意保留就结算文件提出异议的日期、相关函件、电子邮件、会议纪要等有关证据。

对于施工单位而言，如果选择适用发包人的结算默示条款，在专用条款或补充条款约定发包人对竣工结算文件审核期限的同时，建议一并明确“发包人在约定期限内不予答复即视为认可承包人提交的竣工结算文件”。承包人在提交竣工结算文件时，注意收集保留承包人提交竣工结算文件的日期、相关函件、电子邮件、会议纪要等有关证据。

专题八　承包人未提供发票的，发包人能否以此为由拒绝支付工程款和逾期付款违约金、利息

核心要点

在合同没有明确约定“先票后款”的情况下，通常认为开具发票义务属于从给付义务，支付工程价款属于主给付义务，两者不具有对价关系，因此发包人以承包人未开具发票为抗辩理由拒付工程款以及逾期付款违约金、利息的，法院不予支持。另外，在合同明确约定“先票后款”的情况下，对于发包人能否以承包人违反约定未开具发票为抗辩理由拒付工程款和逾期付款违约金、利息，法院在不同案件中也会作出不同的判决，司法实践中对此问题目前仍未形成统一的裁判思路。

一、裁判观点分析

1. 合同没有明确约定“先票后款”的，发包人以承包人未开具发票为抗辩理由拒付工程款和逾期付款违约金、利息，法院不予支持

在施工合同纠纷中，不少发包人会以承包人未开具发票为由，向承包人主张

先履行抗辩权,拒绝支付工程款和逾期付款违约金、利息。但实际上,开具发票义务属于从给付义务,而支付工程价款属于主给付义务,两者不具有对价关系。因此,在合同没有明确约定“先票后款”的情况下,发包人以承包人未开具发票为抗辩理由拒付工程款和逾期付款违约金、利息的,法院不予支持。

各地高院的建设工程施工合同案件审理意见对此有明确规定。例如,四川省高级人民法院2015年《关于审理建设工程施工合同纠纷案件若干疑难问题的解答》(川高法民一〔2015〕3号)第29条第2款规定:“发包人以承包人未开具发票,未移交工程竣工资料为由拒付工程价款的,不予支持。但建设工程施工合同另有约定的除外。”江苏省高级人民法院2018年《关于审理建设工程施工合同纠纷案件若干问题的解答》第13条第2款规定:“发包人以承包人未开具发票为由拒绝支付工程款的,不予支持,当事人另有明确约定的除外。”河北省高级人民法院2018年发布的《建设工程施工合同案件审理指南》(冀高法〔2018〕44号)第54条规定:“支付工程款义务和开具发票义务是两种不同性质的义务,不具有对等关系。发包人以承包人违反约定未开具发票为抗辩理由拒付工程款的,人民法院不予支持。”

相关判决亦印证了上述观点,(2019)湘民再318号案中,法院认为:建设工程施工合同是双务合同,依据其合同的本质,合同抗辩的范围仅限于对价义务。也就是说,一方不履行对价义务的,相对方才享有抗辩权。建设工程施工合同中的主要义务就是一方完成合同项下的建设工程,另一方依约支付工程款。支付工程款义务与开具发票义务是两种不同性质的义务。前者是合同的主要义务,后者并非合同的主要义务。二者不具有对等关系。只有对等关系的义务才存在先履行抗辩权的适用条件。如果不是对等关系的义务,就不能适用先履行抗辩权。开具发票的义务显然不属于建设工程施工合同中的主要义务,一方当事人违反该义务并不构成根本违约,另一方当事人不能仅仅因为未及时出具相应发票而主张行使抗辩权,更不能以此为由拒绝履行合同的主要义务即支付工程价款,当事人有明确约定的除外。本案双方当事人未约定如果不提供税务发票,则拒付工程款,因此,发包人主张在承包人未提供发票的情况下其有权拒付工程款的再审理由不能成立。

2. 在合同明确约定“先票后款”的情况下，发包人能否以承包人违反约定未开具发票为抗辩理由拒付工程款和逾期付款违约金、利息，法院在不同案件中会作出不同的判决

尽管在合同明确约定“先票后款”即“承包人应当向发包人提供发票，否则发包人有权拒绝付款”，对于发包人能否以承包人违反约定未先开具发票为抗辩理由拒付工程款和逾期付款违约金、利息，司法实践中对此问题尚未形成统一的裁判思路。

(1) 发包人不能以承包人违反约定为抗辩理由拒付工程款和逾期付款违约金、利息

①在部分案例中，法院会以“开具发票是合同从给付义务，与支付工程款这一主给付义务不具有对价关系”为由，直接驳回发包人拒付工程款和逾期付款违约金、利息的主张。

(2017)最高法民终 552 号案中，最高院认为，虽然发承包双方约定了“承包人在向发包人领取任何工程款项时都应提供税务部门监制或认可的有效发票。未按此条规定提供发票，发包人有权拒付相关款项”，但是，建设工程施工合同中，承包方的主要合同义务是完成施工，发包方的主要义务是给付工程款，承包方提供发票仅是发包方给付工程款后承包方应履行的附随义务。发包方不能以承包方未履行附随义务作为其不履行主要合同义务的理由，且一审判决并未严格以付款时间节点计算发包方迟延付款的利息。故本院对发包方关于一审判决关于利息判项错误的上诉理由不予支持。

(2018)最高法民申 3707 号案中，最高院认为，发包人金福坤公司申请再审称，案涉《建设工程施工补充合同》中明确约定“每期付款需向金福坤公司提供当地正规合格的建安发票后方可付款”，因此在实际施工人未履行开具发票义务前，其有权拒绝支付工程款，也不应当承担逾期付款的利息。本案中，实际施工人已经完成工程施工，并交付发包人，其主合同义务已经履行完毕，发包人应当向实际施工人支付工程款。而实际施工人开具增值税发票仅是该合同的付随义务，与发包人支付工程款的主合同义务并不是对等对价的。且依据《发票管理办法》第 3 条“本办法所称发票，是指在购销商品、提供或者接受服务以及从事其他经营活动中，开具、收取的收付款凭证”的规定，说明开具发票的行为发生在收款之后，而不是发生在收款之前。因此，发包人并不能以实际施工人未提供发票这

一付随义务来拒绝履行其主合同义务。因此,原审判决发包人支付工程款及逾期付款的利息,并无不当。

②在部分案例中,承包人未按照合同约定提供发票的,发包人虽然不能以此为由拒绝支付工程款和逾期付款违约金、利息,但是发包人可以在工程款中扣减相应的税金。

(2017)最高法民申4425号案中,最高院认为,就建工集团未提供发票是否影响违约金支付的问题,案涉《建设工程合同》第7条约定:建工集团须按博兰泽公司要求在每次拨付工程款时提供等额南昌市税务部门认可的建安工程发票,逾期未提供的,当期工程进度款不予支付。虽然建工集团并未提交全部工程款发票,但由于博兰泽公司一审反诉时并未要求建工集团提供相应发票,且原审在判决中也指出如博兰泽公司在支付剩余工程款时,建工集团未提供相应的完税发票,博兰泽公司可在工程款中扣减相应的税费,可见原审已给予博兰泽公司相应的救济途径,因此建工集团未提供发票不影响博兰泽公司在本案中应当承担的付款义务及违约责任。

(2019)最高法民终488号案中,最高院认为,东怡酒店主张宝业集团未出具甲供材款项等额发票,应扣除未开发票的税金补偿款2,569,406.57元。经查,东怡酒店与宝业集团2015年1月9日《工程约谈记录》中双方达成一致意见部分第1条约定:"钢筋计费问题:定额内取费,定额外给3.539%的税,施工单位开全额发票给甲方。"从该约定内容来看,该条实际上是双方就定额外钢筋税金如何承担及由谁开发票作出的约定,并不涉及案涉工程造价。从华诚公司出具的鉴定意见书中的相关说明来看,华诚公司虽将该2,569,406.57元列入案涉工程确定性造价219,692,678.48元中,但也明确说明在宝业集团不能出具全额发票的情形下,应当将2,569,406.57元从工程造价内予以扣除。根据本院查明事实及宝业集团的答辩意见,宝业集团并未履行2015年1月9日《工程约谈记录》第1条约定的开具全额发票义务,且明确表示该项义务已无法履行。在此情况下,宝业集团取得该2,569,406.57元税金补偿款缺乏事实依据和法律依据。故应当从案涉工程确定性造价219,692,678.48元中扣除2,569,406.57元。一审中东怡酒店就此已提出异议,华诚公司亦予以回复说明,一审判决未对宝业集团是否履行开具发票义务予以查实,即认定甲供钢材税金属于案涉工程造价并判归宝业集团所有,确有不当,法院予以纠正;东怡酒店的该项上诉主张成立,法院予以支持。

(2)发包人已支付一定工程款而承包人违反约定未开具发票的,发包人有权拒付工程款和逾期付款违约金、利息

在部分案例中,发承包双方约定"承包人违反约定未开具发票的,发包人有权拒付工程款",并且发包人已经支付一定的工程款而承包人违反约定未开具发票的,发包人拒绝付款不构成违约,无需就此承担支付利息的法律责任。

(2020)最高法民申210号案中,最高院认为,关于自立公司应否承担逾期支付工程款的利息问题。因付款义务与交付发票义务不是对待给付,自立公司不得以铜冠公司未交付发票为由拒绝履行其付款义务,但双方另有约定的除外。本案《建设工程施工合同》专用条款第26条约定,铜冠公司在收取每期工程款时应开具相应额度的正式发票;自立公司支付工程结算款前,铜冠公司必须开具同等数额的正规税务发票,否则自立公司有权拒绝支付。自立公司累计已支付进度款3000余万元,但铜冠公司仅交付1000万元的发票,违反合同约定;且自立公司在支付结算款前,铜冠公司应先交付发票。在此情形下,自立公司拒绝支付工程款不构成违约。二审判决未支持铜冠公司关于自立公司支付利息的主张,并无不当。

(3)发包人无权以承包人违反约定未开具发票为抗辩理由拒付工程款,但有权以此为由免除开具发票之前的违约金、利息

通常来说,法院普遍认为,开具发票的义务不属于建设工程施工合同中的主要义务,一方当事人违反开票义务并不构成根本违约,在承包人已经完成了施工的主要义务的情况下,仅凭承包人未履行开票义务而驳回其主张发包人支付工程价款的请求,将可能有失公平。但是,在承包人违反约定未先开具发票的情况下,判决发包人同时支付工程款和逾期付款违约金、利息,则承包人显然从不诚信行为中获益,这有悖于合同法的诚实信用原则。因此,在部分案例中,法院会平衡两者的利益,判决发包人无权以承包人违反约定未开具发票为抗辩理由拒付工程款,但有权以此为由免除开具发票之前的违约金、利息。

(2017)最高法民申2381号案中,最高院认为,《退场协议》第4条约定"乙方(建威公司)需在支付款项前开具等额工程发票,若因乙方未提供发票,导致工程款未能支付,责任不在甲方(衡湘公司)",该条并未约定案涉工程的支付工程款先决条件为首先开具发票,仅约定了建威公司如不出具发票,导致工程款未能支

付的责任不在衡湘公司；双方在《退场协议》中除第4条外，并未约定建威公司如未出具相关发票则衡湘公司有权以此拒绝支付工程款；且对于建筑工程施工合同而言，支付工程款为发包人的主要义务，双方亦于《退场协议》中对工程款支付数额、支付方式、时间、违约惩罚措施等进行了详细约定，也说明支付工程款作为主要义务的重要性。无论是从双方《退场协议》对出具发票和支付工程款约定来看，还是从两者在案涉建设工程施工合同中重要性来看，出具发票显然均不属于建设工程施工合同中的主要义务，双方亦未约定将出具发票作为支付工程价款的先决条件。因此，衡湘公司应当支付相应工程款，其以未收到工程发票为由主张先履行抗辩权不能成立。关于应否支付利息的问题，根据《退场协议》约定，衡湘公司在主体施工队进场或2016年2月2日前，支付建威公司工程款260万元。2016年11月29日一审庭审中，建威公司提交了工程发票，衡湘公司仍未支付相应工程款。一审、二审判决衡湘公司就260万元支付利息，从2016年11月29日起算，并无不当。

二、实务指引

对于发包人而言，为了避免承包人以各种理由拒绝提供合法有效的等额发票、满足公司的财务要求，发包人可以在施工合同中明确约定："承包人在申请付款时应当向发包人提供合法有效的等额发票，承包人未按合同约定和发包人要求提供发票的，发包人有权迟延付款，而无需承担任何责任。"

如发承包双方发生建设工程施工合同纠纷，关于发包人能否以承包人未按约定提供发票为由拒绝支付工程款和逾期付款违约金或利息，虽然目前尚未形成统一的裁判思路，但发承包双方可以结合管辖法院所在省份法院的指导意见、过往案例进行分析，以确定最优的诉讼策略。

专题九　发包人逾期支付工程价款违约金的起算点

核心要点

建设工程施工合同中，发包人的主要义务是按照合同约定支付工程款，发包人违反该义务的违约责任，发承包双方在合同中通常有明确约定。下文在施工合同约定发包人逾期付款应当支付违约金的前提下，讨论实践中如何认定合同中逾期付款违约金的起算点的问题。

笔者通过案例研究发现，关于逾期付款违约金起算点的确定，法院的裁判规则如下：(1)双方在合同中明确约定了发包人应当支付工程款的时间并约定了逾期付款应支付违约金，在应付款日期可以确定时以该日期作为违约金的起算点。(2)双方在合同中明确约定了应当付款日期(如以工程竣工验收之日作为付款节点)并约定了发包人逾期付款应支付违约金，但应付款日期因故无法确定，则法院依法确定应当支付工程款时间并以此作为违约金的起算点。(3)合同中对工程款付款时间没有约定或者约定不明的，法院依法确定应付款时间，并以该时间作为发包人逾期支付工程价款违约金的起算点：①工程已实际交付，法院确定交付之日为应付款时间，并以此作为计算发包人逾期支付工程价款违约金的起算点；②工程无法按合同约定交付，双方已经结算，法院确定双方结算之日为应付款时间，并以此作为计算发包人逾期支付工程价款违约金的起算点；③双方在结算工程款时产生争议，未能结算，法院确定当事人起诉之日为应付款时间，并以此作为计算发包人逾期支付工程价款违约金的起算点。(4)承包人主张其他有利于发包人的日期作为发包人逾期支付工程价款违约金的起算点，法院予以支持。

一、裁判观点分析

1. 双方在合同中明确约定了发包人应当支付工程款的时间并约定了逾期付款应支付违约金，在应付款日期可以确定时以该日期作为违约金的起算点

建设工程施工合同中，承包人为保障自身利益通常会在合同中要求，如果发包人逾期支付工程价款，应当每日按照一定的利率支付违约金。此时，如果发包人在合同约定的时间点没有正当抗辩理由但未支付应付款项，法院通常会支持合同中双方达成的违约金条款，以双方约定的日期作为违约金的起算点。

(2019)最高法民终 202 号案中，最高院认为，根据双方《建设工程施工合同》关于工程款支付的约定，恒健公司未能按期支付工程款，每日支付 5‰违约金，并承担相应工程款利率的 3 倍。本案中恒健公司应于 2014 年 11 月 30 日前支付已完成工程价款的 70%，但其未能按期支付该部分工程款，已经构成违约，应对欠付的工程款自 2014 年 12 月 1 日起按合同约定支付违约金及利息。

(2018)最高法民终1115号案中，最高院认为，在璞润公司未能依照合同约定时间支付该4635.7万元进度款的情况下，应当从其违反合同约定支付时间即2015年7月18日起承担支付违约金的责任，对此，一审判决认定正确。

(2016)桂民终345号案中，广西高院也支持了上述观点：2013年4月4日，依约康源公司应在结算之日起7日内支付工程款，则未付工程款的违约金应从2013年4月12日起计算。

2. 双方在合同中明确约定了应当付款日期(如以工程竣工验收之日作为付款节点)并约定了发包人逾期付款应支付违约金，但应付款日期因故无法确定，则法院依法确定应当支付工程款时间并以此作为违约金的起算点

双方合同中虽然约定了发包人应当支付工程款的日期，如双方以工程完成验收合格之日作为应当支付工程款的日期，并明确逾期未付工程款应当承担违约金，但由于实践中常发生工程未经验收发包人擅自使用的情况，此时应付工程款时间不能确定，违约金起算点也由此无法明确，该情况下，法院一般依据《建设工程司法解释(一)》第9条关于确定竣工日期的规则来判断应付款日期，从而作为计算发包人逾期支付工程价款违约金的起算点。

(2018)桂民再61号案中，原审法院根据原《建设工程司法解释》第14条[①]之规定“当事人对建设工程实际竣工日期有争议的，建设工程未经竣工验收，发包人擅自使用的，以转移占有建设工程之日为竣工日期”确定了建设工程的竣工日期，而后又以金盛公司占有厂房的事实行为，确定案涉工程视为验收合格。广西高院认为，按照双方《建设工程施工合同书》的约定，工程结算款(扣除质保金部分)的违约金，应从工程完成验收合格之日起3个月后的第8天起算，因案涉工程未经验收金盛公司擅自使用，应从工程竣工之日(2014年8月1日)起3个月(2014年11月1日)后的第8天(2014年11月9日)起算。本案中，法院认为，发包人擅自使用工程的行为，可以作为发包人确认工程验收合格的依据，因此将发包人擅自转移占有建设工程之日视为工程竣工之日、工程完成验收合格之日，再根据双方合同约定以工程完成验收合格之日即发包人擅自转移占有建设工程之日为起算点计算发包人逾期付款的违约金。

(2019)甘民终6号案中，甘肃高院亦支持了上述观点：根据《最高人民法院

---

① 《建设工程司法解释(一)》第9条。

关于审理建设工程施工合同纠纷案件适用法律问题的解释》第 14 条[①]第 1 款第 3 项规定："建设工程未经竣工验收，发包人擅自使用的，以转移占有建设工程之日为竣工日期。"一审认定源祥公司进行封顶庆典的时间即 2016 年 9 月 11 日为竣工日期正确，按照双方在《钢结构工程施工合同》第 6 条约定，钢结构工程分项验收合格后 2 个月内甲方陆续付清质量保修金外的所有工程款。源祥公司支付工程款的最后期限为 2016 年 11 月 11 日，其承担违约金的时间应从 2016 年 11 月 12 日起算。

(2019)陕民终 1006 号案中，原审法院认为，涉案合同约定验收合格后一个月内工程款付至总工程量的 90%，办理好竣工移交后 3 个月内付至 95%，因案涉工程双方未进行竣工验收，应以工程实际使用的时间即 2015 年 2 月 13 日作为竣工验收之日，外经贸公司未按合同约定付款，构成违约，应当承担相关责任。陕西高院认为，本案工程未竣工验收，一审将业主开业时间 2015 年 2 月 13 日推定为实际使用时间，并据此起算违约金。红凯公司主张 2014 年 7 月至 2015 年 2 月为业主装修时间、欠付工程款违约金应自 2014 年 8 月起算，外经贸公司主张 2015 年 2 月 13 日仅为工程商业裙楼的投入使用时间，欠付工程款违约金应以塔楼投入使用时间即 2015 年 6 月 15 日起算，因双方的证据均不足以证明其分别主张的确切时间，一审推定的实际使用时间相对适中，且符合关于明显优势标准的证据规则，陕西高院予以维持。该案中，法院亦将发包人实际使用工程的日期作为竣工验收之日、发包人应当支付工程款之日，并以该日期作为违约金的起算点。

3. 合同中对工程款付款时间没有约定或者约定不明的，法院依法确定应付款时间，并以该时间作为发包人逾期支付工程价款违约金的起算点

在实践中也存在双方在合同中并没有明确约定发包人应当付款时间的情况，此时法院一般依据《建设工程司法解释(一)》第 27 条的规定依法确定应付款时间，并以该时间作为发包人逾期付款违约金的起算点。

(1)工程已实际交付，法院确定交付之日为应付款时间，并以此作为计算发包人逾期支付工程价款违约金的起算点

(2018)最高法民终 384 号案中，最高院认为，依据原《建设工程司法解释》第

---

① 《建设工程司法解释(一)》第 9 条。

18 条[①]的规定，案涉工程已于 2014 年 3 月实际交付使用，王某诚等三人应于交付之日向青海建总公司支付工程款，但王某诚等三人至今仍欠付青海建总公司工程款 600 万元，已构成违约，应当支付自 2014 年 4 月 1 日起至判决生效之日的违约金。

(2016)黔民初 295 号案中，贵州高院亦参照原《建设工程司法解释》第 18 条[②]的规定认定发包人欠付工程款违约金起算点为工程最后交付之日。

(2)工程无法按合同约定交付，双方已经结算，法院确定双方结算之日为应付款时间，并以此作为计算发包人逾期支付工程价款违约金的起算点

(2019)津民终 131 号案中，天津高院认为，本案案涉工程由于联发公司资金原因尚未全部竣工即已停工。停工后汕头二建应向联发公司提交结算报告及结算资料以确定结算价款。但是汕头二建提交的证据显示，双方最终于 2017 年 6 月 19 日正式签订《结算确认书》，因此违约金自双方正式签订《结算确认书》时起算为宜。本案中法院没有释明其适用了原《建设工程司法解释》第 18 条[③]的规定，但不难看出，因停工无法交付的工程，属于第 18 条第 2 项规定的情形，因此将提交结算文件之日作为应付款时间。

(3)双方在结算工程款时产生争议，未能结算，法院确定当事人起诉之日为应付款时间，作为计算发包人逾期支付工程价款违约金的起算点

(2019)苏民终 550 号案中，江苏高院支持原审法院的观点：依据原《建设工程司法解释》第 18 条[④]的规定，利息从应付工程价款之日计付。案涉工程虽已竣工验收，江河公司也出具工程结算书并交付给金高公司，但双方一直在为结算事宜进行商谈，除金高公司对欠付的部分工程款逾期付款违约金计算无异议外，剩余的工程欠付款的逾期付款违约金应从江河公司起诉之日起计算。

(2016)桂民终 345 号案中，广西高院认为，双方有争议的工程款扣除 3% 质保金后，依照《建设工程司法解释》第 18 条[⑤]第 3 款之规定，未付工程款违约金从 2013 年 12 月 2 日(起诉之日)起计算。

---

① 《建设工程司法解释(一)》第 27 条。
② 《建设工程司法解释(一)》第 27 条。
③ 《建设工程司法解释(一)》第 27 条。
④ 《建设工程司法解释(一)》第 27 条。
⑤ 《建设工程司法解释(一)》第 27 条。

由此可见,对于双方当事人未能结算的欠付工程款的违约金起算点,法院倾向于参照司法解释的规定,确定当事人起诉之日为发包人逾期支付工程价款违约金的起算点。

4. 承包人主张其他有利于发包人的日期作为发包人逾期支付工程价款违约金的起算点,法院予以支持

诉讼当事人处分自己的权利,放弃自己原有的部分权益,承包人主张对发包人有利的日期作为违约金的起算点,此时法院对承包人的选择权利予以尊重。

例如,在有些案件中,法院之所以将当事人起诉之日作为发包人逾期支付工程价款违约金的起算点,是因为承包人在案件中主张以起诉之日作为起算点,且该起算点有利于发包人,是承包人放弃原有权利的结果。如(2019)云民初103号案中,云南高院认为,原告主张以欠付款为基数,自起诉之日起按照中国人民银行发布的同期同类贷款利率的双倍标准计算至实际支付之日止,就该违约金起算点,法院予以支持。

二、实务指引

从对上述裁判观点的分析可以看出,不同情况下法院确定的违约金起算点有所不同,但法院更多的是通过确定发包人应当支付工程款的时间来确定违约金的起算点。合同的约定、当事人的主张和《建设工程司法解释(一)》第27条的规定都在法院确定发包人应当支付工程款时间的考虑范围之内。

因此,为避免就逾期付款违约金起算点时间产生争议,建议在合同中明确约定发包人应当支付工程价款的日期或条件。在合同中事先将该应付款日期约定明确,这样可以确保在之后产生争议时,逾期付款违约金的起算点不会存在无法控制的情况。除了在合同中做好事先约定外,承包人还应注意收集能够证明工程竣工验收合格日期、工程实际移交发包人使用日期以及提交竣工结算文件日期的证据,以便在应付款日期无法具体确定时,可以通过该等证据主张视为应付款日期,从而有利于确定逾期付款违约金的起算点。

专题十　逾期支付工程价款违约金的计算标准

核心要点

按照合同约定支付工程价款是发包人的主要合同义务，在建设工程施工合同中，发包人和承包人往往会约定发包人逾期付款的违约金金额。在合同有效的前提下，违约金条款对双方当事人具有拘束力。但是，在双方当事人对违约金约定有异议的情况下，法院又会如何裁判呢？

合同法没有关于建设工程施工合同违约金方面的规定，《民法典》第 646 条规定："法律对其他有偿合同有规定的，依照其规定；没有规定的，参照适用买卖合同的有关规定。"据此可知，法院可以参照买卖合同的相关规定裁判建设工程施工合同违约金纠纷。另外，《民法典》中合同编通则分编对违约金的计算标准也有相关规定，法院可以适用相关规定。审判实践中，法院也会参照借贷案件司法解释的规定执行。通过对裁判观点的分析，笔者发现法院在计算发包人逾期支付工程价款违约金时有以下几种观点。

在综合考虑当事人的合同履行情况以及有关违约金的约定基础上，(1)按照双方合同中关于违约金的约定确定；(2)根据原《合同法司法解释(二)》关于违约金的规定，以当事人损失的 30% 确定；(3)参照《最高人民法院关于审理买卖合同纠纷案件适用法律问题的解释》第 18 条第 4 款的规定，以中国人民银行同期同类人民币贷款基准利率/全国银行间同业拆借中心公布的贷款市场报价利率为基础，参照逾期罚息利率标准确定；(4)参照《最高人民法院关于审理民间借贷案件适用法律若干问题的规定》规定确定；(5)参照中国人民银行同期同类人民币贷款利率/全国银行间同业拆借中心公布的贷款市场报价利率的一定倍数确定；(6)法院在自由裁量的范围内酌情确定。

一、裁判观点分析

1. 法院按照双方合同中关于违约金的约定确定逾期付款的违约金金额

在审判实践中，法官通常不会轻易推翻双方通过意思自治达成的合意，尤其是在当事人没有充分的证据证实该合意显失公平的情况下；对于双方当事人对违约金计算标准的约定亦是如此。(2018)最高法民终 629 号案中,最高院认为,违约金兼具惩罚及补偿性质,根据民融公司的违约情形,一审判决按照双方补充协议约定的合同总价的 3% 认定违约金数额,尊重了当事人的意思自治,并无证据证明该认定存在违约金明显过高、显失公平的情形。因此,一审判决对违约金的认定并无不当,民融公司上诉请求对违约金进行调整,理据不足,本院不予支持。

(2017)最高法民再 333 号案中,最高院认为,按照双方合同约定计算的违约金与实际损失的比值为 11. 78% ,并未超过 30% 。案涉违约金与实际损失相比并不过高,可以不予调整。适度的惩罚性违约金,有助于维系稳定的合同制度,保护当事人的合理预期,促进交易安全。

该案中,最高院在裁判文书中评析:在违约金的数额符合法律规定的前提条件下应当予以支持。在本案中,能源公司与庆达公司都是商事主体,应当承担与其预期收益相对应的、谨慎的,合理的注意义务。应有深入的市场参与度、敏锐的市场洞察力、充分的风险预估能力,双方对违约金的约定应当予以尊重并适用。适当的违约金金额具有合法性和合理性。可以看出,法院在建设工程施工合同一类属于商事合同纠纷的裁判中,对双方在合同中约定的违约金金额只要不过分高于当事人的实际损失,予以支持的可能性较大。

又如,(2019)最高法民终 488 号案中,最高院支持双方在合同中约定的按中国人民银行同期贷款利率支付延期付款违约金条款。

2. 法院根据原《合同法司法解释(二)》[①]关于违约金的规定,以当事人损失的 30% 确定逾期付款的违约金金额

原《合同法司法解释(二)》第 29 条[②]规定:“当事人主张约定的违约金过高请求予以适当减少的,人民法院应当以实际损失为基础,兼顾合同的履行情况、当事人的过错程度以及预期利益等综合因素,根据公平原则和诚实信用原则予以衡量,并作出裁决。当事人约定的违约金超过造成损失的百分之三十的,一般可以认定为合同法第一百一十四条第二款规定的‘过分高于造成的损失’。”该规定认为,若违约金超过造成当事人损失的 30% ,则为过高。因此在审判实践中,

① 《合同法司法解释(二)》已失效。

② 《合同法司法解释(二)》已失效。

部分法院在双方当事人合同中约定的违约金超过实际损失30%的情况下,会直接按照损失的30%确定违约金的数额。

(2019)京民再19号案中,北京高院认为,根据原《合同法司法解释(二)》第29条的规定,本案中碧杰枫公司的实际损失即为欠付工程款的利息,其双方约定的违约金已经超过实际损失,应当予以酌减。本院以欠付工程款利息数额的30%确定违约金数额。

(2018)最高法民终781号案中,最高院也对违约金以工程款利息的30%予以酌定。

3. 法院参照《最高人民法院关于审理买卖合同纠纷案件适用法律问题的解释》第18条第4款规定,以中国人民银行同期同类人民币贷款基准利率/全国银行间同业拆借中心公布的贷款市场报价利率为基础,参照逾期罚息利率标准确定逾期付款的违约金金额

《民法典》第646条规定:"法律对其他有偿合同有规定的,依照其规定;没有规定的,参照适用买卖合同的有关规定。"据此可知,法院可以参照买卖合同的相关规定裁判建设工程施工合同违约金纠纷。《最高人民法院关于审理买卖合同纠纷案件适用法律问题的解释》第18条第4款规定:"买卖合同没有约定逾期付款违约金或者该违约金的计算方法,出卖人以买受人违约为由主张赔偿逾期付款损失,违约行为发生在2019年8月19日之前的,人民法院可以中国人民银行同期同类人民币贷款基准利率为基础,参照逾期罚息利率标准计算;违约行为发生在2019年8月20日之后的,人民法院可以违约行为发生时中国人民银行授权全国银行间同业拆借中心公布的一年期贷款市场报价利率(LPR)标准为基础,加计30%~50%计算逾期付款损失。"《中国人民银行关于人民币贷款利率有关问题的通知》第3条第1款规定:"关于罚息利率问题。逾期贷款(借款人未按合同约定日期还款的借款)罚息利率由现行按日万分之二点一计收利息,改为在借款合同载明的贷款利率水平上加收30%~50%。"根据上述规定,法院在计算建设工程施工合同违约金时,将违约金的金额控制在同期银行贷款利率的1.3~1.5倍。

(2019)最高法民再403号案中,最高院认为,二审判决认为,文秘中心提出了违约金调整申请,并结合本案案情和合同履行情况,将违约金计算标准调整为人民银行贷款利率1.3倍并无不当。

(2018)最高法民终384号案中,最高院认为,双方约定违约金过高,一审法院对违约金的支付标准予以适当调整,按中国人民银行发布的同期同类贷款利率上浮30%确定违约金数额符合法律规定。

自2019年8月20日起,中国人民银行贷款基准利率标准已经取消,并自该日起以全国银行间同业拆借中心公布的贷款市场报价利率作为利息计算标准。司法裁判中以中国人民银行同期同类人民币贷款基准利率为基础,参照逾期罚息利率标准计算违约金的做法也有所调整。如(2019)苏05民终9726号案中,江苏省苏州中院认为:"鉴于自2019年8月20日起,中国人民银行已经授权全国银行间同业拆借中心于每月20日(遇节假日顺延)9时30分公布贷款市场报价利率(LPR),中国人民银行贷款基准利率这一标准已经取消。因此,从2018年10月1日起至2019年8月19日的涉案欠付工程款利息计算标准仍按照中国人民银行同期同类贷款利率计算,自2019年8月20日起至新金洲房产公司实际履行之日止,欠付工程款的利息计算标准则应按照同期全国银行间同业拆借中心公布的贷款市场报价利率计算。"即自2019年8月20日起,以全国银行间同业拆借中心公布的贷款市场报价利率为基础计算逾期付款利息。

4. 法院参照《最高人民法院关于审理民间借贷案件适用法律若干问题的规定》确定逾期付款违约金金额

2015年9月1日施行的《最高人民法院关于审理民间借贷案件适用法律若干问题的规定》(法释〔2015〕18号,已被修改)第30条①规定:"出借人与借款人既约定了逾期利率,又约定了违约金或者其他费用,出借人可以选择主张逾期利息、违约金或者其他费用,也可以一并主张,但总计超过年利率24%的部分,人民法院不予支持。"审判实践中,部分法院会参照该规定将双方当事人的违约金和利息控制在一定的范围内,但也有法院认为这样的做法是不符合法律的规定。

(2017)最高法民终918号案中,最高院认为,《解除建设施工合同协议书》第5条明确约定,北海湾春公司未按约定支付款项的,应每月按应付未付款项的6%承担违约金。一审中,浙江横店公司自愿将违约金计算标准调整为按月3%,

---

① 2020年8月20日施行的《最高人民法院关于审理民间借贷案件适用法律若干问题的规定》(法释〔2020〕6号)第30条规定:"出借人与借款人既约定了逾期利率,又约定了违约金或者其他费用,出借人可以选择主张逾期利息、违约金或者其他费用,也可以一并主张,但是总计超过合同成立时一年期贷款市场报价利率四倍的部分,人民法院不予支持。"

一审法院认为,该计算标准过高,将该标准酌减为每月 2% ,符合合同法关于调整约定违约金的规定,并无不当。

(2017)最高法民终 576 号案中,一审法院按照每日 1‰标准计算迟延付款违约金为 310 万元。最高院认为,双方约定的违约金利率经折算合年利率 36.5% ,明显过高,宏润新能源公司请求予以调整应予准许。结合双方的合同履行情况及宏润新能源公司的违约情形,本院酌情确定宏润新能源公司应支付逾期付款违约金为 200 万元。通过计算可以发现,该案最高院也是参照年利率 24% 最终确定逾期付款违约金的金额。

(2019)最高法民终 202 号案中,最高院参照《最高人民法院关于审理民间借贷案件适用法律若干问题的规定》第 30 条的规定认为:"对逾期付款违约责任,双方既约定按日 5‱支付违约金又约定承担年利率三倍的利息,故一审判决对八冶公司主张的利息及违约金一并按照年利率 24% 予以认定,在一审法院裁量范围之内。"

另外,对于参照《最高人民法院关于审理民间借贷案件适用法律若干问题的规定》(法释〔2015〕18 号,已被修改)第 29 条[①]确定的年利率 24% 的标准判断违约金是否过高这一做法,审判实践中有法院持不同观点。

(2019)湘民终 738 号案中,湖南高院认为,除借款合同以外的双务合同,作为对价的价款或者报酬给付之债,并非借款合同项下的还款义务,不能以受法律保护的民间借贷利率上限作为判断违约金是否过高的标准,而应当兼顾合同履行情况、当事人的过错程度以及预期利益等综合因素,根据公平原则和诚实信用原则予以衡量。

(2018)最高法民终 1115 号案中,最高院认为,工程欠款并非借款,一审判决参照《最高人民法院关于审理民间借贷案件适用法律若干问题的规定》第 26 条关于借贷利率未超过年利率 24% 的规定,支持邗建公司月息 2% 的违约金主张,

---

① 2020 年 8 月 20 日施行的《最高人民法院关于审理民间借贷案件适用法律若干问题的规定》(法释〔2020〕6 号)第 29 条规定:"借贷双方对逾期利率有约定的,从其约定,但是以不超过合同成立时一年期贷款市场报价利率四倍为限。未约定逾期利率或者约定不明的,人民法院可以区分不同情况处理:(一)既未约定借期内利率,也未约定逾期利率,出借人主张借款人自逾期还款之日起承担逾期还款违约责任的,人民法院应予支持;(二)约定了借期内利率但是未约定逾期利率,出借人主张借款人自逾期还款之日起按照借期内利率支付资金占用期间利息的,人民法院应予支持。"

适用法律不当。

最高人民法院关于印发《2019 年全国法院民商事审判工作会议纪要》的通知(法〔2019〕254 号)中,第 50 项规定:“除借款合同外的双务合同,作为对价的价款或者报酬给付之债,并非借款合同项下的还款义务,不能以受法律保护的民间借贷利率上限作为判断违约金是否过高的标准,而应当兼顾合同履行情况、当事人过错程度以及预期利益等因素综合确定。”这也反映了最高院并不提倡审判实践中参照《最高人民法院关于审理民间借贷案件适用法律若干问题的规定》确定逾期付款违约金金额。现阶段施行的《最高人民法院关于审理民间借贷案件适用法律若干问题的规定》已将受法律保护的民间借贷利率上限从“年利率24%”修订为“合同成立时一年期贷款市场报价利率四倍”,但基于公开渠道能够查到的现有的案例,尚未有法院参照新修订的《最高人民法院关于审理民间借贷案件适用法律若干问题的规定》确定逾期付款违约金的金额。

5. 法院参照中国人民银行同期同类人民币贷款利率/全国银行间同业拆借中心公布的贷款市场报价利率的一定倍数确定逾期付款的违约金金额

部分法院在双方当事人合同中约定违约金过高时,并不直接像上述部分裁判观点一样,以损失的 30% 确定调整后的违约金数额,而是综合考虑双方当事人的合同履行情况以及有关违约金的约定,参照中国人民银行同期同类人民币贷款利率确定逾期付款的违约金金额。

(2017)最高法民申 1604 号案中,最高院认为,纳川公司未按照合同约定支付相应价款,迟延付款的违约行为非常明显,应当承担相应违约责任。鉴于合同约定的迟延付款违约金过高,经纳川公司申请,一审、二审法院在综合考虑各方当事人的合同履行情况以及有关违约金的相应约定基础上,酌定按照中国人民银行同期同类银行贷款利率的 4 倍计算迟延付款违约金,并无不当。

自 2019 年 8 月 20 日起,中国人民银行贷款基准利率标准已经取消,并自该日起以全国银行间同业拆借中心公布的贷款市场报价利率作为利息计算标准。因此 2019 年以来有些判决中,也有法院参照全国银行间同业拆借中心公布的贷款市场报价利率确定逾期付款的违约金金额。

(2019)湘民终 738 号案中,湖南高院认为,违约金应当兼顾合同履行情况、当事人的过错程度以及预期利益等综合因素,根据公平原则和诚实信用原则予以衡量。北山公司的损失应为美世界公司因迟延支付工程款而造成的资金占用损失，本院参照全国银行间同业拆借中心公布的贷款市场报价利率确定北山公司的资金占用损失，将美世界公司应支付的违约金酌情调整为应付工程款乘以年利率7.8%乘以违约天数。

6. 法院在自由裁量的范围内酌情确定逾期付款的违约金金额

审判实践中，也有部分法院在综合考虑双方当事人合同履行情况以及有关违约金的约定的基础上，自由裁量违约金的金额。

(2019)皖民再52号案中，安徽高院认为，鉴于因新通公司违约给天威公司造成或者可能造成的损失情况，本院酌定按年利率15%标准判令新通公司承担相应的违约责任。

(2019)湘民终33号案中，湖南高院认为，大汉公司未按约定于2014年8月15日前向东阳公司支付完1650万元。按照上述约定，大汉公司应自2014年8月16日起承担每天2万元的违约金，鉴于涉案建设工程施工合同系无效合同，东阳公司主张违约金实为迟延付款损失，考虑本案《补充协议书》约定的损失数额较高，又历时较长，同时考虑大汉公司欠付东阳公司工程款实际造成了东阳公司的资金损失，从公平原则考虑，本院酌情将每日2万元违约金下浮35%，调整为每日支付1.3万元逾期付款损失。通过计算可以发现，法院确定的该每日支付1.3万元逾期付款损失的标准，年利率接近于30%。

综上所述，通过裁判观点的分析可以发现，审判实践中法院在确定违约金金额时，虽然最终参照的标准不同，但是都根据原《合同法司法解释(二)》第29条的规定，以实际损失为基础，兼顾合同的履行情况、当事人的过错程度以及预期利益等综合因素，根据公平原则和诚实信用原则对违约金予以衡量。

二、实务指引

审判实践中，在合同双方对违约金金额有争议的情况下，法院确定违约金金额的标准不一，因此我们提出如下建议。

1. 在合同中明确约定违约金的计算标准，并且将违约金金额控制在一定范围内(不超过可预见的最大损失的30%)，尽可能使违约金条款在产生争议时能够得到法院的支持。

2. 如合同既约定利息又约定违约金，因部分法院以《最高人民法院关于审理民间借贷案件适用法律若干问题的规定》规定的受法律保护的民间借贷利率上限年利率24%(现已将受法律保护的民间借贷利率上限从"年利率24%"修订为"合同成立时一年期贷款市场报价利率四倍")为约定的利息和违约金合起来计算标准的最高值,双方可以在设置违约金条款时考虑该部分法院的裁判观点,权衡利息和违约金的设置。

3. 在违约金的认定上,法院通常会综合考虑双方的履约情况,最终违约金的数额确定常依赖于双方的举证,如意欲主张较高的违约金,应当注意在对方违约时收集违约的证据材料。

专题十一　无效合同中约定的工程款支付条件是否属于法院参照适用的范围

核心要点

《民法典》第793条(原《建设工程司法解释》第2条)第1款规定:"建设工程施工合同无效,但是建设工程经验收合格的,可以参照合同关于工程价款的约定折价补偿承包人。"由上述规定可知,当建设工程施工合同无效时,无效合同中关于工程价款的约定可以被法院参照适用以解决发承包双方之间的工程价款争议。在司法实践中,法院通常会将无效合同中约定的工程价款的计价方式和支付时间作为参考,至于无效合同中约定的工程款支付条件,是否属于法院参照适用的范围,司法实践中存在不同的观点。大部分法院认为《民法典》第793条(原《建设工程司法解释》第2条)规定中的"可以参照合同关于工程价款的约定折价补偿承包人"中的"合同关于工程价款的约定"主要指工程款计价方法、计价标准等与工程价款数额有关的约定,关于工程价款支付条件的约定不属于可以参照适用的范围。但也有法院认为无效合同中约定的工程款支付条件属于法院参照适用的范围,能否适用取决于案件的实际情况。

一、裁判观点分析

1. "可以参照合同关于工程价款的约定折价补偿承包人"中的"合同关于工程价款的约定"主要指工程款计价方法、计价标准等与工程价款数额有关的约定,关于工程价款支付条件的约定不属于法院可以参照适用的范围

在(2019)最高法民终1852号案中,最高院认为:"《最高人民法院关于审理

建设工程施工合同纠纷案件适用法律问题的解释》第二条[①]规定的'请求参照合同约定支付工程价款'中的'合同约定'主要指工程款计价方法、计价标准等与工程价款数额有关的约定,关于工程价款支付条件的约定不属于可以参照适用的合同约定。"上述案件中最高院的观点也是目前大部分法院的观点。对于《民法典》第793条规定的参照适用范围,大部分法院将其限缩在"计价方法、计价标准等与工程价款数额有关的约定"。

如在(2019)最高法民申4893号案中,最高院认为:"根据《最高人民法院关于审理建设工程施工合同纠纷案件适用法律问题的解释》第二条[②]的规定,建设工程施工合同无效,但建设工程经竣工验收合格,承包人请求参照合同约定支付工程价款的,应予支持。该条规定'请求参照合同约定支付工程价款'中的'合同约定'范围,主要指工程款计价方法、计价标准等与工程价款数额有关的约定。《内部承包合同补充协议》约定,竣工验收后,何某华必须向汇华公司交付贰套完整的工程资料,凡不交工程资料或工程资料不完整,汇华公司将拒绝结算。该约定是关于工程价款支付条件的约定,并非与工程价款数额有关的约定,在承包合同及补充协议无效的情况下,该约定对双方没有约束力。因此,本案工程价款的支付不应以双方当事人约定的交付工程资料为前提条件。"

2. 无效合同中约定的工程款支付条件属于法院参照适用的范围,但能否适用取决于案件的实际情况

(1)支付条件属于参照适用范围,但是因发包人怠于履行支付条件是否成就的举证义务,对支付条件不予支持

在(2019)吉民申1083号案中,发包人珂海公司和承包人石某波双方签订的《建筑工程承包合同》第3条约定:"工程竣工验收合格并经财政审核决算后一个月,付给乙方至财政审核后本合同价款的95%,其余5%作为质保金,待业主支付质保金后付清。"后该合同因承包人不具有相关施工资质而无效。吉林高院认

---

① 《民法典》第793条规定:"建设工程施工合同无效,但是建设工程经验收合格的,可以参照合同关于工程价款的约定折价补偿承包人。建设工程施工合同无效,且建设工程经验收不合格的,按照以下情形处理:(一)修复后的建设工程经验收合格的,发包人可以请求承包人承担修复费用;(二)修复后的建设工程经验收不合格的,承包人无权请求参照合同关于工程价款的约定折价补偿。发包人对因建设工程不合格造成的损失有过错的,应当承担相应的责任。"

② 《民法典》第793条。

为："根据《最高人民法院关于审理建设工程施工合同纠纷案件适用法律问题的解释》第 2 条[①]规定：'建设工程施工合同无效，但建设工程经竣工验收合格，承包人请求参照合同约定支付工程价款的，应予支持。'故应参照合同约定工程款结算条款支付工程款及利息。……珂海公司与石某波于 2016 年 1 月 27 日形成了《结算单》，却在本案诉讼时尚未提供与业主的结算结果，属于怠于履行其结算义务。案涉工程已完工并交付使用，且双方已形成《结算单》，珂海公司未提供证据证明地基基础工程及主体质量存在问题的情况下，拒付工程款的主张，本院不予支持。"

上述案件中，尽管法院最后没有适用无效合同中约定的支付条件条款，但究其原因，是因为法院认为该支付条件是否成就，应当由发包人承担举证责任。但是，发包人在审判过程中未能证实支付条件不成就。案涉工程亦已完工并交付使用，双方形成结算单，且发包人未能证明地基基础工程及主体结构质量存在问题，因此法院认为发包人不能以支付条件未成就为由拒绝支付工程款。

（2）支付条件属于参照适用范围，但是因发包人不正当阻却付款条件成就，对支付条件不予支持

在（2017）鲁民终 1896 号案中，山东高院认为："涉案《建设工程分包合同》虽被依法认定为无效，但因案涉工程已于 2013 年 9 月 17 日通过竣工验收并交付投入使用，根据《最高人民法院关于审理建设工程施工合同纠纷案件适用法律问题的解释》第二条[②]规定，枣庄建筑公司作为案涉工程的实际施工方，有权请求参照涉案《建设工程分包合同》约定要求合同的相对方河北安装公司支付工程价款。河北安装公司主张依据涉案《建设工程分包合同》约定，不论进度款还是结算款，均以东阳公司向其支付工程款为前提，故其向枣庄建筑公司支付工程价款的条件并未成就。法院认为，即使按照河北安装公司主张，案涉工程价款支付的约定为附条件合同，在案涉工程已经通过竣工验收并交付投入使用的情况下，河北安

---

① 《民法典》第 793 条。

② 《民法典》第 793 条规定："建设工程施工合同无效，但是建设工程经验收合格的，可以参照合同关于工程价款的约定折价补偿承包人。建设工程施工合同无效，且建设工程经验收不合格的，按照以下情形处理：（一）修复后的建设工程经验收合格的，发包人可以请求承包人承担修复费用；（二）修复后的建设工程经验收不合格的，承包人无权请求参照合同关于工程价款的约定折价补偿。发包人对因建设工程不合格造成的损失有过错的，应当承担相应的责任。"

装公司与东阳公司至今仍未就案涉工程价款结算完毕，依据《中华人民共和国合同法》第四十五条第二款[①]规定，因河北安装公司不正当阻却付款条件成就的，应视为付款条件已成就，故河北安装公司的该项主张缺乏事实与法律依据，本院不予支持。”据此，在发包人不正当阻却付款条件成就情况下，法院一般不支持适用无效合同的支付条件。

二、实务指引

综上分析，《民法典》第793条第1款规定的“可以参照合同关于工程价款的约定折价补偿承包人”中的“合同关于工程价款的约定”，大部分法院认为主要指工程款计价方法、计价标准等与工程价款数额有关的约定，关于工程价款支付条件的约定不属于可以参照适用的范围；在少部分支持无效合同中约定的工程款支付条件属于法院参照适用范围的案件中，法院也一般以发包人怠于履行支付条件是否成就的举证义务或者发包人不正当阻却付款条件成就为由而未适用无效合同中的支付条件。因此，对于发包人而言，应尽量避免出现合同无效的情形，严格把关工程招标、签约过程，以避免合同无效的情况下合同中对发包人有利的条款不能得到法院支持。

专题十二 法院不予支持工程造价司法鉴定申请的情况

核心要点

发承包双方就工程价款产生争议时，可能会向法院申请工程造价司法鉴定。但是，当事人在以下几种情况下提出工程造价司法鉴定，法院将不予支持：一是固定总价包干范围内的工程造价，不予司法鉴定；二是当事人诉前达成结算协议的，不予司法鉴定；三是双方在诉讼前共同委托有关机构、人员进行造价鉴定，并明确表示受该咨询意见约束的，不予司法鉴定；四是对于利用现有证据即可确定的工程款，不予鉴定。

① 《民法典》第159条规定：“附条件的民事法律行为，当事人为自己的利益不正当地阻止条件成就的，视为条件已经成就；不正当地促成条件成就的，视为条件不成就。”

一、裁判观点分析

建设工程施工合同纠纷中，发承包双方就工程价款产生争议时，可能会向法院申请工程造价司法鉴定。但是，在不必要的情况下进行工程造价司法鉴定可能导致当事人诉讼成本增加、诉讼时间延长等问题。司法判决过分依赖于鉴定结果，将可能导致“以鉴代审”的现象发生。因此，并非在所有建设工程施工合同纠纷中当事人都有权申请工程造价司法鉴定。当事人在以下几种情况下提出工程造价司法鉴定，法院将不予支持。

1. 固定总价包干范围内的工程造价，不予司法鉴定

《建设工程司法解释(一)》第28条(原《建设工程司法解释》第22条)规定：当事人约定按照固定价结算工程价款，一方当事人请求对建设工程造价进行鉴定的，人民法院不予支持。

如果建设工程施工合同约定工程范围内合同总价不作调整，在既不存在设计变更或工程变更，也不存在其他特殊因素导致实际工程价款与合同固定总价的差额超出合理范围的情况下，当事人申请工程造价司法鉴定的，法院一般不予准许。

在(2017)最高法民终577号案中，最高院认为，对于发包人提出的对案涉工程造价进行鉴定的问题，根据合同中“合同总价款:4150万元”和“合同总价款按合同内容造价包干”的约定，依照原《建设工程司法解释》第22条[①]“当事人约定按照固定价结算工程价款，一方当事人请求对建设工程造价进行鉴定的，不予支持”的规定，结合本案完全可以依照相关证据认定工程造价和应付款项等情况，故本院对发包人提出的鉴定申请不予准许。

(2020)最高法民申2229号案中，最高院认为，原《建设工程司法解释》第22条规定：“当事人约定按照固定价结算工程价款，一方当事人请求对建设工程造价进行鉴定的，不予支持。”案涉《建设工程施工合同》约定采用固定价格，合同价款为1360万元。该约定是双方自愿作出的真实意思表示，卢某义在签订合同时应当对合同约定的工程价款有充分认识，其事后认为合同约定价款明显不公，并主张案涉工程价款应当通过司法鉴定确定，没有事实和法律依据，二审法院不予

① 《建设工程司法解释(一)》第28条。

支持并无不当。

2. 当事人诉前达成结算协议的，不予司法鉴定

《建设工程司法解释(一)》第29条(原《建设工程司法解释(二)》第12条)规定：当事人在诉讼前已经对建设工程价款结算达成协议，诉讼中一方当事人申请对工程造价进行鉴定的，人民法院不予准许。

发承包双方在诉讼前已经对建设工程价款结算达成协议，并且结算协议属于双方当事人的真实意思表示，则诉讼中一方当事人再向法院申请工程造价司法鉴定的，法院将不予支持。

(2019)最高法民终255号案中，最高院认为，德汇公司根据恒和公司的委托，于2014年11月3日对案涉工程造价出具《审核报告》。中天公司、恒和公司法定代表人均在《审核报告》中的审核汇总表上签字并盖章确认，说明双方已经就案涉工程价款达成一致意见。原《建设工程司法解释(二)》第12条①规定，当事人在诉讼前已经对建设工程价款结算达成协议，诉讼中一方当事人申请对工程造价进行鉴定的，人民法院不予准许。故对恒和公司提出的工程造价鉴定申请，本院不予准许。

(2020)最高法民申1786号案中，最高院认为，案涉工程于2011年4月2日经建设单位、勘察单位、设计单位、监理单位、施工单位5方签字确认竣工验收、质量合格。根据原《建设工程司法解释(二)》第12条关于"当事人在诉讼前已经对建设工程价款结算达成协议的，诉讼中一方当事人申请对工程造价进行鉴定，人民法院不予准许"的规定，建设工程经竣工验收合格后，兴业房地产公司与新疆一建公司签订的建设工程价款结算协议，法院应予保护。虽然本案兴业房地产公司请求人民法院对案涉工程进行鉴定，但一审、二审法院均未委托专门机构对造价进行鉴定并无不当。此外，兴业房地产公司再审期间另行委托由第三方造价咨询机构对案涉工程的造价进行复核亦与上述司法解释相悖，本院亦无法支持。

3. 双方在诉讼前共同委托有关机构、人员进行造价鉴定，并明确表示受该咨询意见约束的，不予司法鉴定

《建设工程司法解释(一)》第30条(原《建设工程司法解释(二)》第13条)

① 《建设工程司法解释(一)》第29条。

规定：当事人在诉讼前共同委托有关机构、人员对建设工程造价出具咨询意见，诉讼中一方当事人不认可该咨询意见申请鉴定的，人民法院应予准许，但双方当事人明确表示受该咨询意见约束的除外。

发承包双方在诉讼前就工程造价问题共同委托相关机构或人员出具咨询意见的，由于该咨询意见并非在诉讼过程中向法院申请鉴定出具的意见，因此该咨询意见本质上属于专业咨询意见，不属于《民事诉讼法》（2021 年修正）第 66 条规定的鉴定意见，不具有司法鉴定意见的效力，诉讼中一方当事人不认可该咨询意见申请鉴定的，人民法院应予准许。但是，如果发承包双方已经明确表示均受该咨询意见约束的，意味着双方达成了委托他人结算的协议，诉讼中当事人又以不认可该咨询意见为由申请鉴定的，法院将不予准许。

（2019）最高法民终 557 号案中，最高院认为，承包人与发包人达成了《昭阳区住房和城乡建设管理局关于盛世荷苑房地产开发项目建设协调会议纪要》，其中明确约定，工程结算方式为双方共同委托第三方具备甲级资质的工程造价咨询公司对承包人报送的 7#地块工程结算文件审核，审核确定的工程结算书经三方签字盖章生效。纪要与协议书具有同等效力，签字就是同意并保证履行义务，并明确如果违约就要按照相关法律规定承担责任。上述约定应当视为双方当事人明确表示受该咨询意见的约束。发包人现单方申请重新鉴定，不符合会议纪要的精神和结算方式的约定，本院不予准许。

然而，对于发承包双方共同委托鉴定人出具的咨询意见能否对双方形成法律约束力，仍有以下要素需要考虑。

（1）发承包双方明知鉴定人不具有相应资质仍明确受其出具的咨询意见约束的，不得再以鉴定人的资质问题为由推翻该咨询意见

根据《证据规定》第 40 条的规定，鉴定人不具备相应资格的，当事人有权申请重新鉴定。但是上述规定仅针对司法鉴定意见。对于发承包双方共同委托鉴定人出具的咨询意见，如果发承包双方在委托该鉴定人时，明知其不具有相关资质仍明确表示受其出具的咨询意见约束的，不得再以鉴定人不符合资质为由推翻咨询意见，申请司法鉴定。

（2017）最高法民终 20 号案中，最高院认为，一审诉讼前，发包人已委托德晖公司对案涉工程节点进度款进行审核。一审诉讼中，承包人申请对案涉工程造价进行鉴定，一审法院依法委托江苏中恒工程造价咨询有限公司对案涉工程造

价进行鉴定。在鉴定过程中,发承包双方又与德晖公司自行签订《江苏省建设工程造价咨询合同》,共同委托德晖公司对案涉工程造价进行结算审核。同时,承包人向一审法院撤回了工程造价鉴定申请。因德晖公司是工程造价咨询乙级企业,不具有对案涉工程进行造价审核的资质等级,一审法院专门就此向发包人、承包人进行了释明,双方承诺不就德晖公司资质问题提异议。德晖公司出具案涉工程结算审计报告后,双方在该报告的工程结算审定单上签字、盖章予以确认。该工程结算审定单,是双方在德晖公司对工程造价进行审核的基础上,对案涉工程价款达成的结算协议,系双方的真实意思表示,不违反法律规定,双方应当依此结算工程价款。在签订结算协议后,发包人又出尔反尔,以德晖公司不具有对案涉工程进行造价审核的资质等级为由,主张其出具的咨询报告不能作为结算依据。一审法院对其该项主张不予支持,并无不当。现发包人上诉再次提出德晖公司不具备资质等级,其出具的咨询报告不能作为结算依据的意见,本院不予采纳。

(2)发承包双方共同参与鉴定机构的工程结算审核工作,不代表双方已明确表示受咨询意见约束的事实

在建设工程施工合同纠纷中,如果一方当事人主张以其单方委托的鉴定人出具的咨询意见作为结算依据,应当举证证明发承包双方已经明确表示受咨询意见约束的事实。单凭发承包双方共同参与鉴定机构的工程结算审核工作,并不代表双方已明确表示受咨询意见约束,不视为双方已经达成结算协议,另一方当事人有权向法院申请工程造价的司法鉴定。

(2019)最高法民终956号案中,最高院认为,根据原《建设工程司法解释(二)》第13条[①]的规定:“当事人在诉讼前共同委托有关机构、人员对建设工程造价出具咨询意见,诉讼中一方当事人不认可该咨询意见申请鉴定的,人民法院应予准许,但双方当事人明确表示受该咨询意见约束的除外。”本案一审审理过程中,许某明已明确提出对工程价款、材料设备损失及停窝工损失进行司法鉴定的申请,但一审法院未予准许。一审法院依据建设管理中心单方委托新疆驰远天合工程造价咨询有限公司作出的新驰天价字〔2015〕361号土建工程的工程结算审查书,新驰天价字〔2015〕454号钢结构工程结算审查书、新驰天价字〔2015〕

① 《建设工程司法解释(一)》第30条。

454 号钢结构(签证变更部分)工程结算审查书确认已完工工程造价。上述三份工程结算审查书并未经许某明确认,许某明亦未曾表示其愿意受上述工程结算审查书约束。一审法院以"鉴定过程中由建设管理中心、中关村建设公司与许某明共同参与审价机构的工程结算审核工作的事实"推定上述工程结算审查书体现了建设管理中心、中关村建设公司、许某明共同意思表示,对许某明的司法鉴定申请不予准许,显然与司法解释规定不符。

4. 当事人对部分案件事实有争议的,仅对有争议的事实进行鉴定;对于利用现有证据即可确定的工程款,不予鉴定

《建设工程司法解释(一)》第 31 条(原《建设工程司法解释》第 23 条)规定:当事人对部分案件事实有争议的,仅对有争议的事实进行鉴定,但争议事实范围不能确定,或者双方当事人请求对全部事实鉴定的除外。

如果双方已经在合同中约定了工程单价,或者通过工程签证等证据可以确定部分工程款的数额,为了避免增加诉讼成本、延长诉讼时间的情况发生,当事人仅能对有争议的事实进行鉴定,对于没有争议或者利用现有证据可以确定的工程款,不予鉴定。

(2016)最高法民终 574 号案中,最高院认为,依据原《建设工程司法解释》第 23 条[①]"当事人对部分案件事实有争议的,仅对有争议的事实进行鉴定,但争议事实范围不能确定,或者双方当事人请求对全部事实鉴定的除外"之规定,承包人向原审法院提出对本案全部由其完成的工程予以鉴定的申请,在双方对绝大部分工程产值并无争议的前提下,其就全部工程予以鉴定的请求明显有悖《建设工程司法解释》第 23 条避免增加诉累、提升诉讼效率之本意。

(2018)最高法民申 5488 号案中,最高院认为,本案中,《大包协议》中约定"单价暂定 480 元"属于双方当事人真实意思表示,且没有违反法律、行政法规的强制性规定,当事人应按照约定单价计算工程款。《建工合同纠纷的解释》第 23 条[②]规定:"当事人对部分案件事实有争议的,仅对有争议的事实进行鉴定,但争议事实范围不能确定,或者双方当事人请求对全部事实鉴定的除外。"本案中,由于《大包协议》约定了明确的单价,故原判决由此认定的合同内工程款的数额并

---

① 《建设工程司法解释(一)》第 31 条。

② 《建设工程司法解释(一)》第 31 条。

不缺乏证据证明。一审法院对当事人的鉴定申请进行审查后,综合本案的事实情况,最终确定对合同外项目进行鉴定,符合本案的实际情况。因此,原判决不采纳实际施工人吴某祥对整个工程造价进行鉴定的申请,不存在程序违法和适用法律错误的问题。

二、实务指引

在一方当事人已经提出工程造价鉴定申请时,另一方当事人如果认为存在上述四种情形或者其他工程造价不经鉴定即可确定的情形的,为避免诉讼成本增加、诉讼时间延长等问题的出现,另一方当事人应当在法院准许工程造价鉴定之前及时提出异议。

第三节　工程质量纠纷

专题一　工程质保期内委托第三方维修的费用承担

核心要点

建设工程竣工验收合格进入质量保修阶段后,即使承包人负有质量保修义务,也存在出现工程质量缺陷时,发承包双方可能就工程质量缺陷产生原因、承包人保修响应状况、保修方式等问题产生争议,进而发包人另行委托第三方进行维修的情况。在此情形下,承包人容易对发包人委托第三方是否符合约定条件、维修费用的合理性产生怀疑,从而难以认可发包人要求其承担的第三方维修费用以致发包人诉至法院。司法实践中,基于此类案件事实、证据的复杂性、多样性,法院对第三方维修费用的裁判结果也有所不同,裁判观点具体如下:(1)发包人未达合同约定条件即委托第三方维修的,承包人不承担第三方维修费。合同约定条件包括:发包人存在没履行合同约定的通知义务以及承包人没在约定期限内响应或者到现场维修等情形。(2)发包人委托第三方维修符合合同约定条件,承包人承担第三方维修费用的边界:①发包人主张的维修费用有充分的证据且承包人无相反证据足以对抗的,承包人承担发包人主张的第三方维修费用;

②发包人无法证明其主张的维修费用具有合理性的，法院酌定裁判承包人承担的第三方维修费用以扣留的工程质保金的一定比例或者倍数为限。本专题将从以下案例的裁判思路中探讨我国司法实践中对第三方维修费用承担的认定。

一、裁判观点分析

1. 未达合同约定条件即委托第三方维修的，承包人不承担第三方维修费用

虽然建设工程施工合同中约定在工程结算时扣留3%～5%的结算工程款作为质量保证金，但鉴于实践中仍然出现承包人无力履行保修义务或者拖延、拒绝履行保修义务的情况，所以工程质量保修书或者施工合同中通常会赋予发包人在承包人拒绝履行或约定时限内不履行保修义务时委托第三方维修的权利。然而，在发承包双方对第三方维修费用承担存在争议时，发包人委托第三方维修权利的正当性则成为法院确定第三方维修费用承担的一大重点。

（2018）最高法民终92号案中，最高院第四巡回法庭认为：对于第三方维修费用，根据《苏丹柏柏尔工程施工合同》（第二部分合同条件第29条之2）的约定，在案涉工程需要维修时，合肥水泥研究院应先通知十五冶金建设公司，在十五冶金建设公司拒不维修的情况下，才可自行维修。但合肥水泥研究院未提交证据证实其按照上述约定通知了十五冶金建设公司，故其无权向十五冶金建设公司主张维修费用。同理，最高院第六巡回法庭在（2015）民一终字第247号案中，判定连某旺是否应向发包人承担违约责任时也提及“锦泰公司既未提供证据证明连某旺拒绝修复，亦未提供证据证明委托上述三人施工经过了连某旺的同意”这一细节事实用以佐证不予支持发包人的诉求。

此外，法院裁判时除了关注发包人是否通知外，还会关注发包人自行委托第三方维修存在的必要性、合理性。最高院在（2017）最高法民申4939号案的再审中，认可发包人未于质保期内通知承包人进行维修的事实，同时查明，发包人主张的维修费用系发包人就案涉工程是否存在质量问题及是否属于维修范围与承包人进行磋商过程中，发包人自行委托第三方对案涉工程进行维修而产生的费用，进而支持二审法院的观点，即考虑发包人未提供证据证明淮中建筑公司拒绝维修及其自行委托修复存在必要性、合理性，对发包人要求承包人承担该部分维修费用的主张不予支持。然而在（2014）民抗字第77号案中，最高院再审时虽然纠正了二审的认定，认为2008年7月18日之前承包人未实施维修，不属于违约

拒绝保修义务，发包人认为其在此之前即有权自行委托第三方进行维修，与合同约定不符；但发包人于2008年7月17日发出第一份要求维修的通知，承包人于7月18日收到后双方进行了洽商但未按照双方签订的《房屋建筑工程质量保修书》之约定共同开展现场核查并保留相应记载，则根据“承包人必须从发包人处领取《工程保修通知书》起24小时内与发包人、房屋所有人或使用人约定现场核查时间，并按时到现场核查、完成维修，如果承包人不遵守上述规定，发包人有权另聘其他施工单位进行维修”之约定，发包人有权委托第三方维修。

2. 第三方维修符合合同约定且第三方维修工程已竣工验收合格情形下，承包人承担第三方维修费用的边界

在工程竣工验收合格且不存在专题第一点讨论情形时，第三方维修费用承担的探讨便继续推进到维修费用定量层面。实践中，就第三方维修范围、维修施工工艺、维修材料价格等事项，发承包双方容易产生争议而无法就第三方维修费用数额达成一致，但因个案相关事实及各方提交证据的差异，法院在裁判时存在不同的思路。

（1）发包人主张的维修费用有清晰的相关依据且承包人无相反证据足以对抗的，承包人承担发包人主张的第三方维修费用

在（2017）最高法民申813号案中，最高院根据查明的事实认为，发包人已通知承包人维修及告知否则将委托第三方维修及维修费用由承包人承担。发包人提交了与第三方的工程施工协议书、多份清单与计价表和工程结算书，以及第三方出具的发票、委托付款书、收据等证据，能够证明外墙砖修复及工程检测费用的发生，承包人虽有异议但没有提出相反证据足以对抗，原审判决认定修复费用由鸿翔公司承担，并无不当。同理，在（2014）民一终字第4号案中，最高院也认为，根据发承包双方签署的《协议书》第9条的约定，承包人已完工程中的不合格部位及存在的质量问题，由发包人自行组织进行维修，产生的费用经双方签字确认后由承包人承担。本案中，双方在签订《协议书》之前就发生争议，在《协议书》之后更是如此，不可能就发包人自行组织维修产生的费用作出双方确认，因此，应当根据相关证据认定此类费用是否发生及其数额（此案中，法院根据发包人提供的发票对维修费用数额进行确认）。

（2）第三方维修符合合同约定且第三方维修工程已竣工验收合格，但发包人无法证明其主张维修费用具有合理性的，法院酌定裁判承包人承担的第三方维

修费用以扣留的工程质保金为限

在(2014)津高民一终字第0129号案中,天津市高院认为,虽然发包人提交了第三方向其出具的发票,用以证明其因工程质量问题委托第三方进行通风及空调工程的修复并支付了修复费;但上述票据不足以证明发包人主张的修复费用发生的必要性和合理性。因此,不予支持发包人主张承包人承担修复通风和空调工程发生的费用136,845元。

同理,在2014年再审的(2014)民抗字第77号案中,虽然基于双方洽商后未共同开展现场核查并保留相应记载的事实,似乎满足《房屋建筑工程质量保修书》中“承包人承担相关维修费用”的约定,但是最高院支持了最高人民检察院的抗诉理由,对于发包人主张的其委托第三方维修的维修费用,认为:①对案涉工程需要保修的内容现已无法核实的后果,应由发包人承担主要责任,承包人承担次要责任;②发包人提交的委托建行进行保修工程审价的相关证据,只能证明上述工程价款的真实性,不能证明相关维修工作对于工程存在的质量问题的必要性和合理性,故该数额不能当然作为本案工程维修整改的全部合理损失;③案涉工程已经整改完毕,再进行现场核查及维修必要性等方面的鉴定亦无可能,现已无法判定真实合理的保修内容和发包人支出的合理维修费用数额并进而作为确认双方责任的基础。综上所述,最高院在案涉工程已经双方验收合格、发包人无法举证证明其合理维修数额的情况下,以符合建筑行业惯例(基本能够满足正常工程保修所需)的工程结算款3%的质保金作为施工单位承担的维修费用范围,对发包人所主张的其他维修整改费用均由发包人自行承担。

二、实务指引

基于前述裁判思路的分析可知:(1)发包人在委托第三方进场维修如未满足相关合同约定的前置条件,其要求承包人承担的第三方维修费用,一般难以得到法院的支持;(2)合同中承包人承担第三方维修费用需承包人签字确认的此类限制,并不必然成为承包人抵挡其承担第三方维修费用的盾牌;(3)即使合同约定由承包人承担相关的第三方维修费用,但当发包人对维修范围责任承担及界面确认无法清晰核查负有一定责任时,法院审理时可能就维修工作必要性、维修费用合理性等方面进一步论证,若无法得出费用的合理性时,可能以质保金作为第三方维修费用承担的界限。

对于发包人而言，在委托第三方维修前，除了要履行通知义务（保留好通知的签收记录或者邮寄单）外，最好通过公开竞争程序选择拟委托进行维修的第三方单位，同时最好是选择合理低价的维修单位，以确保第三方维修费用的合理性。

专题二　竣工验收合格后工程出现质量问题，承包人民事责任的认定

核心要点

工程竣工验收合格交发包人使用后出现质量问题是现实中较为常见的情况，但是竣工验收合格并不能对存在质量问题的事实形成有效对抗。此时如出现工程质量问题，发包人向承包人主张责任的路径，除了对保修期内保修范围的质量缺陷要求承包人承担保修责任外，如果发包人有证据证明质量问题系因为承包人施工时操作不规范造成的，还可主张承包人承担质量缺陷的全面修复、重作、赔偿等责任。

一、裁判观点分析

1. 工程竣工验收合格并不意味着工程无质量问题

根据我国《建设工程质量管理条例》，建设工程竣工后均须由发包人组织设计、施工、工程监理等有关单位对工程进行验收，验收的工程须符合规定的建筑工程质量标准，验收合格的出具验收合格证书。然而，竣工验收合格的工程后续出现工程质量问题，在实践中仍较为常见，此时，承包人通常会以工程竣工验收合格作为抗辩质量责任的理由。对此，最高院在近年来的裁判中基本持不予支持的观点。

在 2014 年第 8 期公报案例中，江苏省高院在审理江苏南通二建集团有限公司与吴江恒森房地产开发有限公司建设工程施工合同纠纷[①]时认为："屋面广泛性渗漏属客观存在并已经法院确认的事实，竣工验收合格证明及其他任何书面证明均不能对该客观事实形成有效对抗，故南通二建根据验收合格抗辩屋面广

① 江苏南通二建集团有限公司与吴江恒森房地产开发有限公司建设工程施工合同纠纷案，载《最高人民法院公报》2014 年第 8 期。

泛性渗漏,其理由不能成立。”同年,在长春永信集团汽车贸易有限公司与四川星星建设集团有限公司建设工程施工合同纠纷中,最高院也认为:“工程竣工验收合格并不当然导致修复责任的免除……根据一审法院委托司法鉴定机构作出的鉴定结论,该四项隐蔽工程存在与设计图纸不符合的问题,星星公司亦未能就此提供经永信公司和监理机构同意或者确认变更的相关证据,故星星公司应当对上述四项隐蔽工程承担与设计图纸不符的修复义务,星星公司主张其不应承担修复义务的理由不能成立……”

2020 年 1 月 8 日,最高院在(2019)最高法民申 5769 号案中,在 2014 年的裁判思路的基础上,更加明确了承包人承担质量责任的法律依据。此案中,最高院援引了《建筑法》第 80 条的规定,据此认为:“工程验收合格不等于工程真正合格,因施工人的原因发生质量事故的,其依法仍应承担民事责任。任何法律、法规均没有工程一经验收合格,施工人对之后出现的任何质量问题均可免责的规定。市政公司以案涉工程已经正式通过竣工验收为由主张其不应承担责任,理由不能成立。”

2. 工程质量问题系承包人施工工艺或者材料质量问题造成的,即交付时工程即不符合合同的约定,则即使过了保修期,承包人仍应承担质量缺陷修复、重作、赔偿等民事责任

如前所述,工程竣工验收合格不等同于工程质量合格,承包人需对工程质量承担责任。责任承担的种类,一为建设工程领域保修制度下的保修责任,二为民法领域下的重作、赔偿等民事责任。对于前者,因《建筑法》《建设工程质量保修条例》的明确规定,故承包人对保修期内保修范围中工程质量问题承担的保修责任少有异议;而后者,民事责任的认定则在实践中颇有争议,但也不乏支持承包人承担重作、赔偿等民事责任的案例。

江苏南通二建集团有限公司(以下简称南通二建)与吴江恒森房地产开发有限公司建设工程施工合同纠纷案①中,承包人南通二建依据《建设工程质量管理条例》,认为其只应承担保修责任而不应重作的问题,对此,江苏省高院认为:“该条例是管理性规范,而本案屋面渗漏主要系南通二建施工过程中偷工减料而形

① 江苏南通二建集团有限公司与吴江恒森房地产开发有限公司建设工程施工合同纠纷案,载《最高人民法院公报》2014 年第 8 期。

成，其交付的屋面本身不符合合同约定，且已对恒森公司形成仅保修无法救济的损害，故本案裁判的基本依据为民法通则、合同法等基本法律而非该条例，根据法律位阶关系，该条例在本案中只作参考。本案中，屋面渗漏质量问题的赔偿责任应按谁造成、谁承担的原则处理，这是符合法律的公平原则的。”

（2014）房民初字第03289号案中，一审法院认为：“被告辩称防水工程已超过5年质保期，但因质保期的约定是建立在施工规范和材料合格的基础之上的，现被告施工的地下车库防水工程出现的大范围质量问题，系因施工操作不规范或材料问题所致，故即使超过5年质保期，被告仍应承担相应责任。”后承包人上诉，二审法院（北京市第二中院）驳回上诉，维持原判。

二、实务指引

工程质量问题的责任承担，既不以竣工验收合格作为责任切分点，也不以保修期的结束作为责任承担的完结。工程竣工验收合格不得对抗工程存在质量问题的客观事实，当该质量问题有足以采信的证据（包括质量鉴定、专家意见等类型的文件）证明系承包人施工不当造成的，即使建设工程已竣工验收，也不能免除承包人的责任。

进一步地说，假若该质量问题系承包人施工操作不规范产生的，即使在保修期内发现，承包人的责任也并不以保修责任为限。如当保修无法彻底解决质量问题时，发包人可以选择主张承包人承担重作、赔偿等民事责任。

专题三　总承包人对发包人指定分包工程承担质量缺陷责任的认定

核心要点

发包人指定分包是建筑市场中较为普遍的现象，且2019年1月1日起施行的《建筑工程施工发包与承包违法行为认定查处管理办法》取消了将“发包人指定分包”认定为“违法发包”的情形之一。但就发包人直接指定分包人分包专业工程这一情形，《建设工程司法解释（一）》第13条（原《建设工程司法解释》第12条）明确了发包人与承包人对建设工程质量缺陷的责任承担。经梳理现有案例，对于发包人指定分包情形的，法院判断总承包人是否对工程质量缺陷承担责任时，一般会考虑：(1)承包人对指定分包行为是否提出异议。承包人对于指定分包没有提异议且以实际履行行为认可的，则承包人应就指定分包人应承担的质量缺陷责任份额承担连带责任。(2)承包人是否承担总包管理义务。在承包人应承担总包管理义务的情况下，有两种完全不同的判法：其一，承包人承担总包管理义务，不能作为其对指定分包工程质量问题承担责任的理由；其二，承包人对指定分包工程负有管理配合义务，应对其工程质量缺陷承担相应的过错责任。

一、裁判观点分析

1. 总承包人对指定分包行为没有提出异议且以实际行为认可指定分包的，可认定总承包人对分包工程质量缺陷问题承担相应连带责任

(2007)浙民一终字第182号案中，浙江省高院在审理指定分包工程质量缺陷问题的责任承担时，认为："鉴定报告明确，造成桩基质量不合格的根本原因是桩基施工单位的技术能力及质量控制方面出现问题……绍兴县大成基础建设有限公司(以下简称大成公司)作为施工单位，理应承担相应的赔偿责任。绍兴经济开发区开发建设有限公司(以下简称绍兴开发公司)……并直接指定分包人为大成公司，根据最高人民法院《关于审理建设工程施工合同纠纷案件适用法律问题的解释》第十二条第一款第(三)项之规定，绍兴开发公司应承担相应的过错责任，原审判决其承担25%的责任尚属合理。浙江宝业建设集团有限公司(以下简称宝业公司)作为总承包人，对绍兴开发公司直接指定分包人的行为并未提出异议，且在履行合同义务时，已认可了大成公司的实际施工行为，故可以认定宝业公司与大成公司建立了事实上的桩基分包合同关系，宝业公司对桩基工程的质量问题也应承担相应责任。根据《中华人民共和国建筑法》第二十九条第二款的规定，宝业公司和大成公司就桩基工程质量问题应对绍兴开发公司承担连带责任，原判认定宝业公司和大成公司共同承担50%的赔偿责任也属合理。"

2. 总承包人对指定分包工程负有总包管理义务的是否当然对工程质量缺陷承担责任，存在不同的法院观点

观点一：总承包人对指定分包工程负有管理配合义务，应对其工程质量缺陷承担相应过错责任。

(2016)川民终790号案中，四川省高院在二审时认为："从双方签订的《都江逸家工程施工总包合同(补充协议)》约定内容看……不属于广宇建设承包范围，

但广宇建设负有对森信置业发包的单项工程进行总包管理和服务的义务，森信置业并因此需要向广宇建设支付分包工程造价2%的施工管理费和配合费。森信置业虽主张其未分包合同约定由其分包的工程，但未提供相应证据证实其与广宇建设达成协议变更了原约定内容或者该分包工程实际上系由广宇建设施工或分包，其主张不予采纳，应当认定合同约定由森信置业分包的工程系森信置业分包。依据最高人民法院《关于审理建设工程施工合同纠纷案件适用法律问题的解释》第十二条关于'发包人具有下列情形之一，造成建设工程质量缺陷，应当承担过错责任：(三)直接指定分包人分包专业工程。承包人有过错的，也应当承担相应的过错责任'的规定，对森信置业分包的工程导致的质量缺陷，森信置业应当承担主要责任，广宇建设对森信置业分包的工程负有总包管理的合同义务，对其质量缺陷也应承担相应过错责任。广宇建设上诉主张对森信置业分包的工程导致的质量缺陷不承担责任的理由不能成立。"

同理，内蒙古自治区高院在审理2017年二审(2017)内民终92号案时也明确：根据《建筑法》第55条的规定，国华公司作为总承包人，应当对分包单位宁煤公司因工程质量问题造成的损失承担连带赔偿责任。一审法院已依据原《建设工程司法解释》第12条[①]第1款第3项的规定判决天誉公司承担过错责任，国华公司提出宁煤公司由天誉公司指定造成其难以监管，即不承担连带责任的理由不能成立。

观点二：总承包人基于其总承包人身份在现场对指定分包人有总承包管理及配合的义务，不能作为其对指定分包工程质量问题承担责任的理由。

(2017)粤04民终2925号案中，对于总承包人对指定分包工程是否承担连带责任的问题，珠海市中院认为："首先……不能根据该表述来推定宝鹰公司所分包的工程属于建城公司总承包工程的范围；其次……在实际履行过程中，宝鹰公司是由源丰公司进行招标选定，建城公司并没有参与招标，其对分包人的选定无决定权，与通用条款规定本应由建城公司选定分包人不符。在实际履行过程中，也是由源丰公司对宝鹰公司所承包的工程进行管理、验收并支付工程款……第二……源丰公司要求宝鹰公司向建城公司支付的是总包配合费。因此，建城公司作为总承包方，其在现场对其分包人有总承包管理及配合的义务，其基于总承包人的身份提供的管理和配合，不能作为其对宝鹰公司工程质量问题承担责

① 《建设工程司法解释(一)》第13条。

任的理由。一审法院认定建城公司对宝鹰公司提供的是配合协调义务并无不当。综上,宝鹰公司所承包的工程不属于建城公司总承包的范围,分包人宝鹰公司亦不是由建城公司选定,建城公司不符合《中华人民共和国合同法》第二百七十二条第二款规定①的情形,招商公司根据该条规定要求建城公司对宝鹰公司的工程质量承担连带责任不能成立。"

二、实务指引

1. 在分包单位选聘过程中,如果发包人选聘的分包人存在问题,包括但不限于施工资质、安全生产许可证、项目经理及技术负责人、安全经理等主要管理人员的资格、分包单位的履约能力等存在问题,承包人应当及时提出异议、说明合理、合法的理由并附上相应的证明材料。

2. 对于发包人针对承包人异议的回复,如果承包人认为不成立的,应当及时提出,避免被认定为承包人以自己的履行行为认可对此已无异议。

3. 承包人应当履行好对分包单位的总包管理和配合义务并注意发函或者会议纪要的方式进行留痕、固化证据,否则,可能因此需要承担相应的过错责任。

专题四　启动鉴定是否需申请方举证证明工程存在质量缺陷问题

核心要点

当承包人起诉要求发包人支付剩余工程款时,发包人可能会提起反诉主张承包人施工的工程质量不合格而要求赔偿损失。对此,鉴于建设工程施工的复杂性和专业性,发包人通常会在反诉中向法院申请进行质量鉴定,以此确认工程存在质量问题及导致质量问题产生的原因系承包人的施工问题。司法实践中,法院是否支持发包人申请启动质量鉴定程序存在不同的观点:一种是认为竣工验收合格的工程,发包人在无充分证据证明存在质量问题的情形下,不予准许鉴定;另一种是认为是否准许鉴定应当以鉴定对当事人实体权利、程序利益之影响作为判断依据。

---

① 《民法典》第 791 条。

一、裁判观点分析

1. 工程竣工验收合格，要求承包人承担质量缺陷责任（非保修责任），无证据证明存在质量问题的，不予准许启动质量鉴定

（2015）民申字第2904号案中，长建公司作为信诚公司开发的南湖学府经典（现在的湖畔诚品）商住楼一期工程的1－3栋、二期工程中的11—13、11—18栋和二期工程中的14、15、16栋及人防地下室工程施工承包人，起诉要求信诚公司支付工程款及利息，后信诚公司提起反诉，反诉中要求对一期工程中涉及建筑节能维护结构工程的材料及施工工艺是否符合国家相关验收标准及规范、二期工程整体质量及施工中使用的建筑材料、施工工艺是否符合国家相关验收规范的真实性进行鉴定。一审法院（长春市中院）对此申请未予以准许。后来，此案件于最高院进行再审，在论证案涉工程质量问题未进行司法鉴定的问题上，最高院区分了一期工程、二期工程，就已经竣工验收合格的一期工程而言，认为："案涉工程一期1#、2#、3#楼已于2008年4月3日经验收合格备案并交付使用，在无充分证据证明一期工程存在质量问题的前提下，信诚公司于2011年就一期工程所提出的鉴定申请不应予以准许。"

就未能提供工程质量缺陷证据而不未准许鉴定，（2018）最高法民终556号案的审理中也存在相似的裁判思路。嘉年华公司在一审中主张新兴公司的施工质量存在严重问题，应承担施工质量赔偿责任，并申请鉴定。一审法院判决认定，嘉年华公司未提供证据证明案涉工程的地基基础工程和主体结构存在质量问题需要进行维修或已进行了维修等事实，故要求鉴定工程质量的证据不充分，不予支持。对于新兴公司应否赔偿维修、返修费用问题，一审判决认为新兴公司可另行主张。嘉年华公司对一审法院不予鉴定的理由提出上诉。最高院在2018年二审时认为："嘉年华公司与新兴公司已在《支付协议》中确定工程价款结算总价，并约定新兴公司此后承担保修责任，自《支付协议》签订之日起计算保修期。嘉年华公司未能证明地基基础工程和主体结构存在质量问题，其主张工程质量损害赔偿依据不足，一审法院未准许嘉年华公司质量鉴定申请的理由并无不当。关于新兴公司对案涉工程质量应承担的保修责任，一审判决已明确嘉年华公司应先行通知新兴公司予以维修，如新兴公司不予维修，嘉年华公司可自行维修或委托第三方维修。嘉年华公司可根据工程返修情况，再另行主张。一审判决未

准许嘉年华公司的鉴定申请并不影响嘉年华公司另行就工程维修问题寻求救济。”值得注意的是,此案件较上述的(2015)民申字第2904号案不同,最高院在认同不予准许鉴定的同时进一步说明了如后续双方就工程质量维修产生纠纷,仍可另行就工程维修问题寻求救济,一审判决未准许嘉年华公司的鉴定申请不对此项请求权产生影响。

2. 是否准许鉴定应当以鉴定对当事人实体权利、程序利益之影响作为判断依据

与上述两个案例不同的是,在(2019)最高法民终1863号案中,联合利丰公司在一审时提起反诉,请求昆仑公司赔偿因施工质量不合格造成的损失800万元(最终以司法鉴定为准),为此联合利丰公司在一审时申请依据施工图纸对已完成工程进行工程质量鉴定并计算已完成工程不合格需返工及加固修复的费用,一审法院以联合利丰公司未提供工程质量存在缺陷的相关证据未完成基本举证义务为由未准许鉴定申请。后双方当事人均对一审判决结果不服,提起上诉。最高院于2019年12月27日作出的二审民事裁定书认为:“工程质量是否合格,是否需要进行修复以及修复费用的确定均属于专业问题,根据《中华人民共和国民事诉讼法》第七十六条第一款的规定,联合利丰公司对此有权向法院申请鉴定,一审未准许工程质量鉴定不仅影响当事人的实体权利,而且影响当事人的程序利益,剥夺当事人的举证权利。”

二、实务指引

基于上述三个案例,就本专题探讨的启动鉴定是否需申请方举证证明工程存在质量缺陷这一问题,法院的裁判思路呈倾向救济当事人实体权利救济的趋势。笔者认为这是个更合理的发展趋势,便于集中、尽可能地解决当事人之间的纠纷。但是在诉讼实践中,为了保险起见,鉴定申请人应尽可能地收集存在质量问题的初步证据,甚至在必要时可以单方委托鉴定机构作一个单方质量鉴定报告,以此作为法定诉讼中鉴定程序的初步证据。

专题五 超过质保期申请工程质量鉴定能否得到法院支持

核心要点

根据《建设工程质量管理条例》的规定,承包人对其建设的工程在不低于法定的保修期限内承担保修义务。然而实践中,在建设工程法定或约定的质保期届满后,发承包双方仍可能会就工程质量问题产生纠纷。此时,发包人通常主张建设工程施工过程中(交付前)即存在质量缺陷而要求承包人承担保修责任之外的质量缺陷责任。但由于建设工程施工工艺复杂、材料特殊,适用的技术规范具有相当的专业性,通常需要经由专业的鉴定机构确认工程质量产生的原因。

该等情形下,发包人的鉴定申请能否得到法院的准许,司法实践中的做法并不完全一致。其中,法院不予准许鉴定的理由一般为工程已过质保期,质量鉴定已无实质意义;而准予鉴定的理由则为在作出实体责任判定之前,需要通过鉴定确定工程本身是否存在质量问题,或者是否属于质保期内出现的质量问题。

一、裁判观点分析

1. 工程已过质保期,法院不予准许鉴定

(1)工程已过质保期,鉴定结论对证明工程质量是否合格这一事实无意义

(2014)鄂民终字第304号案中,内蒙古自治区鄂尔多斯市中院二审时认为:“……且涉案工程于2010年9月底交付使用,上诉人在距质保期满两天时向法院提起诉讼,并于2013年2月21日申请鉴定,明显超过了质保期为2年的期限。即使对上诉人申请鉴定的项目有鉴定结论,因上诉人超出质保期主张权利,案涉工程修理、返工以及减少支付工程价款的责任并非由被上诉人承担,故上诉人的鉴定申请没有实际意义,本院不予支持。”

(2015)民一终字第247号案中,锦泰公司在二审期间向最高院提交了《工程质量鉴定申请书》,申请对案涉工程盐田外黑泥填充是否充足,是否存在漏点进行鉴定。最高院认为:“《最高人民法院关于适用〈中华人民共和国民事诉讼法〉的解释》第一百二十一条第一款规定,当事人申请鉴定,可以在举证期限届满前提出。申请鉴定的事项与待证事实无关联,或者对证明待证事实无意义的,人民

法院不予准许。锦泰公司未在一审举证期限届满前申请鉴定,且案涉工程交付锦泰公司已逾二年,鉴定结论对证明工程质量是否合格这一事实已无意义,故本院对锦泰公司的鉴定申请不予准许。”

又如,(2017)闽06民终2283号案,案涉工程的验收时间为2013年1月13日,保修期应至2015年1月12日,而博天环境公司是在2015年12月发现案涉工程存在聚脲脱落问题并通知广州秀珀公司,博天环境公司二审提交的其与第三方签订的合同及发票也均发生在2016年以后,上述时间均已超过保修期,即使进行鉴定,也无法客观反映工程在保修期中的质量状态。因此,博天环境公司一审提出的质量鉴定无法进行,不应予准许,但一审判决遗漏对其申请进行回应是错误的,应予纠正。

(2)工程超过质保期,质量鉴定可于另案处理的,不予准许鉴定

(2020)最高法民申6924号案,“关于一、二审法院未组织鉴定是否违反法定程序的问题”,最高院认为,“案涉工程已经竣工验收且交付使用,映辉胶业公司主张案涉工程存在的质量问题,并非地基基础和主体结构问题,不影响诉争工程款的支付;而案涉工程土建部分已经超过保修期,屋面工程部分的质量鉴定问题,二审判决亦明确可以在另案中处理。一、二审法院未准许映辉胶业公司就工程质量问题的鉴定申请,并无不当,不构成程序错误。映辉胶业公司的该项申请再审事由不能成立”。

2. 工程已过质保期,法院准许鉴定

在作出实体责任判定之前,需要通过鉴定确定工程本身是否存在质量问题,或者是否属于保修期内出现的质量问题。

(2017)粤06民终2725号案中,一审法院认为:“关于鉴定工程已过保质期的问题,根据华南公司、世纪达公司约定,案涉工程中,采光顶工程的质保期截止至2013年12月7日,雨棚工程的质保期截止至2014年2月10日,××大厦1-2层、9-15层装饰工程的质保期截止至2014年10月21日。从日期上看,华南公司起诉时相关工程确已过质保期,但世纪达公司于2013年5月10日曾制作《联系单》对其中部分问题进行过回复,可见华南公司、世纪达公司曾就部分工程质量问题进行过沟通,同时,造成鉴定所发现问题的并非一日之功,大部分问题的根源可溯至施工之时,故,一审法院认为这些问题并非在质保期后才出现,有些问题双方在质保期内就一直在协商,只是协商不成而未能在质保期内进行解

决;有些问题是在质保期后,通过鉴定才被发现而已。故一审法院对世纪达公司关于相关工程已过质保期的抗辩不予采纳。"

二、实务指引

基于上述案例,实践中,工程质保期届满后提出质量鉴定申请还是存在较大不予准许的可能性,笔者认为主要核心在于,该工程质量问题所牵涉的责任是保修责任还是工程质量缺陷责任,但司法实践中大部分法院对此问题采取模糊化处理,这就导致当案件审理中涉及工程质保期届满是否予以鉴定时,部分法院仅依据工程质量问题是否属于保修范围、保修期限是否届满、承包人保修义务是否已完全履行等这一逻辑,而决定不予鉴定。

在诉讼、仲裁实务中,对于超过保修期发现的质量问题,为了促使法院或者仲裁庭同意启动质量鉴定程序:一方面尽量收集初步的证据证明该质量问题发生在施工过程中、工程移交发包人之前,以证明该质量问题属于工程质量缺陷责任;另一方面,收集证据证明该质量问题的严重性或者质量问题是质量期限内出现的,让法院或者仲裁院认为不启动鉴定程序对申请人不公平。

专题六　发包人提前使用未验收工程是否必然免除承包人的工程质量责任

核心要点

《民法典》第799条第2款规定:"建设工程竣工经验收合格后,方可交付使用;未经验收或者验收不合格的,不得交付使用。"《建设工程质量管理条例》第58条规定,建设单位未组织竣工验收,擅自交付使用的,责令改正,处工程合同价款2%以上4%以下的罚款;造成损失的,依法承担赔偿责任。可见,发包人提前使用未经验收工程在法律上是不被允许的,并且需要承担一定的行政责任。除行政责任外,《建设工程司法解释(一)》第14条(原《建设工程司法解释》第13条)规定:"建设工程未经竣工验收,发包人擅自使用后,又以使用部分质量不符合约定为由主张权利的,人民法院不予支持;但是承包人应当在建设工程的合理使用寿命内对地基基础工程和主体结构质量承担民事责任。"该条规定在发包人提前使用未经验收工程的情况下,承包人不对除地基基础工程和主体结构质量外其他使用部分的工程承担质量责任。

笔者通过判例研究,发现在发包人提前使用未验收工程的情况下,大部分法院会依据《建设工程司法解释(一)》第14条的规定要求发包人自行承担责任,但也有部分法院考虑到实际履行过程中情况复杂,持有不同的观点:(1)工程质量属承包人原因造成的,由承包人负责;(2)发包人提前使用未验收工程这一违反相关行政法规的行为不能否定承包人应当承担的合同义务;(3)合同明确约定发包人提前使用工程不免除承包人对工程的质量责任;(4)发包人提前使用工程具有被迫性和合理性。

一、裁判观点分析

1. 发包人提前使用未验收工程,应当承担工程质量责任

《建设工程司法解释(一)》第14条规定:"建设工程未经竣工验收,发包人擅自使用后,又以使用部分质量不符合约定为由主张权利的,人民法院不予支持;但是承包人应当在建设工程的合理使用寿命内对地基基础工程和主体结构质量承担民事责任。"根据上述规定可知,在建设工程没有竣工验收的情况下,发包人擅自使用后,承包人不承担除地基基础工程和主体结构质量外其他使用部分工程的质量责任,大多数法院也支持这样的观点。

(2019)最高法民终43号案中,最高人民法院认为:"关于工程质量赔偿的问题。根据《经济合同法》[①]第三十四条第二款第四项'发包方的责任:……4. 工程未经验收,提前使用,发现质量问题,自己承担责任'的规定,再参照《最高人民法院关于审理建设工程施工合同纠纷案件适用法律问题的解释》第十三条[②]'建设工程未经竣工验收,发包人擅自使用后,又以使用部分质量不符合约定为由主张权利的,不予支持;但是承包人应当在建设工程的合理使用寿命内对地基基础工程和主体结构质量承担民事责任'的规定,案涉工程未经竣工验收即投入使用,潇湘综合公司应自行承担质量责任。且从当地政府、质监单位出具的报告、检测结果来看,案涉工程虽然存在部分缺陷及安全隐患,但不存在地基基础工程和主体结构工程的质量问题。因此,潇湘综合公司请求在工程造价中核减缺陷修复

① 现已失效。

② 《建设工程司法解释(一)》第14条。

费用缺乏事实和法律依据,本院不予支持。”

由上述案例可知,在不存在地基基础工程和主体结构工程质量问题的情况下,尽管工程存在部分缺陷及安全隐患,法院仍然认为发包人已提前使用工程,其主张工程缺陷的修复费用在工程造价中核减缺乏事实和法律依据。

在(2019)最高法民终108号案中,案涉《补充协议》第5条约定,万特公司应在案涉工程竣工验收合格后一周内将400万元履约保证金一次性返还中色十二冶公司。万特公司提出:“万特公司一直要求中色十二冶公司配合完成竣工验收手续并移交全部竣工资料,但中色十二冶公司不予配合万特公司进行竣工验收,也不再向万特公司提交竣工资料。因此,案涉工程并未达到施工合同约定的竣工验收合格的全部条件,履约保证金不能返还,也无需支付利息。”对此,中色十二冶公司认为:“万特公司是在中色十二冶公司提交竣工结算资料6个月后才发函提出问题,远远超过合同约定的审核期限。”但判决书中对该事实法院没有做出进一步认定。

最高院在判决中写道:“根据《最高人民法院关于审理建设工程施工合同纠纷案件适用法律问题的解释》第十三条[①]的规定:‘建设工程未经竣工验收,发包人擅自使用后,又以使用部分质量不符合约定为由主张权利的,不予支持;但是承包人应当在建设工程的合理使用寿命内对地基基础工程和主体结构质量承担民事责任。’案涉工程虽未进行竣工验收,但已于2014年11月1日投入使用,故万特公司应于2014年11月8日返还中色十二冶公司支付的400万元履约保证金。因万特公司并未按期返还保证金,应自2014年11月8日起按银行同期同类贷款利率支付该400万元履约保证金的利息至款清之日止。万特公司关于中色十二冶公司应向其提交竣工资料,案涉工程并未达到《施工合同》约定的竣工验收合格的全部条件,履约保证金不能返还,也无需支付利息的主张,不能成立。”

上述案例中,发承包双方约定履约保证金的返还条件为案涉工程竣工验收合格。尽管发包人提出因承包人尚未提交竣工资料、案涉工程没有达到合同约定的竣工验收合格的全部条件,履约保证金返还条件尚未满足;但法院并没有认可发包人该意见。判决书中对该部分没有进一步阐述和说理,只有承包人提出

① 《建设工程司法解释(一)》第14条。

的发包人没有按照合同约定时间对其提交的竣工结算资料提出异议，且实际中发包人已提前使用工程，由此法院认定工程已竣工验收合格不无道理。

笔者认为，该案例并非能够完全反映：发包人以承包人未交付竣工资料无法办理竣工验收抗辩《建设工程司法解释（一）》第14条（原《建设工程司法解释》第13条）中规定的发包人应当承担的质量责任，不能得到法院的支持。但发包人能否以承包人拒不交付竣工资料作为提前擅自使用未经验收工程的合理理由，尚有研究空间。

大部分法院仍然是支持发包人提前使用未验收工程免除了承包人除地基基础工程和主体结构质量外其他部分工程的质量责任，但是笔者通过案例研究，发现有以下案例法院认为承包人仍然应当承担工程质量责任。

2. 发包人提前使用未验收工程不必然免除承包人的工程质量责任

（1）工程质量属承包人原因造成的，由承包人负责

在（2018）粤民申10965号案中，广东高院认为："关于修复费用的问题。工程未经验收，发包人提前使用或擅自动用，因此而发生的质量或其他问题，由发包人承担责任，但工程质量属承包人原因造成的，由承包人负责。对造成质量问题双方都有过错的，应根据过错大小各自承担相应的民事责任。本案中，丽星幼儿园主张谢某波没有按照案涉工程图纸施工，而根据深圳市质量技术监督评鉴事务所的《丽星幼儿园是否按图纸设计要求施工查验报告》内容来看，案涉工程确实存在实际施工情况与施工图设计要求不相符合的情况。因此，丽星幼儿园主张的修复费用是由于谢某波没有按照合同约定履行相应的合同义务，并非丽星幼儿园使用导致。二审判决认定谢某波应向丽星幼儿园支付修复费用并无不当。"可见，广东高院仍然认为即使发包人提前使用了未经验收的工程，承包人仍然要承担由于其原因造成的工程质量责任。

（2）发包人提前使用未验收工程这一违反相关行政法规的行为不能否定承包人应当承担的合同义务

贵州高院在（2018）黔民终429号案中认为，发包人提前使用未验收工程的行为属于违反行政法规的行为，并不能否定承包人应当承担的合同义务，即承包人仍然应当承担双方合同中约定的提供合格工程的合同义务。

贵州高院在判决书中写道："虽然益荣公司在工程未经竣工验收的情况下于2016年5月将案涉工程交付购房人使用。但是，益荣公司违反相关行政法规的

行为并不能否定七冶公司应当提供合格工程的合同义务;同时,按照双方签订的《建设工程施工合同》专用条款第8条'如发包人提前使用造成损害的发包人自行修复并承担费用,工程竣工验收合格后七日内移交发包人保护'的约定,益荣公司因提前使用所应承担责任仅仅为提前使用造成损害时所发生的费用。故七冶公司以《建工司法解释》第十三条①'建设工程未经竣工验收,发包人擅自使用后,又以使用部分质量不符合约定为由主张权利的,不予支持;但是承包人应当在建设工程的合理使用寿命内对地基基础工程和主体结构质量承担民事责任'的规定为由否定其未按照合同约定提供合格工程、施工质量不合格等违约行为的主张于法无据,本院不予采信。"

从上述案例可以看出,法院一方面认为发包人提前使用未验收工程属于违反行政法规的行为,这一行为并不必然免除承包人的工程质量责任;另一方面,即使发承包双方合同中对发包人提前使用工程的违约责任的约定与《建设工程司法解释(一)》第14条(原《建设工程司法解释》第13条)不同,也不会导致双方合同的约定无效。相反,贵州高院认为应当尊重双方当事人之间合同的约定,承包人应当按照合同的约定履行义务。

(3)合同明确约定发包人提前使用工程不免除承包人对工程的质量责任

如上所述,贵州高院在(2018)黔民终429号案中认为,发承包双方在合同中对发包人提前使用工程的后果的约定可以与《建设工程司法解释(一)》第14条(原《建设工程司法解释》第13条)的规定不同。

在(2015)民申字第1004号案中,发承包双方之间的《建设工程施工合同》第11.3.3条约定发包人因特殊情况未经验收而提前使用的工程出现质量问题,除由于发包人原因引起外,均由承包人承担工程质量返工和维修的责任。该条约定与《建设工程司法解释(一)》第14条(原《建设工程司法解释》第13条)的规定不同,但该案中最高院仍将该条约定作为判决的依据之一,并没有认定该条约定无效。由此可见,最高院在该案中也认同合同中对发包人提前使用工程后果的约定可以排除适用《建设工程司法解释(一)》第14条(原《建设工程司法解释》第13条)的规定。

---

① 《建设工程司法解释(一)》第14条。

(4)发包人提前使用工程具有被迫性和合理性

除上述情形,在实践中,发包人提前使用工程可能具有一定的特殊性,例如,在(2015)辽民一终字第00394号案中,一审法院依据新立公司的申请,委托鉴定部门对天旭公司施工的案涉工程质量问题及修复方案进行了鉴定。辽宁省建设科学研究院司法鉴定所作出的《盘锦新立供暖有限公司锅炉房等工程部分工程质量检测鉴定及修复方案》鉴定结论为"做法存在不符合设计要求、不满足设计要求、不符合规范要求"。一审判决依据鉴定结论,因天旭公司施工"做法存在不符合设计要求、不满足设计要求、不符合规范要求"造成的质量问题,拆除、修复费用由天旭公司承担。辽宁高院认为:"关于天旭公司上诉主张一审判决适用法律错误的问题。因案涉工程系供暖工程,在用户和政府要求供暖的情况下,新立公司提前使用具有被迫性和合理性,新立公司申请对案涉工程进行质量鉴定并要求天旭公司承担维修费是在天旭公司对工程负有维修义务的质保期内。因此,天旭公司该上诉主张,没有事实和法律依据,本院不予支持。"

上述案件中,尽管发包人已提前使用工程,但是发包人在庭审中申请质量鉴定仍能得到法院的支持。辽宁高院认为,发包人提前使用工程具有被迫性和合理性,因此一审法院支持发包人在审理过程中申请质量鉴定是合理的。另外,法院亦支持发包人在质保期内要求承包人承担工程维修义务。

二、实务指引

在工程实践中,承包人往往会以拒绝办理竣工验收或者拒绝配合办理竣工备案为筹码相要挟,要求发包人对存在争议的变更、签证、索赔及预计的结算事项,尽快书面确认承包人提出的索赔金额或者可能存在的结算争议金额。为此,我们结合以上司法裁判的思路,提出如下建议。

1. 对于工程完工后,承包人以双方存在工程价款争议为由,拒绝办理竣工验收或者拒绝提供竣工档案资料或者竣工备案资料的情形,除该等工程款争议是因为发包人无正当理由恶意拖延不确认之外,承包人拒绝办理竣工验收或者拒绝提供竣工档案资料或者竣工备案资料是一种不诚信的行为,在施工合同文本中,除了约定逾期竣工或者逾期竣备的违约责任,还需要针对该等行为设定严格的违约责任。

2. 部分法院如辽宁高院则基于北方的特殊气候情况,用户和政府迫切要求供暖，即以工程的使用存在紧迫性为由，支持发包人庭审中申请质量鉴定。广东省高院则认为，发包人确有证据证明是承包人的原因造成的质量问题，由承包人承担质量责任。基于以上法院的观点，我们建议，如发包人不得已需要提前使用工程，在使用之前，需要收集存在使用工程紧迫性的证据，如公用工程中政府或者用户的特别要求的证据，包括政府的函件、会议纪要等。此外，提前使用的工程在提前使用之外，对于存在的质量问题，需要进行证据的固化，如列出存在质量问题的证据清单及问题描述，由监理单位、设计单位及施工分包单位等进行签字后快递给承包人等，必要时可以委托有资质的第三方鉴定机构进行单方质量鉴定，留存质量鉴定报告。

3. 部分法院支持如果合同中对于提前使用工程有约定，则按照合同的约定处理。如贵州省高院及最高院有判决持该种观点。因此，施工合同中发包人最好就此作出条款安排，如可以约定"如承包人以双方存在变更签证索赔争议等为由拒不配合办理竣工验收或者提供竣工档案资料的，发包人提前使用后，工程仍然存在质量问题的，承包人仍然要承担质量责任"。

专题七　发包人单方委托的质量鉴定报告能否被法院采信的案例研究

核心要点

建设工程合同纠纷中，发包人如欲主张工程存在质量问题，需要提出足以被裁判机构采信的证据材料。建设工程是否存在质量缺陷这一问题，专业机构或人士的判断往往能更让人信服。因此，在建设工程合同质量纠纷中，往往会涉及工程质量鉴定。进行工程质量鉴定一般有以下三种方式：一是发包人单方委托；二是当事人双方共同委托；三是经当事人申请由裁判机构委托进行司法鉴定。在这三种方式下质量鉴定机构出具的鉴定报告中，发包人单方委托质量鉴定机构出具的鉴定报告能否作为判定案件事实的依据存在较多疑义。因此，本部分主要围绕发包人单方委托质量鉴定机构出具的鉴定报告能否被裁判机构采信的案例进行研究并总结分析相关裁判观点。

笔者以"单方委托、质量鉴定"为关键词，以建设工程合同纠纷为案由，总共检索到最高院9篇案例、各地高院37篇案例以及广东、广西除高院外的22篇案例,其中争议焦点涉及法院是否采信单方质量鉴定报告的有33篇,法院采信单方委托质量鉴定报告的有5篇。从上述数据可以看出,在笔者检索的案例中,法院采信单方委托质量鉴定报告的比例为15%,采信的比例较低。本专题主要就上述案例中对法院是否采信单方委托质量鉴定报告的裁判观点进行研究分析,以期为发包人单方委托质量鉴定提供相关指引。

一、裁判观点分析

(一)法院采信发包人单方委托的质量鉴定报告

1.双方均分别单方委托不同的质量检测中心出具鉴定报告,其鉴定结论相同,故法院予以采信

在(2018)辽民再398号案中,承包人先行委托了工程质量检测中心对工程质量进行检测,结论为存在缺陷。5天后,发包人也单方委托了另一个工程质量检测中心出具了工程存在严重外观质量缺陷等问题的报告。在双方均单方委托了质量检测中心进行工程质量鉴定,且鉴定结论一致的情况下,辽宁高院认为工程确实如质量鉴定报告中所述存在质量问题。

本案具有一定的特殊性,即双方均分别单方委托了质量鉴定,且出具的鉴定报告的结论相同,故法院采信了鉴定报告的结论。

2.对于当事人单方委托出具的质量鉴定报告,另一方当事人没有提出异议,且无相反证据推翻该鉴定意见,或者另一方当事人虽对鉴定报告提出异议,但未申请司法鉴定,且未能提出证据否定鉴定报告的真实性,故法院采信

(2015)苏审二民申字第01847号案中,在工程竣工并交付发包人后,工程存在裂缝、漏水等质量问题,发包人多次通知承包人维修,承包人未依约进行维修。故发包人单方委托第三方机构对工程的质量问题进行了鉴定。对该鉴定意见,承包人未提出异议,且无相反证据推翻该鉴定意见。故法院采信了鉴定结论。

(2014)皖民四终字第00141号案中,发包人在案涉工程未经竣工验收的情况下,擅自使用工程后发现质量存在问题,发包人单方委托研究所出具的鉴定结论为,“案涉工程的可靠性不符合国家现行标准规范要求,影响正常使用,应采取纠正和加固措施”,故安徽高院认为:“可以认定案涉工程在地基基础和主体结构方面存在质量问题,属于承包人承担民事责任的范围。”承包人虽对鉴定报告提

出异议,但未请求法院依法委托司法鉴定,且未提供证据否定鉴定报告的真实性,法院采信发包人单方委托鉴定机构出具的鉴定报告。

(2020)粤民申11160号案中,对于发包人单方委托的鉴定机构出具的报告书,广东高院认为,承包人不予确认,但并无足以反驳的证据或理由,且明确表示不申请工程质量重新鉴定。因此,发包人提供的报告书已尽到初步举证责任。

综合上述案例可以看出,在一方当事人提交单方委托的鉴定报告后,如对方当事人无足以反驳鉴定报告的证据,法院倾向于采信该鉴定报告。尽管上述案例中法院并未详细地对提交的鉴定报告是否合法合规等进行阐述,但如鉴定报告有效力瑕疵,对方当事人极有可能会提出并试图推翻对其不利的鉴定报告的效力。

3. 发包人单方委托的鉴定单位具备资质,且已通知承包人参加鉴定(但承包人拒绝参加)。承包人无证据否定鉴定结论,从双方之前的沟通可知确有质量问题,故对承包人主张不能采信鉴定报告、应另行委托鉴定的请求不予采纳

(2019)粤13民终2842号案中,广东惠州中院认为:"鉴定单位广州兢业公司虽为力王公司单方委托,但该鉴定单位具备鉴定资质,在鉴定时已通知唯度美地公司参加(唯度美地公司拒绝参加),现唯度美地公司亦无法提供证据否定兢业公司的鉴定结论,且从双方之前的沟通看,所施工的自流平确实存在开裂、起壳等情况,故对唯度美地公司主张不能采信兢业公司的鉴定、应另行委托鉴定的请求不予采纳。"

在本案中,发包人已通知承包人参加质量鉴定,但承包人拒绝参加。广东惠州中院认为,在发包人已经履行了通知承包人参加质量鉴定的情况下,承包人是否实际参加鉴定不影响质量鉴定报告的效力。但是,如果发包人未履行通知承包人参加质量鉴定的义务,且鉴定报告存在其他问题的,法院有可能因此对质量鉴定报告不予采信。

(二)法院不采信发包人单方委托的质量鉴定报告

从上述法院采信单方委托鉴定报告的裁判观点中,我们可能无法得到足以让法院采信的单方委托鉴定报告应当具备哪些条件的结论。以下通过探究法院不采信单方委托质量鉴定报告的裁判观点,试图找到能够被法院采信的单方委托鉴定报告应该尽可能具备哪些条件。但在部分裁判理由中,一些理由可能是法院不采信鉴定报告的决定性因素,一些理由可能仅作为一个增加不可采信度

的因素。也就是说,在别的案例中,如果出现同样的情况,法院可能会综合考虑案件中的其他因素,再决定是否采信。考虑到不同案件的情况可能千差万别,单方委托鉴定报告并非一定要完全具备下述条件才能被采信。

1. 进行鉴定时间与工程竣工验收的时间不宜相隔过久

在委托质量鉴定时,需关注鉴定时效性问题,(2019)吉民申 3141 号案中,吉林高院认为:"案涉工程于 2013 年竣工,现刘某硕于 2019 年进行质量鉴定,且为刘某硕单方委托,该鉴定结论缺乏时效性及客观性,本院对此不予采纳。"

由上述判例可知,如果竣工时间点和质量鉴定的时间相隔太久,将会使鉴定报告的可采信度降低。

2. 如非地基基础和主体结构质量问题,发包人在未经竣工验收使用后,再行委托质量鉴定,该鉴定报告能够被采信的可能性较小

(2017)渝民终 54 号案中,重庆高院认为:"在委托作出 574 号鉴定报告证明渝万建设公司完成的 11 号楼工作内容存在质量问题前,和生恒力公司已通过委托第三方进场施工的方式擅自使用 11 号楼。根据《最高人民法院关于审理建设工程施工合同纠纷案件适用法律问题的解释》第十三条①的规定,建设工程未经竣工验收,发包人擅自使用后,承包人仅在工程的合理使用寿命内对地基基础和主体结构质量承担责任。而《司法鉴定报告》的鉴定结论不包含 11 号楼主体结构或地基基础工程质量整改费用。故在上述情况下,渝万建设公司不应承担该部分非主体结构或地基基础工程质量整改费用。"在上述案件中,重庆高院认为发包人委托第三方进场施工的行为属于擅自使用工程的行为,按照相关规定,发包人擅自使用工程后,承包人仅在工程的合理使用寿命内对地基基础和主体结构质量承担责任。因此,如果工程质量问题非主体结构或地基基础工程质量问题,应尽可能在使用前以及在第三方进场施工前进行质量鉴定。(2016)浙民申 4162 号和(2017)粤 01 民终 21082 号案中,法院亦支持了上述观点。

结合上述案例和《建设工程司法解释(一)》第 14 条的规定可知,在工程未经竣工验收,发包人已使用后再提出非地基基础工程或主体结构工程的质量不合格问题,发包人提供的单方委托质量鉴定报告可能难以得到法院的采信,实际上在这种情形下,即使申请司法鉴定,也很难得到法院的准许。

---

① 《建设工程司法解释(一)》第 14 条。

3. 鉴定机构应选择具有专业资质的,并尽可能经双方共同确认

(2020)桂02民终2994号案中,广西柳州中院认为:“益新公司主张工程质量存在问题,应提供充分的证据予以证明。益新公司所举证的《工程质量检测报告》系其单方委托鉴定,既没有相关的检测资质证明,亦缺少了世泽公司、吴兴华、郑华的参与,在世泽公司、吴兴华、郑华明确表示不予认可的情况下,该证据的真实性、合法性、关联性均无法确认,无法证明益新公司的主张。”可以看出,该案中发包人单方委托的鉴定机构不具有相关的检测资质证明是法院对鉴定报告不予采信的理由之一。

(2018)最高法民终1131号案中,最高院认为:“鑫宏公司在本案一审中举示的相关质量问题的证据,未经二十二冶、监理单位的共同确认或者经有资质的相关专业机构认定,不足以证明工程质量存在问题。鑫宏公司自行单独委托鉴定机构作出的工程质量鉴定报告,其鉴定资料未经二十二冶质证认可,且鉴定结论没有区分案涉工程的质量问题系工程续建单位二十二冶的施工原因所致,还是工程原施工单位的施工原因所致。”本案中,最高院不采信鉴定报告的理由有以下三点:(1)鉴定报告未经发包人、承包人和监理单位三方共同确认的或者经有资质的相关专业机构认定;(2)鉴定报告未经承包人质证认可;(3)鉴定结论没有区分案涉工程的质量问题系工程续建单位的施工原因所致,还是工程原施工单位的施工原因所致。

《最高人民法院关于民事诉讼证据的若干规定》第32条第1款、第2款规定:“人民法院准许鉴定申请的,应当组织双方当事人协商确定具备相应资格的鉴定人。当事人协商不成的,由人民法院指定。人民法院依职权委托鉴定的,可以在询问当事人的意见后,指定具备相应资格的鉴定人。”第36条第2款规定:“鉴定书应当由鉴定人签名或者盖章,并附鉴定人的相应资格证明。委托机构鉴定的,鉴定书应当由鉴定机构盖章,并由从事鉴定的人员签名。”第40条规定:“当事人申请重新鉴定,存在下列情形之一的,人民法院应当准许:(一)鉴定人不具备相应资格的……重新鉴定的,原鉴定意见不得作为认定案件事实的根据。”

由上述规定可知,司法鉴定应当由具有相应资格、资质的鉴定人进行,如鉴定人不具备相应资格的,当事人可以申请重新鉴定。由此在单方委托鉴定中,要增强单方委托鉴定报告的可信度和权威性,也应尽可能由具备相应资格、资质的鉴定人员进行鉴定。如果鉴定报告并非由具备相应资格或资质的鉴定人员做

出,则单方委托鉴定报告存在不被采信的可能。

4. 明确鉴定目的,以免鉴定机构最后出具的鉴定报告未能给出明确的结论,导致鉴定目的不能实现

(2018)粤民终 2219 号案中,原审法院认为,华迅公司提出案涉工程存在质量问题,但未提出质量鉴定申请,其单方委托鉴定机构出具的意见不足以证明案涉工程存在质量问题,对华迅公司抗辩理由不予支持。广东高院维持了上述判决。

在委托鉴定之前,一定要明确进行质量鉴定的目的,在委托鉴定过程中以目的为导向。如在委托鉴定协议中可以考虑约定,就某事项的鉴定结果,要求鉴定机构给出明确的鉴定结论,避免最终出具的是表述模糊不清的、无法证明工程质量是否存在问题的鉴定报告,导致在诉讼中失利。

5. 送检材料来源应当明确

(2013)粤高法民申字第 1203 号案中,广东高院认为:“首先,城市之星运输公司主张应当以《检验报告》作为认定事实的依据。但该《检验报告》并非一审法院或者二审委托鉴定机构作出,城市之星运输公司单方委托广东省建材产品质量检验中心对案涉工程进行鉴定作出的报告,由于该次鉴定是城市之星运输公司单方送检,送检材料来源不明,也没有证据显示广东省建材产品质量检验中心具有工程质量鉴定的相关资质,故基于上述原因,《检验报告》不能作为认定本案事实的依据。”

上述案件中,广东高院认为“送检材料来源不明”是不采信单方委托鉴定报告的理由之一。如拟单方委托鉴定机构对工程材料进行质量鉴定,要谨慎考虑送检材料的选择方式,尽可能使检验材料的来源明确、抽检方式合理公平。

6. 进行鉴定前通知对方参与鉴定过程

(2015)民申字第 362 号案中,金诚公司申请再审称:在双方认可工程存在质量问题的前提下,单方可以委托鉴定。最高院认为:“关于是否应当采信工程质量鉴定结论问题。案涉工程已经验收并移交,金诚公司单方委托鉴定机构对于案涉工程质量进行鉴定,并未通知华业公司到场,华业公司对该质量鉴定结论不予认可,在此情况下原审判决未采信金诚公司单方就质量问题所委托进行的工程质量鉴定结论,并无不当。”

(2020)桂 02 民终 2994 号案中,广西柳州中院认为:“益新公司主张工程质

量存在问题,应提供充分的证据予以证明。益新公司所举证的《工程质量检测报告》系其单方委托鉴定,既没有相关的检测资质证明,亦缺少了世泽公司、吴某华、郑某的参与,在世泽公司、吴某华、郑某明确表示不予认可的情况下,该证据的真实性、合法性、关联性均无法确认,无法证明益新公司的主张。"

上述案件中,法院在不采信单方委托鉴定报告的说理中都提到了:发包人未通知承包人参与鉴定过程。尽管上述两个案件中,发包人未通知承包人参加鉴定只是导致单方委托鉴定报告不被采信的其中一个因素,但在单方委托鉴定时,最好履行通知对方参加鉴定过程的程序,并保留书面通知材料,以证实对方实际上知晓单方委托鉴定事实,鉴定过程并非在单方的操控下进行。

7. 双方在签订合同时,应当明确相关质量技术标准,在履行合同过程中,应保留施工图纸,以备鉴定之需

(2018)鄂民申 2397 号案中,湖北高院认为:"因辉煌食品公司在涉案酒厂车间和酒窖的建设中,并未提供施工图纸及相关质量技术标准,不具备质量鉴定和造价评估的基础,一、二审法院对该公司单方委托进行的质量鉴定和造价评估意见均不予采信,亦无不当。"

该案中,由于发包人在案涉工程建设中,并未提供施工图纸以及相关质量技术标准,法院认为不具备质量鉴定的基础,不予采信单方委托的鉴定报告。因此,发包人和承包人在签订合同时,应当对工程的相关质量技术标准予以明确,施工过程中,妥善保管施工图纸,以防止后续发生争议时,因工程质量标准不明确导致鉴定基础丧失,发包人需承担举证不能的责任。

工程质量标准作为质量鉴定的基础,不仅关系单方委托鉴定报告能否被法院采信,而且在申请司法鉴定时,法院同样会考虑鉴定基础是否存在的问题。如在(2016)黑民申 691 号案中,黑龙江高院认为:"王某君在一审诉讼过程中申请对案涉工程质量进行鉴定,当鉴定机构对施工现场勘验完毕后,王某君提出要求按照国家标准进行鉴定,因双方当事人签订的施工协议书中并未约定施工采用国家关于木屋架相关施工规范及验收标准,故王某君要求按国家标准进行鉴定没有事实依据,一审法院驳回其要求按国家标准进行司法鉴定的请求并无不当。"

8. 关注委托鉴定时间与鉴定报告出具时间之间的时间差是否合理

在(2019)豫民终 290 号案中,河南高院认为:"元通公司向一审法院提交的河南省豫鸿建设工程质量鉴定所有限公司出具的建设工程质量鉴定报告系其单

方委托,仅涉及国基公司施工的部分工程,国基公司不予认可。经审查,河南省豫鸿建设工程质量鉴定所有限公司于2018年7月26日受理鉴定委托,同年7月29日进行鉴定,8月5日即作出鉴定结论,鉴定时间仓促,所作出的鉴定结论的真实性、客观性难以得到保证,不能准确反映案件真实情况,不能作为认定案件事实的证据,一审法院对该证据的证明效力未予认定符合民事诉讼证据的认证规则。"

该案中,案涉工程造价达2亿元,鉴定机构从受理鉴定委托到做出鉴定结论,所用时间不超过11天。法院认为在鉴定时间仓促的情况下,鉴定结论的真实性、客观性难以保证。笔者认为,从委托鉴定到鉴定报告出具之间的时间差,并没有统一固定的标准,应结合工程实际情况、鉴定工程量的大小来判断,该时间差应尽可能合理。

9. 尽可能通过录像、邀请第三方单位参与鉴定等方式记录鉴定过程,以证实鉴定程序的合法合规性

(2014)浙民申字第121号案中,浙江高院认为:"对五份《质量检测鉴定报告》,欣捷公司认为,该质量鉴定系长征医院单方委托进行,在鉴定单位取样过程中,其公司和相关设计、地勘、监理等单位均未在现场,取样的过程、抽检部位及比例、鉴定方法均未得到确认,故鉴定报告不具有法律效力……长征医院提交的五份《质量检测鉴定报告》系其单方委托进行,鉴定程序是否合法、合规不能确定,欣捷公司亦不予认可,故尚不能作为认定案涉工程存在重大质量问题的依据。"

相对于司法鉴定,单方委托质量鉴定的权威性存在先天的不足,因此更应当注重鉴定程序的合法合规性,并最好可以通过一定的手段体现出来。上述案件中,对方提出"在鉴定单位取样过程中,其公司和相关设计、地勘、监理等单位均未在现场,取样的过程、抽检部位及比例、鉴定方法均未得到确认",是对鉴定程序是否合法合规进行的质疑,法院也认可了该质疑的合理性。因此,为避免对方在鉴定程序上提出的异议得到法院的支持,建议通过录像或邀请中立的第三方单位就鉴定过程进行公证,以证实鉴定程序的合法合规性。

10. 如单方委托质量鉴定的意见与司法鉴定意见不同,法院倾向于采用司法鉴定意见

(2019)最高法民申4391号案中,最高院认为:"司法鉴定报告是具有专业鉴

定资质的鉴定机构接受金红叶公司和核西南公司共同委托，经过两次征求意见后出具。金红叶公司仅举示单方委托检测机构出具的质检报告主张仓库地面及室外路面厚度不符合设计要求，不足以推翻司法鉴定意见。”（2013）东中法民二终字第1026号案中，广东东莞中院也认为司法鉴定报告的证明效力高于单方委托提交的鉴定报告。

司法鉴定时法院在审判过程中依当事人申请或者依职权委托具有相应资质的鉴定机构进行的，相对于单方委托的鉴定，更具有权威性，可信度也更高。因此，在法院已委托鉴定机构出具司法鉴定报告的情况下，欲通过单方委托鉴定报告，推翻司法鉴定报告结论有一定难度。

二、实务指引

工程出现质量问题，在发承包人双方对质量问题的存在均予以认可的情况下，建议尽可能由发承包人双方共同委托第三方专业机构进行鉴定，最大限度确保该鉴定报告能被双方认可。如承包人不同意或消极对待质量鉴定事宜，需发包人单方委托质量鉴定的，发包人需注意以下事项。

1. 有关第三方专业机构的选择，尽可能在施工合同约定的争议解决机构所在地高院或中院公示的质量检测鉴定机构名录（如有）中选择，该鉴定机构应具备相应的专业资质。

2. 委托第三方专业机构时，应明确告知进行鉴定的目的；委托其出具的鉴定报告中的结论应当是能够明确质量合格与否或与合同图纸、标准相符与否等的确定性结论。

3. 在第三方机构进行鉴定之前，要进行鉴定的工程部位应尽可能避免使用。发包人需提前书面发函邀请承包人共同参与鉴定，并在函件中告知其进行质量鉴定的第三方机构的名称、质量鉴定的方案以及进行鉴定的时间。

4. 第三方专业机构进行鉴定时，应尽可能通过录像或邀请中立第三方参与等方式记录鉴定过程，以证实鉴定程序的合法合规性。

5. 如第三方专业机构出具鉴定报告时间与其进行鉴定时间之间相差时限过短，应咨询第三方机构该时限是否合理，要求第三方机构对出具报告的时间给出合理解释。

第四节　建设工期纠纷

专题一　发包人擅自使用工程的转移占有之日与工程验收合格之日竞合下竣工日期的确定

核心要点

《建设工程司法解释(一)》第9条规定:"当事人对建设工程实际竣工日期有争议的,人民法院应当分别按照以下情形予以认定:(一)建设工程经竣工验收合格的,以竣工验收合格之日为竣工日期;(二)承包人已经提交竣工验收报告,发包人拖延验收的,以承包人提交验收报告之日为竣工日期;(三)建设工程未经竣工验收,发包人擅自使用的,以转移占有建设工程之日为竣工日期。"在实践中,如果发包人擅自使用工程,但工程后又经竣工验收合格,此时就会同时存在验收合格之日与擅自使用工程的转移占有工程之日两个涉及竣工的时间点。在上述情况下,最高院认为,实际竣工日期的认定仍应以验收合格之日为准。

一、裁判观点分析

根据《建设工程质量管理条例》第16条的规定,建设工程经验收合格方可交付使用。但是在实践中,工程尚未验收发包人即开始使用的现象较为常见。在《建设工程司法解释(一)》第9条中,对于工程实际竣工日期,最高院认为应按照以下情形分别处理:"(一)建设工程经竣工验收合格的,以竣工验收合格之日为竣工日期;(二)承包人已经提交竣工验收报告,发包人拖延验收的,以承包人提交验收报告之日为竣工日期;(三)建设工程未经竣工验收,发包人擅自使用的,以转移占有建设工程之日为竣工日期。"

如果发包人在工程尚未竣工验收前就提前使用工程,工程随后又经过竣工验收合格,此时对工程的实际竣工日期究竟应当以转移占有工程之日还是以验收合格之日为准,发包人与承包人往往会产生争议。对此,最高院在判决中认为，根据原《建设工程司法解释》第 14 条[①]的规定，以转移占有建设工程之日为竣工日期的前提是工程未经竣工验收。如果在转移占有建设工程后发包人与承包人进行工程竣工验收且验收合格的，表明发包人与承包人就工程竣工情况、工程质量情况达成了新的一致性意见。因此，如果发包人提前使用工程，但是工程后又经验收合格，在两个日期竞合的情况下，实际竣工日期应为验收合格之日。

1. 发包人擅自使用工程后工程经验收合格的，仍应以验收合格之日为竣工日期

在(2016)最高法民终 532 号案中，案涉工程于 2014 年 4 月 28 日经建设单位、监理单位、设计单位、施工单位联合验收，并出具了《工程竣工报告》和《单位工程验收证明》等。但是，在案涉工程竣工验收前，即自 2014 年 1 月 2 日起，发包人嘉合公司就开始陆续向业主交付案涉工程中的房屋。嘉合公司称是迫于上访压力提前安置部分回迁户，并非擅自使用案涉工程。一审法院认为，自 2014 年 1 月 2 日至 2014 年 3 月末，已经有 131 户业主入住案涉工程中的房屋，其中安置回迁户的 4 号楼业主约 40 余户，其余分别入住 1 ~ 3 号楼和 5 ~ 7 号楼，因此案涉工程的竣工日期为嘉合公司实际使用之日，即 2014 年 1 月 2 日。

在本案的二审中，对于案涉工程的竣工日期，最高院则认为：“最高人民法院《关于审理建设工程施工合同纠纷案件适用法律问题的解释》第十四条规定，当事人对建设工程实际竣工日期有争议的，按照以下情形分别处理：(一)建设工程经竣工验收合格的，以竣工验收合格之日为竣工日期；(二)承包人已经提交竣工验收报告，发包人拖延验收的，以承包人提交验收报告之日为竣工日期；(三)建设工程未经竣工验收，发包人擅自使用的，以转移占有建设工程之日为竣工日期。”[②]由此可知，在建设工程已经竣工验收合格的情况下，应当以竣工验收合格之日为竣工日期，在建设工程未经竣工验收，发包人擅自使用的情况下，才应当以转移占有建设工程之日为竣工日期。案涉工程虽然从 2014 年 1 月 2 日开始进行了部分实际使用，但在 2014 年 4 月 28 日才竣工验收合格，并由建设单位、施工单位、设计单位、监理单位共同出具了《工程竣工报告》《单位工程验收证明》，依法应当以工程竣工验收合格之日即 2014 年 4 月 28 日为竣工日期。原审判决在

---

① 《建设工程司法解释(一)》第 9 条。

② 《建设工程司法解释(一)》第 9 条。

该工程已经竣工验收合格的情况下，以工程转移占有之日为竣工日期的认定错误，依法应当予以纠正。

2. 交付使用后工程存在质量问题未能通过验收的，应以修复后的验收合格之日为竣工日期

在(2018)最高法民再235号案中，案涉工程于2013年11月30日完工，并向发包人宝泉公司交付了工程，2014年案涉工程部分开始使用。但是，宝泉公司在组织相关部门验收时，因部分工程尚存在质量问题需要整改，未能通过验收。

关于案涉工程的使用情况，根据一审、二审和再审查明的事实，宝泉公司和中行延边分行于2012年12月6日签订的《商品房买卖合同》，将裙楼一层、商品房层高1层，建筑面积600平方米的部分卖给中行延边分行。中行延边分行和长春昆仑装饰有限公司于2013年9月开始装修，并于2014年1月21日开始营业。2014年7月案涉工程全部完成装修并投入使用。

关于案涉工程是否符合原《建设工程司法解释》第13条①规定的工程未经竣工验收发包人擅自使用的情形，最高院认为，中行延边分行购买的房屋面积在整个案涉工程中占比较小，位置在一楼，且无证据表明因该部分房屋使用对讼争案涉外墙保温工程质量缺陷的责任认定及修复构成影响。至于长安公司主张宝泉公司对案涉工程内部进行装修并使用的问题，长安公司在原审及本院再审期间并未提供证据证明宝泉公司对案涉工程内部装修及使用的具体情形，以及对发生的外墙保温工程质量缺陷责任及修复产生何种影响。另外，案涉工程为酒店用房，发生质量争议的系外墙保温工程，即使宝泉公司在协商解决工程质量缺陷的同时进行酒店内部装修，在不影响解决质量问题的前提下，也应属于防止损失扩大的合理行为，不宜据此认定发包人丧失就案涉外墙保温工程质量缺陷主张施工人承担民事责任的权利。因此，案涉工程不符合原《建设工程司法解释》第13条规定的擅自使用的情形。

对于案涉工程的竣工日期，最高院认为，根据原《建设工程司法解释》第14条的规定，长安公司虽于2013年11月30日完成案涉工程施工并向宝泉公司交付，但因工程质量未达到约定交付条件，未能通过竣工验收。之后，又发生外墙保温板脱落事故，双方为此进行多轮协商解决未果。至本案纠纷发生时仍没有

① 《建设工程司法解释(一)》第14条。

能够进行竣工验收。因2015年8月30日，即本案争议的外墙保温改建工程竣工时间，案涉工程已具备竣工验收条件，一审法院将该时间点视为长安公司施工的案涉工程竣工时间，符合本案实际情况，也不违背上述原《建设工程司法解释》对认定竣工日期确立的法律规则。

3. 发包人与承包人约定在竣工验收前交付工程的，不属于擅自使用，应以验收合格之日为竣工日期

在(2019)最高法民申679号案中，根据发包人华厦公司与承包人签订的《华厦生态时代一期5#、6#楼交房及场地清理协议》，5#、6#楼合同内约定所有工程量于2012年5月30日前完成楼内所有施工任务(分包项目除外)，并具备验收条件；2012年5月31日正式向发包方移交全部钥匙。二审法院认为，该约定说明双方一致同意在工程完工次日即移交工程，而不是待竣工验收后再移交，事实上案涉工程也是依约定先交付后进行的竣工验收，因此华厦公司未经竣工验收使用案涉工程是经双方协商同意，而非其单方擅自所为，本案不符合原《建设工程司法解释》第14条第3项规定情形，不能依据该条法律规定认定工程转移占有之日为竣工验收日。

在本案再审中，最高院也认为，根据原《建设工程司法解释》第14条的规定，“本案中，首先，虽然案涉工程是先交付后进行竣工验收，但华厦公司并非擅自使用未经竣工验收的案涉工程，而是经双方协商的结果。其次，2012年7月5日，建设单位、监理单位、勘察单位、设计单位、施工单位相关人员共同参加了案涉工程5#、6#楼工程质监验收并形成《生态时代5#、6#楼工程质监验收会议纪要》，即案涉工程经过了竣工验收，故二审法院以实际验收之日2012年7月5日为竣工日期符合前述司法解释的规定。”

二、实务指引

按照上述最高院的裁判思路，即使发包人提前使用工程，也并不会阻碍其在工程具备竣工验收条件时对工程进行竣工验收。因此，如果发包人在竣工验收前就开始使用工程，为了避免后续对工程质量或竣工日期产生争议，发包人可以在具备竣工验收条件时组织竣工验收，并明确以竣工验收之日作为实际竣工日期。

专题二　工期延误期间的租金是否属于发包人的预期可得利益

核心要点

在工业厂房、物流园区、办公写字楼、商铺等建设项目中，如果承包人逾期竣工，发包人通常会主张工期延误造成的租金损失。工期延误期间的租金是否属于发包人的预期可得利益，在实践中尚存争议。有法院支持租金属于发包人的预期可得利益，承包人应当合理预见，由于承包人原因导致的工期延误，发包人可以向其主张工期延误期间的租金损失。同时，也有法院认为，发包人主张的租金超出了承包人可以合理预期的范围，应不予支持。但是，如果发包人可以证明工期延误期间的租金具有可预期性与可确定性，法院可能会支持发包人的租金主张。

一、裁判观点分析

《民法典》第584条规定："当事人一方不履行合同义务或者履行合同义务不符合约定，造成对方损失的，损失赔偿额应当相当于因违约所造成的损失，包括合同履行后可以获得的利益；但是，不得超过违约一方订立合同时预见到或者应当预见到的因违约可能造成的损失。"在司法实践中，法院在审理涉及预期可得利益的案件时，通常都会采取比较严格的认定标准。根据《最高人民法院关于当前形势下审理民商事合同纠纷案件若干问题的指导意见》，法院在计算和认定可得利益损失时，应当综合运用可预见规则、减损规则、损益相抵规则以及过失相抵规则等，从非违约方主张的可得利益赔偿总额中扣除违约方不可预见的损失、非违约方不当扩大的损失、非违约方因违约获得的利益、非违约方亦有过失所造成的损失以及必要的交易成本。因此，预期可得利益需要满足可预见性、可确定性、合理性等要求。

在工业厂房、物流园区、办公写字楼、商铺等建设项目中，因承包人未能按时竣工，发包人认为这导致其无法如期将物业向外出租，由此产生的租金损失，属于其预期可得利益损失，承包人需要对此承担赔偿责任。如前所述，由于预期可得利益的判断标准较为复杂和严格，关于发包人的这一租金损失是否属于预期可得利益,在最高院审理的案件中,也出现了不同的判决。

1. 租金是否属于发包人的预期可得利益,在目前的司法实践中存在争议

在(2019)最高法民申4340号案中,承包人中航公司承包建设发包人粮油公司汉源县粮油超市复建项目工程,工程实际延误389天。在本案一审程序中,经发包人申请,一审法院委托会计师事务所对涉案项目因延误工期造成房屋租金损失进行鉴定,会计师事务所作出的鉴定报告意见为因承包人延误工期造成发包人每日房屋租金损失为2893.8元。对粮油公司要求中航公司赔偿因工期延误造成的出租营业设施租金损失问题,四川高院在二审中认为:一审法院系根据双方合同约定工期、实际开工日期和合同解除日期,在扣除工程设计变更因素导致的顺延工期78天后,确定中航公司存在延误工期389天的违约行为。获取出租营业设施租金属于双方合同履行完毕后粮油公司的合理期待,但是中航公司的违约行为导致粮油公司不能按期投入使用工程,且该"使用"也并不局限于粮油公司自用,粮油公司完全可以根据其经营的实际情况进行出租,而无须在双方合同中就工程具体用途进行详细的约定,这符合普遍的社会经济现状和交易习惯。因此,出租营业设施租金属于中航公司订立合同时应当预见到的损失,一审法院根据其认定的工期延误天数并参照鉴定意见确定的每日租金损失标准计算出的损失1,125,688.2元符合客观实际、公平合理,本院予以维持。在本案再审中,最高院支持了二审法院的判决,认为"中航公司签约时预见到或者应当预见到工程超期未完工、工程质量不合格可能给粮油公司造成出租营业设施租金、工程质量整改费用及未完工程单价增加等损失"。因此,"一、二审法院根据确认的延误工期天数389天,参照蜀会师审字第(2015)015号鉴定意见确定的每日租金损失2893.8元,认定粮油公司租金损失为1,125,688.2元,具有事实和法律依据"。

与此相反,在(2015)民申字第2208号案中,最高院认为,发包人主张的租金超出了承包人可以合理预期的范围,应不予支持。最高院认为:"(逾期竣工)损害赔偿的范围不得超过长业公司在订立合同时已经预见到或应当预见到其延误工期的行为可能给中环集团所造成的损失。本案中,中环公司主张的可得利益损失是其与案外人苏州市捷诚储运公司之间签订的租赁合同约定的年租金810万元,因案涉工程为中环公司的新建厂区厂房工程,依通常的社会观念,长业公司无法预见中环公司会将其新建的厂区厂房用于对外出租营利,且中环公司在

本案中所提供的证据并不能证明长业公司在与其签订《建设工程施工合同》及《建设工程施工合同补充协议》之时,就已经知晓中环公司与案外人签订租赁合同的事实,故中环公司在本案中所主张的厂房出租的可得利益损失,该损失的性质和种类超出了长业公司签约时的可预见范围,依法不应予以支持。"

但是,对于厂房,在(2016)最高法民再367号案中,最高院认为,因案涉工程系双庆公司作为厂房使用,渝万公司的迟延履行将造成双庆公司损失,该损失不以双庆公司实际向案外人承租厂房为条件。即使双庆公司未向案外人承租厂房,案涉工程按约定完工对双庆公司也有利益。同理,迟延完工会对双庆公司造成损失,如厂房出租损失等。在此前提下,二审法院以双庆公司提供的租赁合同所计算出的租金单价为损失的参考依据,并将该价格与B厂房所在地的同期市场租金行情相比较,在确定该租金单价并未高于同期市场价格的前提下,确定租金平均值为11.56元/平方米/月,以该标准计算双庆公司因迟延完工所遭受的损失,并无不当。

2. 发包人除了证明工期延误期间的租金具有可预期性外,还需要证明可确定性即工期延误与租金损失之间存在因果关系,法院才可能支持发包人的租金请求

在(2017)兵民申355号案中,承包人昆仑公司承建的人防地下商业街的计划开工日期为2014年4月21日,计划竣工日期为2014年9月30日,工期162天。本工程实际开工日期为2014年5月15日,于2015年6月9日验收,建设工期延误227天,根据双方签订的施工合同,由于承包人原因造成工期延误的,逾期竣工违约金的计算方法为工期每延误一天按合同价款的3‰金额处罚,上限为合同价款的10%。2016年5月18日,发包人远景公司取得人防地下商业街的预售许可,并开始进行对外招商。对于远景公司要求昆仑公司赔偿工期延误造成的租金损失,一审法院认为,"因原告取得预售许可及进行招商代理的时间均是2016年,原告不能证明其所开发的4643.87㎡商铺在约定竣工时间均能出租完毕",因此,一审法院酌情判决昆仑公司承担远景公司30%的租金损失。在本案再审中,新疆高院认为:"昆仑公司主张2016年5月18日远景公司才取得预售许可,一审法院从2015年6月9日竣工时开始计算商铺租金不当,但正是因为昆仑公司施工工程延期,远景公司办理相关手续相应延期,故一审法院将租金损失计算至案涉工程竣工验收并无不当。一审法院结合昆仑公司逾期的天数,案涉

工程取得预售许可的时间以及远景公司委托新疆亚新联众商业管理有限公司对外招商的最低租赁价格,还有双方在合同中对工程逾期处罚的约定,按照远景公司所主张的商铺每年1000元/平方米的价格,酌情确定昆仑公司承担30%租金损失并无不当。”

二、实务指引

1. 从可预见性的角度。在招标文件(议标文件)及施工合同或者其他工程类合同的承包范围部分,首先,明确工程项目所属的产业业态,即属于工业厂房、物流园区,还是商办写字楼、商业购物中心等;其次,明确工程项目建成后的用途,如用于对外出租、出售还是自用,还是部分出租、部分自用以及出租部分所占的比例及大概的面积规模等。

2. 从损失的确定性即因果关系的角度。明确发包人对案涉工程项目进行招租营销的计划及情况等、案涉工程项目所在地商业地产出租的供需情况等,说明案涉工程的租金属于发包人的确定的预期可得利益。

专题三　约定工期显著少于定额工期时,承包人是否有权主张约定工期无效

核心要点

如果发包人与承包人在施工合同中约定的工期显著少于定额工期,承包人是否可以主张发包人存在压缩工期的行为而导致该工期约定无效,从而要求顺延工期或无须支付逾期竣工违约金等赔偿金?在司法实践中,对于承包人的这一主张,法院一般仍然尊重当事人的意思自治,以合同约定的工期为准。即使通过司法鉴定等途径认定合同约定工期显著少于定额工期,亦不会轻易判决约定工期无效或对约定的工期进行调整。

一、裁判观点分析

定额工期一般是指施工单位在标准条件下完成标准工程量所需要的工期。根据《建筑安装工程工期定额》的定义,定额工期是指自开工之日起,到完成各章、节所包含的全部工程内容并达到国家验收标准之日止的日历天数(包括法定

节假日)。

目前我国的法律中并无合理工期的法定概念,根据司法裁判案例,法院一般认为,合理工期是指在正常建设条件下,采取科学合理的施工工艺和管理方法,以现行的建设行政主管部门颁布的定额工期为基础,结合项目建设的具体情况确定的使投资方、各参加单位均获得满意的经济效益的工期。

对于定额工期与合理工期,《建设工程质量管理条例》第10条规定,建设工程发包单位不得迫使承包方以低于成本的价格竞标,不得任意压缩合理工期。最高院《第八次全国法院民事商事审判工作会议(民事部分)纪要》第30条也规定,当事人违反工程建设强制性标准,任意压缩合理工期、降低工程质量标准的约定,应认定无效。

但是,通过梳理各级法院的判决,可以发现法院在审理相关案件时,即使合同约定工期显著少于定额工期,法院也并不会仅以此认定发包人存在任意压缩合理工期的行为。如果案件中不存在其他导致合同无效的情形,法院通常仍以发包人与承包人约定的工期优先,而不会轻易根据定额工期或参考定额工期确定一个合理工期以调整合同约定的工期。

1.仅以约定工期显著少于定额工期不能说明发包人存在任意压缩合理工期的行为,工期仍应以当事人的约定为准

在(2018)最高法民再163号案中,承包人中建三局向一审法院提交《司法鉴定申请书》,请求依照《全国统一建筑安装工程工期定额》等规定对本案工程所需的定额工期进行鉴定。鉴定机构后出具《工期鉴定意见书》,认为本案工程的合理工期为1182天,实际施工工期为790天,双方签订施工合同约定工期为580日历天。二审法院认为:本案工程的承发包双方当事人均是其所从事领域的专业企业,对工程建设所需要的天数应有较为准确的预判断能力,且双方当事人经过多次协商洽谈后签订了本案合同,在合同不存在无效或被撤销的情形下,应尊重双方合同约定,确认本案工期为580天。一审法院以本案合同无效为由,摒弃双方合同约定,对工程所需要的工期进行鉴定,并认定合理工期1182天,违反了合同约定优先原则,违背当事人约定,明显不当,本院予以纠正。在本案的再审程序中,最高院支持了二审法院的观点,认为"一方面,定额工期通常依据施工规范、典型工程设计、施工企业的平均水平等多方面因素制定,虽具有合理性,但在实际技术专长、管理水平和施工经验存在差异的情况下,并不能完全准确反映不

同施工企业在不同工程项目的合理工期。另一方面，本案中，中建三局作为大型专业施工企业，基于对自身施工能力及市场等因素的综合考量，经与金胤公司平等协商，在《建设工程施工合同》中约定580日历天的工期条款，系对自身权利的处分，亦为其真实意思表示，在无其他相反证据证明的情况下，不能当然推定金胤公司迫使其压缩合理工期”。

与此类似，在（2016）浙民终940号案中，承包人昆仑公司主张，根据《建设工程质量管理条例》第10条的规定，建设工程发包单位不得迫使承包方以低于成本的价格竞标，不得任意压缩工期。浙江省《关于规范建设工程承发包行为确保安全质量的暂行规定》第3条规定，招标人应按照《全国统一建筑安装工程工期定额（2000）》和浙江省实施细则，合理确定施工工期，不得盲目压缩工期，原则上不得比定额工期提前30%及以上。同时，《最高人民法院关于印发〈全国民事审判工作会议纪要〉的通知》第24条也规定，对建设工程施工合同中有关违反工程建设强制性标准，任意压缩工期、降低工程质量标准的约定内容，应认定为无效。昆仑公司委托鉴定机构认定案涉工程的定额工期为660天，合理工期应当不少于70%即462天，但合同约定工期为352天，仅达到定额工期的53%，属于严重任意压缩工期的行为，应为无效。对于昆仑公司的上述主张，一审法院与二审法院均认为，建设工程属于复杂的系统性工程，需要人工、原材料、设备、资金的投入与调配。工期的长短既取决于工程自身的规模，亦与上述诸要素的投入水平相关，不能简单地以工程规模来核定合理工期。发包人国投公司就案涉工程对外招投标所公布的招标文件中对建设规模、预算造价及预算成本警戒值、承包方式、质量标准与工期要求均有明确而具体的条件设定，作为具有特级资质的建筑工程施工企业同时亦是投标人，昆仑公司在提交投标函并作出352天的工期承诺之前应当已对案涉工程的投入成本与利润进行测算。昆仑公司在案涉工程投标时作出352天的工期承诺，中标后昆仑公司与国投公司亦在建设工程施工合同中约定工期为352天，及至履行过程中，昆仑公司从未就此提出异议，现昆仑公司主张工期条款存在不合理压缩工期的情形，不能成立。

同时，承包人以《建筑安装工程工期定额》或行政辖区内主管部门关于定额工期的规定主张合同约定工期无效，法院通常不予支持。例如，在（2017）最高法民申4407号案中，承包人华泰公司认为，按照《全国统一建筑安装工期定额的规定》，案涉工程的定额工期应为306天，双方约定的工期压缩比例达到41%，超过了江苏省建委关于住宅工程工期压缩比例不得突破 20% 的规定,应属无效。最高院认为:“国家建设部和江苏省建委关于工期的规定不属于法律、行政法规的强制性规定,不影响当事人双方关于工期约定的合同效力。”

2. 如果发包人与承包人未对增加工程量的工期进行约定,法院可能以定额工期作为认定与调整工期的依据

在(2016)苏民申 5321 号案中,朝阳公司、翔盛公司签订《建设工程施工合同》,约定翔盛公司将雪佛兰汽车 4S 店工程发包给朝阳公司施工,总工期为 75 个日历天。一审法院经朝阳公司申请,委托鉴定机构对案涉工程量增加及减少部分工程量的造价及定额工期进行鉴定,结论为:雪佛兰 4S 店增加工程造价为 411,341.5 元,减少工程量总造价为 259,891.06 元,定额工期为 295 天。二审法院认为,依据鉴定结论,案涉合同约定的工期过分低于定额工期,故合同约定的工期无效。以鉴定机构鉴定的定额工期 295 天计算,朝阳公司于 2013 年 6 月 11 日开工,在 2013 年 12 月 25 日将工程竣工验收申请交至翔盛公司处,朝阳公司并未延误施工工期。在本案再审中,江苏高院认为:“虽然案涉建设工程施工合同有效,但依据连云港鼎新招标代理咨询有限公司的鉴定结论,该合同约定的工期过分低于定额工期,合同又未约定赶工费,明显不合理,故二审判决根据定额工期认定朝阳公司不存在工期延误具有合理性。”

二、实务指引

1. 对承包人而言,在诉讼中主张合同工期低于定额工期而主张约定工期无效的难度较大,因此,承包人在投标时应结合自身的施工能力考虑能否接受合同约定的工期要求,一旦中标,将难以就工期提出调整要求。

2. 在施工过程中变更增加的工程,承包人可以定额工期为标准向发包人主张增加合理工期,以避免增加工程较多情况下又不增加工期而导致承担工期延误责任。

3. 在诉讼中,承包人拟通过定额工期主张有关工期的权利或进行抗辩的,应当在案件一审阶段及时向法院提出工期鉴定申请。

专题四　具有工程造价鉴定资质的鉴定机构有权开展工期鉴定业务

核心要点

在建设工程施工合同纠纷中，工期是否延误往往是发承包双方的争议焦点之一。发包人通常会主张承包人逾期竣工，要求承包人按照合同约定支付逾期竣工违约金或赔偿其因逾期竣工产生的损失，而承包人则会主张发包人存在大量的设计变更或其他工程变更，导致工程量相比合同约定的工程量大幅增加，或者由于发包人或者第三方的原因，导致合同约定的工期无法覆盖实际工程量。但是，由于工程在实际施工过程中承包人的实际施工时间受到发承包双方以及外部因素等影响，难以直接通过合同约定的开竣工时间或合同工期判断工程是否存在延误以及延误的天数，因此，法院在审理此类案件时，往往需要委托专门的鉴定机构对工期进行司法鉴定。

一、裁判观点分析

1. 按照现行的造价鉴定规范，工期鉴定被纳入工程造价鉴定的体系中

虽然通过司法鉴定可以有效地解决发承包双方对工期的争议，但是在我国目前的法律法规体系中，既无针对工期鉴定机构的规范，也无专门的工期鉴定资质要求。《建设工程司法解释(一)》第 32 条第 1 款规定："当事人对工程造价、质量、修复费用等专门性问题有争议，人民法院认为需要鉴定的，应当向负有举证责任的当事人释明。当事人经释明未申请鉴定，虽申请鉴定但未支付鉴定费用或者拒不提供相关材料的，应当承担举证不能的法律后果。"住建部 2018 年 3 月 1 日起实施的《建设工程造价鉴定规范》(GB/T 51262—2017)第 1.0.2 条规定："本规范适用于工程造价咨询企业接受委托开展工程造价鉴定活动。"该规范的第 5.7 章为"工期索赔争议的鉴定"，其中包括工程的开工时间争议、工期争议、实际竣工时间争议、暂停施工与顺延工期争议、设计变更顺延工期争议、工期延误索赔争议等鉴定项目。由此可见，工期鉴定被纳入工程造价鉴定体系中。因此，在司法实践中，如果需要进行工期鉴定，法院一般会委托具有工程造价鉴定资质的鉴定机构。

2. 司法实践中,法院一般委托从事造价鉴定的工程造价咨询企业进行建设工期鉴定

在(2018)浙民再308号案中,根据承包人东城公司的申请,一审法院委托浙江天易工程咨询有限公司对诉争工程应当扣除的工期期间(包括发包人开泰公司原因造成的工期延长期间、法定顺延的工期期间)、由于开泰公司原因造成的工程停窝工时间及由此造成的东城公司损失进行鉴定,该公司作出天易咨询〔2016〕74号《司法鉴定意见书》,结论为:因增加工程量及其他原因顺延工期为232天,实际施工天数为977天,东城公司延误工期为436天;停窝工时间为122天。在本案的再审中,东城公司对鉴定机构作出的这一《司法鉴定意见书》不服,认为鉴定机构不具备工期鉴定的资质。对此,浙江高院认为:"《工程造价咨询企业管理办法》第二十条规定的工程造价咨询业务范围包括'工程造价经济纠纷的鉴定和仲裁的咨询',而工程造价鉴定的范围包括建设工程施工合同履行过程中的合同争议、证据欠缺争议、计量争议、计价争议、工期争议、索赔争议、签证争议以及合同解除争议,东城公司关于工程造价咨询企业缺乏工期鉴定资质的主张缺乏依据,不能成立。"

在(2017)苏民终2204号案中,承包人镇江二建申请对案涉工程的合理工期及合理顺延工期进行鉴定,根据一审法院委托,宿迁建威工程咨询有限公司出具《合理工期鉴定意见书》,鉴定意见为:委鉴标的的合理工期从工期定额和所提供的过程资料角度,为不少于581日历天,如果加上室外工程施工时间,则本项目合理工期为不少于656日历天。发包人希尔佳公司针对这一司法鉴定意见能否作为本案定案依据的问题提出上诉,认为涉案鉴定人员及鉴定机构无工期鉴定资质。在二审中,江苏高院认为:"经本院核查,涉案鉴定人员及鉴定机构均具有建设工程项目造价咨询的资质,工期相关事宜属工程造价的一部分。且,涉案鉴定机构系双方当事人在一审法院组织下依法摇号选定,希尔佳公司并未对鉴定机构及鉴定人员的资质问题提出异议。故希尔佳公司上诉所提的涉案鉴定人员及鉴定机构无鉴定资质的问题,缺乏事实和法律依据,本院不予支持。"

与此类似,在(2019)闽民申636号案中,承包人海宇公司提出案涉工程存在压缩工期的事实,一审法院委托福建省广厦工程咨询有限公司对本案定额工期进行鉴定,福建省广厦工程咨询有限公司作出《超然(福建)新材料科技有限公司二期工程定额工期鉴定意见书》,认为本案工程的总工期应为362天。一审法院

与二审法院根据《福建省建筑安装工程工资定额管理规定》第6条、《2011年全国民事审判工作会议纪要》第24条第2款的规定，认为本案存在严重压缩工期事实，有关工期及工期违约的约定应属无效。发包人超然公司要求支付工期迟延违约金的主张不予支持。超然公司提起再审，主张鉴定机构无进行工期鉴定的资质和能力，对此福建高院认为："鉴定单位福建广厦工程咨询有限公司于原审提交了相关的资质证明，其具备工程造价咨询等相关资质，超然公司主张鉴定单位无工期鉴定的资质和能力，缺乏依据。"

二、实务指引

在建设工程施工合同纠纷中，如果发包人和承包人之间就工程是否存在逾期竣工等产生工期争议时，在无法通过现有施工材料等确定工程实际的开竣工日期时，可以考虑委托鉴定机构进行工期鉴定。根据《建设工程造价鉴定规范》的规定，工期鉴定被纳入工程造价鉴定体系中。因此，相关的工期鉴定工作可以委托具有工程造价鉴定资质的鉴定机构实施。

专题五 发包人是否有权参照无效施工合同约定的工期及工期违约条款主张工期索赔

核心要点

在施工合同无效的情况下，根据《建设工程司法解释(一)》第6条的规定，法院通常并不会径行参考合同约定判断是否存在工期延误或工期违约。法院一般认为，无效的施工合同中相关的工期或工期违约条款亦无效，对当事人没有拘束力，可以进行工期鉴定确定合同工期以判断是否存在工期延误，同时需要提供证据证明工期延误的实际损失。但是，如果发包人能够证明因承包人逾期交工导致其产生了实际损失，在满足一定条件的情况下，法院可以参照合同的约定确定承包人需要承担的损失赔偿责任。当然，也有极少的司法判例直接依据施工合同约定的工期违约金并结合双方的过错程度，直接确定工期延误的损失。

一、裁判观点分析

《民法典》第793条第1款规定："建设工程施工合同无效，但是建设工程经验收合格的,可以参照合同关于工程价款的约定折价补偿承包人。”在司法实践中,一般认为本条规定不应作扩大化解释,仅适用于施工合同无效时参考合同约定的工程价款计算方式。但是《建设工程司法解释(一)》第6条规定:“建设工程施工合同无效,一方当事人请求对方赔偿损失的,应当就对方过错、损失大小、过错与损失之间的因果关系承担举证责任。损失大小无法确定,一方当事人请求参照合同约定的质量标准、建设工期、工程价款支付时间等内容确定损失大小的,人民法院可以结合双方过错程度、过错与损失之间的因果关系等因素作出裁判。”这一条规定扩大了施工合同无效时可以参考的合同约定范围,不仅是合同约定的工程价款,而且增加了合同约定的质量标准、建设工期、工程价款支付时间等,都可以作为法院确定发承包双方损失的参考依据。

就其中的工期争议,对近年最高院的有关判决进行梳理后发现,最高院在适用《建设工程司法解释(一)》第6条时依然审慎克制,一般不会轻易选择参照无效施工合同的约定判断承包人是否存在工期延误或是承包人是否应当向发包人支付工期违约金。通常,在施工合同无效的情况下,如果发包人主张工期违约金或工期损失赔偿,需要提供充分的证据,证明其因工期延误产生的损失已实际发生,法院才可能参考合同约定的工期违约条款,综合双方的过错、损失大小与因果关系等因素进行处理。

1. 施工合同无效,合同中工期与工期违约条款亦无效,不能简单参照无效合同约定的工期作为判断工期是否延误的依据,可通过鉴定确定合理工期标准;不能简单将无效合同约定的工期违约金作为计算工期延误实际损失的依据,发包人应当提供证据证明实际发生的损失

在(2020)最高法民申690号案中,案涉《建设工程施工合同》《渭水华府2#、3#地下汽车库及会所施工协议书》因违反《建筑法》的强制性规定而无效。最高院认为:“根据《中华人民共和国合同法》第五十六条①的规定,无效的合同或者被撤销的合同自始没有法律约束力,上述合同中关于竣工日期及逾期竣工违约条款对双方均无拘束力。”“伊发房地产公司申请再审称逾期竣工导致其损失巨大,但其并未举证证明所造成的实际损失,也未能证明系因威远建筑公司的原因造成损失,因此伊发房地产公司关于逾期竣工损失的申请再审理由不能成立。

---

① 《民法典》第155条规定:“无效的或者被撤销的民事法律行为自始没有法律约束力。”

原判决驳回伊发房地产公司关于逾期竣工违约损失的诉讼请求,并无不当。”

同样,在(2011)最高法民再55号中,涉案项目属于应当进行招投标项目,但未经过招投标程序。虽然该项目已取得了建设用地规划许可证与建设工程规划许可证,但根据原《建设工程司法解释》第1条(《建设工程司法解释(一)》第1条)的规定,河北工建与河北盈驰就涉案项目所签订的施工补充协议无效。关于河北工建是否应向河北盈驰赔偿合同无效的工期损失,最高院再审认为:“原判决认为,虽然施工协议无效,但工期确有延误。故参照施工协议违约金条款约定,判令河北工建向河北盈驰赔偿165万元工期延误损失。对此,本院不予支持。首先,施工协议如无效,则其中关于工期约定的条款亦无效。案涉1、2号住宅楼约定的竣工日期为2011年8月15日。但由于该工期约定条款因施工协议无效而无效,故不能直接适用该工期作为判断是否存在延误的依据。在约定工期不可适用的情形下,可通过鉴定确定案涉工程的合理工期。对于承包人的实际工期已超过鉴定合理工期情形,发包人可以主张工期延误损失,但应由其提供因工期延误导致的实际损失的证据,而不能简单参照无效合同约定的违约金条款计算。具体到本案中,在施工协议无效情形下,原判决仍参照该协议中违约金条款约定计算损失,缺乏依据。”

2. 如果发包人能够证明由于承包人原因造成的工期损失已实际发生,可以参考合同约定的工期与工期违约条款向承包人主张损失赔偿

在(2016)最高法民终736号案中,一审法院与二审法院均认为,案涉工程属于必须进行招标的项目,发包人厚德哈密分公司与承包人远海新疆分公司在案涉工程确定中标人之前,对实质性内容进行谈判,签订《建安工程施工补充协议》,违反了《招标投标法》第43条规定。同时,上述行为影响中标结果,依据《招标投标法》第55条的规定,中标应认定无效,双方在中标后订立的《建设工程施工合同》亦应认定无效。但是,对于厚德哈密分公司向远海新疆分公司主张的逾期交工违约金,一审法院认为:“虽然双方之间实际履行的《建安工程补充协议》违反了法律的禁止性规定因而无效,但工程发包人及承包人仍然应当在合理谨慎的范围内从事民事行为。根据哈密市城市建设档案馆调取的工程竣工验收报告,远海新疆分公司确实存在逾期交工的行为,厚德哈密分公司向第三方赔偿的损失与远海新疆分公司的逾期交工行为存在着直接的因果关系,该损失不是因合同无效而导致,而是由远海新疆分公司未合理谨慎地从事民事行为而造成。

因此,厚德哈密分公司因远海新疆分公司逾期交工而产生的损失应当由远海新疆分公司承担,但赔付损失的前提是确已实际发生,厚德哈密分公司出具的调解协议,代缴物业费、暖气费、现金付款凭证等能够证实,其因远海新疆分公司逾期交工而向业主实际赔付 650,110 元,故一审法院对该损失 650,110 元予以支持……”在本案的二审中,最高院亦支持了一审法院的判决:“案涉《建安工程施工补充协议》及《建设工程施工合同》虽应认定无效,但在认定无效之前双方在履约时仍应遵循诚实信用原则,远海公司应按照合同约定及时竣工并交房,厚德哈密分公司应按照合同约定及时足额支付工程款。根据一审查明的事实,案涉一期、二期工程均存在逾期竣工。远海公司作为施工方,若无证据证明存在免责事由,对于逾期竣工应承担相应责任。”

在(2017)最高法民申 1230 号案中,发包人八川公司与承包人宏伟公司在招标前已确定由宏伟公司承包案涉工程施工。宏伟公司通过虚假的招投标流程中标,该中标结果无效。因此,宏伟公司与八川公司签订的备案合同以及发包人八川公司与承包人宏伟公司及其昆山分公司实际履行的三方合同亦无效。在备案合同及实际履行的合同均无效的情况下,对于八川公司主张的工期损失,最高院认为:“虽然三方合同无效,但合同关于工期的约定系三方真实意思表示,宏伟公司昆山分公司施工时间确实超出了双方约定的施工工期,给八川公司造成了损失,故二审法院依据江苏协诚工程咨询有限公司出具的工期鉴定意见,参照三方合同约定,结合本案实际情况,判令两再审申请人赔偿因工期延误给八川公司造成的实际损失,并无不当。”

3. 在施工合同无效的情况下,直接参照施工合同约定的工期及工期延误的违约金并结合双方的过错比例分担工期延误的损失

在(2019)最高法民终 589 号案中,发包人新城公司在与两个标段的施工总承包单位宜兴建工公司和中建一局第五公司签订总承包合同之后,将桩基部分指定分包给第三方施工单位苏南公司,并与桩基部分的施工单位签订了施工合同,而苏南公司并未与两施工总承包单位签订相关合同。该行为违反《建筑法》第 24 条“提倡对建筑工程实行总承包,禁止将建筑工程肢解发包”,国务院《建设工程质量管理条例》第 7 条第 2 款“建筑单位不得将建设工程肢解发包”的规定,案涉《桩基工程施工合同》应为无效。

关于工期延误违约金是否应予支持,最高院认为:“案涉《桩基工程施工合

同》约定竣工退场日期为 2015 年 5 月 30 日，由于施工质量问题，案涉桩基工程至 2016 年 6 月 15 日才补桩完成，逾期 380 天。但新城公司主张工程逾期 210 天，本院予以确认。按照合同约定，工期延误违约金应计算为 3,288,339.5 元（31,317,519 元 ×0.5‰/天 ×210 天）。因《桩基工程施工合同》无效，该违约金不能当然被采纳。但因苏南公司施工质量存在问题，导致案涉工程工期延误并造成损失，苏南公司应向新城公司支付适当的工期延误损失。由于新城公司在苏南公司开始施工时未取得施工许可证，对案涉工程肢解发包，存在过错，本院参照工期延误违约金的数额，酌定苏南公司、新城公司各承担百分之五十的工期延误损失责任。”

在上述案例中，最高院认定桩基工程存在肢解发包，从而认定桩基施工合同无效。虽然，最高院认为桩基合同无效，工期违约金不能当然被采纳，但是在认定实际损失时，直接按照合同约定的工期违约金计算实际损失，然后根据过错分摊比例直接认定损失。因此，关于工期延误的损失，本案实际上直接参照工期违约金确定损失，而且认定工期是否延误的标准，也是依据无效施工合同约定的工期。

4. 在施工合同无效的情况下，发承包双方在就竣工结算价款达成一致后，视为发包人放弃了主张工期违约损失，发包人不得再依据无效的施工合同主张工期损失

在（2018）最高法民申 4428 号案中，发包人帮泰达公司与承包人二十二冶在招投标程序前先行签订了《补充条款》并由二十二冶进场施工，在招投标程序后签订了备案的《建设工程施工合同》。案涉工程为住宅小区，属于必须进行招投标的工程建设项目。二十二冶与帮泰达公司在案涉工程招投标之前已对案涉工程的实质性内容进行了磋商和谈判，属于先定后招，故中标备案的《建设工程施工合同》应认定为无效合同，双方签订的《补充条款》亦应认定为无效。关于逾期完工违约金，最高院认为：“《建设工程施工合同》及《补充条款》均被认定无效后，帮泰达公司无权根据合同约定主张逾期完工违约金。根据原审查明的事实，第八十八次、八十九次监理例会会议纪要的内容可以证明双方通过会议纪要议定竣工日期为 2010 年 8 月 5 日，实际一、二期工程于 2010 年 9 月 15 日竣工，略晚于监理例会会议纪要确认的竣工时间。2012 年 7 月 26 日双方就一、二期全部工程进行了最终决算，并签署了《工程结算备案协议书》，协议书中未提及工期延

误的违约责任问题,且《河北省建设工程竣工验收报告》中也未对工期延误问题作出记载,以上应视为帮泰达公司对工期的认可。二审法院据此对帮泰达公司主张延误工期的违约金和监理费损失问题未予支持,并无不当。”

二、实务指引

通过上述案例分析可得,在施工合同无效的情况下,虽然最高院的裁判文书中,既有要求对工期进行鉴定以确定合理工期,从而判断工期是否延误以及提供有效的证据证明存在实际损失才予以支持的案例,也有直接参照合同工期及工期违约金确定工期延误及工期违约损失的判例。但是为了保险起见,在诉讼/仲裁过程中在法官或者仲裁员观点不明朗的情况下:首先,在举证阶段可以提出工期鉴定申请,可以通过工期鉴定的方式确定工程的合理工期;其次,如果发包人拟向承包人主张工期赔偿,需要充分收集证据证明损失已实际产生,例如,已经向购房人支付的逾期交房违约金、物业服务费、因此减免的租金等损失;最后,对于拟采用指定分包方式要求第三方施工单位承接桩基工程等情形的,最好由施工总包单位参与签署三方合同,不能签署两方合同,否则,极可能被认定为肢解发包,从而施工合同被认定为无效。

专题六　施工许可证记载的开工日期对于认定实际开工日期的作用

核心要点

鉴于实际开工日期对于判断建设工期是否存在延误具有重要作用,因此认定实际开工日期一直是建设工程施工合同纠纷中建设工期争议审理的重点。在原《建设工程司法解释(二)》出台前,司法实践中实际开工日期的认定标准和认定依据比较混乱。在原《建设工程司法解释(二)》出台后,实际开工日期的认定有了较为统一的规则。最高院认为,在没有开工通知或实际进场施工时间无法查明的情况下,施工许可证可以作为认定实际开工日期的依据之一。《建设工程司法解释(一)》生效后,第8条延续了原《建设工程司法解释(二)》第5条的规定。在原《建设工程司法解释(二)》的适用中,各地法院在审理建设工程施工合同纠纷时,除非案件中没有其他可以认定实际开工日期的证据,否则法院一般不会径行将施工许可证记载的日期认定为实际开工日期。

一、裁判观点分析

一般而言,判断建设工期是否延误,通常是用实际竣工日期与实际开工日期间的间隔天数减去可顺延工期的天数后,与约定的工期天数进行比较。因此,实际开工日期就成为工期的起算点,对判断建设工期是否延误至关重要。在建设工程施工合同纠纷中,发承包双方往往对实际开工日期的认定各执一词。开工通知/开工令、进场通知、开工报告、施工许可证以及各类会议纪要,都有可能作为证明实际开工日期的文件,此前的司法实践中对实际开工日期的认定也较为混乱。

对此,最高院在《建设工程司法解释(一)》第8条明确了实际开工日期的认定规则,即开工日期为发包人或者监理人发出的开工通知载明的开工日期;开工通知发出后,尚不具备开工条件的,以开工条件具备的时间为开工日期;因承包人原因导致开工时间推迟的,以开工通知载明的时间为开工日期。承包人经发包人同意已经实际进场施工的,以实际进场施工时间为开工日期。发包人或者监理人未发出开工通知,亦无相关证据证明实际开工日期的,应当综合考虑开工报告、合同、施工许可证、竣工验收报告或者竣工验收备案表等载明的时间,并结合是否具备开工条件的事实,认定开工日期。

虽然《建设工程司法解释(一)》第8条可以在一定程度上解决司法实践中认定实际开工日期的难题,但是细究其规定,可以发现最高院还是以开工通知和实际进场施工时间这两个日期作为认定实际开工日期的主要依据。如果这两个日期无法查明,则需要"综合考虑开工报告、合同、施工许可证、竣工验收报告或者竣工验收备案表等载明的时间,并结合是否具备开工条件的事实"认定实际开工日期。在上述文件中,施工许可证作为行政机关核发的行政许可,一般被认为具有较高的证明效力。因此,施工许可证中记载的开工日期有时也被发承包双方主张为实际开工日期。但是,通过梳理《建设工程司法解释(一)》第8条,即原《建设工程司法解释(二)》第5条出台后各地法院的判决,可以看出法院在认定实际开工日期时,重"实际"而轻"形式"。法院一般认为,施工许可证仅能证明工程具备了开工条件,但不能以此推出施工许可证记载的日期就是工程的实际开工日期。

1. 当实际开工日期与施工许可证所载日期不一致时，应当以实际开工日期为准

例如，在（2019）鲁民申 7253 号案中，一审法院认为："首先，建筑工程施工许可证是建设单位在开工前，按照规定向工程所在地县级以上人民政府建设行政主管部门申请领取的施工许可证，是建筑施工单位符合各种施工条件，允许开工的批准文件；是建设行政部门对施工进行管理、监督的行政行为。其次，海厦公司施工的江北绿城项目，在办理施工许可证之前，就已于 2011 年 2 月 10 日开工建设，从双方之间的联系单、会议纪要、各种验收记录上看，施工一直在进行中，也就是说，没有施工许可证工程施工已经在进行中。最后，海厦公司没有提交施工所在地建设行政部门因没有施工许可证对施工进行阻止、干涉和处罚的证据，也没有证据证明在施工过程中因施工许可证的问题对施工产生了影响。因此该院认为龙象公司作为建设单位，应当对建设工程办理施工许可证，办理施工许可证是建设单位的责任和义务。但是施工许可证对海厦公司的实际施工并没有造成实际的影响，因此海厦公司没有施工许可证导致工期拖延、甩项的主张，不符合江北绿城施工的客观实际，该院不予支持。"对此，承包人海厦公司申请再审称，建设工程只有在办理施工许可证后才能开工建设。山东高院在再审中查明，龙象公司与海厦公司曾签订案涉工程的补充协议，该协议记载："一期工程已于 2011 年 2 月 10 日正式开工……"山东高院认为："本案一审中，海厦公司对上述补充协议予以认可，故可认定双方对实际开工日期已达成一致意见。虽然案涉工程建设许可证于 2011 年 9 月 9 日发放，但建设工程施工许可证表明了建设工程符合相应的开工条件，并不是确定开工日期的唯一凭证，当施工单位实际开工日期与施工许可证上记载的日期不一致时，应当以实际开工日期为准。且根据龙象公司与海厦公司之间的工作联系单、会议纪要及各种验收记录，可认定案涉工程施工一直在进行中，并无证据证明案涉工程存在因不具有施工许可证而受到影响，进而导致停工延期的情况。"

甘肃高院在（2020）甘民终 318 号案中也持类似观点。就案涉工程的实际开工日期，一审法院在审理中查明："第一份合同约定开工时间为 2014 年 7 月 31 日，施工许可证颁发时间为 2014 年 8 月 29 日；第二份合同约定开工时间为 2014 年 10 月 24 日，施工许可证颁发时间为 2014 年 11 月 18 日；第三份合同约定开工时间为 2015 年 3 月 20 日，施工许可证颁发时间为 2015 年 4 月 10 日。中远公司

提交的案涉工程的三份工程竣工验收备案表，均载明工程开工日期与合同约定一致，该备案表均有施工方的签字盖章。中远公司提交由冶建公司出具的6份工程开工报告，该报告载明的中远公司申请开工时间与合同约定一致。中远公司提交的上述证据可证实，在施工许可证颁发前，冶建公司已实际开工，且在竣工验收时冶建公司对该事实予以认可。"因此，一审院认为，"案涉工程应以竣工验收备案表载明的实际开工日期为工期起算点，实际开工日期与是否取得施工许可证并无直接联系"。承包人冶建公司提起二审，认为一审法院开工日期认定错误。冶建公司称："《工程竣工验收备案表》系中远公司依据合同约定开工时间填写，不能反映真实的开工时间，中远公司无证据证明在《工程竣工验收备案表》记载的开工时间向冶建公司提供具备施工的开工条件，一审法院以与《施工许可证》相矛盾的《工程竣工验收备案表》认定开工时间错误。"对此，二审法院认为："建筑工程施工许可证是建设主管部门颁发给建设单位的准许其施工的凭证，只是表明了建设工程符合相应的开工条件，建设工程施工许可证的颁发时间并不是确定开工日期的唯一凭证。实践中，开工日期早于或晚于施工许可证颁发日期情形大量存在。当实际开工日期与施工许可证记载日期不一致时，应以前者作为确定开工日期依据。本案中，上述施工许可证颁发时间与三份合同约定的开工日期不相同的情形下，应当以实际开工日期而不是施工许可证的颁发日期作为确定开工日期的依据。建设单位、施工单位与监理单位确认的实际开工日期当然具有明显优势的证明力和说服力，应当成为认定案件事实的重要依据。另外，根据监理施工日志显示在《建筑工程施工许可证》颁发时间之前冶建公司已经进场施工。因此，在经中远公司、冶建公司和监理单位共同签字确认的《建设工程竣工验收备案表》《工程质量竣工验收记录》载明的开工时间与《建设工程施工合同》均基本一致，且施工许可证上记载的开工日期亦和合同约定的开工日期相同的情况下，再以施工许可证颁发的日期确定为开工日期，无事实和法律依据。"

2. 存在其他证据可以证明实际开工日期的情况下，不应将施工许可证所载日期认定为实际开工日期

在（2019）苏民终93号案中，江苏高院也认为："关于一期工程的开工时间，建兴建工公司提交的《主体结构分部工程质量验收报告》和《单位工程竣工验收证明书》中载明的开工日期均为2013年11月26日，同时《监理日记》《工地会议

纪要》均显示2013年11月26日前建兴建工公司已进行了土方开挖、井点降水、围护桩施工等,一审法院据此认定一期工程开工日期为2013年11月26日并无不当。圣诚置业公司以案涉工程建筑工程施工许可证核发时间为2013年12月30日以及开工报告监理单位的签发日期为2014年元月1日否认2013年11月26日为开工时间不能成立,本院不予支持。关于二期工程的开工时间,虽然监理单位签发的开工报告、《单位工程竣工验收证明书》、《建筑工程竣工验收备案表》中的开工日期为2014年6月26日,但《工地例会会议纪要》显示建兴建工公司于2014年4月9日开始二期挖土、4月30日围护桩施工、5月8日围护桩施工完成等,2014年4月21日的《监理日记》显示二期工程土方开挖,一审法院根据上述证据以建兴建工公司二期工程的实际施工日期2014年4月21日作为开工日期,并无不当。圣诚置业公司主张以开工报告中的2014年6月26日作为二期工程的开工时间,并据此进行材料调差不能成立,本院不予支持。"

3. 在无其他证据可以佐证实际开工日期的情况下,可以参考施工许可证所载日期认定实际开工日期

在无其他证据的情况下,施工许可证作为行政部门颁发的具有行政效力的凭证,表明建设工程符合相应的开工条件,其中记载的开工日期可以作为工程的实际开工日期。例如,在(2019)最高法民终46号案中,承包人认为,《建筑工程施工许可证》记载的开工日期不是《联合开发合同》约定的开工日期,其记载的仅是房屋主体工程的合同约定开工日期,不一定是实际开工之日。2010年10月14日《西安日报》关于案涉居民安置楼开工奠基仪式的报道,是案涉工程已实际开工的确凿证据,上述开工奠基日就是《联合开发合同》约定的开工之日。对此,最高院认为:"《建筑工程施工许可证》是由行政部门所颁发的具有行政效力的凭证,表明建设工程符合相应的开工条件。枣园刘居委会与枣园刘城改公司虽否认《建筑工程施工许可证》记载的开工日期,但二审期间并未提供证据推翻《建筑工程施工许可证》对开工日期的记载。虽然其上诉主张应以《西安日报》关于案涉工程奠基仪式的报道来确定开工日期,但举行奠基仪式存在施工准备等多种可能,在无其他证据佐证的情况下,新闻媒体关于工程奠基仪式时间的报道不足以推翻《建设工程施工许可证》的记载。一审判决根据《建筑工程施工许可证》所记载日期认定开工日期分别为2011年5月5日、2011年6月1日具有事实依据。"

从上述案件中可以看出,即使施工许可证是行政机关作出的行政许可,但也仅能作为工程没有开工通知或难以查明实际进场施工时间时认定实际开工日期的参考因素,不是认定实际开工日期的唯一依据。

二、实务指引

考虑到《建设工程司法解释(一)》第8条中关于认定实际开工日期的规则,发包人或者监理人发出的开工通知是认定实际开工日期的重要依据。在发出开工通知前,发包人或者监理人可以在开工通知中注明施工现场已具备开工条件。

第五节　建设工程价款优先受偿权纠纷

专题一　性质不宜折价、拍卖的建筑工程的认定范围

核心要点

《民法典》第807条规定:"……除根据建设工程的性质不宜折价、拍卖外,承包人可以与发包人协议将该工程折价,也可以请求人民法院将该工程依法拍卖。……"该条规定将性质不宜折价、拍卖的建设工程排除在承包人可以行使优先受偿权的范围之外。原《建设工程司法解释(二)》(征求意见稿)第31条规定,下列建设工程认定为属于性质不宜折价、拍卖的工程:(1)建设工程未取得建设工程规划许可证或者未按照规划许可证的要求进行建设的;(2)建设工程经验收不合格,且无法予以修复的;(3)建设工程属于事业单位、社会团体以公益目的建设的教育设施、医疗设施及其他社会公益设施;(4)建设工程属于国家机关的办公用房或者军事建筑;(5)无法独立存在或者分割后影响主建筑使用功能的附属工程等工程。但在正式发布时该条款被删除。

笔者通过案例研究发现,审判实践中,除了上述几种建设工程外,法院判决中还会将消费者已购买并已经办理预告登记或者产权变更手续的商品房、发包人不享有完全的所有权(共同共有情况)或占所有权份额低于2/3(按份共有情况)的建筑物归为不宜折价、拍卖建设工程的范围。

一、裁判观点分析

1. 建设工程未取得建设工程规划许可证或者未按照规划许可证的要求进行建设的

法院之所以认为未取得建设工程规划许可证或者未按照规划许可证的要求进行建设的建设工程不能在承包人享有优先受偿权的标的物的范围内,是因为这类建筑物属于违法建筑不能合法流转。例如,江苏高院在(2016)苏民申5851号案中认为:"要实现建设工程价款的优先受偿权,须以折价或者拍卖的形式获得价款。而本案工程未取得建设用地规划许可证以及建设工程规划许可证,不属于可以合法流转的建筑物,故无法通过折价或拍卖的形式获得该建设工程的价款。因此,对于未取得建设用地规划许可证以及建设工程规划许可证的建设工程应当认定为不宜折价、拍卖的建设工程。"

此外,在(2019)最高法民申1250号案中,最高院认为:"案涉工程至本案一审庭审时仍未办理建设工程规划许可证、建设工程施工许可证,属于违法建筑,其不能依法取得相应物权,且相关工程一直处于停工状态,原审判决据此认定案涉工程属于依现状不宜折价、拍卖的建设工程,进而对南通公司就案涉工程价款享有优先受偿权的主张不予支持,并无不当。"

当然,也有法院对承包人能否对违法建筑主张优先受偿权持相反意见,例如,在(2016)最高法执监161号案中,案涉世界金龙大厦连同第32、33层建筑系原中国建筑第七工程局第三建筑公司承建,因第32、33层建筑未依法取得规划、用地、建设审批,至今也未能得到政府相关部门的审批和验收,无法办理房屋所有权证和相应的国有土地使用权证,属于违法建筑。最高院认为:在违法建筑被相关部门行使公权力拆除或自行拆除前,违法建筑仍具有一定的使用价值。被执行人金龙公司对世界金龙大厦第32、33层建筑虽不享有所有权,但其长期占有、使用并以租赁等方式取得收益,上述建筑应视为被执行人金龙公司的具有使用价值的可供执行财产。《最高人民法院转发住建部关于无证房产执行问题的通知》第2条规定:"执行程序中处置未办理初始登记的房屋时……不具备初始登记条件的,原则上进行'现状处置',即处置前披露房屋不具备初始登记条件的现状,买受人或承受人按照房屋的权利现状取得房屋,后续的产权登记事项由买受人或承受人自行负责。"世界金龙大厦第32、33层即属于"不具备初始登记条件”的建筑，南平中院按建筑物现状将案涉大厦第32、33层建筑作价交付给海峡公司（原中国建筑第七工程局第三建筑公司），抵偿金龙公司所欠债务本息，符合通知要求。海峡公司已于2002年12月12日书面向福建高院主张工程款优先受偿权，属于在法定期限内主张权利。在该案中，法院将违法建筑物作价后直接交付给承包人，这样的做法不涉及该建筑物是否能够合法流转的问题。

2. 建设工程经验收不合格，且无法予以修复的

《民法典》第793条规定，建设工程施工合同无效，且建设工程经验收不合格的，修复后的建设工程经验收不合格的，承包人无权请求参照合同关于工程价款的约定折价补偿。根据该规定，在建设工程经验收不合格，且承包人无法予以修复的情形下，承包人更加无权请求参照合同价款的约定折价补偿，这也意味着，承包人无权向发包人主张支付工程价款。由于优先受偿权是工程款主债权的从权利，因此承包人也不能享有优先受偿权。

（2014）黑民终第57号案中，黑龙江高院认为：“昊霖公司为案涉工程的发包人，建成公司为承包人，根据鉴定意见，能够认定昊霖公司存在拖欠建成公司工程款的事实……建成公司对农贸市场3号楼工程享有优先受偿的权利。但由于建成公司施工的农贸市场3号楼工程质量不合格，未达到验收合格标准，建成公司应履行修复义务才享有该权利。”法院要求承包人应当履行修复义务后，才能对承建工程享有优先受偿权。亦即在该工程处于未能验收合格的状态下，如果承包人无法将工程修复，承包人则不能享有优先受偿权。

3. 建设工程属于事业单位、社会团体以公益目的建设的教育设施、医疗设施及其他社会公益设施

在建设工程涉及公益目的的情况下，如公共教育设施、宗教活动场所、市政基础设施项目等，如果将这类建设工程折价或拍卖，可能会在一定程度上损害社会公共利益，因此，在审判实践中，法院通常会认为此类建筑不适合进行拍卖变卖，承包人不能对此主张优先受偿权。

例如，在（2018）最高法民终305号案中，最高院认为，案涉工程系滁州城市学院的校舍工程，性质上属于公共教育设施，系不宜进行折价或拍卖的工程范围，承包人主张其对案涉工程拍卖、变卖所得价款享有优先受偿权无法律依据。

吉林高院在（2017）吉民终353号案中认为：“案涉工程包括寺院，泰安寺向法院出示了《宗教活动场所登记证》，该宗教活动场所名称为吉林省安图县泰安

寺。宗教活动场所用于宗教活动,按性质属不宜折价、拍卖的建设工程,故国基公司对案涉工程中的宗教活动场所部分不享有优先受偿权。”

此外,甘肃高院在(2019)甘民终554号案中认为,案涉工程武威工业园区污水处理项目为市政基础设施项目,属于“不宜折价、拍卖”的建设工程。江苏高院在(2018)苏民终1506号案中认为:“《中华人民共和国合同法》第二百八十六条[①]规定中所指不宜折价、拍卖的工程系主要指违章建筑、工程质量不合格且难以修复的建筑以及学校、幼儿园、医院等以公益为目的的事业单位、社会团体的教育设施、医疗卫生设施和其他社会公益设施。瀚瑞公司以案涉房屋属于公共租赁房屋为由主张承包人不享有工程款优先受偿权缺乏法律依据,对其主张本院不予支持。”

由上述案例可以看出,当建设工程涉及社会公共利益时,法院通常会以认为该建筑属于合同法中规定的不宜折价、拍卖的建筑物,由此对承包人的优先受偿权主张不予支持。

4. 建设工程属于国家机关的办公用房或者军事建筑

如果建设工程属于国家机关的办公用房或者军事建筑,法院通常也会将其认为系不宜折价拍卖的范围。例如,(2018)琼民终546号案中,海南高院认为:“南海研究院是海南省人民政府举办的事业单位法人,本案案涉工程是南海研究院综合楼项目,系已投入使用的办公用房,按照建设工程的性质不宜折价、拍卖,王某华要求对案涉工程行使优先受偿权的诉讼请求本院不予支持。”

虽未找到有关军事建筑的案例,但是在审判实践中如果遇到承包人对军事建筑主张其折价、拍卖后的优先受偿权,笔者认为法院不会予以支持的可能性较大。

5. 无法独立存在或者分割后影响主建筑使用功能的附属工程等工程

如果建设工程属于无法独立或者分割后会对主建筑使用功能产生影响的工程,法院通常不支持承包人对此类附属工程请求优先受偿权的主张。例如,(2018)苏民终1504号案中,江苏高院认为:“本案涉及的是水电安装工程,系无法独立存在或者分割后影响主建筑使用功能的附属工程,故不宜折价、拍卖,故上诉人并不享有建设工程价款优先受偿权。”

---

① 《民法典》第807条。

6. 消费者购买承包人承建的商品房，并已经办理商品房预告登记或者产权变更手续

最高院《优先权批复》[①]中第2条规定，消费者交付购买商品房的全部或者大部分款项后，承包人就该商品房享有的工程价款优先受偿权不得对抗买受人。《2019年全国法院民事审判工作会议纪要》中亦对在审判实践中如何适用该条规定作了进一步解释。尽管《优先权批复》已失效，在审判实践中，如果商品房已被消费者购买，并已办理商品房预告登记或者产权变更手续，如果购房人对商品房主张权利，那么承包人对此类建设工程主张优先受偿权的请求通常也不会得到法院的支持。例如，(2017)吉民初9号案中，吉林高院认为："案涉工程中有部分房屋已经出售、回迁给'村民'，且已交付使用，故中建一局对该部分房屋不享有建设工程价款优先受偿权。"该案的当事人为发包人、承包人和村民委员会。

但是，需要注意的是，此处规定的承包人的优先受偿权不能对抗的是买受人而非发包人。如果诉讼当事人只是发包人和承包人，法院认为应当由利益可能受损的购房人而非发包人主张其所有权，才能对抗承包人的法定优先权，例如，最高院在(2019)最高法民终1533号案中认为："多力多公司上诉称由于案涉工程部分房屋在查封前已经出售，为优先保护购房人的利益，故上海建工对案涉工程不享有建设工程价款优先受偿权。但是，法律没有规定，这种情况下承包人不享有建设工程价款优先受偿权，而且，即使上海建工对案涉工程行使建设工程价款优先受偿权，损害了其他购房人的利益，也应当由购房人行使相应的诉讼权利。多力多公司以此为由主张上海建工对案涉工程不享有建设工程价款优先受偿权，缺乏事实和法律依据，本院不予支持。"

买受人的权利是否能够对抗承包人的优先受偿权，应当是在由买受人提起的诉讼审判中解决的问题，发包人并不能代表买受人的利益。最高院在(2017)最高法民终762号案中认为："至于中铁建设集团的优先受偿权能否对抗相关业主的权利，并不属于本案的审理范围，本院在本案中不予理涉。海源公司关于案涉工程已经对外销售、中铁建设集团不享有优先受偿权的诉讼理由并无相应的法律依据，本院不予支持。"

---

① 《优先权批复》已失效。

也有法院会认为承包人就该商品房享有的工程价款优先受偿权能否对抗买受人属于执行环节解决的问题,审判环节无法处理,仍然认定承包人对此享有优先受偿权。例如,云南高院在(2017)云民初86号案中认为,关于中炬置地抗辩认为部分认购客户已经支付了大部分购房款,中建四局对该部分房屋不享有优先权的主张。结合《最高人民法院关于人民法院办理执行异议和复议案件若干问题的规定》第29条规定,[①]该主张属于执行环节解决的问题,审判环节无法处理。综上,中建四局有权行使优先受偿权。

值得关注的是,并不是所有登记都可以对抗承包人的法定优先权。例如,(2019)宁民终399号案中杨某因与上陵房地产公司发生民间借贷关系而对案涉18套房屋享有债权,虽然案涉18套房屋备案至杨某名下,但宁夏高院认为:"该备案登记不能对抗陆磐建筑公司的法定优先权。"承包人在发包人欠付工程款的范围内,对案涉18套营业房折价或者拍卖的价款仍然享有优先受偿权。

7. 建设工程的发包人不具有建筑物完整的所有权

《民法典》第301条(原《物权法》第97条)规定:"处分共有的不动产或者动产以及对共有的不动产或者动产作重大修缮、变更性质或者用途的,应当经占份额三分之二以上的按份共有人或者全体共同共有人同意,但是共有人之间另有约定的除外。"如果发包人不是该建筑物的唯一所有权人或者其占有的所有权份额低于2/3,当承包人对该建筑物主张优先受偿权时,如果法院径直判决将该建筑物拍卖或折价,有可能会损害到其他共有权人的利益,因此,法院会倾向于判决对承包人主张对此类建筑物的优先受偿权不予支持。

例如,在(2019)粤02民申28号案中,广东韶关中院认为,案涉工程中有10,000平方米的房屋所有权人系鼎域公司。中民公司作为案涉工程的发包人,其并未享有案涉工程的全部所有权,在未取得共有人鼎域公司的同意,且无法区分案涉工程中属于中民公司所有的部分的情况下,案涉工程不宜折价处理或拍卖,故中民公司主张享有案涉工程折价、拍卖价款的优先受偿权因缺乏事实依据

---

① 《最高人民法院关于人民法院办理执行异议和复议案件若干问题的规定》第29条规定:"金钱债权执行中,买受人对登记在被执行的房地产开发企业名下的商品房提出异议,符合下列情形且其权利能够排除执行的,人民法院应予支持:(一)在人民法院查封之前已签订合法有效的书面买卖合同;(二)所购商品房系用于居住且买受人名下无其他用于居住的房屋;(三)已支付的价款超过合同约定总价款的百分之五十。"

而不能成立。

二、实务指引

在建设工程属于不宜折价、拍卖的范围，承包人应当在签订建设工程施工合同时，尽可能将在之后无法享有的工程款优先受偿权，与发包人协商约定为其他不受建设工程性质影响的权利，如要求发包人提供足额的工程款支付担保，以此保障自身的权利。

专题二　优先受偿权能否随工程款债权一并转让

核心要点

《民法典》第807条规定了承包人对建设工程价款的优先受偿权，在实践中，承包人如果将工程价款的债权转让给第三方，该第三方能否与承包人一样享有该债款的优先受偿权在审判实践中有不同的意见，甚至有不同地方高院出台的指导意见也持相反意见，如江西高院、广东高院均支持优先受偿权能够随工程款债权一并转让，[①]但河北高院认为工程款债权转让给第三人后，优先受偿权消灭。[②] 笔者通过研究最高院和各地方高院的判例，发现支持优先受偿权能随工程款债权一并转让的司法判例较多。另外，最高院认为债权受让人能否享有优先受偿权因案而异，法院应当对个案进行研究后再行确定。

---

① 江苏高院《解答》规定：

"20.工程款债权转让的，建设工程价款优先受偿权是否一并转让？

建设工程价款优先受偿权依附于工程款债权，承包人将建设工程价款债权转让的，建设工程价款优先受偿权随之转让。受让人是否实际享有建设工程价款优先受偿权，仍应进行实体审查。"

广东高院《2011意见》规定：

"十五、承包人将建设工程施工合同约定的工程款债权依法转让，债权受让方主张其对建设工程享有优先受偿权的，可予支持。承包人在转让工程款债权前与发包人约定排除优先受偿权的，该约定对承包人以外的实际施工人不具有约束力。"

② 河北高院《指南》规定：

"37.建设工程价款优先受偿权与建设工程价款请求权具有人身依附性，承包人将建设工程价款债权转让，建设工程价款的优先受偿权消灭。"

一、裁判观点分析

1. 优先受偿权能够随工程款债权一并转让

审判实践中,支持优先受偿权能够随工程款债权一并转让的法院认为,优先受偿权依附于工程款债权,因此其应当随着工程款一并转让。

例如,(2019)辽民终1562号案中,张某录作为实际施工人与发包人中天公司签订《抵顶房产协议》,约定中天公司以包括案涉两套房产在内的16套房产抵顶所欠张某录部分工程款;抵顶的房产张某录可以随时对外出售,抵顶房产的售房款归张某录所有。辽宁高院认为:"张某录基于该《抵顶房产协议》享有对案涉两处房屋折价款优先受偿的权利。张某录将案涉两处房屋转让给林某华,以房屋折价款抵顶其钢材欠款,亦是其实现建设工程价款优先受偿权的一种方式。林某华从张某录处受让案涉两处房屋,虽尚未取得所有权,但其权利的基础为张某录享有的建设工程价款优先受偿权,是建设工程价款优先受偿权的延续,优于抵押权和其他债权,能够阻却执行。"本案中,工程款债权表现为房屋,房屋被转让即债权被转让后,法院认为优先受偿权也随之一并转让给债权受让人。

同样地,(2015)苏民终字第00665号案中,江苏高院认为:"建设工程价款优先受偿权依附于工程款债权……优先受偿权的转让随着工程款一并转让。"(2016)苏民终843号案中,一审法院认为:"建设工程款优先受偿权属于法定抵押权,担保的是工程款债权,主债权转让的,担保物权应一并转让。"江苏高院二审时也对债权受让人的优先受偿权主张予以支持。

另外,在(2019)最高法民终519号案中,湖州建工集团依法将桩基基础和基坑支护的工程款债权及对应的建设工程价款优先受偿权转让由中煤公司行使,一审法院对优先受偿权能否随着工程款债权一并转让进行了以下分析:"1. 工程款债权本质上是可流通转让的财产权,建设工程价款优先受偿权具有附属工程款债权的担保权利。从一般法理分析,主债权转让的,担保权利应一并依法转让。工程款债权转让的,具有担保工程款债权实现的建设工程价款优先受偿权应一并转让。2. 允许建设工程价款优先受偿权随主债权一并转让,有利于加速主债权人通过流转的方式实现权利,得到清偿,从根本上有利于建设工程价款优先受偿权设立的目的,保障工程款债权人的利益。3. 中煤公司实际参与承建了案涉工程的基坑支护和桩基基础工程,且中防投资公司与中煤公司签订《三方协议》表明，中防投资公司对湖州建工集团将案涉桩基基础和基坑支护工程分包给中煤公司施工是明知且同意的。4. 本案建设工程价款优先受偿权与工程款债权的一并转让，既不增加中防投资公司的负担，也不损害中防投资公司其他债权人的利益。”最高院二审时，对湖州建工集团和中煤公司的优先受偿权主张均予以支持。

本案中，上诉人在上诉请求中主张涉案合同无效，债权受让人中煤公司作为实际施工人不应享有优先受偿权；最高院二审时对为何支持债权受让人享有工程款债权的优先受偿权没有明确理由。尽管最高院没有明确其支持的理由，但是从此案例可以判断，至少对于优先受让权随债权一并转让这个观点，最高院持支持态度。

2. 优先受偿权不能随工程款债权一并转让

审判实践中，也有部分法院认为建设工程价款优先受偿权具有人身依附性，不能随工程款债权一并转让，在债权转让给第三方之后，工程价款的优先受偿权消灭。

(2019)冀民终 289 号案中，河北高院认为：“建设工程价款优先受偿权与建设工程价款请求权具有人身依附性，承包人将建设工程价款债权转让，建设工程价款的优先受偿权消灭。”本案中，河北高院的观点与河北高院《指南》第 37 条保持一致。但根据(2019)最高法民申 6515 号再审审查与审判监督民事裁定书，该案于 2020 年 3 月 18 日被最高院裁定再审，目前笔者尚未查到相关再审判决书。

(2019)鲁民终 1033 号案中，山东高院认为：“工程价款优先受偿权制度的目的是保护承包人(施工人)的劳动报酬，本案中，丁某仁系通过债权转让取得了天虹公司对考普莱公司的债权(建筑工程款)，丁某仁并非承包人(施工人)，其主张建筑工程价款优先受偿权没有事实和法律依据。”从山东高院的观点中可以看出，当债权受让人是与建设工程无关的第三方时，该第三方不能主张优先受偿权。但是如果该第三方是建设工程的施工人或承包人，法院极有可能会支持优先受偿权随着债权一并转让。

(2019)最高法民申 3349 号和(2019)最高法民申 3350 号案中，最高院认为：“债权转让属于当事人意思自治范畴，债权人转让权利的，从权利随之转让，但专属于债权人自身的除外。建设工程价款优先受偿权为法定优先权，其设立初衷意在通过保护承包人的建设工程价款债权进而确保建筑工人的工资权益得以实现,专属于承包人。在建设工程价款债权转让时,该工程价款的优先受偿权是否随之一并转让,并无明确的裁判规范/意见。就本案而言,张某明通过债权转让所取得的债权可以被认定为普通金钱债权。”在本案中,最高院也支持了优先受偿权作为工程款债权的从权利应当专属于承包人,但是并没有否定优先受偿权随工程款债权一并转让的可能性。并且,在法院认为该案中债权受让人受让的仅是普通金钱债权时,也点明系“就本案而言”。由于本案未能找到之前的判决书,不能详细了解案件情况,对于最高院为何认为本案优先受偿权不能随债权一并转让的理由也无从得知。

本案的价值在于揭示了最高院对优先受偿权能否随工程款债权一并转让尚无统一明确的观点。

二、实务指引

根据《民事诉讼法司法解释》第 28 条的规定,不动产纠纷由不动产所在地法院管辖,而建设工程价款的优先受偿权纠纷属于不动产纠纷,适用专属管辖原则。因此,发包人和承包人均应关注各地方法院是否出台相关规定,如江苏、广东和河北均对优先受偿权能否随工程款债权一并转让进行了规定。

专题三　双方重新约定付款日期是否影响优先受偿权的起算点

| 核心要点

《建设工程司法解释》第 41 条规定:“承包人应当在合理期限内行使建设工程价款优先受偿权,但最长不得超过十八个月,自发包人应当给付建设工程价款之日起算。”如果发承包双方在优先受偿权期限已经开始起算但合理期限或最长的 18 个月期限尚未届至时重新约定发包人的应付款日期,优先受偿权是继续按原合同约定的付款日起算?还是可以在双方重新约定的付款日重新起算?笔者通过判例研究,发现大部分法院支持在双方重新约定付款日期后,优先受偿权可以重新起算的主张。另外,如果发承包双方在优先受偿权期限已经届满,承包人已丧失优先受偿权的情况下,重新约定发包人的应付款日期,承包人是否可以因此重新获得优先受偿权，优先受偿权期限按双方另行约定的日期重新起算？最高院认为优先受偿权期限过后，承包人已丧失优先受偿权，双方另行协商延长工程价款支付时间，并不能改变优先受偿权已消灭的状态及其后果。

一、裁判观点分析

1. 优先受偿权期限未届满，双方重新约定发包人应付款日期，优先受偿权的起算日期改变

（1）双方重新约定的应当付款日期明确时，法院将该日期作为承包人优先受偿权的起算点

在（2019）最高法民终 250 号案中，光伏农业公司上诉主张，根据原审判决认定的工程竣工时间 2017 年 6 月 26 日，至葛洲坝集团机建公司 2018 年 3 月 7 日起诉时，已经超过了 6 个月建设工程优先受偿权法定行使期间。对此最高院认为，因双方于 2017 年 10 月 18 日签订了补充协议对光伏农业公司的最后付款期限作了重新约定，要求光伏农业公司于 2017 年 11 月 15 日前付清工程进度款，原《建设工程司法解释（二）》第 22 条①规定："承包人行使建设工程价款优先受偿权的期限为六个月，自发包人应当给付建设工程价款之日起算。"根据上述规定，本案优先受偿权起算时间应为 2017 年 11 月 15 日，故至葛洲坝机建公司 2018 年 3 月 7 日提起本案诉讼时，并未超过 6 个月的建设工程价款优先受偿权行使期限。

（2）双方重新约定的应当付款日期不明确时，法院将当事人起诉之日作为承包人优先受偿权的起算点

（2019）最高法民再 105 号案中，双方在《建设工程施工合同》中约定了付款的期限及方式，但是由于喜瑞地产未能按时足额支付工程款，2014 年 6 月 4 日宁波建工以喜瑞地产欠付工程款为由提起诉讼，要求喜瑞地产支付工程款。在该案审理过程中，双方于 2014 年 7 月 14 日达成《和解协议》，对案涉工程价款的付款期限和付款方式进行了重新约定，约定喜瑞地产于 2014 年 8 月 20 日前支付 2000 万元进度款，同时喜瑞地产收取的政府退税、住宅售房款、股东投资款、股东

---

① 《建设工程司法解释》第 41 条规定："承包人应当在合理期限内行使建设工程价款优先受偿权，但最长不得超过十八个月，自发包人应当给付建设工程价款之日起算。"

出借款、项目融资款、项目资产出售款项作为还款来源应当在进账后 7 日内优先支付宁波建工的工程款,不足部分再由宁波建工向喜瑞地产追偿。由于喜瑞地产没有履行《和解协议》的义务,2014 年 9 月 20 日,宁波建工和喜瑞地产又签订《补充协议》,约定喜瑞地产以未出售的 8 套商品房以预售合同的形式备案给宁波建工或其指定人员,但约定《和解协议》仍然有效。最高院认为:"据此,案涉建设工程价款的支付时间由《建设工程施工合同》约定的分期付款、直至工程决算审核完毕一次性付清变更为不确定的付款期限。2015 年 3 月 5 日,由于喜瑞地产未履行《和解协议》的约定义务,宁波建工提起本案诉讼要求喜瑞地产支付案涉工程价款,可视为其享有的建设工程价款优先受偿权的行使期限的起点,故宁波建工 2015 年 4 月 27 日主张案涉工程价款优先受偿权,并未超过六个月的行使期限。"

从上述案例可以看出,即使双方之间约定的付款日期不确定,法院也认可优先受偿权的期限可以随重新约定的付款日期顺延。

2. 优先受偿权期限已届满,双方重新约定发包人应付款日期,并不能改变优先受偿权已消灭的状态及其后果

(2019)最高法民申 4542 号案中,最高院认为:"银邦公司与恒德建筑公司、金晟公司于 2013 年 9 月 25 日签订《还款协议书》时,恒德建筑公司的建设工程价款优先受偿权已经消灭。建设工程施工合同双方当事人在建设工程价款优先受偿权已经消灭后另行协商延长工程价款支付时间,并不能改变建设工程价款优先受偿权已消灭的状态及其后果。"在本案中,最高院认为承包人的优先受偿权已消灭后,不能通过发包人和承包人双方另行协商延长工程价款支付时间而恢复有效状态。

二、实务指引

对于承包人而言,如果想重新约定应付工程价款日期,承包人应当在优先受偿权灭失之前与发包人重新约定,以保证能够享有优先受偿权。如在优先受偿权灭失后再另行约定,并不能使承包人重新获得优先受偿权。另外,建议承包人在重新签订的协议中明确承包人仍然享有优先受偿权。

专题四 承包人能否以放弃工程价款优先受偿权损害建筑工人利益为由，对抗发包人的特定债权人

核心要点

《建设工程司法解释(一)》第42条规定："发包人与承包人约定放弃或者限制建设工程价款优先受偿权，损害建筑工人利益，发包人根据该约定主张承包人不享有建设工程价款优先受偿权的，人民法院不予支持。"该条规定明确，在通常情况下发包人和承包人之间约定承包人自愿放弃工程价款优先受偿权有效，但在承包人放弃工程价款优先受偿权损害建筑工人利益时，则该放弃行为无效。何为"损害建筑工人利益"，目前并没有明确的衡量标准，属于法院的自由裁量范围。通过案例研究发现，法院主要聚焦于承包人是否拖欠工人工资。

上述规定中放弃或者限制建设工程价款优先受偿权系发生在发包人和承包人之间，部分法院认为如此规定限制了该条款的适用范围。在审判实践中，如果承包人仅针对发包人的债权人承诺了放弃工程价款优先受偿权，此时若该债权人主张承包人在其放弃优先受偿权的范围内不享有工程价款优先受偿权，在是否能够适用《建设工程司法解释(一)》第42条规定这一问题上，法院持有不同观点。有些法院认为该条款仅适用于发包人和承包人之间，不能适用于发包人的特定债权人和承包人之间；但也有法院认为，该条款的目的在于保护建筑工人的利益，因此只要承包人自愿放弃工程价款优先受偿权这一行为在客观上损害了建筑工人利益，即可认定该放弃行为无效，即使放弃工程价款优先受偿权是发生在发包人的债权人与承包人之间。

一、裁判观点分析

1. 法院在认定是否存在"损害建筑工人利益"的情形时，关注承包人是否拖欠工人工资

《建设工程司法解释(一)》第42条在允许发包人与承包人约定放弃工程价款优先受偿权的情况下，也对承包人自愿放弃优先受偿权规定了一个限制性条件，即不得损害建筑工人利益。在审判实践中，在承包人主张其自愿放弃工程价

款优先受偿权的承诺无效时，法院主要将关注点放在承包人能否举证证实其放弃工程款优先受偿权的行为损害了建筑工人的利益，通常要求其证实建筑工人工资是否存在拖欠的情况。

在(2018)辽民初25号案中，辽宁高院认为承包人放弃工程价款优先受偿权的行为无效的理由之一是："博源公司放弃工程价款的优先受偿权因损害了建筑工人的利益而无效。……根据本案查明的事实，博源公司承包案涉二期工程后，分包给六名实际施工人，由于发包人益宁公司拖欠工程款，博源公司的工程款也未全部到位，还拖欠农民工等建筑工人的工资。博源公司放弃建设工程价款优先受偿权的承诺，损害了建筑工人的利益，故博源公司放弃工程价款优先受偿权承诺均无效。"

在(2019)最高法民终1951号案中，最高院认为："若还允许苏州凤凰公司基于意思自治放弃建设工程价款优先受偿权，必然使其整体清偿能力恶化影响正常支付建筑工人工资，从而导致侵犯建筑工人利益。"由此法院认定承包人放弃建设工程价款优先受偿权的承诺无效。

也有法院在界定承包人放弃工程价款优先受偿权的行为是否有效时，通过认定承包人欠付工人工资的数额，更精细地划分了放弃行为有效和放弃行为无效的范围。

如在(2020)川05民终90号案中，发包人为在银行取得贷款，三方商定由承包人作出放弃建设工程优先受偿权的承诺，但在发包人收到贷款后未支付承包人工程款，致使承包人尚欠的民工工资388万元至今未付，四川泸州中院认为："济宇建司作出的上述承诺损害了其他民工的合法权益，依照《中华人民共和国合同法》第五十二条第二款[①]规定'有下列情形之一的，合同无效：(二)恶意串通，损害国家、集体或者第三人利益；'《最高人民法院关于审理建设工程施工合同纠纷案件适用法律问题的解释(二)》第二十三条[②]规定'发包人与承包人约定放弃或者限制建设工程价款优先受偿权，损害建筑工人利益，发包人根据该约定主张承包人不享有建设工程价款优先受偿权的，人民法院不予支持。'的规定，济宇建司作出放弃建设工程价款优先受偿权的承诺行为，损害了建筑工人的利益，

---

① 《民法典》第144条、第146条、第153条、第154条。

② 《建设工程司法解释(一)》第42条。

违反了法律规定,其承诺放弃建设工程价款优先受偿权中涉及欠民工工资 388 万元的部分依法应属无效。一审判决认定另外的 12 万元未损害民工的利益,属其自愿放弃,符合法律规定,并无不当。济宇建司所持该 12 万元也应享有优先受偿权的上诉请求不成立,本院不予支持。"

上述案件中,法院仅在承包人欠付建筑工人工资的范围内认定放弃工程价款优先受偿权的行为无效,除此范围之外,承包人放弃的工程价款优先受偿权的行为有效。

2. 承包人能否以放弃工程价款优先受偿权损害建筑工人利益为由主张放弃行为无效从而对抗发包人的特定债权人

《建设工程司法解释(一)》第 42 条规定放弃或者限制建设工程价款优先受偿权系发生在发包人和承包人之间,部分法院认为如此规定限制了该条款的适用范围。在审判实践中,如果承包人仅针对发包人的债权人承诺了放弃工程价款优先受偿权,此时若该债权人主张承包人在其放弃优先受偿权的范围内不享有工程价款优先受偿权,在是否能够适用《建设工程司法解释(一)》第 42 条(原《建设工程司法解释(二)》第 23 条)规定这一问题上,法院持有不同观点。

(1)承包人能够以放弃工程价款优先受偿权损害建筑工人利益为由对抗发包人的特定债权人

在(2019)最高法民终 1951 号案中,最高院认为:"《最高人民法院关于审理建设工程施工合同纠纷案件适用法律问题的解释(二)》第 23 条[①]规定:'发包人与承包人约定放弃或者限制建设工程价款优先受偿权,损害建筑工人利益,发包人根据该约定主张承包人不享有建设工程价款优先受偿权的,人民法院不予支持。'该条款包含两层意思,一是承包人与发包人有权约定放弃或者限制建设工程价款优先受偿权,二是约定放弃或者限制建设工程价款优先受偿权不得损害建筑工人利益。涉案《承诺书》虽系作为承包人的苏州凤凰公司向作为发包人债权人的浦发银行福州分行作出,而非直接向发包人金瑞公司作出,但《承诺书》的核心内容是苏州凤凰公司处分了己方的建设工程价款优先受偿权,且《承诺书》以浦发银行福州分行依约发放贷款给作为发包人的金瑞公司用于金瑞商业广场项目建设为所附条件,则判断苏州凤凰公司该意思表示、处分行为的效力必然仍

① 《建设工程司法解释(一)》第 42 条。

要遵循《最高人民法院关于审理建设工程施工合同纠纷案件适用法律问题的解释(二)》第23条[①]的立法精神,即建设工程价款优先受偿权的放弃或者限制,不得损害建筑工人利益。本案中,尚无证据显示苏州凤凰公司出具的《承诺书》存在《中华人民共和国合同法》第52条[②]规定的合同无效的法定情形,但华融福建省分公司的诉讼主张能否得到支持,仍要讨论苏州凤凰公司放弃建设工程价款优先受偿权的承诺,是否客观上产生了损害建筑工人利益的后果。"

上述案件中,最高院在论述中提到,涉案《承诺书》虽系承包人向发包人的债权人作出,而非直接向发包人作出,但《承诺书》的核心内容是承包人处分了己方的建设工程价款优先受偿权,且《承诺书》以发包人的债权人依约发放贷款给发包人用于项目建设为所附条件,则判断承包人该意思表示、处分行为的效力必然仍要遵循《建设工程司法解释(二)》第23条[③]的立法精神,即建设工程价款优先受偿权的放弃或者限制,不得损害建筑工人利益。此处在论证为何适用《建设工程司法解释(二)》第23条[④]时,法院并非直接适用该规定,而是对承包人放弃工程价款优先受偿权的目的进行解释,进而认定其行为应当受《建设工程司法解释(二)》第23条[⑤]立法精神的约束。由此可见,法院也考虑到了该条款的适用主体被局限在发包人和承包人之间,而将发包人的债权人排除在外,因而通过目的解释的方式,将发包人的债权人和承包人之间关于放弃建设工程价款优先受偿权的约定也纳入上述规定的范围内。

(2)承包人不能以放弃工程价款优先受偿权损害建筑工人利益为由对抗发包人的特定债权人

也有法院坚持《建设工程司法解释(一)》第42条(原《建设工程司法解释(二)》第23条)规定只能适用于发包人和承包人之间,而不能适用于发包人的债权人和承包人之间。

如最高院在(2019)最高法民申3850号案中认为:"虽然《最高人民法院关于

---

① 《建设工程司法解释(一)》第42条。

② 《民法典》第144条、第146条、第153条、第154条。

③ 《建设工程司法解释(一)》第42条。

④ 《建设工程司法解释(一)》第42条。

⑤ 《建设工程司法解释(一)》第42条。

审理建设工程施工合同纠纷案件适用法律问题的解释(二)》第二十三条[①]规定,'发包人与承包人约定放弃或者限制建设工程价款优先受偿权,损害建筑工人利益,发包人根据该约定主张承包人不享有建设工程价款优先受偿权的,人民法院不予支持',但本案宏兴达公司向吉林银行大连分行作出放弃优先受偿权的承诺,并非'发包人与承包人约定放弃或者限制建设工程价款优先受偿权'的情形。且该司法解释第二十六条又规定,'本解释自2019年2月1日起施行。本解释施行后尚未审结的一审、二审案件,适用本解释。本解释施行前已经终审、施行后当事人申请再审或者按照审判监督程序决定再审的案件,不适用本解释',而本案原审判决作出时间为2018年12月28日,故宏兴达公司主张应当适用该司法解释第二十三条[②]认定其享有建设工程优先受偿权,理由不能成立。"

法院认为上述案件中不能适用《建设工程司法解释(一)》第42条的理由之一是,承包人向发包人的债权人作出放弃优先受偿权的承诺,并非"发包人与承包人约定放弃或者限制建设工程价款优先受偿权"的情形。可见在本案中,法院坚持了《建设工程司法解释(一)》第42条的规定仅能限制承包人向发包人作出放弃优先受偿权的承诺。

尽管审判实践中有法院认为承包人不能以放弃工程价款优先受偿权损害建筑工人利益为由,对抗发包人的特定债权人;但笔者认为,从立法精神和目的解释的角度考虑,《建设工程司法解释(一)》第42条的适用范围不应当仅仅局限于承包人和发包人之间。

二、实务指引

承包人与发包人之间可以约定放弃建设工程价款优先受偿权,但如该放弃行为损害建筑工人的利益,该放弃行为将被法院认定为无效,因此承包人仍然可以主张优先受偿权。如何定义是否损害了建筑工人的利益,法院尚无统一的裁判观点可供参考,但如果承包人拖欠了建筑工人工资,该放弃行为就有极大可能性被法院认定为无效。因此,如事先约定了承包人放弃建设工程价款优先受偿权,在合同履行过程中,建议发包人关注承包人的建筑工人工资发放情况,或可

---

① 《建设工程司法解释(一)》第42条。

② 《建设工程司法解释(一)》第42条。

约定逾期发放工资的违约条款,使承包人在外力推动下能够及时支付建筑工人工资,以确保关于放弃建设工程价款优先受偿权承诺条款的有效性。

由于对“是否损害建筑工人的利益”难以把控,且目前有法院认为承包人向发包人的债权人作出的放弃建设工程价款优先受偿权的承诺仍然受到《建设工程司法解释(一)》第42条的限制,因此,要求承包人作出放弃建设工程价款优先受偿权承诺的效用可能并不大,即使是向发包人的债权人作出承诺,该承诺的有效性也有待法院认定。

第六节 实际施工人权利保护纠纷

专题一 挂靠人是否有权适用实际施工人保护规则直接向发包人主张工程款

核心要点

在司法实践中,法院通常将转包合同、违法分包合同的承包人以及挂靠关系中的挂靠人认定为实际施工人。为了保护农民工的权益,最高院通过《建设工程司法解释(一)》第43条允许实际施工人直接向发包人主张工程款。但是,最高院倾向于认为,原《建设工程司法解释》第26条仅适用于转包合同、违法分包合同的承包人,同为实际施工人的挂靠人不在此列。挂靠人无须通过突破合同相对性的方式向发包人主张工程款,可以根据双方间成立的事实上的法律关系,直接向发包人请求对其已投入工程的人力、物力、财力成本进行折价补偿。

一、裁判观点分析

实际施工人一般是指虽未直接与发包人签订施工合同,但对工程实际投入了人力、物力与财力成本进行施工的主体。对于实际施工人的范围,在北京高院《解答》中,北京高院认为,实际施工人是指违法的专业工程分包和劳务作业分包合同的承包人、转承包人、借用资质的施工人(挂靠施工人)。在河北高院《指南》中,河北高院也将非法转包合同、违法分包合同、借用资质(挂靠)签订合同的承包人认定为实际施工人。北京高院与河北高院对实际施工人的范围认定在一定程度上反映了司法实践中的普遍观点,即转包合同、违法分包合同的承包人与挂靠关系中的挂靠人是实际施工人。

原《建设工程司法解释》第 26 条①规定,实际施工人以转包人、违法分包人为被告起诉的,人民法院应当依法受理。实际施工人以发包人为被告主张权利的,人民法院可以追加转包人或者违法分包人为本案当事人。发包人只在欠付工程价款范围内对实际施工人承担责任。原《建设工程司法解释(二)》第 24 条②对此作了进一步规定,即实际施工人以发包人为被告主张权利的,人民法院应当追加转包人或者违法分包人为本案第三人,在查明发包人欠付转包人或者违法分包人建设工程价款的数额后,判决发包人在欠付建设工程价款范围内对实际施工人承担责任。从上述司法解释的规范意旨来看,虽然实际施工人没有直接与发包人签订建设工程施工合同,但是最高院允许其在特定情况下突破合同相对性,直接向发包人主张工程价款。

1. 最高院倾向于认为实际施工人保护规则不适用于挂靠人

虽然转包合同、违法分包合同的承包人以及挂靠关系中的挂靠人都是实际施工人,但是在司法实践中,最高院倾向于认为只有转包、违法分包中的实际施工人可以适用原《建设工程司法解释》第 26 条,同为实际施工人的挂靠人则不能通过适用这一司法解释直接向发包人主张工程款。

(1)原《建设工程司法解释》第 26 条只规定了转包、违法分包中的实际施工人可以适用本规则

首先,从原《建设工程司法解释》第 26 条与原《建设工程司法解释(二)》第 24 条的行文来看,最高院仅提及"转包人"与"违法分包人",并没有涉及"挂靠人"或"被挂靠人",亦未采用"等"这类表示列举未尽的用语,赋予其扩大解释的空间。因此,从司法解释本身文义来看,最高院对这一保护规则的适用范围进行了严格限制。

其次,最高院也已经通过司法案例进一步明确挂靠人不得适用《建设工程司法解释》第 26 条。例如,在(2017)最高法民申 3613 号案中,最高院认为,在挂靠施工情形中,存在两个不同性质、不同内容的法律关系,一为建设工程法律关系,

① 《建设工程司法解释(一)》第 43 条。
② 《建设工程司法解释(一)》第 43 条。

二为挂靠法律关系,根据合同相对性原则,各方的权利义务关系应当根据相关合同分别处理。建邦地基公司并未提供证据证明其与中冶集团公司形成了事实上的建设工程施工合同关系,因此,即便认定建邦地基公司为案涉工程的实际施工人,其亦无权突破合同相对性,直接向非合同相对方中冶集团公司主张建设工程合同权利。至于建邦地基公司与博川岩土公司之间的内部权利义务关系,双方仍可另寻法律途径解决。原《建设工程司法解释》第 26 条适用于建设工程非法转包和违法分包情况,不适用于挂靠情形。该解释第 2 条赋予主张工程款的权利主体为承包人而非实际施工人,建邦地基公司主张挂靠情形下实际施工人可越过被挂靠单位直接向合同相对方主张工程款,依据不足。

与此类似,在(2018)最高法民终 391 号案中,最高院也认为,即使沈某付系挂靠的实际施工人,原《建设工程司法解释》第 26 条并未明确规定挂靠的实际施工人有权向发包人主张权利,且在本案中承包人已经向发包人主张权利的情况下,其诉请不应得到支持。根据原《建设工程司法解释》第 26 条的规定,转包合同、违法分包合同关系中的实际施工人主张权利应当以不突破合同相对性为基本原则,只有特定情况下,方能突破合同相对性。原《建设工程司法解释》第 26 条第 2 款的规定是考虑到转包和违法分包的情形下,不突破合同相对性会造成农民工讨薪无门、导致矛盾激化的后果,为了保护农民工的利益而制定的,仅在特殊情况下适用。

(2)最高院认为,在挂靠关系中如果允许发包人突破合同相对性直接向实际施工人付款,可能会损害承包人的利益

在(2019)最高法民申 6732 号案中,最高院就认为,原《建设工程司法解释》第 26 条第 2 款有关“发包人只在欠付工程价款范围内对实际施工人承担责任”的规定是对合同相对性原则的突破,在适用时应当予以严格限制。首先,从文义解释来看,该条款直接适用于实际施工人以诉讼方式向发包人主张权利的情形。而对于实际施工人非以诉讼方式向发包人主张权利的情形,并不能直接适用。其次,挂靠施工情况下,虽然实际施工人直接组织施工,但对外仍然是以承包人的名义,承包人可能会因实际施工人的行为对外承担法律责任,也即承包人对建设施工合同的履行具有法律利益。如容许发包人随意突破合同相对性,直接向实际施工人付款,则可能会损害承包人的权益。故在缺乏正当理由的情况下,发包人不能未经承包人同意,违反合同约定直接向实际施工人支付工程款。

(3)在部分案件中,最高院认为挂靠人可以适用原《建设工程司法解释》第26条

在(2019)最高法民申652号案中,最高院认为,沈某洪系挂靠在卓筑公司名下实际施工,安达公司亦认可沈某洪为挂靠卓筑公司名下的施工主体,故沈某洪是案涉工程的实际施工人。根据原《建设工程司法解释》第26条的规定,作为案涉工程的实际施工人,沈某洪有权以自己的名义对发包人安达公司提起诉讼,安达公司应当在欠付工程价款范围内对沈某洪承担责任。安达公司主张上述法律条文中的实际施工人仅指非法转包及违法分包的施工人,不包括挂靠情形下的实际施工人,此种狭义理解不符合该条文意旨,不予支持。

从上述案例可以看出,虽然存在不同的看法,但是最高院的主流观点仍然认为实际施工人保护规则仅是为了解决农民工“讨薪难”问题而创设的特殊规则,只能在司法解释特定的范围内行使,既然司法解释并未明确赋予挂靠人行使这一规则的权利,即表明挂靠人无权行使。

2. 挂靠人可以依据与发包人成立的事实上的建设工程施工合同法律关系向发包人主张工程款

即使挂靠人不能依据原《建设工程司法解释》第26条向直接发包人主张工程款,但并不意味着发包人不承担对挂靠人的付款责任。在(2018)最高法民终611号案中,最高院就认为,在挂靠关系下,挂靠人系以被挂靠人名义订立和履行合同,其与作为发包人的建设单位之间不存在合同关系。对实际完成施工的工程价款,其仅能依照挂靠关系向被挂靠人主张,而不能跨越被挂靠人直接向发包人主张工程价款。原《建设工程司法解释》第26条的规定不适用于挂靠情形,是因为挂靠关系中的实际施工人不能援引该司法解释直接向发包人主张工程款,而非免除被挂靠人的付款义务。从这个意义上看,北京建工上诉主张停工前工程系黄某涛挂靠施工,故其不应承担付款责任,黄某涛应向明光酒店公司和明光旅游公司直接提出主张的意见,没有法律依据。

根据住建部《建筑工程施工发包与承包违法行为认定查处管理办法》的规定,挂靠是指单位或个人以其他有资质的施工单位的名义承揽工程的行为。通常,发包人、被挂靠人与挂靠人对挂靠都是明知的,各方构成通谋虚伪行为。根据《建设工程司法解释(一)》第1条的规定,被挂靠人与发包人、挂靠人与被挂靠人签订的施工合同均属无效。但是,发包人与挂靠人之间有签订施工合同的意

思表示，是实际的意思表示相对方，发包人与挂靠人形成了事实上的建设工程施工合同关系。因此，借用资质的实际施工人无须援引《建设工程司法解释（一）》规定的实际施工人保护规则，通过突破合同相对性的方式向发包人进行主张，而可以根据双方之间成立的事实上的法律关系，依据合同无效的法律后果规则，要求发包人对其已投入建设工程的人力、物力、财力成本折价补偿。

在（2019）最高法民再329号案中，最高院认为，依据原《建设工程司法解释》第26条的规定，实际施工人可向发包人、转包人、违法分包人主张权利。但中顶公司系被挂靠方，不属于转包人、违法分包人或发包人。朱某军借用中顶公司的资质与乌兰县国土资源局签订案涉施工合同，中顶公司作为被借用资质方，欠缺与发包人乌兰县国土资源局订立施工合同的真实意思表示，中顶公司与乌兰县国土资源局不存在实质性的法律关系。本案中，朱某军作为案涉工程的实际施工人与发包人乌兰县国土资源局在订立和履行施工合同的过程中，形成事实上的法律关系，朱某军有权向乌兰县国土资源局主张工程款。

同样地，在（2016）最高法民终361号案中，最高院也认为，陈某等人系借用六十五公司资质，以六十五公司项目部的名义进行建设工程活动，是本案工程实际施工人。建筑工程施工企业出借资质中，一般存在两种情形，一是发包方不知有关单位或个人以其他有资质的施工单位的名义，参与投标、订立合同、办理有关施工手续、从事施工等活动；二是发包方明知、放任或者故意追求不具备资质的单位或者个人以具备资质的施工单位名义承揽工程行为。在后一种情形中，形式上存在两个法律关系，发包方与承包方之间的建设工程施工合同法律关系，该法律关系因双方虚假意思表示应为无效；承包方与实际施工人之间出借资质的法律关系，出借资质的承包方主要承担违反《建筑法》《建设工程质量管理条例》规定的行政责任和《建筑法》第66条规定的因承揽工程不符合规定的质量标准造成损失与使用其名义的单位或者个人承担连带赔偿责任。出借资质的建设工程施工合同中，如果建设工程发包方对于建筑工程施工企业出借资质、由实际施工人予以施工事实明知，出借资质的建筑工程企业实际仅为名义上的承包方，在该工程价款的结算中，应当由实际施工人直接向发包方主张工程价款，出借资质的建筑工程施工企业承担因其违反法律规定出借资质的法律责任。就本案而言，根据原《建设工程司法解释》第1条的规定，华隆煤业公司与六十五公司之间的《建设工程施工合同》无效。华隆煤业公司、六十五公司、陈某等四人对于案涉工程由六十五公司出借资质、实际由陈某等人施工事实明知,实质上华隆煤业公司与陈某等人之间存在事实上的建设工程施工合同关系,六十五公司与陈某等人的《内部承包协议》亦属无效。华隆煤业公司与陈某等人建立事实上的建设工程施工合同关系,应当承担支付工程价款的责任。

二、实务指引

从上文的分析来看,即使挂靠人不能援引原《建设工程司法解释》第26条向发包人主张工程款,挂靠人也可以基于与发包人之间的事实上的施工合同法律关系向发包人提出主张。同时,考虑到在实践中挂靠人通常直接参与建设工程招投标、合同磋商与订立,甚至直接以被挂靠人代理人或代表的名义与发包人签订建设工程施工合同。因此,挂靠人应当注意收集与发包人就合同事宜进行磋商、依据合同进行施工、以施工人身份直接与发包人进行结算、发包人直接向其支付进度款等证据,以证明其与发包人之间成立事实上的施工合同法律关系。

专题二　实际施工人纠纷中证明发包人是否欠付工程款的举证责任分配

核心要点

实际施工人援引《建设工程司法解释(一)》第43条,突破合同相对性向发包人主张工程款时,法院应当在查明发包人欠付转包人或者违法分包人建设工程价款的数额后,判决发包人在欠付建设工程价款范围内对实际施工人承担责任。对于发包人欠付工程款的举证责任,在司法实践中存在一定争议。有的法院依据"谁主张,谁举证"的举证规则,要求实际施工人证明发包人是否欠付工程款;有的法院则认为依据司法解释的立法精神与举证的便宜程度,发包人有义务证明其自身的付款情况。

一、裁判观点分析

根据《建设工程司法解释(一)》第43条的规定,发包人在欠付工程价款范围内对实际施工人承担责任,法院在查明发包人欠付转包人或者违法分包人建设工程价款的数额后,判决发包人在欠付建设工程价款范围内对实际施工人承担责任。

对“查明发包人欠付转包人或者违法分包人建设工程价款的数额”,通常包括三个层面的证明要求,一是发包人与转包人、违法分包人之间是否已经结算;二是发包人是否欠付转包人、违法分包人工程款;三是发包人欠付转包人、违法分包人的工程款数额。但是,应当由发包人还是实际施工人对发包人欠付工程价款进行举证,不同法院之间存在争议。

1. 根据“谁主张,谁举证”规则,实际施工人作为权利主张人,应当举证证明发包人欠付违法分包人或转包人工程款

有的法院认为,根据举证责任分配中“谁主张,谁举证”的一般规则,实际施工人主张发包人在欠付工程款范围内向其承担责任,在法律没有特别规定举证责任倒置的情况下,实际施工人应对发包人是否欠付转包人或违法分包人工程款承担举证责任。

例如,在(2019)最高法民终 92 号案中,由于实际施工人未能举证证明发包人欠付违法分包人工程款的具体数额,一审法院与最高院均未支持实际施工人向发包人主张工程款的诉讼请求。最高院认为,根据原《建设工程司法解释》第 26 条与原《建设工程司法解释(二)》第 24 条的规定,因发包人榆平建管处与驻马店公路公司尚未结算,是否欠付工程款,欠付多少工程款尚不清楚,本案尚不具备判决榆平建管处在多少金额范围内承担向实际施工人王某如、韩某军支付工程款的条件。王某如、韩某军对榆平建管处与驻马店公路公司之间尚未结算不持异议,王某如、韩某军亦未举证证明榆平建管处欠付驻马店公路公司工程款的具体数额,一审法院由此未判决榆平建管处在本案中承担责任,并无不当。

同样地,在(2019)最高法民申 2411 号案中,实际施工人未能举证发包人是否欠付转包人工程款,最高院没有支持其向发包人主张工程款的诉讼请求。最高院认为,根据原《建设工程司法解释》第 26 条第 2 款的规定,伊厦公司将案涉工程发包给武交总队,武交总队分包给中州公司,中州公司再转包给新意公司。新意公司作为实际施工人,系与中州公司建立的合同关系,原则上应向转包人中州公司主张工程款。新意公司突破合同相对性原则行使诉权时,应提供证据证明伊厦公司、武交总队可能欠付中州公司工程款,但新意公司在原审中均未提供充分的证据予以证明,且伊厦公司和武交总队均认可已结清案涉工程款,故新意公司请求伊厦公司、武交总队在欠付工程款的范围内承担连带责任,缺乏事实和

法律依据,不能成立。

再如,在(2019)湘民终656号案中,湖南高院认为,海南公路公司系衡邵高速公路1标段的总承包人,其将1标段三工区全部工程和四工区的部分工程违法分包给无资质的吴某恒施工,双方系违法分包关系。吴某恒是案涉工程的实际施工人,衡邵高速公司系案涉工程的发包人,双方没有直接合同关系。根据原《建设工程司法解释》第26条第2款与原《建设工程司法解释(二)》第24条的规定,实际施工人可以突破合同相对性向与其没有合同关系的发包人主张承担欠付工程款的连带支付责任,但前提是必须有证据证明发包人欠付承包人工程款的具体数额。在本案中,承包人海南公路公司没有提交证据证明其与发包人衡邵高速公司进行了最终结算,实际施工人吴某恒没有提交证据证明衡邵高速公司欠付承包人海南公路公司的工程款,也没有证据证明衡邵高速公司故意拖延与承包人海南公路公司的结算。因此,在没有证据证明发包人欠付承包人工程款的情况下,吴某恒应承担举证不能的不利后果,其该项诉讼请求不能得到支持,应予驳回;原审在没有查明衡邵高速公司欠付工程款的具体数额情况下,判决衡邵高速公司在欠付工程款范围内承担责任,与上述司法解释规定相悖,应予纠正。

2. 从司法解释的立法目的与举证便宜性来看,由发包人对其向违法分包人或转包人的付款情况承担举证责任更为合理

有部分法院认为,《建设工程司法解释(一)》第43条是为了保护实际施工人而创设的特殊制度,考虑到实际取证难度,要求实际施工人承担发包人对违法分包人或转包人的付款情况的举证责任,极大地增加了其适用上述保护规则的难度,对实际施工人施加了过于严苛的举证义务,与司法解释的立法目的相悖。

部分高院甚至出台了审判指导意见,法院在审理实际施工人纠纷中,应当要求发包人对其付款情况承担举证责任。例如,在河北高院《指南》中,河北高院要求,承包人请求发包人支付工程款,发包人以向实际施工人支付工程款抗辩的,应当举证证明支付工程款的数额及支付理由。在安徽高院《意见(二)》中,安徽高院认为,实际施工人根据原《建设工程司法解释》第26条第2款的规定要求发包人承担责任,发包人对其已支付的工程价款数额负有举证责任。在《广东省高级人民法院关于审理建设工程合同纠纷案件疑难问题的解答》中,广东高院认为,根据原《建设工程司法解释》第26条第2款的规定,发包人应举证证明已向

总承包人支付的工程款数额。在北京高院《解答》中,北京高院认为,发包人在其欠付违法分包人或转包人工程款的范围内承担连带责任,发包人以其未欠付工程款为由提出抗辩的,应当对此承担举证责任。

在司法实践中,要求发包人承担举证责任的案例也并不鲜见。例如,在(2019)黔民终537号案中,贵州高院认为,根据原《建设工程司法解释(二)》第24条的规定,三都城投公司作为发包人,应当在欠付西南能矿公司工程款本息的范围内对部某元承担付款责任。一审过程中,三都城投公司与西南能矿公司表示没有对案涉工程进行结算。本院二审期间,依法向三都城投公司释明,要求其举证证明是否欠付西南能矿公司工程款及欠付金额,但三都城投公司并未提供证据证明。三都城投公司作为发包人具备提供是否欠付工程款等证据的客观条件,有义务举证证明其是否欠付西南能矿公司工程款,三都城投公司与西南能矿公司未进行结算,亦未提供证据证明是否欠付工程款等情况,三都城投公司应当承担举证不能的不利后果。如前所述,西南能矿公司应向部某元支付劳务工程款及利息,三都城投公司应在欠付西南能矿公司工程款及利息的范围内向实际施工人部某元承担责任。与此类似,在(2019)宁民终434号案中,宁夏高院认为,依照原《建设工程司法解释(二)》第24条的规定,发包人住建局应当举证证明对本案案涉工程已向隆天公司全部付清了工程款,虽住建局一审举证已向隆天公司支付整个高桥项目工程款74,147,929元,隆天公司亦认可收到74,147,929元,与合同价款82,603,651元相比,付款比例仅为89.7%,且住建局与隆天公司至今未结算,二审庭审中住建局陈述无法分清对本案案涉工程已支付隆天公司工程款的具体数额,住建局应承担举证不能的不利后果,故住建局应在欠付隆天公司及其宁夏分公司工程款1,052,840.55元的范围内对强某民承担责任。

最高院在部分案件中也支持应当由发包人承担举证责任。例如,在(2020)最高法民申707号案中,最高院认为,发包人瑞信公司并未提供充分证据证明就徐某波实际施工部分的工程款,其已经向吉运公司或者徐某波全部付清。一审判决认为瑞信公司提交的付款证据无法区分各个施工人工程款的支付情况,不足以证明其不存在欠付工程款的事实,瑞信公司应在欠付工程款的范围内对徐某波承担责任。瑞信公司二审时为支持其主张补充提交了证据,但从其提交证据的内容看,系其就其他实际施工人王某忠、高某鹏实际施工的工程付款的证据,并非直接证明瑞信公司就徐某波实际施工部分向吉运公司或者徐某波付款的证据。二审判决认为瑞信公司分别与实际施工人结算并支付工程款,瑞信公司未举证证明其已向徐某波付清该款项,在查明徐某波实际施工的工程项目面积的基础上,依据合同约定的固定单价对徐某波实际施工部分的应付工程款进行了认定,并对瑞信公司、吉运公司能够提供充分证据证明的向徐某波已付工程款进行了认定,在扣除已付款、未到期质保金、税金和管理费等各项费用后,对欠付工程款进行了认定,就徐某波实际施工部分的工程款,判决瑞信公司在欠付吉运公司工程款 11,468,415.56 元范围内向徐某波承担付款责任,并无不当。

此外,即使发包人与违法分包人进行了结算,如果发包人未能证明其已向违法分包人支付了工程款,仍然要对实际施工人承担付款责任。在(2019)最高法民申 6065 号案中,最高院认为,一审法院查明,香洲公司向一审法院提交的 19 份工程决算书,对案涉工程造价进行了决算,安顺公司、原某林均在工程决算书上予以盖章和签字确认。据此,香洲公司、安顺公司、原某林已经对案涉工程造价进行决算。在上述决算已经确认香洲公司欠付工程款的基础上,香洲公司应提供证据证明其已经支付了所欠付的工程款,但其并未提供证据证明其已经向安顺公司支付全部工程款,就此而言,一、二审法院认定其欠付工程款,进而判决香洲公司在欠付工程款的范围内向原某林承担责任,理据适当。虽然香洲公司与安顺公司签订的《建设工程施工合同》约定部分欠付工程款以房抵债,但是,在本案诉讼过程中,香洲公司一方面主张其不欠付工程款,另一方面也未明确其欲用来抵工程款的房屋,在此情况下,原审法院判决香洲公司以货币方式支付欠付的工程款,并无不当。

在发包人已经证明其向违法分包人或转包人支付了工程款的情况下,如果发包人不能证明其已支付的工程款中包括了实际施工人已完成工程量的工程款,发包人仍需对实际施工人承担付款责任。在(2018)京民再 23 号案中,北京高院认为,中科环宇公司虽然认可镜湖酒店公司已依据《退场协议》全额支付了工程款,但主张中科环宇公司完成的工程与泰和利公司主张的范围没有重合,镜湖酒店公司依据《退场协议》所结算的工程款不包括泰和利公司所完成的工程内容,镜湖酒店公司亦未提交充分证据证明其依据《退场协议》所结算的工程款中包括泰和利公司所完成的工程内容,依照原《建设工程司法解释》第 26 条的规定,原判认定镜湖酒店公司提供的证据不能证明已结算的工程款中包括应支付给实际施工人泰和利公司的款项，故镜湖酒店公司应当在欠付工程价款范围内对实际施工人承担责任并无不当。

二、实务指引

在涉及实际施工人的建设工程施工合同纠纷中，实际施工人应尽可能同时起诉违法分包人或转包人以及发包人，将其作为共同被告，有利于查明违法分包人或转包人与发包人之间的工程款结算情况。同时，实际施工人应注意在施工过程中收集有关发包人支付工程款的证据材料，如果未能获得相关的证据材料，也可以在诉讼程序中主张由发包人对其向违法分包人或转包人支付工程款的情况承担举证责任。

专题三　实际施工人是否受发包人和承包人之间仲裁条款的约束

核心要点

《建设工程司法解释(一)》第43条规定，“实际施工人以发包人为被告主张权利的，人民法院应当追加转包人或者违法分包人为本案第三人”。实践中，如果发包人和承包人在合同中约定了因工程施工引起的纠纷通过仲裁方式解决，在这种情况下，实际施工人是否仍然可以依据上述规定以发包人为被告主张权利，而不受发包人和承包人之间仲裁条款的约束呢？笔者通过研究最高院和各地高院近几年的案例，发现不同法院的裁判理由和结果都存在不同。对于认为实际施工人不受发包人和承包人之间仲裁条款约束的，法院的理由是实际施工人非达成仲裁协议的当事人，不受该条款的约束；对于认为实际施工人受发包人和承包人之间仲裁条款约束的，法院的理由是：(1)实际施工人事先知道或者应当知道并接受发包人和承包人之间的仲裁条款；(2)实际施工人的权利源于承包人；(3)实际施工人并非只能通过起诉方式行使代位权。

一、裁判观点分析

《仲裁法》第5条规定：“当事人达成仲裁协议，一方向人民法院起诉的，人民法院不予受理，但仲裁协议无效的除外。”据此，发包人和承包人之间达成的有效仲裁协议,可以排除法院对双方之间因履行合同产生的纠纷的管辖权。《建设工程司法解释(一)》第43条规定,“实际施工人以发包人为被告主张权利的,人民法院应当追加转包人或者违法分包人为本案第三人”。该条款赋予了实际施工人起诉发包人的权利,并且要求法院追加承包人为第三人。那么如果发包人和承包人之间达成了有效的仲裁协议,实际施工人起诉发包人的权利是否会受到该协议的约束?

1. 实际施工人非发包人和承包人之间达成此协议的当事人,不受该协议项下仲裁条款的约束

(2019)最高法民辖终14号案中,最高院认为:“《协议书》之主体为无锡中粮公司以及江苏天腾公司,实际施工人叶某宗并非《协议书》的签约方,不受《协议书》中仲裁条款的约束。……叶某宗作为中粮(昌吉)粮油公司1OOOt/d蛋白饲料加工项目工程的实际施工人,有权根据《最高人民法院关于审理建设工程施工合同纠纷案件适用法律问题的解释》第26条①的规定,向工程的总承包方无锡中粮公司提起本案诉讼。无锡中粮公司上诉认为‘叶某宗与无锡中粮公司之间无任何法律关系,只能适用原告就被告的管辖原则向无锡市有管辖权的人民法院提起诉讼’,其主张缺乏法律依据,本院不予支持。”

2. 实际施工人受发包人和承包人之间仲裁条款的约束

(1)实际施工人事先知道或者应当知道并接受发包人和承包人之间的仲裁条款

(2019)粤民申3381号案中,实际施工人与案涉工程的承包人之间并未签订分包或转包合同,其起诉主要是依据涉案《建设工程施工合同》、案涉工程的工程竣工验收报告及工程结算资料,基于《建设工程司法解释(一)》第43条的规定“实际施工人以发包人为被告主张权利的,人民法院可以追加转包人或者违法分包人为本案当事人。发包人只在欠付工程价款范围内对实际施工人承担责任”,实际施工人越过合同相对性直接向发包人主张工程款。

广东高院认为:“该规定在赋予实际施工人直接起诉发包人追偿工程款的同时,也对实际施工人的诉权范围作了限定,即发包人只在欠付工程价款的范围内对实际施工人承担责任。由此可见,实际施工人对发包人享有的权利限于且不

① 《建设工程司法解释(一)》第43条。

能超过承包人对发包人享有的合同权利范围。事实上,实际施工人已经替代承包人实际履行承包人与发包人之间签订的建设工程施工合同,并形成事实上代位履行的权利义务关系;而且,实际施工人愿意参与或者替代承包人履行建设工程施工合同,也表明其事先知道(或者应当知道)并接受建设工程施工合同的约定内容,理应包括合同中约定的争议解决条款。因此,根据建设工程施工合同约定的争议解决方式解决因该合同引起的纠纷,既维护了发包人签订建设工程施工合同时对纠纷解决的正常预期,也不会造成对实际施工人的管辖突袭,故在实际施工人以自己名义直接起诉发包人时,须受到发包人与承包人之间争议解决条款的约束。"

(2)实际施工人的权利源于承包人

(2019)闽民辖终49号案中,福建高院认为:"首先,根据林某武起诉的诉求、所述的事实理由及提交的证据材料,其系依据案外人隧道公司出具的《情况说明》、中铁建大桥局一公司与隧道公司签订的《工程施工合同书》等,诉请总承包人中铁建大桥局一公司支付欠付的工程款及利息,发包人(业主)泉三高速公司承担连带清偿责任,故林某武的权利源于隧道公司,其主张的合同依据为《工程施工合同书》。该《工程施工合同书》第十条明确约定:'在本工程合同执行过程中,如发生有关本合同的任何争议,双方协商解决,协商不成,提交大连市仲裁委员会仲裁'。该约定系合同双方真实意思表示,选择的仲裁机构明确具体,且不违背法律强制性规定,符合《中华人民共和国仲裁法》的规定,应为有效。中铁建一公司和隧道公司的纠纷应由仲裁解决,林某武在取得该合同权利的同时亦应受合同条款的约束,即其起诉中铁建大桥局一公司的纠纷应由大连仲裁委员会仲裁。其次,根据林某武的诉求,其诉请泉三高速公司承担的是连带清偿责任,该诉求的成立需以中铁建大桥局一公司所负责任为基础与前提,且该诉求并不符合《最高人民法院关于审理建设工程施工合同纠纷案件适用法律问题的解释》第二十六条第二款[①]规定的实际施工人直接向发包人提起诉讼的情形,故在其与中铁建大桥局一公司纠纷应由仲裁解决的情况下,该项诉求亦不应由人民法院受理。因此,林某武主张其作为实际施工人,向中铁建大桥局一公司和泉三高速公司主张工程款,系其应当享有的法定诉讼权利的答辩理由,于法无据,不予

① 《建设工程司法解释(一)》第43条。

采纳。”

从本案可以得出，法院认为实际施工人要受到上一级总承包人和发包人之间仲裁条款的限制。由于本案不属于实际施工人直接向发包人提起诉讼的情况，从法院的表述中，无法明确得出实际施工人是否可以凭借《建设工程司法解释（一）》第43条（原《建设工程司法解释》第26条第2款）实际施工人直接向发包人提起诉讼的规定抗辩发包人和承包人之间的仲裁条款的结论。

（3）实际施工人并非只能通过起诉方式行使代位权

《建设工程司法解释（一）》第44条规定：“实际施工人依据民法典第五百三十五条规定，以转包人或者违法分包人怠于向发包人行使到期债权或者与该债权有关的从权利，影响其到期债权实现，提起代位权诉讼的，人民法院应予支持。”《民法典》第535条第1款规定：“因债务人怠于行使其债权或者与该债权有关的从权利，影响债权人的到期债权实现的，债权人可以向人民法院请求以自己的名义代位行使债务人对相对人的权利，但是该权利专属于债务人自身的除外。”根据上述规定，实际施工人可以通过行使代位权向发包人主张权利。《民法典》第535条有关代位权的行使表述为“向人民法院请求”，那么实际施工人是否能以此对抗发包人和承包人之间达成的仲裁协议呢？

（2020）京民终94号案中，北京高院认为：“‘代位权’虽然是债权人自身的权利，但债权人依据代位权以自己的名义向次债务人所行使的权利却仍然是‘债务人的债权’。《最高人民法院关于适用〈中华人民共和国合同法〉若干问题的解释（一）》第十八条第一款[①]规定：‘在代位权诉讼中，次债务人对债务人的抗辩，可以向债权人主张。’其中的‘抗辩’不仅包括实体抗辩，还应当包括程序抗辩；也就是说，如果债务人本人都无权对次债务人提起特定诉讼，则债权人也当然不得提起；否则，债务人与次债务人之间的管辖约定、仲裁条款等就会被轻易规避，这不仅对次债务人不公平，还可能滋生虚假诉讼。《合同法》第七十三条[②]关于‘债权人可以向人民法院请求……’的表述可能引发某种误解，即债权人只能以诉讼

---

① 《民法典》第535条规定：“因债务人怠于行使其债权或者与该债权有关的从权利，影响债权人的到期债权实现的，债权人可以向人民法院请求以自己的名义代位行使债务人对相对人的权利，但是该权利专属于债务人自身的除外。代位权的行使范围以债权人的到期债权为限。债权人行使代位权的必要费用，由债务人负担。相对人对债务人的抗辩，可以向债权人主张。”

② 《民法典》第535条。

方式行使代位权,即使债务人与次债务人之间订有仲裁条款也是如此。此种观点不能成立,理由在于:1. 该条所使用的文字是'可以',而非'应当'或者'必须';2. 没有任何法律规范明确排除债权人以仲裁方式行使代位权的可能性;3. 综合理解《合同法》第七十三条[①]与《合同法司法解释(一)》第十八条第一款[②]的规定,其中并未表明立法机关或者司法解释机关具有下述意图:即为了赋予债权人以代位权并保障其行使,而剥夺次债务人本来对债务人所享有的程序抗辩权。"

从上述北京高院的判决可以看出,法院认为实际施工人并不是只能够通过起诉的方式行使其代位权,因此,实际施工人也不能够以此对抗发包人和承包人之间的仲裁协议,也就是说,实际施工人仍要受发包人和承包人之间仲裁协议的约束。

二、实务指引

对于发包人而言,为避免出现实际施工人随意向发包人提起诉讼要求支付工程款的情况,建议如下:

1. 如果实际施工人向法院起诉发包人要求发包人在欠付承包人工程款范围内承担工程款支付责任的,在发包人与承包人之间签订的施工合同中约定的管辖权条款是采用仲裁方式的情况下,发包人可以向法院提起管辖权异议。

2. 考虑到目前实践中存在案例认为实际施工人受发包人和承包人之间仲裁条款的约束,而在实际施工人起诉发包人的情况下,实际施工人与发包人之间并无书面的仲裁条款,仲裁机构是否会受理实际施工人的仲裁申请具有不确定性。因此,发包人在签订施工合同时可优先考虑选择仲裁作为争议解决方式,以避免在承包人非法转包、违法分包情况下出现较多实际施工人而可以直接向发包人提出诉讼。

对于实际施工人而言,在与承包人签订相关合同时,争议解决方式建议与承包人和发包人签订合同中的争议解决方式保持一致,以避免因管辖问题而无法寻求争议解决。

---

① 《民法典》第535条。

② 《民法典》第535条。

第七节　合同解除及撤场纠纷

专题一　施工合同纠纷中发包人向法院主张先行判决解除施工合同的案例分析

核心要点

在工程实践中,如发包人想终止与承包人合作,除了需要解除合同外,还需要到建设主管部门办理报建的注销手续。而办理报建注销手续,要么有双方协商一致终止合同的协议书;要么发包人单方解除合同取得法院/仲裁机构的生效裁判文书确认。但是由于事先的解约纷争,双方关系可能已降到冰点,再协商一致终止合同协议往往很难,因此,发包人不得不寻求法院生效裁判确认合同解除。为了节省时间,如诉争纠纷涉及多项争议,发包人希望法院先行判决解除合同。司法实践中,如发包人诉请法院先行判决解除施工合同的,能否得到法院支持可能要视不同情况确定,在相关事实未查清且不满足合同解除条件的情况下,法院不应先行判决解除合同;在相关事实已查清且合同解除条件已满足的情况下,则法院可依据《民事诉讼法》第 153 条的规定先行判决解除施工合同。

一、裁判观点分析

1. 相关事实未查清,且不满足合同解除条件的,不应先行判决解除合同

(2016)琼民终 256 号案中,献林公司(承包人)不服海南省第二中级人民法院(2016)琼 97 民初 6 号民事判决,向海南省高院提起上诉,献林公司上诉称,"一审法院在本案基本事实未查清的情况下,适用《民事诉讼法》第 153 条先行判决错误。"

海南省高院经审理后认为,对于一审先行判决解除双方于 2014 年 2 月 26 日签订的《建设工程施工合同》、献林公司向鑫龙公司移交"山海黎巷一期工程"项目施工现场、已施工工程及施工资料是否正确的问题,其关键在于双方于 2014 年 2 月 26 日签订的《建设工程施工合同》是否应当解除。对此,海南省高院认

为:“献林公司因补救质量问题拖延了工期,但经过整改补救,1#、7#号楼已通过验收合格。献林公司虽构成迟延履行,但属一般违约。相比而言,鑫龙公司未按合同约定足额支付工程款,构成严重违约。根据当事人行使解除合同的法定解除权立法原意及诚实信用原则,鑫龙公司在长期未按约定足额支付工程款的情况下,不享有法定解除权,故一审法院在未查清上述事实的基础上,先行判决认定双方于 2014 年 2 月 26 日签订的《建设工程施工合同》解除不当,本院予以纠正。因双方合同未解除,故一审判决献林公司向鑫龙公司移交‘山海黎巷一期工程’项目施工现场、已施工工程及施工资料亦不当,本院予以纠正。”

之后,鑫龙公司(发包人)不服二审判决,提起再审,请求最高院:依法撤销海南省高级人民法院(2016)琼民终 256 号民事判决;解除《2014 年合同》,并判令献林公司立即向鑫龙公司移交“山海黎巷一期工程”项目施工现场、已施工工程及施工资料或将本案发回再审。就此诉求,在(2017)最高法民申 51 号民事裁定书中,最高院认为:“鑫龙公司未按合同约定支付工程价款,构成违约。献林公司虽因补救质量问题拖延了工期,但经过整改补救,1#、7#号楼主体分部工程质量验收合格。故二审法院认为献林公司属一般违约,相比而言,鑫龙公司未按合同约定足额支付工程款,构成严重违约,不支持鑫龙公司解除《2014 年合同》的主张,亦未有不当……本案因鑫龙公司违约在先,献林公司的迟延履行存在正当理由,鑫龙公司依据合同法第九十四条第三项①以及《建设工程解释》第八条第二项的规定请求解除《2014 年合同》,因不符合上述条款有关法定解除合同的条件,其该项申请再审理由无事实和法律依据,本院不予支持。”因而,最高院维持二审判决,驳回了鑫龙公司的再审申请。

2. 相关事实清晰,满足合同解除条件,先行判决解除合同并无不当

在(2015)皖民四终字第 00370 号案中,中城建六局(承包人)不服安徽省亳州市中级人民法院(2015)亳民一初字第 00032 号民事判决,向安徽省高院提起上诉。

对于“原审法院判决解除九洲房产公司与中城建六局之间的建设工程施工合同是否有事实和法律依据”这一争议焦点,安徽省高院经审理后认为:“《中华

① 《民法典》第 563 条第 1 款第 3 项。

人民共和国合同法》第九十四条规定[①]'有下列情形之一的,当事人可以解除合同:(一)因不可抗力致使不能实现合同目的;(二)在履行期限届满之前,当事人一方明确表示或者以自己的行为表明不履行主要债务;(三)当事人一方迟延履行主要债务,催告后在合理期限内仍未履行;(四)当事人一方迟延履行债务或者有其他违约行为致使不能实现合同目的;(五)法律规定的其他情形',因案涉工程至今未能竣工,已超过合同约定的竣工日期多日,而中城建六局在九洲房产公司多次催告后,仍未能在合理期限内完成合同主要义务,原审法院据此判决解除案涉合同,符合法律规定。《中华人民共和国民事诉讼法》第一百五十三条规定'人民法院审理案件,其中一部分事实已经清楚,可以就该部分先行判决',中城建六局以实际行为表示不再继续履行合同的事实已经清楚,原审先行判决解除合同,有利于防止损失进一步扩大,并不违反法律规定,且符合本案实际,应予维持。原审适用法律正确,程序合法。中城建六局上诉请求和理由不能成立,本院不予支持。"

二、实务指引

上述两则案例中,对于发包人提出的解除施工合同诉求是否予以先行判决,法院作出了不一样的判决,但究其根本,核心在于解除施工合同所依据的事实是否清晰、解除条件是否成就。

对于施工合同解除条件是否成就,需分为约定解除和法定解除两方面进行论证,其中法定解除合同的条件,除《民法典》第 563 条(原《合同法》第 94 条)有规定外,还需关注《民法典》第 806 条(原《建设工程司法解释》第 8 条部分内容被此条吸收)之规定。上述第一则案例,即使一审法院作出先行判决解除合同之判决,但二审、再审法院经审理认为相关案件事实无法得出承包人之行为满足约定和法定解除合同情形,进而对一审判决予以改判。相反,只要能满足约定和法定解除合同情形,先行判决解除合同的,既有法律依据和事实依据可循,又能提高纠纷解决效率及防止损失进一步扩大。

因此,对于发包人而言,特别是在工程还未完工情况下发承包双方就施工合同产生纠纷的,发包人往往急于解除合同并重新选择新承包单位进场,因为新单

---

① 《民法典》第 563 条。

位重新进场需要到政府办理报批报建手续,而政府在办理报批报建手续时又要求提供发承包双方已解除施工合同的证明文件。由于发承包双方已就施工合同纠纷诉诸法院,则难以提供施工合同解除协议,此情况下,发包人只能考虑向法院诉请先行判决解除施工合同。

专题二　施工单位拒不移交施工资料之执行困境的化解方法

核心要点

竣工验收及竣工验收备案是工程建设的重要节点,对建设单位的利益有着直接影响。根据《建设工程质量管理条例》及《房屋建筑和市政基础设施工程竣工验收备案管理办法》的规定,工程完工后,施工单位作为五方验收主体之一,应配合建设单位完成竣工验收;竣工验收合格后,建设单位应当向工程所在地的县级以上地方人民政府建设主管部门备案,未按规定进行竣工验收备案的,建设单位会面临被行政处罚的风险。但实践中,往往由于施工单位与建设单位存在纠纷等原因,施工单位拒不配合向建设单位提供竣工归档或竣工备案所需施工资料,导致工程迟迟无法完成竣工资料归档、备案。此时,如进入诉讼或仲裁程序,对于建设单位要求施工单位移交施工资料配合办理竣工资料归档或备案的主张,法院或仲裁庭一般都会予以支持。然而,相关判决或仲裁裁决在执行程序中,却容易出现难以执行的困境。经检索案例,我们发现,实践中有以下几种化解前述执行困境的方法:(1)法院会同相关单位确认施工单位责任范围以确定执行内容;(2)建设单位以安全性鉴定报告代替施工单位资料而通过当地建设主管部门备案;(3)法院向相关部门发布协助执行通知组织竣工验收并形成竣工验收备案所需资料。

一、裁判观点分析

1. 判决书或裁决书中关于施工单位需配合移交的施工资料范围、内容未作明确的情况下,执行法院可通过与相关行政主管机关沟通及听取双方当事人意见的方式确定具体执行内容

在支持发包人主张的要求施工单位配合移交施工资料的案件中,判决书或

裁决书中可能会出现判决或裁决应执行的内容不明确、不具体的问题。在这种情况下,如何确定具体的执行范围或如何确定施工单位是否已全面履行其提供施工资料的义务成为执行法院执行焦点,实践中,执行法院可通过与相关行政主管机关沟通及听取双方当事人意见的方式确定施工单位移交施工资料的范围和内容。

(2018)最高法执监 45 号案中,虽然仲裁庭裁决要求东阳公司(施工单位)按照国家有关规定移交施工资料,配合鑫鑫公司(建设单位)办理竣工手续,但裁决书对施工资料的具体范围、内容,并未给出明确具体的要求。最高院认为:"在此情况下,执行法院的基本处理方式,只能是与相关行政主管机关沟通及听取双方当事人的意见,确定资料的基本范围并责令东阳公司提交。本案执行中,东阳公司已经根据执行法院的要求提交了一定的施工资料,如果行政主管机关认为资料不全,执行法院应当根据行政主管机关的要求进一步确定。因东阳公司不是最终施工方,不能认定东阳公司单方需提交竣工验收所需的全部资料。因此,不能以行政机关认为'东阳公司所提交的资料不齐全,达不到竣工验收的条件',而当然认为其未履行移交资料的义务。同时也并无证据证明东阳公司有其他不配合办理竣工验收手续的行为。河北高院复议裁定中指出由邯郸中院会同建设部门及执行当事人,进一步确定东阳公司的责任范围,以达到东阳公司移交施工资料的目的或效果,如最终无法明确,则应由鑫鑫公司依法通过其他程序解决的路径,合情合理,亦符合实践中处理执行依据内容不明的惯例,应予肯定。"

2. 在无法执行的情况下,建设单位可用安全性鉴定报告代替施工单位施工资料而通过当地建设主管部门备案

就施工单位不配合提供施工资料导致资料不齐全而无法完成竣工备案的问题,现行国家层面的法律规定中并未规定相关替代性解决办法,但基于实践中此种情况屡见不鲜,我国部分地方建设主管部门认可建设单位委托的有资质第三方出具的安全性鉴定报告,①从而同意予以竣工备案。

例如,(2018)最高法民再 134 号案中,一审、二审、再审法院均予以确认的事实中载明:"江苏省昆山市人民法院在执行上述生效判决的过程中,认为生效法

① 目前仅查询到《东莞市建设局关于工程竣工验收备案纠纷的处理办法》有具体规定,其他为部分判决书中体现的当地建设主管部门的实操情况。

律文书确认的债权依法应当受到法律保护，但是债权的实现取决于被执行人是否有履行能力，鉴于被执行人在目前情况下无法完成工程资料的交付，故该院作出民事裁定书，终结了案件的执行。2012 年 5 月 4 日，超华公司向昆山市建设工程质量检测中心支付房屋鉴定检测费 823, 500 元，向昆山市住房和城乡建设局支付房屋鉴定费 352, 764 元。昆山市房屋安全鉴定站针对案涉工程作出了鉴定报告，从而取代江苏省苏州市中级人民法院（2011）苏中民终字第 1540 号民事判决要求中建总公司、中建股份公司交付的工程竣工备案资料。2012 年 6 月 29 日，案涉工程通过了竣工备案验收。”由此可知，在要求施工单位提交竣工备案资料无法执行的情况下，昆山市建设主管部门在办理工程竣工验收备案时，认可了建设单位委托的昆山市房屋安全鉴定站针对案涉工程作出的鉴定报告。

又如，（2020）皖 02 民终 806 号案中，芜湖市中院确认以下事实：“（2017）皖 0207 民初 3717 号民事判决书判决八达公司应向新华联公司提供准确、完整的案涉工程竣工验收资料和竣工图（一式三份），判决作出后，八达公司未主动履行生效法律文书确定的义务，新华联公司遂向一审法院申请强制执行。一审法院立案受理后，依法向八达公司发出了执行通知书，要求其自通知书送达之日起立即履行向新华联公司提供准确、完整的案涉工程竣工资料和竣工图（一式三份）的义务，但八达公司仍未履行。因八达公司暂未能提供可代为完成的工作，致执行不能，故一审法院于 2018 年 7 月 9 日作出（2018）皖 0207 执 424 号执行裁定书，裁定终结本次执行程序。此后，新华联公司委托安徽省建筑工程质量第二监督检测站芜湖分站对涉案的 DK09 地块 10#、11#院进行结构安全性鉴定及抗震鉴定，经鉴定，均符合相关要求，据此，新华联公司办理了案涉工程的竣工验收手续，并支出检测评估费 58, 000 元。”由此可见，在实操层面，对于施工单位不予提交竣工资料配合竣工验收的情形，芜湖市建设主管部门同样接受建设单位委托的质检站出具的合格安全性鉴定报告代替施工单位的竣工资料而办理竣工验收手续。

3. 在无法执行的情况下，法院可向相关部门发出协助执行通知组织竣工验收并形成竣工验收备案所需资料

除接受安全性鉴定合格报告作为竣工验收备案替代文件外，实践中，还存在法院介入工程竣工验收程序组织竣工验收的情形。

（2015）苏民终字第 00631 号案中，江苏省高院确认的事实载明，元泰公司于 2010 年 10 月 11 日向如皋法院起诉，请求判令辉业公司向其提供承建元泰大楼

所需要的全部资料,协助进行验收,如皋法院作出(2010)皋民初字第2286号民事判决,判决由辉业公司于判决生效后5天内按照江苏省建设厅苏建质(2002)332号《关于统一使用"建筑工程施工质量验收资料"的通知》文件提供相关建设工程资料给元泰公司,并判决辉业公司配合并协助元泰公司进行工程质量的相关验收。如皋法院在执行该生效判决过程中,多次通知辉业公司完善消防专项工程验收材料,辉业公司进行了部分整理,同时提出异议。由于多次"函来函往"后未取得实质进展,辉业公司拒不补正相关材料。在此情形下,如皋法院向消防大队、如皋市墙体材料改革办公室送达协助执行通知书,分别请前述两单位按照规定对元泰大楼消防分项工程进行验收、对元泰大楼节能材料是否符合节能验收备案要求进行审查。得到相关单位配合后,2013年10月28日,如皋法院书面通知元泰公司、辉业公司、如皋市建筑工程质量监督站、港闸设计院、监理公司、江苏省地质工程勘测院于2013年10月31日进行竣工验收并形成验收会议记录、《单位(子单位)工程竣工验收报告》、《单位工程竣工验收证明》及《竣工验收备案表》等竣工资料。

二、实务指引

从上述案例分析中,可以看到竣工验收及竣工验收备案纠纷在执行上存在的困难,虽然此类困难在个案中得到了一定程度的解决,但相关解决思路能否在司法实践中得到普遍的适用可能存疑。以安全性鉴定报告代替竣工验收报告为例,同属于广东省行政区域内的佛山市并不完全认可东莞市的做法,认为参照此做法会存在一定的风险:安全鉴定报告并不能完全代替工程质量控制资料,工程建设中很多隐蔽验收项目无法通过安全鉴定检测获得数据;若承包人拒不配合,导致部分用于竣工验收的原始材料无法提供,工程各参建方不能形成统一的竣工验收意见,即使委托有资质的第三方鉴定机构出具的安全性鉴定报告也不能完全真实地反映建设工程质量和判断房屋建筑工程是否安全和满足使用功能,况且安全鉴定报告的真实性和权威性也存在风险。[①] 因此,由于目前相关法律法

① 参见佛山市住房和城乡建设局:《佛山市住房和城乡建设局关于市第十五届人民代表大会第四次会议代表建议第20190020号答复的函》,载佛山市住房和城乡建设局官网2019年9月16日,http://fszj.foshan.gov.cn/zwgk/srddbjyhszxwytabljg/content/post_2472830.html。

规并无关于施工单位拒绝提供施工资料情况下的替代性解决办法的规定，上述案例中的一些操作方法能否适用还需要根据个案的具体情况进行分析。对于发包人而言，还可以在订立合同时明确约定承包人拒绝配合发包人完成竣工验收及备案手续义务情况下的违约金责任，这样，即使双方因竣工验收产生纠纷进入诉讼、仲裁程序，也由于合同中有明确约定而便于裁判与执行。

专题三　小业主诉请撤销建设主管部门作出的竣工验收备案的主张能否得到法院支持的分析

核心要点

实践中，商品房出售后，小业主与开发商发生纠纷的情况屡见不鲜，商品房质量纠纷应属其中典型的一类。在此类纠纷中，不乏小业主认为当地建设主管部门不应当向开发商出具《竣工验收备案证》，故而诉请法院予以撤销。就此项诉请，法院一般会审查“起诉主体是否适格”“起诉是否超过诉讼时效”“建设主管部门备案行为是否违法”等内容。通过检索相关案例发现，小业主请求撤销建设主管部门作出的竣工验收备案的主张能否得到法院支持，存在很大的不确定性。

一、裁判观点分析

1. 对于起诉主体资格的审查，小业主是否属于起诉撤销竣工验收备案行为的适格主体，司法实践中存在不同的裁判观点

(1)小业主作为商品房买受人，与竣工验收备案这一行政行为存在利害关系，故属于适格的诉讼主体

(2015)鼓行初字第44号案中，南京市鼓楼区法院认为：“本案中，马某君作为案涉工程的商品房购房人，系与市住建委对案涉工程竣工验收备案行政行为有利害关系的公民，有权提起此次诉讼。”对此裁判结果，南京市中院在二审时予以维持。

(2019)渝0104行初157号案中，重庆市大渡口区法院查明陈某购买的该房屋位于《重庆市建设工程竣工验收备案登记证》(九龙坡区建竣备字〔2019〕0019

号）的范围内。故就小业主能否有权起诉的问题，法院认为："陈某购买了中迪公司开发的重庆中迪广场8号附38房屋，其认为九龙坡区住建委作出的备案登记行为对自己的合法权益造成损害时，有权向人民法院提起行政诉讼。"对此裁判结果，重庆市第五中院在二审时予以维持。

（2）竣工验收备案行为对小业主的权利义务不产生实际影响，故其就竣工验收备案证书提起的诉讼，依法不属于人民法院行政诉讼受案范围

虽然大部分法院认为小业主有权就备案机关的竣工验收备案行政行为提起诉讼，但在（2019）闽行申442号案中福建省高院裁定驳回了再审申请人的再审申请，福建省高院认为："本案的争议焦点是再审申请人的起诉是否符合法定起诉条件。根据《中华人民共和国行政诉讼法》第四十九条第（四）项的规定，公民、法人或者其他组织提起行政诉讼属于人民法院受案范围，是其起诉必须符合的法定条件之一……据此，竣工验收备案是行政主管机关为监管需要而收集工程建设相关情况的登记备查行为，竣工验收是否合格并不以备案为生效要件，备案行为对公民、法人或者其他组织的权利义务不产生实际影响。再审申请人针对被申请人作出的《竣工验收备案表》提起诉讼，依法不属于人民法院行政诉讼受案范围。"

2. 对于诉讼时效问题，小业主"知道或应当知道"竣工验收备案行为作出之日并不当然以竣工验收备案证书公开之日进行认定

《最高人民法院关于适用〈中华人民共和国行政诉讼法〉的解释》第64条第1款规定："行政机关作出行政行为时，未告知公民、法人或者其他组织起诉期限的，起诉期限从公民、法人或者其他组织知道或者应当知道起诉期限之日起计算，但从知道或者应当知道行政行为内容之日起最长不得超过一年。"第65条："公民、法人或者其他组织不知道行政机关作出的行政行为内容的，其起诉期限从知道或者应当知道该行政行为内容之日起计算，但最长不得超过行政诉讼法第四十六条第二款规定的起诉期限。"对于非行政行为作出相对人的小业主，如何认定其起诉是否超过诉讼时效，乃此类案件的争议点之一。

例如，在（2015）鼓行初字第44号案中，南京市鼓楼区法院认为："因原告马某君并非备案行政行为的相对人，其对具体行政行为的内容以及诉权的知晓应自其知道或者应当知道之日起算，原告马某君称其在媒体报道后方知备案行为的存在，主张提起本次诉讼在起诉期限之内存在合理性。"

又如,在(2014)深中法行终字第 384 号案中,深圳市中院认为:“本案中,11 名被上诉人并不是竣工验收备案行政行为的相对人,其获知相应备案行为内容的方式,应符合合法合理的形式。2012 年 3 月 29 日至 2013 年 4 月 24 日,深圳仲裁委对 11 名被上诉人中的 5 人与第三人之间就支付延期办证违约金案件分别先后开庭审理,庭审期间对第三人提交的本案竣工验收备案收文回执均进行了质证。故此,原审法院认定 11 名被上诉人最早在 2012 年 3 月 29 日知道本案《房屋建筑项目竣工验收备案收文回执》的内容,并无不妥。因此,11 名被上诉人在 2014 年 3 月 6 日提起行政诉讼并没有超过司法解释规定的 2 年的起诉期限。上诉人主张主动公开的政府信息,应以公布之日作为公民知道的具体时间,备案信息一旦上网公布,即应推定各方知道或应当知道该备案信息。本案应将 2010 年 8 月 26 日作为备案行政行为诉讼时效的起算时间点。上诉人的主张无事实和法律依据,上网公布信息并不能必然推出 11 名被上诉人即获知备案信息。本院对上诉人该项主张不予支持。”

虽然该案审理时适用的《最高人民法院关于执行〈中华人民共和国行政诉讼法〉若干问题的解释》现已失效,但该规定与现行的《最高人民法院关于适用〈中华人民共和国行政诉讼法〉的解释》对“知道或应当知道”的规定并无二致。故深圳市中院对此时点的认定思路依然值得参考。

3. 对于建设主管部门的备案审查标准问题,备案机关仅负形式审查的义务,小业主以备案机关未进行实质审查为由主张撤销竣工验收备案的诉讼请求难以得到法院支持

实践中,大部分起诉撤销竣工验收备案的理由包括工程实际并未竣工、工程存在质量问题等。对此,部分法院认为备案机关对建设单位提交的备案资料仅负有形式审查义务,不对备案相关资料所载内容的真实性进行实质性审查。

(2016)辽 0103 行初 159 号案中,沈阳市沈河区法院认为:关于原告主张第三人开发建设的奕聪花园项目实际交付与验收不一致的主张,本案涉诉备案行为是针对建设单位提交的全部竣工验收备案文件是否齐全进行形式审查,至于是否按图纸施工,应当在工程竣工验收过程中作出评判,在建设单位向被告提交了相关验收报告的前提下,没有法律法规的规定,被告进行备案时有义务审查工程施工是否与设计图纸完全相符,原告的主张于法无据,不予支持。对此,(2017)辽 01 行终 515 号案中,沈阳市中院也同样认为:本案诉争的备案行为是

针对建设单位报送的竣工验收备案文件是否齐全进行形式审查,验收文件齐全后,备案机关应当在工程竣工验收备案表上签署文件收讫。被上诉人提供的证据可以证明其作出的被诉备案行为符合上述规定。综上,上诉人的上诉请求,没有事实和法律依据,本院不予支持。

二、实务指引

通过上述分析,对于起诉主体资格的审查,大部分法院认为小业主是适格主体,但在个案中仍有法院持小业主不是适格主体的观点而驳回小业主的起诉;对于诉讼时效问题,法院对"知道或应当知道"的认定倾向于考虑合理性而非以竣工验收备案公开时间即推知知晓;对于建设主管部门的备案审查问题,法院认为政府部门的审查义务仅为形式审查而非实质审查,据此,在司法实践中,小业主请求撤销建设主管部门作出的竣工验收备案的诉请能否得到法院支持存在很大的不确定性。根据最高院类案检索的相关规定,需要在诉前检索案件系属法院及其上级法院以致最高院对该类案件的裁判的观点和思路,以便确定该类纠纷的合理解决方案。

第八节　其他纠纷

专题一　备案合同的争议解决条款是否优先适用

核心要点

《建设工程司法解释(一)》第2条第1款规定:"招标人和中标人另行签订的建设工程施工合同约定的工程范围、建设工期、工程质量、工程价款等实质性内容,与中标合同不一致,一方当事人请求按照中标合同确定权利义务的,人民法院应予支持。"由上述规定可知,如果招标人和中标人实际履行的合同与备案的中标合同中的实质性内容不一致,合同当事人可以请求按照备案的中标合同确定权利义务。那么在两份合同中争议解决条款约定不一致的情况下,备案的中标合同中的争议解决条款是否会被法院优先适用呢?笔者通过研究近几年最高院和各地高院的判例发现,在是否按照备案的中标合同确定争议解决方式上,法院观点之间存在分歧。

一、裁判观点分析

1. 备案合同的争议解决条款不优先适用

(1)以双方之间最后签订的合同确定应适用的争议解决条款

(2017)最高法民辖终 76 号案中,最高院认为:"尽管本案双方当事人在签订的《施工合同补充协议》和《备案合同》中均约定有争议解决条款,均与本案原告苏中建设公司的诉讼请求存在事实关联,但是,就同一事项,当事人之间订立了多份合同且合同之间有约定不一致情形时,应该以最后一份合同所约定的内容为准。由于《施工合同补充协议》订立在先,《备案合同》订立在后。一审法院关于'《备案合同》中的仲裁解决争议条款应视为对《施工合同补充协议》中法院诉讼解决争议条款的变更'的认定并无不当。"本案中最高院认为应当适用备案合同中的争议解决条款确定争议解决方式的依据是就同一事项的约定应当以当事人之间的最后合意为准,因此备案合同订立在后,应当适用备案合同中双方约定的争议解决方式。从该案可以看出,最高院并不认为备案合同中的争议解决条款必然优先于实际履行合同中的争议解决条款。

同样地,四川高院在(2020)川民终 258 号案中认为:"由于 055 号合同和 056 号补充协议约定发生争议由法院诉讼管辖与 006 号合同约定发生争议由成都仲裁委员会仲裁管辖不一样,而 055 号合同、056 号补充协议签订在前,006 号合同签订在后,故应认定 006 号合同对之前签订的 055 号合同、056 号补充协议中约定管辖条款进行了修改。由于双方均在 006 号合同上签字盖章,且没有证据证明该意思表示违反自愿、合法的原则,故应认定是当事人真实意思表示,对签约双方均有约束力。"

(2)双方已对备案合同不产生约束力达成一致情况下,不适用备案合同约定的争议解决条款

(2017)最高法民辖终 28 号案中,2013 年 9 月 15 日,新兴公司与宝山公司签订的《建设工程施工合同》是案涉工程中标后签订的备案合同,该备案合同经过公证。2013 年 10 月 21 日,双方签订《补充协议》明确 2013 年 9 月 15 日签订的《建设工程施工合同》(GF-2013-0201)对双方不具有任何法律效力,最高院因

此认为："不宜依 2013 年 9 月 15 日《建设工程施工合同》(GF－2013－0201)约定的仲裁条款确定本案管辖问题。"在该案中，最高院认为，即使经过备案，但只要双方当事人之间达成合意约定备案合同对双方当事人不具有任何法律效力，该备案合同中的争议解决条款对双方不能产生约束力。

同样地，在安徽高院(2019)皖民终 607 号案中，发包人和承包人就案涉建华大厦工程项目先后签订了数份合同。双方在 2013 年 10 月 27 日签订的《总承包补充协议》中约定，《建设工程施工合同》仅系合同备案之用，合同具体条款与《总承包协议》及《补充修正协议》相抵触之处双方以《总承包协议》及《补充修正协议》为准。安徽高院认为："按照该补充协议的约定，双方关于争议解决方式的真实意思表示应为通过诉讼解决争议。因此，在备案的《建设工程施工合同》与其他未经备案的合同所约定的管辖条款不一致的情况下，对争议解决方式仍应遵循当事人意思自治原则。"

(3)因履行双方实际执行合同产生的纠纷，应适用该合同中的争议解决条款

最高院(2015)民提字第 147 号案中，山东高院认为："国家住房和城乡建设部《关于进一步加强建筑市场监管工作的意见》中规定，合同双方要按照有关规定，将合同报项目所在地建设主管部门备案。工程项目的规模标准、使用功能、结构形式、基础处理等方面发生重大变更的，合同双方要及时签订变更协议并报原备案机关备案。在解决合同争议时，应当以备案合同为依据。《最高人民法院关于审理建设工程施工合同纠纷案件适用法律问题的解释》第二十一条[①]规定'当事人就同一建设工程另行订立的建设工程施工合同与经过备案的中标合同实质性内容不一致的，应当以备案的中标合同作为结算工程价款的根据'。根据上述规定，建设施工合同一经备案即具备法定性。涉案《建设工程施工合同》系当事人真实意思表示，且经主管机构备案，具有公示性，原审法院依据《建设工程施工合同》中的协议管辖条款确定案件管辖并无不当。"

最高院提审该案后推翻了山东高院的判决。最高院认为："本案系双方当事人因履行《建设工程施工承包协议书》引发的纠纷。……恒萃公司与龙豪公司在

---

① 《建设工程司法解释》(一)第 23 条规定："发包人将依法不属于必须招标的建设工程进行招标后，与承包人另行订立的建设工程施工合同背离中标合同的实质性内容，当事人请求以中标合同作为结算建设工程价款依据的，人民法院应予支持，但发包人与承包人因客观情况发生了在招标投标时难以预见的变化而另行订立建设工程施工合同的除外。"

《建设工程施工承包协议书》中已达成仲裁条款,且双方当事人又出具说明该协议书是案涉工程施工、结算的依据,因此龙豪公司在向聊城市中级人民法院起诉时,聊城市中级人民法院应告知其向中国国际经济贸易仲裁委员会申请仲裁,而不应受理龙豪公司的起诉,并驳回恒萃公司对本案管辖权提出的异议。"

在本案判决书中,笔者没有找到关于《建设工程施工合同》和《建设工程施工承包协议书》两份合同签订时间的有关事实描述,从最高院的表述中,最高院认为双方系因履行《建设工程施工承包协议书》引发的纠纷,因此该协议书中的争议解决条款约定的仲裁方式亦应当适用该纠纷的争议解决方式。

2. 备案合同的争议解决条款优先适用

(1)争议解决条款属于合同的实质性内容,应适用备案合同中的争议解决条款

《建设工程司法解释(一)》第 2 条规定:"招标人和中标人另行签订的建设工程施工合同约定的工程范围、建设工期、工程质量、工程价款等实质性内容,与中标合同不一致,一方当事人请求按照中标合同确定权利义务的,人民法院应予支持。"根据该条款规定,如果争议解决条款属于合同的实质性内容,那么承包人请求按照备案的中标合同确定争议解决方式的主张,应得到法院的支持。

最高院(2014)民一终字第 00067 号案中,双方当事人在同一天签订了备案合同和未经备案的合同。最高院认为:"关于两份合同的效力及哪份合同是实际履行的合同,属于案件实体问题,有待实体审理时解决,故不宜在本案程序审查中作出认定……案涉工程系招投标工程,经过了严格的招投标程序,双方当事人在确定工程价款后,签订了备案合同……根据《中华人民共和国招标投标法》第四十六条,关于'招标人和中标人应当自中标通知书发出之日起三十日内,按照招标文件和中标人的投标文件订立书面合同。招标人和中标人不得再行订立背离合同实质性内容的其他协议'的规定,有关工程范围、价款、质量、管辖争议条款等均是合同的实质性内容,在备案合同与未经备案合同约定的管辖条款不一致时,应当以备案合同确定案件的管辖问题。"在无法确定双方实际履行的合同的情况下,最高院认为争议解决条款应当属于合同的实质性内容,因此,应当以备案合同中约定的争议解决条款确定案件的管辖问题。

但值得关注的是,该案之所以将争议解决条款认定为合同的实质性内容,极大可能是因为备案合同和未经备案的合同是同一天签订,最高院认为无法不通

过实体审查确定实际履行合同,但又需要确定争议解决方式,因此在这样的情况下,只能将争议解决条款认定为合同的实质性内容。也有案例认为争议解决条款不属于合同实质性内容,例如在(2016)桂民终331号案中,广西高院认为争议处理条款并非合同的实质性内容。

(2)存在多份合同的情况下,备案合同签订在后,则应适用备案合同中的争议解决条款

(2016)最高法民终670号案中,最高院认为:"就同一事项,当事人之间订立了多份合同且合同之间有约定不一致情形时,应该以最后一份合同所约定的内容为准。本案中,诉争双方之间最后一份协议是双方于2013年10月18日签订的《补充协议》,该《补充协议》进一步确认了备案合同的效力。根据《中华人民共和国建筑法》,以及本院《关于审理建筑工程施工合同纠纷案件适用法律问题的解释》[①]的相关规定,在建筑工程项目中存在多份合同时,应该以备案合同为准。"

本案中,最高院提及"根据《中华人民共和国建筑法》,以及本院《关于审理建筑工程施工合同纠纷案件适用法律问题的解释》[②]的相关规定,在建筑工程项目中存在多份合同时,应该以备案合同为准",最高院没有明确此处结论依据的具体法条,笔者猜测该依据为原《建设工程司法解释》第21条[③]的规定:"当事人就同一建设工程另行订立的建设工程施工合同与经过备案的中标合同实质性内容不一致的,应当以备案的中标合同作为结算工程价款的根据。"但该法条不足以推导出"存在多份合同的情况下,争议解决条款以备案合同为准"的结论。

尽管笔者找到的案例中确实有法院认为备案合同的争议解决条款应当优先适用,但是这些案例属于少数,主流观点仍是备案合同的争议解决条款不必然优先适用。

---

① 《建设工程司法解释》已失效。

② 《建设工程司法解释》已失效。

③ 《建设工程司法解释(一)》第22条规定:"当事人签订的建设工程施工合同与招标文件、投标文件、中标通知书载明的工程范围、建设工期、工程质量、工程价款不一致,一方当事人请求将招标文件、投标文件、中标通知书作为结算工程价款的依据的,人民法院应予支持。"

二、实务指引

在实务中由于各种原因，发包人和承包人之间可能需要签订多份施工合同，如不履行的备案合同和实际履行合同，为避免双方实际履行合同的条款落空而适用非双方真实意思表示的备案合同中的争议解决条款，建议如下：

1. 控制合同签署时间，实际履行合同的签署时间在备案合同之后，或者将实际履行合同的签订时间约定的晚于备案合同签订时间。

2. 在签订备案合同的同时，要求施工单位提交承诺函，明确备案合同对双方不产生任何法律效力，对双方均不具有约束力，不作为实际履约依据，双方仍按照实际履行合同的约定确定权利义务。

3. 备案合同与实际履行合同中关于争议解决条款的约定保持一致，避免双方就管辖问题发生争议。

专题二　加盖技术专用章的工程结算资料是否有效

核心要点

技术专用章是工程管理中常见的一类印章。顾名思义，技术专用章一般只应用于技术类文件。但是在实践中，由于工程项目印章管理混乱等原因，技术专用章往往被用在各类工程文件上。对于加盖了技术专用章的非技术类文件，尤其是工程结算资料是否有效，往往需要从技术专用章的实际使用状态来考察。如果技术专用章并不限于技术类文件的使用，在结算资料上加盖技术专用章后，一般可以认为该结算资料有效。如果没有证据证明技术专用章突破了技术类文件的使用范围，在结算资料等非技术类文件上加盖技术专用章，则并不意味着此类文件有效。

一、裁判观点分析

通过检索相关的法律判决可以发现，法院对加盖了技术专用章的非技术类文件的效力认定较为慎重。特别是在技术专用章上已经明确不能用于非技术类文件的情况下，除非有充分的证据能够证明在实际使用过程中该技术专用章已经突破了其原有的技术类文件用途,否则法院一般认为,在结算资料等非技术类文件上加盖技术专用章,此类文件不生效。

1. 如果有证据证明技术专用章并不限于技术类文件的使用,在结算资料上加盖技术专用章后,该结算资料有效

在(2016)苏民再352号案中,就承包人海西门窗厂以《付款协议》和《外窗施工合同结算单》向发包人巨匠公司主张工程款,巨匠公司认为,《付款协议》和《外窗施工合同结算单》上加盖的是"巨匠建设集团有限公司中央城万融国际广场工程技术专用章",该枚印章仅限于施工资料申报使用,没有缔结该两份法律文书的缔约能力。对此,海西门窗厂提供以下证据用以证明巨匠公司使用技术专用章是其习惯做法,包括加盖了该技术专用章的支付工程款申请、已完成外窗安装证明、进户门钥匙移交单。江苏高院认为:"根据海西门窗厂原审及再审提供的证据,巨匠公司在其向汉邦公司出具的办理拿房申请以及证明海西门窗厂已经完成工程量,可以向汉邦公司领取工程款等相关文件中,均多次使用了技术专用章,部分文件中亦无相关人员签名,故该技术专用章在巨匠公司实际使用中并非仅限于技术申报等相关技术性事项,巨匠公司仅以技术专用章超范围使用且无相关人员签字为由主张涉案付款协议及外窗施工合同结算单不发生法律效力的诉讼主张不能成立。"

在(2020)浙民再38号案中,在案涉《沥青路面施工合同》中,恒鼎公司落款处盖有显示文字为"恒鼎公司浙江省富阳经济开发区新登新区10号路新建工程项目部技术资料专用章——该专用章用于一切合同协议均无效"的印章。二审法院认为:"案涉2012年5月10日的《沥青路面施工合同》甲方处除有'廖某峰'的签名外,还加盖了'杭州恒鼎建设集团有限公司浙江省富阳经济开发区新登新区10号路新建工程项目部技术资料专用章——该专用章用于一切合同、协议均无效'的印章。关于廖某峰的身份,案涉工程由恒鼎公司中标后,交由挂靠人周某强施工,周某强将工程又转包给廖某峰,故廖某峰事实上是案涉工程现场负责人,而对于上述加盖的技术专用章的真实性恒鼎公司无异议,仅认为该章限于技术资料报备,不能用于签订合同,但根据奔腾公司提供的《工程开工申报表》《整改回复单》《工程主体(基础)结构分部验收申报表》非技术资料上均加盖了上述技术专用章,即现有证据证明恒鼎公司使用该章已经突破了其原有的使用用途。"虽然恒鼎公司在再审中认为,《合作承揽工程协议》《富阳市工程承揽合作

协议》《竣工验收证书》上均加盖的是公司公章,充分说明恒鼎公司对外签订合同或者工程重要节点文件一律使用的是公司公章。并且,恒鼎公司与周某强、周某强与廖某峰之间技术专用章交接时,签署的“工程项目印章签发登记说明”中已经载明“技术专用章禁止用于签订采购合同及一切经济往来”,说明恒鼎公司对技术专用章在内部也是严格管理的,尽到了必要的管理义务。但是,浙江高院支持了二审法院的观点,认为:“本案中,各方对技术专用章的真实性并无异议,奔腾公司也举证证明了恒鼎公司使用该章已突破了原有的使用用途。案涉工程由恒鼎公司中标后,交由挂靠人周某强施工,周某强将工程又转包给廖某峰,故廖某峰事实上是案涉工程现场负责人。且案涉工程奔腾公司、恒鼎公司均进行了投标,最后是恒鼎公司中标,对此双方均为明知,奔腾公司在签订《沥青路面施工合同》时完全有理由相信廖某峰系代表恒鼎公司,符合表见代理特征。客观上,奔腾公司亦实际进行了施工。综上,恒鼎公司应承担《沥青路面施工合同》的合同义务。”

同样,在(2017)冀民再123号案中,一审法院与二审法院经审理后认为,发包人广厦集团与承包人臧某成在工程量结算单、工程价款结算单等文件上均加盖了“广厦建设集团有限责任公司沧州市万泰丽景项目技术专用章(不得用于经济往来)”这一印章,故该印章在广厦集团与臧某成外墙保温施工中所涉事项中均应代表广厦集团,该签章行为应认定为广厦集团对合同、工程量、价款结算的确认。对此,广厦集团申请再审称,臧某成提交的《外墙保温施工合同》、工程量结算单、工程款结算单上均加盖的是该技术专用章,“该印章本身是技术专用,特别标注了‘不得用于经济往来’字样,两级法院据此确认上述6份文件的效力显然错误”。在本案的再审中,河北高院认为:“虽然广厦集团称该印章特别标注了‘不得用于经济往来’字样,但是从合同实际履行来看,广厦集团在合同订立、工程量结算、工程款结算中均使用了该印章,且广厦集团没有证据证明该印章系臧某成私自加盖。因此该签章行为应认定为广厦集团对合同、工程量、价款结算的确认。”

2. 如果不能证明技术专用章突破了技术类文件的使用范围,在结算资料等非技术类文件上加盖技术专用章,则并不意味着此类文件有效

在(2019)浙民再312号案中,案涉工程的建筑工程结算书由发包人建工集团项目经理、项目技术负责人签字并加盖了建工集团项目部技术专用章。二审

法院认为："（承包人）翁某忠在完成湖州嘉欣金世纪广场三期模板及脚手架工程的分包内容后，由建工集团三期工程的项目经理卢某杰和项目技术负责人周某向其出具《结算书》，同时每页加盖建工集团九公司金世纪三期项目部技术专用章。但该印章上刻有'浙江湖州市建工集团九公司金世纪三期项目部技术专用章仅适用技术、其他无效'的内容，说明该印章的使用范围仅限于技术，并不能起到结算或签订合同的效力。公司刻制该印章的目的即在于约束和规制项目经理和技术负责人的行为，为维护合同的规范性和交易的安全性，对于该印章的使用范围不宜做扩大解释。因《结算书》存在瑕疵，故不能作为认定本案结算工程款的依据。"在本案的再审中，建工集团也主张："《结算书》上加盖的技术专用章，明确载有'仅适用技术、其他无效'字样，同时证明翁某忠明知卢某杰、周某的权限范围仅限于技术，不具有签订合同、结算工程的权利。"浙江高院认为："《结算书》上加盖的印章系技术专用章，并明确刻有'仅适用技术、其他无效'字样，该内容同时反映了卢某杰和周某在《结算书》上签字的效力并未得到建工集团的认可。"

二、实务指引

发包人在工程管理过程中，应当加强印章管理。如果确需使用技术专用章，可以在制作技术专用章的同时在印章上明确注明该印章仅用于技术类文件等。并且，对于合同、往来函件、结算资料等重要文件，应尽可能使用公章或合同专用章，以尽量避免法院认为技术专用章实际已经突破了技术类文件的使用从而认定加盖技术专用章的工程结算资料等的效力。

专题三　受票方请求开票方开具发票的，是否属于法院受案范围

核心要点

在司法实践中，合同未明确约定开票义务的，法院有可能以开具发票属于税法上的义务为由，认为开具发票的诉请不属于法院的受案范围。但如果当事人在合同中明确约定开具发票的义务，从现有的判决趋势以及法律实务中的普遍观点来看，开具发票属于民事合同义务范围，属于民事案件受案范围。

一、裁判观点分析

建设工程施工合同纠纷中,不乏受票方向法院请求开票义务人开具发票的案例。在司法实践中,法院有可能以开具发票属于税法上的义务为由,认为开具发票的诉请不属于法院的受案范围,特别是在当事人未在合同中明确约定开票义务的情况下。但是,如果当事人在合同中明确约定开具发票的义务,此时开具发票不仅是行政法的义务,同时也属于开票义务人的合同义务,开具发票将受到合同法的约束,受票方依据合同约定要求开票方开具发票,属于法院受理的范围。

1.合同未有明确约定开票义务的,法院可能认为开具发票属于行政管理范畴,不属于法院受案范围

在司法实践中存在观点认为,根据《税收征收管理法》《发票管理办法》的规定,税务机关是发票的主管机关,未按规定开具发票的行为应由税务机关处理,开具发票属于行政法律关系而非民事法律关系。开票方未开具发票的,受票方可向税务机关寻求救济。当合同没有约定开具发票的义务时,受票方未能举证证明开票义务人无故拒绝开具发票给其造成损害的,受票方向人民法院请求开票方开具发票缺乏请求基础,不属于法院的受案范围。

在(2015)民一终字第86号案中,一审法院认为,双方合同中没有约定锦浩公司要提供建筑业统一发票,故开具发票不是锦浩公司的合同义务,但昆山纯高公司支付工程款后,锦浩公司应开具发票,这是税法上锦浩公司的义务,上述问题属于行政法律关系问题,一审法院不予理涉。最高院认为,关于是否交付工程款发票,双方当事人在合同中并未有明确的约定,交付发票是税法上的义务,而非双方合同中约定的义务。昆山纯高公司依据合同主张锦浩公司交付发票缺乏依据,其主张本院不予支持。

在(2018)最高法民终392号案中,开票义务人中天公司在质证意见中称,关于发票的问题,中天公司确实拖欠已付款项的发票,但是合同中没有约定在付款的过程中开具发票,没有开具发票的原因是中地信公司没有给付工程款,且开具发票属于税法调整范畴,不属于法院的受案范围。最高院认为,关于开具工程款发票的数额问题,请求履行开具发票的义务应属于税务部门的行政职权范畴,不应由法院主管。

2. 合同明确约定开具发票的，现有的判决趋势认为，开具发票属于民事合同义务范围，属于民事案件受案范围

从现有的判决趋势以及法律实务中的普遍观点来看，如果当事人在合同中明确约定开具发票的义务，此时开具发票不仅是行政法的义务，同时也属于开票义务人的合同义务，开具发票将受到合同法的约束，受票方依据合同约定要求开票方开具发票，属于法院受理的范围。

在(2018)粤06民终9902号案中，一审法院认为，《真功夫工程承包框架合同》虽约定工程承包方有开具发票的义务，但发票的开具需由收款人进行税务登记，经特定的程序、装置印制，涉及税务部门的管理范畴，并不可经民事诉讼途行判决强制执行，真功夫公司请求勤和公司开具相应工程款增值税专用发票及辛勤公司承担连带责任的主张，一审法院不予支持，真功夫公司可向相关部门反映要求处理。勤和公司未能依约履行开具发票的义务，应向真功夫公司赔偿相应的损失。结合《真功夫工程承包框架合同》的约定及勤和公司未向真功夫公司开具发票给其造成的实际损失情况，一审法院对真功夫公司要求勤和公司按应开发票金额635,980.75元的25%赔偿真功夫公司实际损失158,995.2元的诉讼请求予以支持。

二审法院与一审法院持不同观点，二审法院认为，真功夫公司上诉主张《真功夫工程承包框架合同》《补充协议》中约定勤和公司、辛勤公司有向真功夫公司开具发票的义务，故真功夫公司的该诉请属民法、合同法的调整范畴，应予支持。经审查，《合同法》第60条规定，当事人应当按照约定全面履行自己的义务。当事人应当遵循诚实信用原则，根据合同的性质、目的和交易习惯履行通知、协助、保密等义务。勤和公司以补充协议的形式概括继承了辛勤公司与真功夫公司在《真功夫工程承包框架合同》《真功夫单项工程订单》中的权利义务，真功夫公司亦已按约定足额支付了工程款，根据《真功夫工程承包框架合同》的约定，勤和公司应向真功夫公司开具相应金额的增值税发票。而涉案《补充协议》则约定了辛勤公司将其在合同中未履行的所有权利义务一并转让给勤和公司，辛勤公司对勤和公司履行原合同剩余的权利义务承担连带责任。故真功夫公司诉请勤和公司开具工程款金额为635,980.75元的增值税发票并由辛勤公司承担连带责任，合法有据，应予以支持。一审判决认为真功夫公司的主张不属于法律规定的调整范畴，驳回真功夫公司该诉请，适用法律错误，本院予以纠正。

在(2019)最高法民再166号中,最高院认为,关于开具发票是否属于人民法院受案范围的问题,根据《税收征收管理法》第21条第1款"税务机关是发票的主管机关,负责发票印制、领购、开具、取得、保管、缴销的管理和监督。单位、个人在购销商品、提供或者接受经营服务以及从事其他经营活动中,应当按照规定开具、使用、取得发票"及《发票管理办法》第19条"销售商品、提供服务以及从事其他经营活动的单位和个人,对外发生经营业务收取款项,收款方应当向付款方开具发票;特殊情况下,由付款方向收款方开具发票"的规定,收取工程款后开具工程款发票是承包方税法上的义务,承包人应当依据税法的相关规定向发包人开具发票。

本案中,开具发票、交付竣工资料等均属合同约定内容,属于民事合同义务范围。"开具发票"从文义解释看虽是由税务机关开具和履行,但合同文本中约定的"开具发票"的含义并非指由税务机关开具发票,而是指在给付工程款时需由承包人向发包人给付税务机关开具的发票。该给付义务属承包方应当履行的合同义务。有义务开具发票的当事人在遵守税收法律法规的前提下,可以自主作出向其他民事主体开具发票的意思表示,该行为属于民事法律行为;对于接受发票的一方当事人来说,是否可以取得发票将影响其民事权益,因此当事人之间就一方自主申请开具发票与另一方取得发票的关系,属于民事法律关系范畴,人民法院应当依法审理。原判决以不属于人民法院民事受理范围未予支持临峰公司的该项诉讼请求确有不当,予以纠正。

二、实务指引

通过上述案例分析可见,在合同未明确约定开具发票的义务时,法院有可能以开具发票的请求缺乏依据为由,驳回受票方要求开具发票的请求。因此,发承包双方在签订建设工程施工合同时,建议发包人在施工合同中明确约定承包人开具发票的义务,以及相应的赔偿责任,如承包人应当在发包人每次付款前提供等额合法有效的增值税专用发票,否则发包人有权暂缓付款而无须承担任何责任;承包人必须严格遵照相关税收法规的规定开具合法的增值税专用发票,因承包人开具的增值税专用发票不符合税收法规的规定而给发包人造成损失的,承包人负责赔偿等,以尽量避免在承包人不予开具发票的情况下,法院不予受理而发包人权益难以在诉讼中得到救济的尴尬境地。

第三章

争议处理实务与处理技巧

第一节　施工合同缔约阶段的争议预防

专题一　招标过程争议的法律风险防范

招标投标活动是国有资金项目或者政府资金项目确定承包人的一种重要方式,招标投标程序也因此受到《招标投标法》《招标投标法实施条例》等国家或地方层面等诸多法律法规的规范,具有较强的监管色彩,而招标投标程序的不规范又很容易对合同效力或者中标效力造成影响,从而容易引起当事人双方之间的争议,因此避免招标投标程序的不规范成为防范后续争议的重要着手点。

一、关于招标方式选择的风险防范

关于招标方式,发包人应严格按照《招标投标法》《招标投标法实施条例》《必须招标的工程项目规定》《必须招标的基础设施和公用事业项目范围规定》等关于必须招标项目的规定判断项目是否为法定必须招标的项目。对于必须采取招标方式的项目,应严格采用招标投标程序确定中标单位并签署合同,避免因未采用招标方式采购而造成所签订的施工合同被认定为无效。对于非必须招标的工程项目(民间资本项目),根据国家发展和改革委员会于2018年6月1日起施行的《必须招标的工程项目规定》及2018年6月6日起施行的《必须招标的基础设施和公用事业项目范围规定》的规定,非国有资金投资的商品住宅等项目不再属于依法应当招标的项目,因此,这些项目可以不再采用招标方式。如果公司内部参照招标投标程序进行采购,为避免被认定为需适用招标投标法律法规规定的风险,建议在非必须招标项目的工程类合同文件及内部采购文件中不要出现“招标”“投标”“中标”等表述,而替换为其他用语。

二、关于招标投标过程不规范的风险防范

根据《招标投标法》第5条的规定,招标投标活动应当遵循公开、公平、公正和诚实信用的原则,招标投标活动特别重视对程序规范性的要求,程序上的瑕疵

可能对中标效力或者合同效力产生影响,也可能导致公司受到相关行政处罚,因此,在招标投标过程中应该重点防范程序不规范的风险。由于招标投标过程中程序性要求较多,实践中招标程序不规范的现象也屡有发生,难以全面说明招标投标程序不规范的防范措施,下面仅以防范挂靠投标风险、防范评标方式不规范风险、防范实质性谈判风险为例进行说明。

投标人以他人名义投标的,中标无效,中标无效而签订建设工程合同的,合同无效;合同无效后,参照合同约定的计价方式结算,发包人可能因合同无效而承担更大的过错赔偿责任,合同中关于违约责任及其他对发包人有利的约定将会落空。因此,为防范投标人挂靠投标,发包人可以采取以下防控措施:(1)在招标阶段,严格审查投标项目团队与投标人的劳动关系,要求投标人提供项目经理及主要施工管理人员的社保缴纳情况等,避免挂靠单位中标;(2)编制合同时,在合同中约定保持项目团队的稳定性,更换项目经理及主要施工管理人员须经发包人同意,以及约定一旦发现挂靠现象发包人有权立即解除合同的条款;(3)签订合同时,在施工单位签约代表不是法定代表人的情况下,要求施工单位提供签约代表的授权书和社保缴纳证明,以核实签约代表是否为施工单位员工;(4)在履约阶段,加强资金流向的监管,加强项目部人员考勤管理,及时发现是否存在挂靠情形。

依法必须招标的项目,评标委员会人员的组成不符合法律规定的,评标委员会成员作出的评审结论无效,依法须重新进行评审;如已签订合同,由于评审结论无效,则中标结果和该合同可能被认定无效。因此,为避免因评标委员会人员组成不合法而导致合同无效,建议如下:(1)建议发包人的专家库得到相关政府部门的认可,且员工评委的资格条件达到法定的标准;(2)若上述建议不可操作,则建议公司在选取员工进行评标时,尽量选用符合法律规定的专家资格的员工进行评标(根据《招标投标法》第 37 条,专家应当从事相关领域工作满 8 年并具有高级职称或者具有同等专业水平),以尽可能地降低风险。

招标过程中,在发出中标通知书之前就投标价格、履行期限、质量标准等实质性内容进行谈判的,根据《招标投标法》第 43 条、第 55 条的规定,标前谈判影响中标结果的,中标无效,中标无效而签订建设工程合同的,合同无效。合同无效后,合同中关于违约责任及其他对发包人有利的约定将会落空。根据《建设工程司法解释(一)》第 22 条的规定,当事人签订的建设工程施工合同与招标文件、投标文件、中标通知书载明的工程范围、建设工期、工程质量、工程价款不一致，一方当事人请求将招标文件、投标文件、中标通知书作为结算工程价款的依据的，人民法院应予支持。因此，为防范标前实质性谈判的风险，建议如下：(1)建议尽量避免标前谈判行为，在标前不就投标价格、履行期限、质量标准等实质性内容进行谈判；(2)建议根据项目成本目标设置投标限价，并在限价范围内选择有效投标人；(3)如公司在招投标过程中需进行不平衡报价调整的，建议在招标文件中对招标人调整不平衡报价约定具体的规则；同时，调整不平衡报价后，需要求拟中标人提供调整后的报价清单，调整后的报价清单与第一次投标报价清单的日期保持一致，不将调整不平衡报价的澄清函等过程文件作为合同文件。

三、关于招标后签订合同阶段的风险防范

根据《建设工程司法解释(一)》第2条的规定，招标人和中标人另行签订的建设工程施工合同约定的工程范围、建设工期、工程质量、工程价款等实质性内容，与中标合同不一致，一方当事人请求按照中标合同确定权利义务的，人民法院应予支持。因此，在招标后签订合同阶段，应注意严格按照招标过程文件签订施工合同，不能对招标文件、投标文件、中标通知书内容进行实质性变更，避免因变更实质性内容的施工合同不被法院支持。实质性内容，一般是指工程范围、建设工期、工程质量、工程价款等，实践中也有将改变工程款支付方式、改变违约责任条款等被认定为改变合同实质性内容的情况。因此，在招标后签订合同阶段如需对招标文件所附施工合同进行修改的，应进行法律审查是否构成实质性变更，如构成实质性变更，建议尽量不做修改；同时，建议在招标前对施工合同进行审查，避免在招标后出现还需就施工合同进行修改的情况。

专题二　施工合同文本不完善的法律风险防范

司法实践中，大部分建设工程施工合同纠纷案件胜诉与否的关键都与施工合同的约定有着密切的联系，发包人或者承包人之所以败诉，往往是因为合同中作了对己方不利的约定，例如，合同约定发包人在收到承包人提交竣工结算申请书后一定期限内未完成审批且未提出异议的，视为发包人认可承包人提交的竣工结算申请报告，如发包人未及时就承包人提交的竣工结算报告进行审核且未

在合同约定期限内提出异议的情况下,实践中存在支持承包人要求按照其提交的竣工结算申请报告办理结算的案例。再如,施工合同中关于承发包双方联系人员的信息约定不明确,如未约定联系邮箱、联系地址等,合同中关于送达条款约定不明确的情况下,如双方发生纠纷,对于发送的往来文件,在未通过合同约定的联系地址、联系方式送达的情况下,无法直接证明文件已经送达对方,存在举证不足而不被法院支持的情形。因此,施工合同文本约定是否完善对施工合同纠纷案件至关重要,就防范施工合同文本不完善的风险,下文主要从施工合同文本选择和施工合同文本审查两个角度提出相关建议。

一、施工合同文本选择

关于施工合同文本,目前国家和地方建设行政主管部门均发布了相关示范文本,发包人在编制施工合同文本时如果自身没有成熟的合同文本,可以考虑在建设行政主管部门发布的示范文本的基础上结合公司实际情况进行编制。根据《住房城乡建设部、工商总局关于印发建设工程施工合同(示范文本)的通知》(建市〔2017〕214 号),国家住房城乡建设部目前发布的最新的示范文本是《建设工程施工合同(示范文本)》(GF-2017-0201),该版示范文本自 2017 年 10 月 1 日起正式执行,原 2013 版示范文本同时废止。除国家层面发布的 2017 版施工合同示范文本外,大部分地方建设行政主管部门也发布了施工合同示范文本,例如,广东省住房和城乡建设局目前发布的最新示范文本是《广东省建设工程标准施工合同》(2009 版)。由于该示范文本发布时间较早,目前实践中发生了较多变化,部分条款可能滞后于实践发展,故广东省住房和城乡建设厅于 2019 年 11 月发布了《广东省建设工程施工合同(示范文本)2019 版(征求意见稿)》公开征求意见,截至目前该征求意见的施工合同示范文本还未发布。因此,发包人在选择施工合同文本时,可以选择当地政府主管部门发布的施工合同示范文本,但需提请注意的是,由于建设行政主管部门在编制示范文本时可能出于保护弱势方的考虑,约定了一些对发包人并不有利的条款,因此,发包人在采用示范本文编制合同范本时应注意修改对己方不利的条款,替换为相对公平的合同条款。如住建部 2017 版示范合同文本、广东省 2009 版施工合同、深圳市 2015 版施工合同的通用条款中约定了一些默示认可条款或者发包人支付合理利润的条款,该等条款较为不利,建议在专用条款或者补充条款中进行修改。

二、施工合同文本审查

在发包人使用自有成熟文本编制或者采用示范文本编制施工合同时，文本中应尽量避免约定一些对己方不利的条款，如约定默示结算条款，约定逾期竣工违约金赔偿上限条款等；同时，应注意合同条款约定的完整性，注意约定完善的发承包双方联系方式条款，明确约定发包人代表授权范围，明确投标时承诺没有配置到位的违约责任条款等。发包人在审查施工合同文本时，可重点从以下角度进行审查。

1. 审查合同效力。结合《建设工程司法解释一》第1条关于施工合同无效的认定情形以及《民法典》第153条第1款的规定，发包人在审查施工合同时需首先考虑合同效力问题，避免存在施工单位无施工资质、应招标而未招标等可能导致合同无效的情形存在，确保合同的有效性。

2. 审查合同文件解释顺序。首先，确定哪些文件是合同组成文件，会议纪要、数据电文、信件，原则上不建议作为合同文件的组成部分。如是在缔约过程中形成的会议纪要，确实需要作为组成部分的，需双方签字确认。其次，确定组成文件的排序，原则上同类文件形成时间在后的排在前面，其他按照有利于发包人的原则排序，比如招议标文件的解释顺序优先于投标文件（如投标人承诺的条件优于招标文件的规定，按投标文件执行）。最后，审查时应注意合同文件之间有无相互矛盾和冲突的地方，明确合同文件的解释顺序，并注意不要遗漏附件。原则上排列在前的文件解释顺序优先；变更的协议或文件，其效力高于其他合同文件；签署在后的协议或文件效力高于签署在先的协议或文件。对于技术规范，在合同中需明确，标准、规范及有关技术文件等之间如有冲突，以现行有效严格者为准，发包人无须向总承包人额外支付费用。

3. 审查合同主体。关于承包人的资质，可以在全国建筑市场监督公共服务平台、各省住建厅、市住建局官网查询是否满足资质要求、是否具备安全生产许可证等；关于承包人的资信，可以利用全国法院失信被执行人名单信息公布与查询平台、启信宝、企查查、天眼查等第三方平台查询承包人是否存在被列入失信被执行人的情况，大量涉诉、行政处罚情况，其他项目履约情况等。关于监理人的权限，施工合同中的监理人权限约定与监理合同需尽量保持一致。审查项目经理的权限是否为全权授权。

4. 审查工程承包范围。合同条款中约定的承包范围应与招标文件、技术文件的规定保持一致。审查工程界面是否存在明显的重叠、交叉。合同中应赋予发包人适当调整工程承包范围的权利。

5. 审查工期条款。审查工期总日历天数是否正确，根据计划开工日期和计划竣工日期核算总工期日历天数是否正确。审查工期可以顺延的情形是否一定影响工期，审查合同条款列举的情形是否对工期实际造成影响（如不仅发生不可抗力的情形且实际已经停工、工程变更有无导致关键路径的工期延误）。审查工期顺延的程序性约定，如约定承包人在一定时间内，书面报发包人认可、监理认可。审查竣工资料、结算资料的提交时间和相关要求。审查合同是否有结算等争议不影响资料、场地等的移交的条款，如约定“发包人与承包人工程结算发生的任何异议，应当通过仲裁或者诉讼解决，但是无论是否发生或者争议责任如何，都不能成为承包人不进行工程移交、工程验收、配合工程备案以及移交工程资料的抗辩理由”。

6. 审查工程价款条款。审查工程价款包含的范围是否具体明确，审查工程价款包含的具体风险范围以及可操作性，如风险范围约定过死，可能存在后续不能调整的问题。审查总包管理配合费是否约定明确，总包管理费的计算基数是否准确。审查调价条款约定是否具有可操作性。

7. 审查工程质量条款。区分质量目标与质量标准，质量标准为必备条款，一般要求一次验收合格，符合相关国家规范标准；质量目标为可选条款，一般约定为达到某项创优工程以及达到该创优工程的奖励等，若施工合同有约定质量目标的，需注意审查奖励与合同价款的关系。区分质量保修期与缺陷责任保修期，缺陷责任保修期是为了解决保修金的退还问题。质量保修期一般根据国务院《建设工程质量管理条例》进行确定，《建设工程质量管理条例》中的保修期限为最低保修期，针对具体的项目可以约定比法定更长的期限。两者起点算相同，但期限长短不同，缺陷责任期只是质量保修期的最开始那一部分，缺陷责任期一般为两年。

8. 审查材料与设备条款。对于甲供材料，注意明确甲供材料供应时间及到货交接时间不符合约定的处理；承包人超领甲供材料情形的处理。对于甲控乙供材料，不得指定材料供应商或品牌，参考品牌范围应大于等于三个。对于乙供材料，注意约定明确相关标准及验收。注意设备安装下的设备质保期与工程保修期的衔接。关注施工合同中如何防止施工单位与供应商的采购合同中约定所有权保留带来的风险。

9. 审查履约担保条款。审查履约担保的范围、担保期限、提交时间，履约保函担保期限应至少能覆盖至工程竣工验收合格，明确只要保函期限届满前一个月，施工单位即应续保，不管工期延误是谁的原因，原则上履约保函应约定为独立保函。

10. 审查工程变更条款。审查工程变更确认流程是否完备，审查变更价款的确定，建议在单价、量闭口的情况下，设置一定的可调条件，可调条件成就时，量与价款进行调整。合同条款应规定现场签证、洽商等文件的具体人员签字并盖章有效，明确应由经办人、主管、项目负责人共同签字后才能生效。明确签证变更的项目为合同的工程内容的一部分，承包人不得拒绝工程内容中的变更签证项目。

11. 审查违约责任条款。违约责任的逻辑体系：首先，施工单位有某一项义务（如按时竣工）；其次，没有履行或没有完全履行该项义务，即违约的情形列举；最后，明确相应的违约责任，如违约金或违约损害赔偿的计算方法。

12. 审查合同解除条款。审查施工合同中解除或部分解除合同的情形是否列举清楚，针对合同解除后承包人拒绝撤场的风险作出安排。审查逾期竣工情况下发包人有权解除合同的条款，合同解除的程序尽量简洁、具有可操作性，尽量避免出现提前多少天通知才能解除的条款。

13. 审查不可抗力条款。不可抗力的具体情形需要进行明确的列举和限定，以免发生争议，具体等级约定明确，如地震的级别、台风等级、暴雨的降雨量，关于高温天气需写明是最高气温还是平均气温。较常见的是风、雨、雪、洪、震等自然灾害应尽量量化。

14. 审查索赔条款。审查索赔程序是否能够具体有效地限制承包人随意提出索赔，明确索赔期限。

15. 审查争议解决条款。建议优先考虑选择诉讼，约定为工程所在地法院管辖。审查仲裁条款的效力，防止因仲裁机构的约定不明被认定为约定无效。

实践中不完善的施工合同条款千奇百怪，难以穷尽，因此，为避免施工合同不完善的法律风险，在编制施工合同时就需要对可能存在的风险进行预防，选择有利的合同文本并进行严格审查，施工合同条款尽量完善，避免将来发生争议时留下不利的条款。

专题三　依法必须招标项目签订施工黑白合同的法律风险防范

黑白合同一般是指建设工程施工合同的当事人就同一建设工程项目、相同的施工范围所签订的两份或两份以上实质性内容不一致的合同。通常把经过招投标的合同称为白合同,把未经过招投标的合同称为黑合同,但目前法律上并没有对黑白合同进行明确定义。黑白合同产生的原因主要是国家基于对招投标项目的要求和合同备案的监管要求,在不同黑白合同情形下,对于合同效力的认定和结算依据的适用法律法规明确了具体规则。因此,为避免在依法必须招标项目中因为黑白合同不同效力的认定和结算规则的适用对发包人造成不利,本专题就依法必须招标项目签订黑白合同提供相关防范建议。考虑到依法必须招标项目黑白合同具有多种情况,以下分别对不同情况进行分析。

一、对于依法必须招标的项目,在内部招标和外部招标两次招标情况下造成黑白合同

1. 合同效力的认定以及结算依据的适用

对于依法必须招标的项目,国家基于监管需要,一般要求该类项目在政府公共交易中心平台进行招标并对中标合同进行备案,但由于发包人对最低建设成本、最优质量、最短工期的追求,担心在政府平台招标无法招到自己满意的中标单位,故发包人可能会在公司内部先行招标确定中标单位,在此情况下,存在内部招标签订的合同和在政府平台招标签订并备案的合同这两份合同。对于公司内部招标签订的合同,如果公司内部招标程序不存在不合规的行为,则公司内部签订的合同有效;否则,公司内部签订的合同可能因为内部招标程序不规范而导致合同无效。对于在政府平台招标签订并备案的合同,由于公司内部先行招标后再在政府平台招标,可能被认定为存在串通投标或者招投标双方进行了实质性谈判而导致备案合同无效。在内部签订的合同有效,外部签订的备案合同无效的情况下,按照内部签订的合同确定双方的权利义务、进行结算;在内外部合同均无效的情况下,则依据《建设工程司法解释(一)》第 24 条(原《建设工程司法解释(二)》第 11 条)的规定,参照实际履行的合同进行结算,由于两份合同均

无效,因此,合同中关于违约责任及其他对公司有利的约定可能因为合同无效而落空。在无法确认哪一份合同为实际履行合同,同时备案合同价款高于非备案合同价款时,施工单位可能要求公司按照备案合同履行,此时公司可能需要向施工单位支付更多的费用。

2. 防范措施

根据前述分析,存在内外部两次招标的情况下,若内部签订合同有效,则按内部签订的合同进行结算,在内外部签订的合同均无效的情况下,将按照双方实际履行的合同进行结算,因此,主要在以下两个方面提出防范建议。

(1)确保公司招标程序合法合规,保证公司按照招标程序签订的合同有效

为保证公司内部招标签订的合同有效,则需确保公司内部招标程序符合招投标法律法规的要求,不存在导致中标无效的情形。

根据《招标投标法》《招标投标法实施条例》等规定,在公司内部招标程序中可能导致中标无效的主要有以下几种情形:①招标人泄露招投标情况影响公平竞争的;②投标人相互串通投标或者与招标人串通投标的,投标人以向招标人或者评标委员会成员行贿的手段谋取中标的;③投标人以他人名义投标或者以其他方式弄虚作假,骗取中标的;④依法必须进行招标的项目,招标人与投标人就投标价格、投标方案等实质性内容进行谈判的;⑤招标人在评标委员会依法推荐的中标候选人以外确定中标人的,依法必须进行招标的项目在所有投标被评标委员会否决后自行确定中标人的;⑥依法必须进行招标项目的招标人不按照规定组建评标委员会或者确定、更换评标委员会成员违规的,作出的评审结论无效。

因此,为确保内部招标签订的合同合法有效,主要防控建议如下:

①建议尽量避免标前谈判行为,在标前不就投标价格、履行期限、质量标准等实质性内容进行谈判;

②建议公司在选取员工进行评标时,尽量选取符合法律规定的专家资格的员工进行评标(专家应当从事相关领域工作满 8 年并具有高级职称或者具有同等专业水平);

③公司在评标时防范投标人挂靠投标;

④招标人不泄露招投标情况、不进行串通投标、严格按照招评标程序确定中标人。

(2)确保实际履行的合同为公司内部招标签订的合同

如果内外部招标程序签订的合同均无效,则建议确保公司内部招标签订的合同被认定为实际履行合同,此情况下,将避免按照外部招标签订的备案合同进行结算;或者确保备案合同的内容更优于公司内部签订的合同,则即使按照备案合同结算也不会对发包人造成不利。主要防控建议如下。

①控制内部合同签订的时间,内部合同签订时间在政府备案合同之后;

②如政府对在平台招标备案合同版本没有要求的,建议采用公司内部合同而非政府合同文本进行招标、备案或报建。

③如不允许使用公司自己的合同文本进行备案的,则建议对招标备案的合同进行审查,以确保黑白合同的主要内容保持一致,具体如下:其一,价款相关条款尽量一致(如果备案范围与实际范围不一致的,应保证单价尽量一致)。最好备案合同比实际执行合同相对应部分的价格偏低,同时备案合同的调价设置得更苛刻。其二,备案合同的工期尽量比实际执行合同的工期短。其三,违约责任(工期违约金)、合同解除条款尽量保持一致。

④中标人出具承诺函,明确公司已通过招标程序选择承包人并签订实际履行的合同,为了政府备案需要由承包人在政府平台走了一次招标流程并签订备案合同,上述流程及合同仅是为了办理报建手续的需要,不是双方的真实意思表示,双方以内部签订的合同作为实际履行合同。

二、在依法必须招标的项目中,只在政府平台上进行一次招标并备案,但又另行签订了与中标合同实质性内容不一致的合同(未经过招标)而造成存在黑白合同

1. 另行签订的合同是在招标前签订的

(1)合同效力的认定以及结算依据的适用

另行签订的合同由于没有招标,依据《建设工程司法解释(一)》第 1 条(原《建设工程司法解释》第 1 条)的规定,应当招标项目未招标的合同无效,在已事先签订合同后又通过政府平台进行招标签订中标合同的,在政府平台招标可能被认定为串标或者进行了实质性谈判,依据招标投标法的规定,中标无效,进而导致合同无效。在两份合同都无效的情况下,以实际履行合同作为结算依据,两份合同中对于发包人有利的条款落空。

(2)防范措施

对于依法必须招标的项目,建议通过招标(公司内部招标程序或者政府平台招标程序)确定中标单位,避免未经过招标签订的合同被认定为无效合同。

如果无法实现的,则建议确保以公司内部签订的合同作为实际履行的合同。具体建议如下:①控制内部合同签订的时间,内部合同签订时间在政府中标备案合同之后。②施工单位出具承诺函,明确为了政府备案需要由承包人在政府平台走了一次招标流程并签订备案合同,上述流程及合同仅是为了办理备案或报建手续的需要,不是双方的真实意思表示,双方以内部签订的合同作为实际履行合同。③确保备案合同内容更优于公司内部签订的合同,具体如下:其一,价款相关条款尽量一致(如备案范围与实际范围不一致,应保证单价尽量一致)。最好备案合同对实际执行合同相对应部分的价格偏低,同时备案合同的调价设置得更苛刻。其二,备案合同的工期尽量比实际执行合同的短。其三,违约责任(工期违约金)、合同解除条款尽量保持一致。

2. 另行签订的合同是在招标后签订的

(1)合同效力的认定以及结算依据的适用

对于在政府平台通过招标程序签订并备案的中标合同,如果不存在招标程序不规范的问题,则中标合同有效,在政府招标程序后双方又另行签订与中标合同实质性内容不一致的合同的,根据《建设工程司法解释(一)》第 2 条第 1 款(原《建设工程司法解释(二)》第 1 条第 1 款)的规定,以中标合同确定双方的权利义务,从而间接否定了另行签订合同的效力,双方结算依据以中标合同为准。

(2)防范措施

①另行签订的合同避免对中标合同实质性内容进行变更。根据《建设工程司法解释(一)》第 2 条第 1 款(原《建设工程司法解释(二)》第 1 条第 1 款)的规定,实质性内容一般是指工程范围、建设工期、工程质量、工程价款等。

②施工过程中发生的正常变更,不构成变更无效,建议仅在施工正常变更情况下考虑另行签订合同,其他情况下建议按照中标合同执行,不再另行签订合同。

广东高院《2011 意见》[①]第 2 条规定,建设工程施工过程中,当事人以补充协

---

① 广东高院《2011 意见》已失效。

议等形式约定的正常的工程量增减、设计变更等，一般不认定为“实质性内容不一致”。浙江高院《解答》第15条也规定，对施工过程中，由于设计变更、建设工程规划指标调整等客观原因，承发包双方以补充协议、会谈纪要、往来函件、签证等洽商记录形式，变更工期、工程价款、工程项目性质的书面文件，不应认定为“实质性背离”。因此，对于施工过程中发生的正常变更需签订补充协议的，建议在补充协议中交代相关背景，并保留相应背景资料，避免将来产生争议时被认定为构成合同实质性内容变更。

三、在依法必须招标的项目中，只进行一次招标并签订中标合同，但中标合同与招标文件、投标文件、中标通知书中约定的实质性内容不一致，而造成黑白合同

通过招标程序签订的合同，如果招标程序不存在违反招标投标法律法规的规定，则招标签订的中标合同有效，但如中标合同对招标文件、投标文件、中标通知书进行实质性变更，根据《建设工程司法解释（一）》第22条（原《建设工程司法解释（二）》第10条）的规定，则以招标文件、投标文件、中标通知书作为工程价款结算依据。

因此，为避免前述风险，建议在招标前对招标文件、合同文件进行严格审查，避免中标后对合同文本进行调整修改。中标合同应严格按照招标文件、投标文件、中标通知书的条款签订。如公司在招投标过程中需进行不平衡报价调整的，建议在招标文件中对招标人调整不平衡报价约定具体的规则，同时，调整不平衡报价后，要求拟中标人提供调整后的报价清单，调整后的报价清单与第一次投标报价清单的日期保持一致，不将调整不平衡报价的澄清函等过程文件作为合同文件。

专题四　内部承包合同纠纷中施工企业的法律风险防范

一、内部承包合同的认定

内部承包合同是工程承包人就其承包的全部或部分工程与其下属分支机构或职工签订的工程承包合同，内部承包经营方式属建筑施工企业的一种内部经营方式，法律和行政法规对此并不禁止。内部承包经营是一种生产经营的激励

机制,合理使用好内部承包经营有利于增进企业员工的生产经营积极性、责任性,促进企业生产经营水平的提升,因此,内部承包经营模式并不为我国法律禁止,据此签订的内部承包经营合同在不存在无效事由的情况下应认定为合法有效。实践中对“内部承包合同”的认定散见于各省法院的一些审判指导意见、案件疑难问题解答等规范性文件中。

如北京高院《解答》第1条第5款关于“如何认定建筑企业的内部承包行为”规定:“建设工程施工合同的承包人将其承包的全部或部分工程交由其下属的分支机构或在册的项目经理等企业职工个人承包施工,承包人对工程施工过程及质量进行管理,对外承担施工合同权利义务的,属于企业内部承包行为;发包人以内部承包人缺乏施工资质为由主张施工合同无效的,不予支持。”

《北京市高级人民法院审理民商事案件若干问题的解答(之三)》第25条关于“如何认定企业内部承包合同?”中规定,“企业内部承包合同是指企业与其职工之间就企业承包经营责任制目标而达成的明确相互间责、权、利关系的协议。该类合同以企业与职工的劳动(人事)关系为基础,有些合同中还包含有工资福利等有关劳动关系权利义务方面的内容,虽带有劳动合同的某些属性,但其实质是企业中的内部管理合同。认定企业内部承包合同应审查合同双方当事人之间有无劳动(人事)关系,及合同内容是否包括劳动报酬、社会保险、福利、职业培训等内容。如确认双方存在劳动(人事)关系,即可认定合同性质为企业内部承包合同。”

福建高院《解答》第1条关于“如何认定施工企业内部承包合同的性质与效力?”规定:建设工程施工合同的承包人与其下属分支机构或职工就所承包的全部或部分工程施工所签订的承包合同为企业内部承包合同,属建筑施工企业的一种内部经营方式,法律和行政法规对此并不禁止,承包人仍应对工程施工过程及质量等进行管理,对外承担施工合同的权利义务。当事人以内部承包合同的承包方无施工资质为由主张合同无效的,不予支持。

四川高院《解答》第1条第6款关于“如何认定内部承包”中规定:“建筑施工企业将其承包的全部或部分工程交由其下届分支机构或在册的项目经理等本企业职工个人承包施工,建筑施工企业对工程施工过程及质量进行管理,并在资金、技术、设备、人力等方面给予支持的,属于内部承包……内部承包的对外民事权利义务主体为该合同发包人建筑施工企业。”

浙江高院《解答》第1条关于“如何认定内部承包合同？如何认定其效力？”中规定：“建设工程施工合同的承包人与其下属分支机构或在册职工签订合同，将其承包的全部或部分工程承包给其下属分支机构或职工施工，并在资金、技术、设备、人力等方面给予支持的，可认定为企业内部承包合同；当事人以内部承包合同的承包方无施工资质为由，主张该内部承包合同无效的，不予支持。”

《杭州市中级人民法院民一庭关于审理建设工程及房屋相关纠纷案件若干实务问题的解答》第1条第2款关于“如何区分建设工程施工过程中的挂靠与内部承包？”中规定：“对于建设单位内部承包合同，应当认定为是工程承包人就其承包的全部或部分工程与其下属分支机构或职工签订的工程承包合同，属建筑施工企业的一种内部经营方式，法律和行政法规对此并不禁止，该承包人应对工程施工过程及质量等进行管理，对外承担施工合同的权利义务。当事人一方以内部承包合同中的承包方无施工资质为由主张该内部承包合同无效的，不予支持。而挂靠则是指实际施工主体借用有资质的建筑施工企业名义承揽建设工程，该实际施工主体与被挂靠企业间并不存在隶属或管理关系，构成独立主体间的承包合同关系，如果挂靠单位并无相应施工资质的，应认定该承包合同关系无效。因此，二者区分主要应从合同当事人间是否有劳动或隶属管理关系，承包工程所需资金、材料、技术是否由对方当事人提供等进行判断。”

综合上述规定可以看出，认定内部承包经营合同主要有几个关键要点：一是内部承包人与施工合同承包人之间是否有劳动或隶属管理关系；二是承包工程所需资金、材料、设备、技术、人员方面施工合同承包人是否给予支持；三是施工合同承包人对工程施工过程及质量是否进行管理。

二、内部承包被认定为属于违法分包、转包、挂靠的风险

内部承包作为企业的一种经营模式，法律并不否定内部承包经营合同的效力，但实践中经常出现名为内部承包实为违法分包、转包或挂靠的情况，而违法分包、转包、挂靠是法律所明令禁止的行为，往往会导致所签合同归于无效。因此，内部承包经营的主要风险在于被认定为属于违法分包、转包和挂靠。其中，又由于与挂靠更为相似而存在风险，转包与挂靠的区别主要如下。

(1)在合同主体之间的关系上。内部承包要求具有劳动或隶属管理关系；而挂靠中，实际施工主体与被挂靠企业间并不存在隶属或管理关系，构成独立

主体。

(2)在工程管理上。内部承包关系中,施工合同承包人对内部承包人进行统一的管理,给予技术、资金、材料、人员等各方面的支持,对工程进行过程管理和监督;而挂靠关系中,被挂靠人对挂靠人不进行实质性管理,对挂靠人所建工程也不进行过程管理,财务管理相互独立。

(3)在签订合同时间上。对于内部承包,建设工程施工合同签订在先,内部承包协议签订在后;在挂靠情况下,挂靠人与被挂靠人在建设工程施工合同签订前就已就借用资质和出借资质进行协商,挂靠协议一般签订在前,且建设工程施工合同是挂靠人以被挂靠人的名义进行承揽所签订的,一般包括参与投标、订立合同、办理有关施工手续、从事施工等活动。

三、建筑施工企业内部承包的法律风险防范

为避免内部承包合同被认定为属于非法分包、转包、挂靠的行为而导致签订的施工合同被认定为无效,建议建筑施工企业采取如下防范措施:

1. 内部承包协议中的乙方签约主体应为与公司有合法的人事或者劳动合同以及社会保险关系的人员,或者具有隶属关系的下属分支机构。一般情况下,是否具有劳动关系应以书面劳动合同、社保缴纳凭证、工资发放证明等予以证实。

2. 内部承包协议的约定应明确具体,就公司与内部承包人之间的权利义务责任进行明确的划分,因公司在对外关系上承担全部责任,如在内部承包协议中约定公司对外承担责任后由内部承包人最终负担相关责任的,则公司承担责任后,可要求内部承包人最终承担。内部承包合同要明确约定诸如工程价款的结算条件、违约责任、承包的最终责任划分、中途接管的法律后果等问题。

3. 在工程施工过程中,公司应对工程项目给予技术、资金、材料、人员等各方面的支持,应以使用公司的财产为主,项目经理或附属分支机构投入的财产为辅。

4. 加强对施工过程及施工质量的管理,并对工程项目的质量、安全、进度进行监督。

第二节 施工合同履行过程中的争议控制

专题一 费用索赔争议的风险控制

工程索赔是指在工程合同履行过程中,合同当事人一方由于非己方的原因而遭受损失,按合同约定或法律法规应由对方承担责任,从而向对方提出补偿要求。工程索赔包括工期索赔和费用索赔,其中费用索赔指在合同履行过程中一方当事人由于另一方未履行合同义务或者出现了应由对方承担责任的情况造成的实际损失,向对方提出的费用索赔要求。

发承包双方就费用索赔无法达成一致,也是工程造价争议形成的原因之一。在费用索赔中,建设单位往往更容易因风险防范不到位而造成损失,因此建设单位更应当加强费用索赔的法律风险防控,有效保护自身的合法权益。

一、建设单位面对索赔文件的基本审查思路

在索赔事件发生时,为保障建设单位的合法权益,建设单位应当谨慎审查施工单位的索赔文件,从严把控,需着重注意索赔是否有合同或法律上的依据、是否符合合同约定的程序和施工单位提供的证据是否合法真实,与索赔事项是否具有关联性、索赔金额是否合理准确。

索赔的基本要件包括:索赔理由、索赔时限、索赔证据和索赔数额计算,因此,建设单位在审查索赔文件时,应当从以下几个方面进行审查。

1. 索赔主体。在工程索赔关系中,应当由承包人向发包人提出索赔,分包人或与发包人没有合同关系的第三人应当向承包人或其合同相对方提出索赔。

2. 索赔程序。建设单位应当审查承包人是否在合同约定的时限内提交符合要求的索赔材料、是否按照合同约定的程序提出索赔。

3. 索赔事件。建设单位应当审查承包人提出的索赔事件(如发生时间、内容、影响范围等)是否属实、是否属于合同约定的索赔范畴。

4. 索赔金额。建设单位应当审查承包人的索赔金额是否有事实及合同依据,计算方式是否符合合同约定(如合同约定索赔事项应当按照合同清单计价

的,索赔金额不应当按照定额计价),计算金额是否准确无误。

5. 索赔事件的成因。建设单位应当分析索赔事件是由于发包人还是承包人的原因造成的,或是双方共同责任,或是归于非当事人任何一方的其他原因或责任。

6. 承包人的其他责任。例如,索赔事件发生后,承包人是否及时通知发包人,并尽至一个有经验的承包商应当采取的措施以减轻或消除损害等。

7. 证据材料的真实性和关联性。承包人的证据是否真实合法,证据与待证事实之间是否有关联关系,证据的形成是否符合合同的约定等。

二、产生费用索赔的常见原因及防控措施

费用索赔的风险防控不仅限于费用索赔发生之时,在费用索赔未发生之前,准确把握费用索赔的产生原因,从源头防控费用索赔的高频发生,也能有效减少费用索赔、降低工程造价争议发生的可能性。本专题将对产生费用索赔的几个常见原因及其防控措施进行分析。

1. 工程量清单存在错项、漏项等问题

施工合同常用的计价方式有固定总价、固定单价等形式,如果固定价格施工合同的工程量清单存在错项、漏项等问题,所涉及的清单项目与工程实际情况有一定差距,清单中的工作内容、编制说明描述过于笼统或者存在错误,将使约定的固定总价或者固定单价继续适用不再合理准确。在这种情况下,承包人可能以工程量清单、工作内容等存在错误影响报价决策为由,提起费用索赔。

对此,建设单位应当仔细审核工程量清单中的项目编码、项目名称、计量单位、工程量计算规则等是否准确统一,项目特征、工程内容是否具体全面,招标范围、计算口径是否完整详细,工程量计算是否准确无误,施工单位是否存在不平衡报价,清单项目的选用是否规范,计价规范是否合理可行等。建设单位作为招标人,应当保证工程量清单的合理性和准确性。

2. 签订施工合同时施工设计深度不足

有些工程的工期较急,迫切要求尽早完工,往往在设计深度不足的情况下便仓促选定施工单位。初步设计不能准确反映工程的真实性,甚至在签订施工合同时没有图纸或图纸过于简略以致无法准确评估工程量和造价。在实际施工过程中,由于图纸的粗略导致设计变更和施工签证的情况常常发生,使费用索赔不

断出现,甚至使工程决算造价不断提高,超出控制范围。

对此,如果建设单位迫于工期的压力,不得已在施工设计深度不足的情况下即签订施工合同的,应尽可能选择模拟清单、综合单价的方式进行计价,如果需要选择固定总价的计价方式,为避免固定总价的计价方式被法院推翻,发承包方应当在已形成相对完整的图纸的基础上制作施工图预算进行重新计量,并据此签订固定总价的补充协议,才能按照正式下发的施工图进行总价包干。

3. 人料机价格波动幅度较大

施工合同的合同履行期可能较长,如果占工程造价比重较大的人工费、材料费、机械费的价格(以下简称人料机价格)在此期间涨幅较大,承包人往往会就人料机价格上涨的费用向发包人提出索赔。受环保政策、物价上涨、劳务人员不足且劳务成本增加等各方面因素的影响,近年来建筑材料、建筑劳务市场的价格普遍呈上涨的趋势,人料机价格的费用索赔争议成为施工合同纠纷中常见的争议焦点之一。

对此,建设单位在施工合同中应当明确约定允许价格调整的建筑材料、机械类型(一般仅限于占工程造价比重较大的材料、机械),并明确人工费是否予以调整。施工合同一般会约定价格风险为 ±3% ~ ±5%,建设单位可以根据项目情况进行调整。对于风险范围内的价格波动,建设单位与施工单位应当严格执行合同约定,不再调整价差。

在实践中不少建设单位会在施工合同中约定人料机价格一律不予调整,这样的约定既违反了《建设工程工程量清单计价规范》3.4.1 关于“不得设置无限风险、所有风险或类似语句”的规定,也可能违反地方相关主管部门的相关规定。例如,深圳市住建局在 2019 年 4 月 3 日发布的《关于在施工招标中增加不设置“霸王条款”承诺等内容的通知》的附件一、附件二都将“人工、主要材料及机械使用的价格一律不予调差”视为霸王条款之一,如果招标人坚持设置此类条款,由此造成的一切不利后果将由招标人自行承担。尽管违反上述规定不一定会导致施工合同无效(司法实践中对于此问题存在一定的争议),但如果施工过程中确实出现人料机价格大幅上涨,导致继续履行合同价格将可能造成施工单位遭受巨大亏损的情况,尽管建设单位有意予以价格调差,但碍于施工合同中人料机价格一律不予调整的约定,特别是部分建设单位作为国有企业还将面临审计问题,在不提起诉讼的情况下将难以对合同价格进行调整,这时将会形成合同价格无法调整与施工单位不愿施工的僵局。因此，建设单位在设置“人料机价格一律不予调整”等类似条款时，应当充分考虑各方面因素，对于工期较长、人料机价格变动可能性较大、审计要求较严格的项目，尽量不采用一律包死的合同条款。

面对人料机价格的大幅上涨，施工合同确实约定了“人料机价格一律不予调整”等类似条款的，为避免合同价格无法调整与施工单位不愿施工的僵局，施工单位可以考虑从以下几个方面进行突破。

一是以发包人原因逾期开工或超期复工为由要求调价。如果发包人存在逾期开工或超期复工的情况，实际施工时间与合同约定时间不一致的，在此期间内发生人机料价格上涨，施工单位可以此为由要求调价。

二是以非承包人原因造成工期延长为由要求调价。如果存在由于非承包人原因造成工期延长，在延长工期期间内发生人料机价格上涨的，施工单位可以此为由要求调价。

三是以合同条款存在矛盾为由要求调价。尽管施工合同中存在人料机价格一律不予调整的约定，但是如果其他条款中有相反约定，施工单位应当把握该相反约定，结合合同解释规则，突破一律不予调整的约定。

四是以情势变更为由要求调价。如果发包人不存在逾期开工、超期复工等发包人违约情况，也不存在非承包人原因导致工期延误的情况，或者施工合同有“发包人逾期开工、超期复工，或由于非承包人原因导致工期延长，发包人仅对工期予以调整，不做任何费用补偿”等类似约定的，施工单位还可以情势变更为由要求调价。但是，目前法院对情势变更原则普遍持慎重适用的态度，施工单位主张以情势变更原则调整价格的举证责任较重，实现调价的难度也较大。

五是依照相关法规或政策文件规定要求调价。不少地方的建设工程主管部门都曾发布关于人机料价格调差的相关规定，也存在相关的司法判例以此为依据突破合同约定进行调差，因此施工单位可以考虑依照相关法规或政策文件规定要求调价。但是，不少法院认为政府调价文件作为指导性文件对发承包双方无约束力，施工单位仅凭相关法规或政策文件主张调价仍有较大可能性不被支持。

六是协商解除合同。如果没有其他办法可以突破合同条款，施工单位可以与建设单位协商解除合同，由建设单位重新招标或重新选定施工单位，避免施工单位在严重亏损的情况下继续承建工程，以减少损失。

如果需突破合同条款主张人料机价格调差的，施工单位应当结合各方面因素对人料机价格调差的合理性、正当性进行论证，尽可能从多角度进行分析，以增加价格调差的主张被支持的可能性。

专题二　工程签证争议的风险控制

工程签证一般是指发承包双方就施工过程中的责任事件所作的签认证明。实务中常常由于工程签证的不规范而造成发承包双方对工程造价产生争议，建设单位更容易因为工程签证的不规范遭受损失，因此建设单位应当加强工程签证的法律风险防控，以减少工程造价争议，有效保护自身的合法权益。

一、建设单位在工程签证中存在的主要问题

1. 签证单审核不严谨，随意签证

在建设工程中，签证人员不严格遵守施工合同关于签证的约定，存在随意签证、重复签证、事后补签等情况，导致工程签证错漏百出，甚至给发包人造成损失。

此外，也存在签证人员不熟悉施工合同的约定的情形，对于合同中明确约定不应由发包人承担的责任进行签认，由此导致发包人承担原本无须承担的费用。

2. 签证内容不规范，引起歧义

工程签证中常常会出现“情况属实，价格由造价人员核定”等类似表述。如果是针对应由发包人承担的责任，上述表述不存在法律风险；但是针对合同中明确无需由发包人承担的责任或者合同中无明确约定的责任范围，上述表述将可能被视为发包人认可承包人在签证中主张的内容，并承诺给予费用补偿。在这种情况下，承包人将有权依据工程签证突破合同约定，向发包人主张费用索赔。

3. 签证权限设置不合理

建设单位内部工程师、工程项目负责人、单位负责人的签证权限不明晰，向下授权过大，导致越权签证、虚假签证等情况频发，严重损害建设单位的权益。

另外，监理单位的签证权限也存在约束不到位的情况。监理单位的签证意见同样会对建设单位产生影响，甚至作为第三方的监理单位的签证内容可能会成为承包人主张费用索赔的有力证据，因此监理单位未经建设单位同意，擅自对

于工程价款、工期调整、设计变更等重要内容进行签证，将会给建设单位造成较大的潜在风险。

4. 迟延签收或迟延回复签证单

不少施工合同中会约定发包人迟延签收或回复承包人的工程签证单的法律后果，即约定发包人未在合同约定期限内对承包人的工程签证单予以签收及回复的，视为发包人认可签证内容。如果施工合同中有上述默示条款而发包人未在约定期限内予以回复的，将可能在违反本意的情况下承担工程签证单的内容。

二、建设单位在工程签证中的法律风险防控措施

1. 完善施工合同文本

（1）在施工合同中明确约定建设单位、施工单位的有权代表及其进行工程签证的授权范围，未在授权范围的工程签证将不被认可。对于发包人代表的签证权限应当合理明确，现场各级项目管理人员的签证权限应划分明确，超出权限的工程签证将不发生法律效力。

（2）施工合同中明确约定监理单位的权限，限制监理单位对工程价款、工程量变更、工期调整、合同条款变更等重大事项进行签认的权利，未经发包人代表的书面审批，监理单位对上述重大事项的工程签证不发生法律效力。

（3）明确可签证事项及不可签证事项，凡是合同中约定由承包人承担的责任范围均不予以签证。

（4）施工合同中对于工程签证的权限设置（包括不得进行工程签证的内容、发包人代表、监理单位的权限等）应当以显著标志予以充分提示。

（5）应当重点关注施工合同中发包人的工程签证默示条款。如果施工合同适用默示条款的，在施工过程中应当注意审核期限，避免因为逾期答复而承担不利后果。如果不适用该条款，应当在合同中予以明确"发包人在约定期限内不予答复的，并不视为认可承包人提交的工程签证单"。

2. 规范现场管理行为

（1）加强现场管理人员的岗前培训，现场管理人员应当全面了解工程签证涉及的法律法规、本单位的工程签证制度、施工合同及招投标文件等内容，尤其对于工程签证的权限、发承包双方的责任范围等重要内容应当充分熟悉。

（2）规范工程签证内容。对于合同约定不予签证的事项、重复签证的事项、

与实际情况不符的事项,应当坚决拒绝签证并及时回复书面意见。对于工程量的确认,如无须给予费用补偿,应当明确“对工程量予以确认,但不给予费用索赔”,避免出现“请造价人员审核”的表述。对于合同约定不明确、存在争议的事项,避免使用“确认”等表述,避免仅签章而不注明回复意见,应当将异议内容明确记录在签证单中。

(3)加强对签证内容的审核。对于施工单位提出的签证单,如涉及重大权利义务或双方争议较大,应当第一时间会同工程管理部门、法务、顾问律师进行审核。

(4)施工过程中应当加强档案管理,妥善保管工程资料、双方往来洽商文件等证据材料,以备诉讼之需。

专题三　工程质量及维保争议的风险控制

工程质量作为贯穿工程建设全过程的一大重点问题,建设单位、施工单位因此产生争议进而影响工程施工、维保进度或工程价款结算的情况时有发生。近年来,国务院办公厅、住建部等部门陆续出台文件强调建设单位应对工程质量承担首要责任(建设单位是工程质量第一责任人,依法对工程质量承担全面责任),因而即使施工单位作为建筑服务提供方,应当保证其交付工程的质量合格,但建设单位在保证工程质量合格问题上担负不可推卸的责任。为尽量减少或避免此类争议的出现,在工程施工阶段、维保阶段,发包人可采取相应控制措施将此争议发生概率或发生后的解决成本予以降低。

一、缔约阶段

1. 如建设单位对于工程质量有较高的标准或特殊的要求,应在施工合同中对质量标准进行明确约定,以避免在合同质量标准约定不明时,按照《民法典》之规定适用国家强制性标准。

2. 施工合同示范文本中一般会在通用条款中约定涉及质量认可的不利于建设单位的默示条款,如涉及隐蔽工程验收的默示条款、涉及单机调试、联动调试以及竣工验收等的默示条款。在工程招标文件发布前或施工合同签署前,建议建设单位进行修改完善。

3. 在施工合同正文条款中的质量缺陷保修条款或者合同附件——“工程质量缺陷保修书”中明确：施工单位响应维保要求的期限及不同类型的质量缺陷所需要完成维修的预估时间，以及施工单位未能及时响应维保要求时建设单位委托第三方进行维保的权利，并同时明确因此产生的委托第三方维保费用及相关的损失（如业主或者其他使用单位因此无法适用该住宅物业的租金损失、物业费损失等或者商业物业的经营损失或者租金损失等）由该施工单位承担。

4. 施工合同中约定，双方无法就存在的质量缺陷达成一致意见时，委托进行质量鉴定的第三方鉴定机构的名称。为了使该鉴定机构的鉴定结论更具有公信力，该鉴定机构依法应当具有法定的鉴定资质，同时最好是施工合同约定的争议解决机构名录中的质量检测鉴定机构。

5. 为了避免因为项目的特殊情况需要使用部分在建工程的可能性，建议在施工合同中约定，需要使用该部分在建工程的原因及明确施工单位不得以此为由主张建设单位擅自使用工程，该等使用不属于提前使用。

二、施工阶段

（一）积极履约

1. 工程施工过程中，建设单位应当按照合同约定及时参与隐蔽工程验收、材料设备进场检查等需要建设单位及时查验的工作，以免出现未按时查验视为认可隐蔽工程质量、材料设备质量等风险。

2. 尽量避免提供或指定施工单位购买不符合强制性标准的建筑材料、建筑构配件、设备，以免承担《建设工程司法解释一》第 13 条规定的质量缺陷过错责任。

3. 如项目操作中存在指定分包情形，建议由施工单位出具委托书，表明施工单位委托建设单位代其选定分包单位。

4. 建设工程未经验收合格的，避免擅自使用工程。但如建设单位仅是接收“占有”该工程，而非对该工程进行功能性“使用”的，可在施工单位主张不承担质量责任时提出抗辩。同时，在使用前最好办理一个局部工程的验收手续，并由建设单位、监理单位、设计单位和施工单位等签署。

5. 施工合同解除时，建设单位应及时组织施工单位等参建单位对已完工程质量进行验收；如果验收未能通过，存在的质量问题，建设单位应及时提出；如果施工合同解除后仍需新的施工单位进场施工的,则质量问题还应在新的施工单位进场施工前提出且进行书面确认。如果施工单位拒绝参与验收,需要对质量问题进行证据固化。

(二)工程管理动作留痕

工程施工过程中就质量、验收等相关问题的来往函件、会议纪要以及现场查验记录等文件的原件应予以妥善留存,并由专人负责台账管理。如相关资料为照片、视频等电子数据的,则应注意留存该类电子数据的原始载体,不得删除。对于记录工程质量问题的照片、视频等电子数据,建设单位在拍摄、录制时应保证质量问题部位清晰,并将可体现拍摄日期的物品(如当天发行的报纸等)与质量问题部位一同拍摄,可显示日期水印的也应一并开启。

三、维保阶段

1. 及时进行书面通知。工程在质保期内出现质量问题的,建设单位应当及时书面通知施工单位进场维修。发函通知时应注意载明应到场保修时间、保修部位等内容,如发函主体并非建设单位(如物业公司等)的,则该发函主体应取得建设单位的授权。发函如果是以手递方式送达,需要做好签收记录,而且签收人员有证据证明是施工单位的人员,如果施工合同约定的项目经理、项目维修负责人或者其他经施工单位签署确认的项目组织机构的人员等;如果是邮寄送达,则需要签署邮寄面单(如填写函件名称、勾选实物返单),收件主体是施工单位法定代表人、项目经理或维修负责人。

2. 共同确认维修范围或对质量缺陷问题进行取证确认。施工单位按要求到场维修的,发包人与承包人共同查看现场,确定工程维修内容;如施工单位拖延进场维修或拒绝进场维修,建设单位应就质量缺陷内容进行取证(如拍照、录制视频等方式),必要时委托公证机构进行确认,如该工程施工过程中存在中途退场更换施工单位情形,需确认维修范围是哪一个施工单位的施工范围。

3. 再次发函。针对施工单位拖延或拒绝进场维修情形,建设单位需委托第三方施工单位进行维修时,建设单位应注意:(1)将工程委托给第三方维修,由此产生的费用及按照施工合同约定的违约金及其他损失在结算款、保修金中扣除等事宜发函通知施工单位;(2)对于第三方维保单位的选聘:一是要保证满足施工资质的要求,二是要保证选聘程序合法合规,如法定必须招标的则应招标。

4. 及时进行工程质量检测鉴定。在工程质量问题还未修复时，如建设单位与施工单位就该工程质量问题的责任承担存在分歧或争议的，建设单位可先采取自行委托具有资质的检测鉴定机构或专家，就质量问题产生原因进行鉴定或出具专家意见，为后续可能发生的诉讼或仲裁提供证据支撑。就委托检测鉴定机构而言，应选择合同约定的质量检测鉴定机构，当合同未就此进行约定时，则优先选择争议解决机构名录中的质量检测鉴定机构，以尽可能提高公信力。

5. 第三方维修整改情况记录。实践中，如建设单位采取委托第三方单位维修整改的，为避免后续建设单位在主张由施工单位承担第三方单位维修费用时的举证困难，建设单位应及时记录及留存第三方维修整改的相关情况，包括但不限于：(1)第三方进场记录，如开工令、开工通知等；(2)第三方施工过程的过程记录，如建设单位、监理单位和第三方均签字确认的详细施工记录，监理日志，第三方施工完成后各方验收记录文件原件等；(3)第三方维修费用合理性的证明材料，如第三方维修费用的报价，最好进行比价，如无多方比价，则最好附有详细的综合单价分析表，并对维修整改较此前大规模施工存在降效问题进行说明；(4)建设单位与第三方签署的合同文件、结算文件、支付凭证等。

专题四 建设工期索赔争议的风险控制

一、事前控制——重视对招标文件、合同文件工期的约定

应注重审查招标文件、合同文件关于工期的约定是否合理。鉴于司法裁判中，当事人发生纠纷后再提出合同约定的工期不合理，严重压缩定额工期，法院通常认为双方作为具有经验的主体，合同载明的工期为真实意思，应予执行，不支持一方又以合同约定的工期过短主张约定工期无效，即便约定的工期不合理，承包人工期迟延后仍可能被追责。约定合理的工期不仅可以使承包人避免因迟延于不合理工期而被追责，合理的工期也是工程质量、工程安全获得保障的前提。因此，在合同签订时就应该重视对工期的约定，应充分重视约定工期是否合理。根据《建设工程司法解释(一)》第 2 条的规定，建设工期属于中标合同的实质性内容，如通过招标投标方式订立合同，双方后续再变更中标合同中的工期可能无效，因此在投标阶段应该对招标文件中的工期进行充分评估，如招标文件载明的工期不合理，应向招标人提出，请求招标人对招标文件中的工期进行修改。

对招标文件、合同文件约定工期的评估，首先应该明确合同约定的工期具体指哪一段期间，即工期的起算点、截止时间，工期的起算点是以开工通知中载明的开工日期起算，还是以其他时间起算，对于工期的截止日期，是截至工程竣工验收合格，还是截至工程竣工备案完成，或者是住宅项目到集中入户后等，均需要承包人重点关注。明确工期的具体含义是评估工期的前提。还应该分析合同条款对承包人承担工期风险的约定，了解哪些风险需要承包人承担，出现这类事件不能顺延工期，在评估合理工期时应计算一定的风险因素。承包人应从技术层面对工程的合理工期进行评估，并考量一定风险，确定合同约定的工期能否实现。

二、事中控制——重视对合同履行的过程控制和证据固化

1. 开工日期证据的收集

涉及开工日期的文件较多，以何种文件确定开工日期可能存在争议，是以开工通知载明的开工日期，还是以实际进场施工的日期，或者是以施工许可证、竣工验收报告、竣工备案表、开工报告、合同载明的开工日期作为实际开工日期。对此，《建设工程司法解释(一)》第 8 条规定："当事人对建设工程开工日期有争议的，人民法院应当分别按照以下情形予以认定：(一)开工日期为发包人或者监理人发出的开工通知载明的开工日期；开工通知发出后，尚不具备开工条件的，以开工条件具备的时间为开工日期；因承包人原因导致开工时间推迟的，以开工通知载明的时间为开工日期。(二)承包人经发包人同意已经实际进场施工的，以实际进场施工时间为开工日期。(三)发包人或者监理人未发出开工通知，亦无相关证据证明实际开工日期的，应当综合考虑开工报告、合同、施工许可证、竣工验收报告或者竣工验收备案表等载明的时间，并结合是否具备开工条件的事实，认定开工日期。"

根据上述规定，如监理人、发包人发出开工通知，首先以开工通知确定开工日期，但若开工通知发出时现场不具备开工条件，以开工条件具备的时间为开工日期，如果在开工通知前承包人经发包人同意已经实际施工的，以实际进场施工时间为开工日期。既未发出开工通知，也无实际开工的证据，则可以结合施工许可证、竣工验收报告、合同、开工报告等综合认定开工日期。

因此，发包人发出了开工通知，可以主张开工通知中载明的是开工日期，但

若现场并不具备开工条件，承包人无法施工就开始起算工期，对承包人十分不利，承包人应当对现场不具备开工条件的事实收集证据。如进场后向监理人、发包人发函告知为响应业主通知已经进场，但因现场不具备开工条件，如总包单位进场时桩基工程还未进行桩检测或者砍桩等工作，前续单位的工作尚未完成，等待发包人提供符合约定的施工条件。在开工条件具备后，又向发包人发函告知现场已具备开工条件以及实际开工的时间，通过上述往来函件，并结合对现场情况以摄影、现场勘察等形式进行证据固化。如发生纠纷后发包人以开工通知主张开工日期，承包人可依据上述证据主张以开工条件具备后作为开工日期。

根据建筑法律法规的规定，除限额以下不需要领取施工许可证的工程外，建设单位在开工前应当向建设主管部门申请领取施工许可证。工期比较紧张的项目，经常会出现发包人在取得施工许可证前要求承包人先行施工，因不满足法律规定的开工条件，监理人通常不会发出开工通知。从承包人的角度，如开工时间从取得施工许可证、具备法律规定开工条件后起算更有利，为争取更有利的工期起算方式，承包人可以采取一些措施。首先，承包人应当尽量避免让发包人留下进场施工时间的证据，如避免在会议纪要、往来函件或承诺函中表明进场施工的时间；其次，承包人还可以主动通过一些文件争取确定开工日期，如在取得施工许可证后提交开工报告，经监理人、业主签署后，以开工报告载明的时间主张开工日期。

2. 合同履行过程中注意对工期顺延的证据收集

施工合同履行过程中的工期风险由发包人、承包人共同承担。参考住建部2017版施工合同示范文本，发包人要承担施工现场发现化石文物、未及时办理施工许可或批准、遇到不利物质条件、发生异常恶劣的气候条件以及不可抗力等情形的工期风险，并且若由于发包人未按约定提供图纸或提供的图纸不符合合同约定、未按约定提供施工现场或施工条件、提供的前期基础资料错误、发包人提供的材料设备质量不合格、监理人未按约定发出指示等发包人原因或者发包人违约导致工期延误，也应由发包人承担工期损失。上述事件导致工期延误后，承包人可以主张顺延工期。

发生顺延工期的事件后，承包人最好及时取得发包人的签证认可，若发包人、监理人拒绝签证，承包人可进行工期索赔，但索赔需要组织充分证据。如索赔未获得支持，发生纠纷后可能进入诉讼或仲裁的争议解决程序，根据法律对证明责任的规定也要由承包人对工期顺延申请提供证据证明。因此,收集整理工期顺延的证据十分重要,是能否获得支持的关键,但从实践情况来看,承包人目前在收集组织工期索赔证据方面的意识和能力并不强。

工期索赔的证据收集,应当从索赔的成立要件入手,全面考虑索赔事件、损失以及因果关系,对导致延误的事件、工期延误的实际情况都要组织相关证据。导致工期延误事件的证据相对较容易举示,工期索赔证明的困难往往在于工期延误情况的证明,难以证明工期实际受到的延误以及程度。比较准确的工期延误分析方法都需要承包人提供开工前的工程进度计划、影响事件发生前的进度计划、影响事件发生调整进度后的计划、生产要素投入记录等,因此在开工前制定并和发包人确认工程进度计划,施工过程中及时地更新进度计划很有必要,还建议保留施工记录、资源投入记录等较为完整的资料。

施工合同对索赔时限通常进行约定,如住建部 2017 版施工合同示范文本要求承包人应在知道或应当知道索赔事件发生后 28 天内提交索赔意向通知书,未在上述期限内提出则丧失要求延长工期的权利,《建设工程司法解释(一)》认可未在约定期限内提出视为放弃索赔的效力。并且,工期延误的证据本身通常也具有时效性,随着建设过程的进行,很多证据在事后难以再收集,因此,在工期索赔事件发生后及时收集证据并适时提出索赔也很重要。

3. 竣工日期证据的收集

首先需要明确合同对竣工日期的约定,竣工日期到何时截至,通常合同约定工程竣工验收合格,提交竣工验收文件的日期为竣工日期,但也有合同约定通过竣工验收的日期,甚至竣工验收备案的日期为竣工日期,如约定竣工验收合格或者备案后为竣工日期,承包人在提交竣工验收报告后,还应当时刻关注后续过程,如发包人拖延验收或怠于备案,应注意收集相关证据提出索赔。

如竣工验收合格前发包人已投入使用,承包人还可依据《建设工程司法解释(一)》第 9 条的规定,主张工程未经验收发包人擅自使用的,转移占有工程之日为竣工日期,但主张转移占有工程之日为竣工日期时承包人需要注意一点,若后续再配合发包人进行竣工验收,为避免被认为如工程竣工验收合格,应首先以验收合格之日为竣工日期,虽发包人提前使用了工程但不能以提前使用的日期作为竣工日期,承包人配合验收时应当和发包人明确以转移占有工程之日为竣工日期。

在部分项目中还可能存在，为满足土地开发协议的约定，避免被认定为闲置土地，在工程未完全具备竣工验收条件前，发包人要求承包人配合虚假验收的情形。虚假验收的时间早于实际竣工验收的时间，如取得验收相关资料，承包人可以此主张竣工日期。

三、事后控制——建议在结算协议中明确双方不再提出工期、费用等索赔

因结算协议可以对双方履行过程中的价款、索赔等结清，如明确约定结算协议签订后双方不得再对协议签订前履行中的行为向对方工期、费用索赔，司法实践中通常认可约定的效力。因此，为避免在结算后再被发包人提出工期索赔，建议承包人可以要求在结算协议中明确结算后不得再进行工程、费用索赔。

专题五　施工合同解除及撤场争议的风险控制

一、施工合同解除及撤场的法律风险

由于施工单位原因造成其履约能力下降而不能继续完成工程项目时（如施工单位负债较多而波及建设单位，建设单位不断收到协助执行函而造成项目推进受阻），建设单位不得不与施工单位解约，从而产生合同解除、撤场、工程界面划分、重新办理报建等一系列问题。发包人在单方决定解除施工合同时可能面临以下一些风险。

1. 已完工程界面难以界定的风险

解除合同时双方必须对已完工程的质量进行确认。双方之间的此类争议往往包括质量纠纷，因此除项目节点比如基础、结构工程已通过验收外，其他已完工作内容是否满足合同条件和施工规范，必须通过发包人的质量确认，这是双方要解决的关键问题。如果发包人以质量不合格为由拒付工程款或部分质量不合格减付工程款，双方可能存在争议，则可通过共同选择或法院指定质量检测机构进行工程质量鉴定。该项工作将产生一定的费用并需要较长时间。

发包人检查过已完工程质量、新施工单位接收工地后，则存在原施工单位和新施工单位之间工作界面划分，以及质量责任和保修责任划分范围的问题。有时甚至出现一个分部分项工程由前后不同施工单位施工，质量检测机构都难以判断应由哪一方承担质量责任的情况。

2. 施工单位拒绝撤场的风险

在施工期间承包人是整个建设项目的实际控制人，因此承包人是否自愿配合移交所有工程文件和工地现场，成为解除合同是否得以落实的关键所在。如果施工单位不同意发包人提出的解约，双方未就已完工程量、工程质量达成一致意见，则承包人有可能以此为由拒绝撤场。由于强制撤场难度大，即使发包人已重新选定了新承包人，也无法进场进行施工，从而对发包人的项目进度产生不利影响，最终可能对项目销售及项目交房等产生负面影响。

3. 无法办理报建手续的风险

由于变更施工单位后还需要办理相关报建手续，重新取得施工许可证等，而施工单位不同意与发包人解除合同，不签署解除协议书，并不配合注销现有的报建手续的，将导致后进场的施工单位无法办理报建手续，造成项目的延误。

4. 无法竣工验收备案的风险

如果发包人单方解除合同，承包人不同意的，承包人有可能不配合提交档案资料、不配合办理已完工程验收备案，从而影响项目的竣工验收备案。

二、施工合同解除及撤场争议的风险控制

为降低已完工程工作界面与工程质量责任难以界定、工程延期竣工，以及难以办理竣工验收等解除施工合同情况下的风险，发包人首先应尽量与施工单位协商解除合同，如协商不成而只能单方解除合同的情况下，可以考虑采取如下应对措施。

1. 发包人向施工单位发出合同解除通知

发包人在发出单方解约函件之前，应收集施工单位违约的证据。例如，对于施工单位停工的取证，应注意收集：监理单位向施工单位发函要求其复工的函件；监理、施工方、业主等各方就施工单位停工事宜开会讨论的会议纪要，参会人员都要签字确认；发包人与项目经理约谈复工事宜的会议纪要，要求项目经理签字；发包人发函要求施工单位恢复施工的函件，施工单位收到该函件后仍不复工的，发包人再发函与其解除合同。

发包人向施工单位发送合同解除通知，在符合合同约定的发文方式的前提下，应优先采用手递方式，要求施工单位签收，并保留施工单位的签收记录。在采用手递方式无法送达的情况下，应采取邮寄送达方式。必要情况下，可考虑由

公证机关公证送达。发函后应通过快递官网等网站查询邮寄信息，并向快递公司索要快递回单。

2. 已完工程界面划分

施工单位退场前，发包人应注意核对已完工程量，可以相关政府部门要求为由，要求施工单位对发包人核对的已完工程量签字确认。因已完工作量、已完工程界面涉及责任的划分及影响结算价款，建议由双方共同确定工界面、清点工作量，以免后续产生争议。

若施工单位不配合共同确定工程界面、清单工作量的，首先，由发包人向施工单位发函要求其前来划分工程界面，对已完工程量、工程质量进行确认；其次，若施工单位拒绝前来划分工程界面的，则委托有资质的第三方鉴定机构并会同监理单位、新施工单位对已完工程量及工程界面进行清点、审核、确认，同时委托公证机构对该过程进行公证，保留相关视频、图片证据；最后，第三方机构核定审核的结果需由发包人、监理单位与新施工单位签署确认，确保新施工单位认可第三方机构核定的工程界面划分，防止其今后推诿责任。鉴定机构应优先选择施工合同约定的争议解决的管辖机构（法院/仲裁机构）建立的质量鉴定名录、造价鉴定名录中的鉴定单位，但是不能选择为该项目提供造价顾问服务的造价咨询机构。

3. 发包人向施工单位发撤场通知书

在发出解约函后，应尽快给施工单位发退场通知书，要求施工单位在限定期限内退场，并向其明确进行结算的前提是，施工单位配合撤场、移交本工程的所有资料以及配合完成总包单位变更等手续。同时，应确保施工单位已收到退场通知书，邮件送达和专人递送的，均要求收件人签收，必要情况下可考虑通过公证机构送达。

4. 办理报批报建手续

由于变更施工单位后还需要办理相关报建手续，重新取得施工许可证等，而在施工单位不同意与发包人解除合同，不签署解除协议书，并不配合注销现有的报建手续的，将导致后进场的施工单位无法办理报建手续，造成项目的延误。因此，发包人应及时了解当地办理施工许可证的条件，如果要求具备发承包双方签署的解除协议书，则单方发函解除的情况下，办理施工许可证具有较大困难，发包人应做好与政府主管部门的沟通工作，以争取合法合约的单方解除也能办理施工许可证。即使当地关于重新办理施工许可证的条件中不要求办理已完工程的质量验收,建议也由发包人做好已完工程的质量验收工作,以便划分各方的质量责任和保修责任。同时解除合同时发包人应要求施工单位提交本项目工程资料,如果没有施工单位的工程资料的,可能会影响后续项目的竣工验收备案。

5. 强制原施工单位撤场

如果施工单位拒不配合撤场的,建议进行强制撤场,一般在合同条款中应提前设置施工单位拒绝退场的违约后果,其中包括发包人可以强制撤场。在组织强制撤场时,应注意请公证机构进行公证,对于施工单位在施工现场的机械、设备、材料等,应进行清点并在公证机构的公证下撤走,强制撤场时应避免与施工单位发生直接冲突,做到有序撤场,撤场完成后应制作一份详细的撤场清单,并注意对上述工作予以拍照、录像留存。发包人可考虑由新施工单位完场上述强制撤场工作。

第三节　具体纠纷应对

专题一　施工合同纠纷中各种不同争议解决方式的利弊分析

通过第一章对 2015 ~ 2019 年的施工合同纠纷案件的大数据进行分析、梳理,我们发现,无论是最高人民法院,还是第一巡回法庭项下的(广东、广西、海南、湖南)的高级人民法院以及北京市、上海市高级人民法院以及粤港澳大湾区项下的九市(广州、深圳、珠海、佛山、江门、中山、东莞、惠州、肇庆)中级人民法院,判决书的数量随年份变化基本呈上升趋势。为了在缔约阶段以及诉讼、仲裁中充分利用各种争议解决方式的优势和劣势,选择适合当事人的争议解决方式,此处就各种争议解决方式的利弊进行分析。

一、争议解决方式概述

1. 多元化纠纷解决机制及依据

2015 年 12 月中共中央办公厅、国务院办公厅发布的《关于完善矛盾纠纷多元化解机制的意见》和 2016 年 6 月最高人民法院发布的《深化多元化纠纷解决机制改革的意见》，要求合理配置纠纷解决的社会资源，完善和解、调解、仲裁、公证、行政裁决、行政复议与诉讼有机衔接、相互协调的多元化纠纷解决机制。

2. 纠纷解决方式的类型

纠纷解决方式包括和解、调解，仲裁和诉讼以及其他替代性争议解决方式。根据对抗性的强弱，分为非对抗性和弱对抗性解决方式，包括和解和调解，其中调解可分为诉前调解和诉讼、仲裁过程中的调解；强对抗性的争议解决方式包括诉讼和仲裁。

二、和解和调解

调解包括诉前调解和诉讼仲裁过程中的调解。所谓诉前调解，是指当事人提起诉讼的纠纷案件在立案前或者当事人申请诉前保全的案件，通过人民调解、行政调解、司法调解等调解方式解决纷争，化解矛盾纠纷。《民事诉讼法》第 122 条规定："当事人起诉到人民法院的民事纠纷，适宜调解的，先行调解，但当事人拒绝调解的除外。"该规定明确了诉前调解的诉讼法依据。《最高人民法院关于民商事案件繁简分流和调解速裁操作规程（试行）》（法发〔2017〕14 号）对可以进行诉前调解的纠纷类型及程序进行了安排。

1. 关于和解与调解的对比分析

和解和调解均属于以非对抗性程序解决争议的方式，但是两者各有特点。

（1）对于调解，除了法院/仲裁庭主持下达成的调解协议外，还可以依据调解协议请求法院/仲裁庭制作的调解书，可以直接申请法院强制执行。

（2）通过法院/仲裁庭制作的调解书对于国有资金投资的项目，可以应对审计机构的质疑，而和解协议则可能面临来自审计的质疑。

（3）和解协议签署即生效，调解则需要在送达之后才生效，送达前均有反悔的可能性。根据《仲裁法》第 52 条第 2 款的规定，调解书经双方当事人签收后，即发生法律效力；第 3 款规定，在调解书签收前当事人反悔的，仲裁庭应当及时作出裁决。《民事诉讼法》第 97 条第 3 款规定，调解书经双方当事人签收后，即具有法律效力。

2. 诉前调解、诉讼/仲裁中的调解

调解相比诉讼和仲裁的裁判，双方当事人可以预期，方便执行（适用于要求履行义务的诉求）。相对诉讼仲裁中的调解，诉前调解的调解时限不超过一个月，调解结果经法院裁定确认，取得和判决一样的效果，而且诉前调解还不用交诉讼费。但是实际执行过程中，由于各种因素的影响，诉前调解往往会拖很长时间，导致纠纷迟迟无法进入诉讼程序。

3. 应对策略

对于施工合同纠纷案件，通常需要进行造价鉴定、质量鉴定或者工期鉴定，因此，在和解和调解的过程中，需要综合考虑如果进入诉讼和仲裁正式程序，鉴定的时间成本及鉴定费用的支出也需要作为和解和调解有利的因素进行考量、妥协和让步。此外，对于国有资金投资的项目，项目在建设阶段和最终竣工决算阶段，可能面临来自审计的监督、检查，因此，建议优先考虑调解方式，而非和解方式解决施工合同纠纷，而且最好有人民法院和仲裁庭签署的调解书结案。

三、关于诉讼和仲裁的优劣分析

从施工合同纠纷案件中诉讼案件大数据的分析结果及诉讼仲裁的实务经验分析，我们认为诉讼和仲裁各有利弊，以下分别从诉讼和仲裁各自的可预期性、判决/裁决错误的纠错机制、涉外案件诉讼和执行程序便利性以及争议解决程序所耗费的周期、保密性、专业化程度以及争议解决成本等方面进行分析。

1. 由于最高院类案检索机制的实施，未来诉讼方式比仲裁方式更具有可预期性

由于最高院会定期发布指导性案例及公报案例，这些案例对下级法院和基层法院具有很强的指引性作用。此外，为了统一法律适用，减少同案不同判的现象，最高人民法院于 2020 年 7 月 27 日发布了《最高人民法院关于统一法律适用加强类案检索的指导意见（试行）》，对于应当进行类案检索的情形、类案检索范围进行了详细规定。指导意见规定，检索到的类案为指导性案例的，人民法院应当参照作出裁判；检索到其他类案的，人民法院可以作为作出裁判的参考。因为类案检索机制的存在，未来诉讼比仲裁的裁判结果更具有可预期性。

2. 判决/裁决错误的纠错机制不同。除非复裁程序能适用纠纷，仲裁无实体纠错程序，诉讼则可以适用二审和再审程序进行实体性纠错

根据前面的施工合同纠纷案件的大数据分析，在 2015～2019 年，最高院二审案件的改判率近 1/3，再审案件的改判率近 40%；粤港澳大湾区九市的施工合同纠纷案件的改判率为 27%，六省份高级人民法院二审案件的改判率超过 40%，

六省份高级人民法院再审案件的改判率为24%。因此,对于诉讼案件而言,可以通过二审程序和再审程序进行纠错,而且二审和再审案件的审理不仅涉及程序性问题,而且也涉及案件的实体问题。

虽然《仲裁法》第58条规定了当事人可以申请撤销裁决的6种情形,但是该6种情形主要是针对程序性事项,基本不涉及案件实体问题的审查。一旦出现实体错误,仲裁很难有救济手段。目前国内的仲裁规则中,仅有2019年2月21日正式实施的《深圳国际仲裁院仲裁规则》(以下简称《仲裁规则》)第68条及其指引《深圳国际仲裁院选择性复裁程序指引》对裁决作出后的复裁程序进行了规定。但是指引第2条规定:"在仲裁地法律不禁止的前提下,当事人约定就仲裁庭依照《仲裁规则》第八章作出的裁决(下称'原裁决')按照《仲裁规则》第六十八条向仲裁院申请复裁的,适用本《指引》。"根据上述规定,适用复裁程序的前提条件是仲裁地法律不禁止。此外,当事人可以在施工合同中事先约定,适用复裁程序进行仲裁。由于我国《仲裁法》第9条规定,我国仲裁实行一裁终局的制度,因此,国内施工合同纠纷不适用复裁程序,只有涉外纠纷才可能适用。

3. 基于涉外仲裁案件的程序及执行程序的便利性,涉外纠纷优先考虑仲裁解决纠纷

仲裁裁决书在国际上更广泛地被认可和执行。在诉讼领域,对于国外法院作出的司法判决,由于中国大陆并未加入《国际民商事案件中外国判决的承认和执行公约》,且法律规定法院应依照我国缔结或者参加的国际条约,或者按照互惠原则,方可承认其效力并执行。因此,在涉外纠纷中,外国法院的判决在我国认可并执行的难度很大,同样,我国法院的司法裁判在国外也存在相同的问题。但在仲裁裁决书方面中国大陆在1986年12月2日已加入《承认及执行外国仲裁裁决公约》,且商事仲裁具有非政府属性,这就会使涉外仲裁裁决比起法院判决在国际上具有更好的可执行性和认可度。

4. 保密性方面要求不同

《仲裁法》第40条规定:"仲裁不公开进行。当事人协议公开的,可以公开进行,但涉及国家秘密的除外。"《民事诉讼法》第134条第1款规定:"人民法院审理民事案件,除涉及国家秘密、个人隐私或者法律另有规定的以外,应当公开进行。"

根据上述规定可知,仲裁以不公开审理为原则,以公开审理为例外;诉讼则

相反,诉讼以公开审理为原则,以不公开审理为例外。此外,目前法院普遍推行裁判文书公开上网制度,因此,从庭审程序及裁判文书公开的程度的角度,仲裁比诉讼的保密性更好。同时由于司法裁判的公开,纠纷案件的情况会成为金融机构对企业进行信用评级的依据,从而对企业信用产生影响。需要说明的是,在仲裁过程中,如果一方想让对方的争议信息披露出来让法院知晓,只需要申请对对方的账户进行冻结保全即可,因此,这一点不具备很强的保密性。

除了上述差异之外,在其他书籍及文章中均有提及以下差异:争议解决程序的周期方面,仲裁程序周期较短,仲裁普通程序为6个月;而诉讼除了一审、二审外,还可能存在再审。诉讼程序较仲裁程序的周期长,至少是仲裁程序的2倍左右;在意思自治与国家强制方面,仲裁充分尊重当事人的意思自治,程序更灵活,而诉讼程序基本上是法定的;在专业化方面,对专业的案件可以集中仲裁员的专业优势,但是仲裁员的专业素质参差不齐,而且仲裁员没有法院及法官那么成熟的培养、培训体系;在争议解决成本方面,仲裁费用远高于诉讼费(成本高),但是仲裁的律师费对于胜诉方来讲,可以一定程度上转嫁给对方。

四、施工合同纠纷案件的应对策略

1. 争议解决程序方面

(1)重视各类专业鉴定。建设工程合同纠纷,尤其是施工合同纠纷的专业性特点,决定了很多案件需要进行工程质量缺陷鉴定,维修方案的可行性和合理性鉴定,造价鉴定甚至工期鉴定。关于工程鉴定,后文再详述,此处不再赘述。

(2)重视专家辅助人。施工合同纠纷案件的专业性,决定了很多施工的程序、工艺非常依赖于细分领域的专家的解释和说明,方便法官和仲裁员理解案件的基本事实及违约、违法行为与安全质量问题之间的因果关系。

(3)对于诉讼案件,需要重视类案检索和类案分析研究。对于仲裁案件而言,虽然没有法院一样的类案检索要求,但是最高院的判决及指导性案例,往往也是仲裁员判案的裁判思路之一,具有很强的借鉴意义。

(4)对于国有资金投资的项目,由于面临政府审计的要求,因此,相比和解,调解并出具调解书结案更能满足审计合规的要求。

2. 事前诉讼、仲裁的争议解决方式的选择策略

(1)施工合同纠纷属于不动产纠纷,如选择诉讼的争议方式,则需要适用专

属管辖原则，由项目所在地法院专属管辖。考虑到内地部分地方的司法环境，部分企业倾向于将企业集团下属的工程合同争议解决方式，均约定为仲裁的方式，交由企业集团总部所在地的仲裁机构解决。

(2)基于诉讼程序本身具有的特性，如果企业倾向于诉讼方式解决争议，对于非施工类建设工程合同纠纷，可以结合企业总部所在地处理争议的便利性及司法和执行法环境情况，约定由总部或者企业认为不错的地域的法院进行协议管辖。

(3)对于涉外的建设工程纠纷，如部分跨境设计类合同及咨询服务合同，约定由仲裁机构管辖，可以方便裁判结果的执行及送达。

专题二　工程造价纠纷中造价鉴定的应对

在工程造价纠纷中，工程造价鉴定结果对工程造价起着不可忽视的作用，因此，在面对工程造价纠纷时，应当善于利用并谨慎应对工程造价鉴定。

一、工程造价鉴定申请的书写

工程造价鉴定申请应当明确造价鉴定范围。造价鉴定范围不应为笼统的概述，造价鉴定申请人应当对申请鉴定的范围进行详细具体的描述，确保用词准确、表达清晰，否则将可能导致造价鉴定结果并不符合鉴定申请的原意。

工程造价鉴定申请应当明确造价鉴定依据。对于鉴定申请人而言，在提起工程造价鉴定申请时应当明确工程造价的计算依据。当事人之间在合同中有特殊条款约定的，应当向法院提出，经法院明确后再决定鉴定方法，对于有争议的事项，可以考虑要求鉴定机构按照不同假设情形出具几个鉴定结论供当事人或法院选择。对于另一方当事人而言，如对造价鉴定申请的计价依据存在异议，应当及时提出，避免造价鉴定机构仅根据单一的存在争议的计价依据进行鉴定后形成对己方不利的鉴定结果。

二、工程造价鉴定申请的异议

在一方当事人已经提出工程造价鉴定申请时，另一方当事人如果认为工程造价不经鉴定即可确定的，应当在法院准许工程造价鉴定之前提出异议。法院对工程造价不予司法鉴定的理由有以下几种。

1. 固定总价包干范围内的工程造价,不予司法鉴定

根据《建设工程司法解释(一)》第 28 条的规定,当事人约定按照固定价结算工程价款,一方当事人请求对建设工程造价进行鉴定的,人民法院不予支持。据此,一方当事人可以主张涉案合同为固定总价包干合同,不经鉴定即可确定工程造价,案涉工程造价不应进行司法鉴定。

2. 当事人诉前达成结算协议的,不予司法鉴定

根据《建设工程司法解释(一)》第 29 条的规定,当事人在诉讼前已经对建设工程价款结算达成协议,诉讼中一方当事人申请对工程造价进行鉴定的,人民法院不予准许。据此,一方当事人可以主张诉前原被告双方已经达成结算协议,案涉工程造价不应进行司法鉴定。

3. 双方在诉讼前共同委托有关机构、人员进行造价鉴定,并明确表示受该咨询意见约束的,不予司法鉴定

根据《建设工程司法解释(一)》第 30 条的规定,当事人在诉讼前共同委托有关机构、人员对建设工程造价出具咨询意见,诉讼中一方当事人不认可该咨询意见申请鉴定的,人民法院应予准许,但双方当事人明确表示受该咨询意见约束的除外。据此,一方当事人可以主张双方在诉讼前共同委托有关机构、人员进行造价鉴定,并明确表示受该咨询意见约束的,案涉工程造价不应进行司法鉴定。

4. 当事人对部分案件事实有争议的,仅对有争议的事实进行鉴定;对于利用现有证据即可确定的工程款,不予司法鉴定

根据《建设工程司法解释(一)》第 31 条的规定,当事人对部分案件事实有争议的,仅对有争议的事实进行鉴定,但争议事实范围不能确定,或者双方当事人请求对全部事实鉴定的除外。据此,一方当事人可以主张对于双方无争议的事实,不应进行司法鉴定。

三、工程造价鉴定结果的质证

在鉴定机构出具工程造价鉴定结果之后,应当从鉴定实体内容和程序内容两个方面进行质证,具体可以考虑从以下几个角度进行质证。

1. 工程造价鉴定机构是否具备相应的资质

根据《证据规定》第 40 条的规定,鉴定人不具备相应资格的,当事人申请重

新鉴定,人民法院应当准许。重新鉴定的,原鉴定意见不得作为认定案件事实的根据。据此,如果工程造价鉴定机构未在其资质等级许可的范围内接受委托开展鉴定活动,除非双方当事人对此无异议,否则当事人有权申请重新鉴定,重新鉴定的,原鉴定意见不得作为认定案件事实的根据。

2. 工程造价鉴定程序是否合法合规

鉴定机构在司法鉴定过程中应当遵守《建设工程造价鉴定规范》《司法鉴定程序通则》《人民法院司法鉴定工作暂行规定》等相关规范的要求,应当遵守合法、独立、客观、公正的规则进行鉴定。因此,在对鉴定报告进行质证时,应当审查鉴定人员是否具备从事司法鉴定业务的资质,鉴定人员是否为鉴定机构的员工,鉴定人员是否参与现场勘查,鉴定人员是否为手写签字而非盖签名章,出庭的鉴定机构人员是否为鉴定报告上载明的鉴定人员等问题,以审查造价鉴定程序是否合法合规。

3. 鉴定材料是否经过质证

根据《证据规定》第 34 条的规定,人民法院应当组织当事人对鉴定材料进行质证。未经质证的材料,不得作为鉴定的根据。据此,鉴定资料的真实性、合法性、关联性,应当依法通过质证后再交给鉴定机构。如果案件当事人将未经质证的材料直接交给鉴定机构,由鉴定机构直接判断鉴定材料能否作为鉴定的依据,将可能造成“以鉴代审”的情形。因此,在对工程造价鉴定时,应当对每份鉴定材料的真实性、合法性、关联性进行质证,未经质证或质证后不具有证据效力的材料都不应当列入鉴定材料范围。

4. 鉴定方法是否正确

根据《建设工程造价鉴定规范》第 5.1.2 条的规定,鉴定人应根据合同约定的计价原则和方法进行鉴定。如果鉴定方法不科学,将严重影响鉴定结论。在对工程造价鉴定时,应当审查鉴定报告的鉴定方法是否正确,是否存在固定总价合同、单价合同的鉴定方式混淆,是否正确适用定额信息价、市场价进行鉴定。

综上,在工程造价纠纷案件中,一方当事人在提起工程造价鉴定申请的情况下,应当重视对造价鉴定申请书的书写,另一方当事人则可以从鉴定实体内容和鉴定程序内容等多个角度对造价鉴定申请书和造价鉴定报告提出异议或进行质证,并建议将上述异议意见或质证意见通过书面形式提交给法院,对鉴定机构出具的鉴定报告初稿和定稿均有异议的,可多次向法院提出书面异议。

专题三　工程质量及维保纠纷的应对

在建设工程质量及维保纠纷中,建设单位通常是提起诉讼/仲裁的一方,就此,笔者认为,建设单位在应对此类纠纷时,可以从证据收集及质量鉴定提起这两个层面展开。

一、证据收集

作为接收工程的一方,在面对工程质量出现问题导致与施工单位产生纠纷时,建设单位应重点关注以下几方面的证据收集工作,为提起诉讼/仲裁做好充分的准备。

1. 证明工程存在质量瑕疵或质量缺陷的证据

根据《民事诉讼法》及《证据规则》,建设单位向施工单位提起工程质量瑕疵或缺陷的索赔时,应承担相应的举证责任,也即建设单位需提供证明该工程存在质量瑕疵或质量缺陷的证据。在工程出现质量问题时,建设单位可单方或双方共同委托质量检测机构进行鉴定或行业专家出具专家意见,或者建设单位委托公证机构就工程出现质量问题的情况进行公证。

除了委托第三方证明外,建设单位还可在工程进行维保前,对出现质量问题的部位进行拍照或录像,以便对工程出现质量问题的事实及维修范围进行证明。

2. 证明通知施工单位保修的证据

工程保修既是施工单位的义务,也是施工单位的权利。一般而言,工程移交后出现质量问题,建设单位作为工程的实际控制人会早于施工单位知情,此时建设单位应当及时书面通知施工单位进场保修。实践中,建设单位未通知施工单位保修便委托第三方单位进场维修的,就第三方维修费用向施工单位主张赔偿的,法院或仲裁庭一般不予支持。

就通知施工单位进场保修这一行为而言,建设单位还需注意,该通知是否由施工单位的相关人员签收,相关签收记录需要妥善留存。同时,该通知书中建议载明要求施工单位进场保修的时间,此举有利于建设单位在施工单位未按时间进场保修时委托第三方进场维修。

3. 证明施工单位收到通知后拒绝保修或未按约定进场保修的证据

在建设单位发出要求进场保修的书面通知后，如施工单位迟迟不按通知书载明的时间进场或明确拒绝不予保修的，建设单位应保留与施工单位沟通的相关函件或其拒绝保修的证据。

4. 证明委托的第三方单位维修产生的费用的合理性及必要性

司法实践中，对于建设单位主张要求施工单位承担的第三方维修费用，法院或仲裁庭一般都会就该费用的合理性及必要性进行审查，非因工程维修所必须及合理的费用，存在不被支持的可能。因此，建设单位在证据准备上还需重点把握对己方主张的费用金额的合理、必要性的证明力度，以备施工单位就费用金额作出的抗辩。

(1)第三方单位委托形式与维修费用报价

实践中，有的工程维修体量大，造价高，如由第三方单位进行施工，在该施工工程规模达到《必须招标的工程项目规定》规定的必须招标的门槛时，则建设单位应当采取招标方式选聘第三方维修单位。如未采取招标方式，施工单位就第三方单位维修工程合同价格合理性产生怀疑的，建设单位可以从第三方单位报价与当时的市场价对比的角度进行分析反驳。

(2)第三方单位维修工程量的记录情况

除了对第三方维修单位报价合理性的质疑外，施工单位还可能对第三方单位维修工程量不予认可。就此而言，建设单位在证据准备阶段，尽可能使监理核量的工程量记录与所主张的费用形成闭环，同时在提交相关核量记录单时关注单据是否有签署、时间等方面的瑕疵问题，如有，建议准备相应的说明理由。

二、质量鉴定的提出及应对

质量、维保纠纷进入诉讼/仲裁阶段后，建设单位与施工单位通常会就质量问题产生原因及责任承担主体存在争议，为解决上述问题，质量鉴定是一种常用的方式。质量鉴定的申请主体既可能是建设单位也可能是施工单位，因此，质量鉴定的提出及应对，仍是建设单位需了解及关注的问题。

1. 质量鉴定的提出

根据《证据规定》第 31 条的规定，建设单位在申请质量鉴定时，需关注法院指定的提出期限、材料提交、费用缴纳等程序性问题。

就实体问题而言，申请鉴定的事项与待证事实的关联性以及申请鉴定的必要性或是否具备鉴定条件是法院/仲裁庭判断是否支持鉴定申请的重要考量因素。在质量、维保纠纷中，质量鉴定与证明双方争议的质量问题责任承担主体的事项一般是具有关联性的，而质量鉴定的必要性或是否具备鉴定条件则是建设单位需重点关注的。司法实践中，对于不具备质量鉴定条件的情形，法院不予支持鉴定申请：(1)当事人一方申请对工程质量进行鉴定，但其在工程停工后将工程转包给第三方的，导致无法对另一方施工是否存在工程质量问题进行鉴定的，人民法院有理由驳回其鉴定申请①。(2)第三方接管后工程不具备司法鉴定条件导致鉴定委托被退回，建设单位承担质量问题举证不能的责任②。(3)鉴定所需要的部分材料的原件已无法提供的，不具备重新鉴定的条件，不予准许鉴定。(4)因案涉工程不具备鉴定条件，无法确认工程是否存在质量问题及质量问题的修复方案和修复造价，驳回起诉③。

此外，由于江苏省高级人民法院于2019年12月27日发布了《江苏省高级人民法院建设工程施工合同纠纷案件委托鉴定工作指南》，其中明确规定了几类不予准许鉴定申请的情形，其中直接与质量鉴定相关的是，对"建设工程经竣工验收合格发包人提出质量异议，或者建设工程未经竣工验收合格发包人擅自使用后提出质量异议的"，法院不予准许鉴定。因此，如果建设单位争议的工程所在地为江苏省，且诉讼作为争议解决方式的，建设单位在提起质量鉴定申请时需关注上述规定。

申请法院或仲裁庭进行质量鉴定时，一般会提交书面的质量鉴定申请书。建设单位在书写鉴定申请书时，首先，应尽可能具体写明鉴定的目的，如为查明外墙面渗漏水原因；其次，还需将鉴定事项描述清楚，如10#楼第12层加建的阳台与外墙面连接处的施工工艺是否符合设计图纸要求；最后，鉴定方法的选择及确定也是申请书的重要内容，如存在多个鉴定方法，还需写明选择某一方法的理

---

① 江西三洲农产品有限公司与上海城邦建设工程有限公司建设工程施工合同纠纷上诉案，最高人民法院(2014)民一终字第230号。

② 中天建设集团有限公司诉河南恒和置业有限公司建设工程施工合同纠纷案，最高人民法院(2018)最高法民终1313号。

③ 徐州市贾汪区汴塘镇粮油管理所与徐州中安建设工程有限公司建设工程合同纠纷一审民事裁定书，江苏省徐州市贾汪区人民法院(2018)第0305民初1637号。

由。建设单位申请质量鉴定时应重视申请书的书写,因为启动质量鉴定后,鉴定范围、鉴定方法及鉴定依据便已固定,鉴定机构不得超越范围进行鉴定。对于鉴定范围、依据和鉴定方法,建设单位在启动鉴定时应进行充分研究,可咨询相关专业人士,选取对自己有利的方案。

2. 质量鉴定机构的选择

在申请鉴定情形下,如双方未就鉴定机构的选择达成一致的,法院会进行指定,但不论是双方共同选择的还是法院指定的鉴定机构,都应具备相应的鉴定资质。例如,从事地基基础工程检测、主体结构工程现场检测、建筑幕墙工程检测以及钢结构工程检测这 4 类专项检测,以及水泥物理力学性能检验;钢筋(含焊接与机械连接)力学性能检验;砂、石常规检验;混凝土、砂浆强度检验;简易土工试验;混凝土掺加剂检验;预应力钢绞线、锚夹具检验;沥青、沥青混合料检验共 8 项见证取样检测的质量检测机构应依据《建设工程质量检测管理办法》之规定取得相应的资质证书。又如,房屋的安全鉴定机构需在当地住建局备案且获得相关资质证书。

此外,在选择质量鉴定机构时,建设单位可通过《国家司法鉴定人和司法鉴定机构名册》(国家司法鉴定名录网:http://www. sfjdml. com/web/tosousuo)或者争议解决机构公布的鉴定机构名录进行选择。

3. 质量鉴定报告初稿的异议

实践中,在正式的鉴定报告出具前,法院一般会将质量鉴定机构出具的质量鉴定报告初稿提供给当事人。如鉴定报告初稿载明的鉴定结果对建设单位不太有利,则可通过对质量鉴定报告初稿提出异议,来把握改变鉴定机构鉴定意见的这一重要机会,此时无论是鉴定报告初稿中的鉴定方法,还是鉴定评价标准抑或具体结论的瑕疵、错误,均有机会要求鉴定机构更正,否则在正式报告出具后,除非是程序错误,则调整实体内容的可能性极小。

对质量鉴定报告初稿提出异议,笔者认为可从程序及实体两大方面入手。程序上,可以审查(1)鉴定机构是否具备现行法律上规定的鉴定事项所需资质,是否与所检测鉴定工程的设计、施工、监理单位存在隶属或者利害关系;(2)出具鉴定意见的人员是否为该鉴定机构人员,以及该人员是否存在受聘于两个或两个以上鉴定机构的情况;(3)如为见证取样检测,鉴定报告中是否注明见证人单位及姓名;(4)如为房屋安全鉴定,参与的鉴定人是否为两名以上;(5)鉴定材料是否存在未经庭审质证的情况等内容。实际上,可以对(1)鉴定方法;(2)工程质量鉴定的评价标准;(3)质量鉴定中因果链条的紧密性或者相关性;(4)结论的周延性等内容提出异议。

除把握异议要点外,在质量鉴定报告初稿阶段,建设单位还要注意提出异议的策略。如该鉴定意见初稿对己方不利,且该委托鉴定存在程序上的瑕疵,则可以考虑不在初稿阶段提出程序异议,而将该程序瑕疵放到正式鉴定报告出具后的质证阶段提出,以此作为主张不予采纳鉴定意见或重新鉴定的依据。

4. 质量鉴定报告质证

根据《证据规定》第 80 条的规定,在正式的质量鉴定报告出具后,法庭会组织双方当事人进行质证。此时,质证的角度与对质量鉴定报告初稿提出异议的角度基本一致,也包括程序与实体两方面,同时笔者认为相较于鉴定报告初稿阶段,此时更侧重于寻找程序上的瑕疵。

5. 补充鉴定或重新鉴定

在鉴定意见不利于建设单位所主张事项时,除了对鉴定报告初稿提出异议或对正式鉴定报告进行质证反驳外,建设单位还可以从要求法院补充鉴定或重新鉴定的角度尝试改变现有鉴定的不利局面。《证据规定》第 40 条第 1 款,规定了法院应准许当事人重新鉴定申请的情形,包括鉴定人不具备相应资格的、鉴定程序严重违法的、鉴定意见明显依据不足的,以及鉴定意见不能作为证据使用的其他情形。此外,即使鉴定机构资质及鉴定程序符合相关规定,但按照《最高人民法院关于人民法院民事诉讼中委托鉴定审查工作若干问题的规定》第 11 条第 1 款之规定,存在鉴定意见和鉴定意见书的其他部分相互矛盾的;同一认定意见使用不确定性表述的;鉴定意见书有其他明显瑕疵的,视为未完成委托鉴定事项,人民法院应当要求鉴定人补充鉴定或重新鉴定。

专题四　实际施工人纠纷的诉讼应对

一、实际施工人纠纷的特点

实际施工人纠纷案件主要涉及《建设工程司法解释一》第 43 条的规定(原《建设工程司法解释》第 26 条、原《建设工程司法解释(二)》第 24 条),该条规定,“实际施工人以转包人、违法分包人为被告起诉的,人民法院应当依法受理。

实际施工人以发包人为被告主张权利的,人民法院应当追加转包人或者违法分包人为本案第三人,在查明发包人欠付转包人或者违法分包人建设工程价款的数额后,判决发包人在欠付建设工程价款范围内对实际施工人承担责任”。因此,在实际施工人突破合同相对性向发包人主张支付工程款的案件中,主要有以下几个特点:(1)实际施工人以发包人为被告主张权利的,人民法院应当追加转包人或者违法分包人为本案第三人;(2)法院需要查明发包人欠付转包人或者违法分包人建设工程价款的数额;(3)发包人仅在欠付建设工程价款范围内对实际施工人承担责任。对于发包人而言,在实际施工人纠纷案件中最为关键的问题在于发包人是否欠付转包人或者违法分包人工程款项,因此,发包人在该类诉讼中主要应对思路是证明工程款已经付清而不存在欠付的情况。

二、实际施工人纠纷的应对

1. 答辩思路

(1)在实际施工人将转包人、违法分包人一并与发包人作为被告起诉时,发包人可主张要求转包人、违法分包人承担付款责任。

实际施工人起诉时最好仅列明发包人作为被告,若将转包人、违法分包人一并列为被告,如果发包人能够初步证明其不欠付款项的,法院可能仅判决支持要求转包人、违法分包人承担支付责任的诉请。因此,在实际施工人将转包人、违法分包人一并作为被告的案件中,发包人可主张实际施工人与转包人、违法分包人之间存在合同关系,发包人不清楚实际施工人是否实际进行施工或者完成施工的情况,作为合同相对人的转包人、违法分包人应承担合同付款责任。

(2)发包人举证证明不欠付转包人、违法分包人款项。

目前司法实践中对“发包人欠款工程款的举证责任”由谁承担的问题存在一定的争议,有的法院依据“谁主张,谁举证”的举证规则,要求实际施工人证明发包人是否欠付工程款;有的法院则依据司法解释的立法精神与举证的方便程度,认为发包人有义务证明其自身的付款情况。对于发包人而言,尽管存在相关争议,为避免法院依据举证责任的规则而要求发包人承担付款责任的,在个案中发包人应尽量多地举证证明不欠付转包人、违法分包人工程款的情况。

2. 发包人举证

为证明不欠付工程款情况,发包人可以考虑提交以下证据:(1)对于已经完成结算的工程，提交合同、结算书和付款凭证，证明结算金额已经支付完毕；(2)对于未结算的工程，提交合同、进度款付款凭证，证明已经按合同约定完成进度款付款，不存在欠付款项的情况。

3. 管辖权异议

实践中，发包人和承包人在合同中约定了因施工引起的纠纷通过仲裁方式解决的情况下，对于实际施工人是否仍然可以向法院提起诉讼而不受发包人和承包人之间仲裁条款的约束的问题存在一定的争议，有的法院认为实际施工人并非达成仲裁协议的当事人，因此不受该条款的约束；有的法院则认为实际施工人事先知道或者应当知道并接受发包人和承包人之间的仲裁条款或者实际施工人的权利源于承包人，从而认为应该受发包人和承包人之间仲裁条款的约束。因此，考虑到提出管辖权异议具有一定的可行性，在个案当中，如发包人与承包人签订的施工合同中约定的管辖方式为仲裁的，发包人可以向法院提起管辖权异议，主张实际施工人应受发包人与承包人之间仲裁条款的约束，法院不具有管辖权。

综上，实际施工人纠纷案件的关键在于证明发包人是否欠付转包人或者违法分包人工程款项，在发包人充分举证证明不存在欠付工程款的情况下，法院较少判决发包人承担支付责任。

第四章

建设工程施工合同纠纷裁定书大数据分析报告

一、最高院裁定书数据分析

2015 年 1 月 1 日至 2020 年 12 月 31 日，由最高院作出的裁定文书总计 3378 份，相关的数据分析如下。

(一) 案件数量

2015～2020 年，最高院作出的裁定数量随时间变化的情况如图 4－1 所示。6 年来，裁定数量整体呈稳步上升趋势，虽有轻微波动，但 2017 年以来已经趋于稳定，每年的裁定数量在 600 份以上。

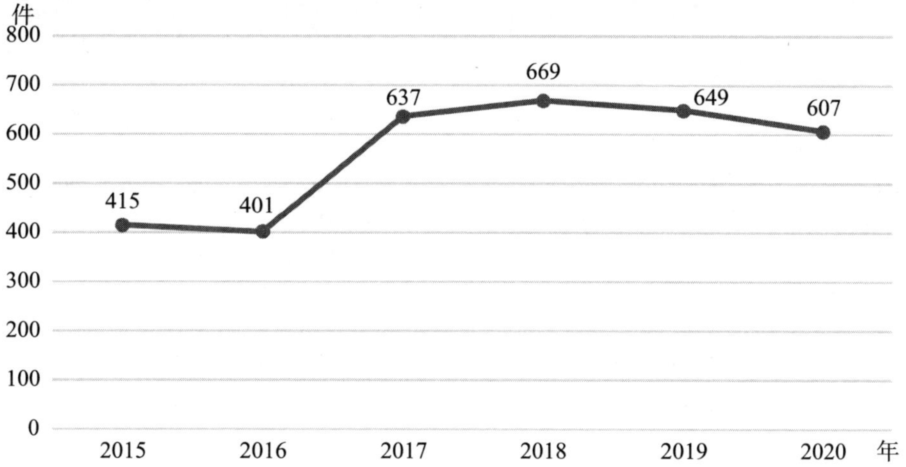

图 4－1　最高院裁定建设工程施工合同纠纷和建设工程优先受偿权纠纷案件裁定书数量（2015～2020 年）

各巡回区每年的裁定案件数量如图 4－2 所示。整体来看，第三巡回区的案件数量较少，中央巡回区（本部）的案件数量较多。

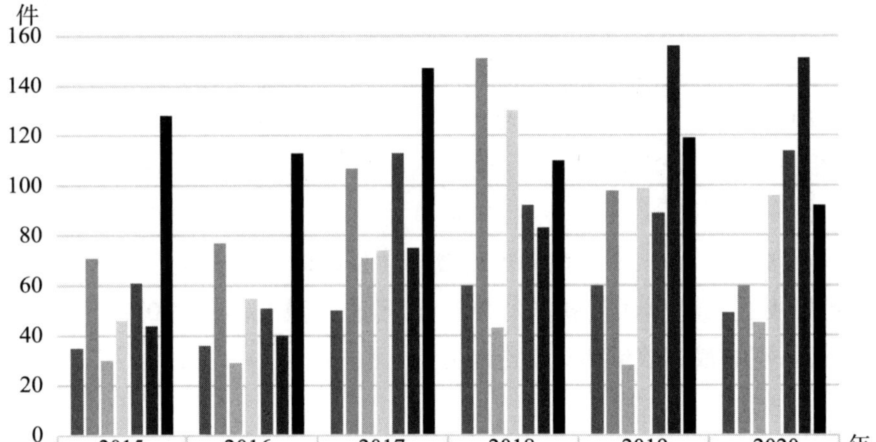

	2015	2016	2017	2018	2019	2020
■第一巡回区	35	36	50	60	60	49
■第二巡回区	71	77	107	151	98	60
■第三巡回区	30	29	71	43	28	45
■第四巡回区	46	55	74	130	99	96
■第五巡回区	61	51	113	92	89	114
■第六巡回区	44	40	75	83	156	151
■中央巡回区	128	113	147	110	119	92

图4－2　最高院各巡回区裁定建设工程施工合同纠纷和建设工程优先受偿权纠纷案件裁定书数量(2015～2020年)

(二)审判程序

由最高院作出裁定的审判程序主要为二审和再审,包含若干其他程序。其中,作出的再审裁定占绝大部分,有3157份,约占总数的93.46%;二审裁定有218份,约占总数的6.45%。见图4－3。

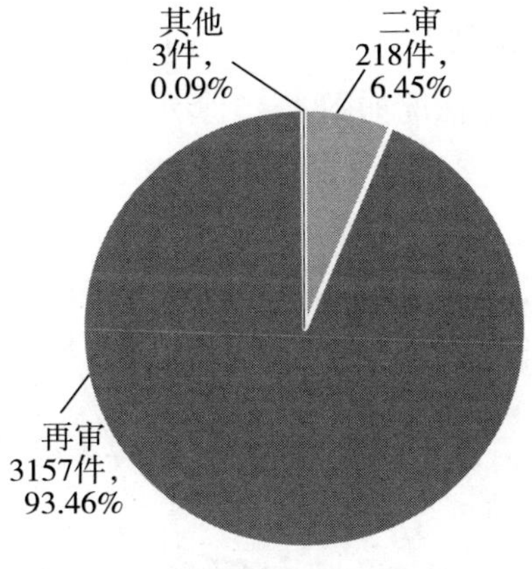

图 4－3　最高院裁定建设工程施工合同纠纷和建设工程优先受偿权纠纷案件再审裁定书结果情况（2015～2020 年）

（三）裁定结果

1. 再审裁定结果

（1）总体情况

最高院针对再审程序作出的 3157 份裁定书，可以主要归结为以下几种结果，如图 4－4 所示。可以明显地看出，“维持原判”的数量最多，有 2733 份，约占总数的 86.57%。

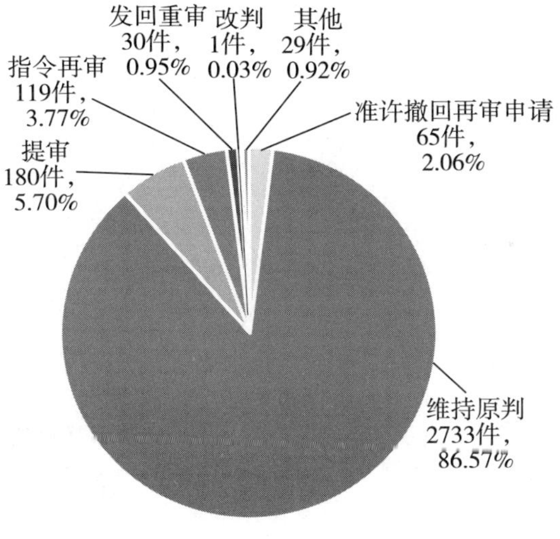

图 4－4　最高院裁定建设工程施工合同纠纷和建设工程优先受偿权纠纷案件再审结果情况（2015～2020 年）

(2)各巡回区再审裁定情况

第一巡回区的再审裁定情况如图 4－5 所示。

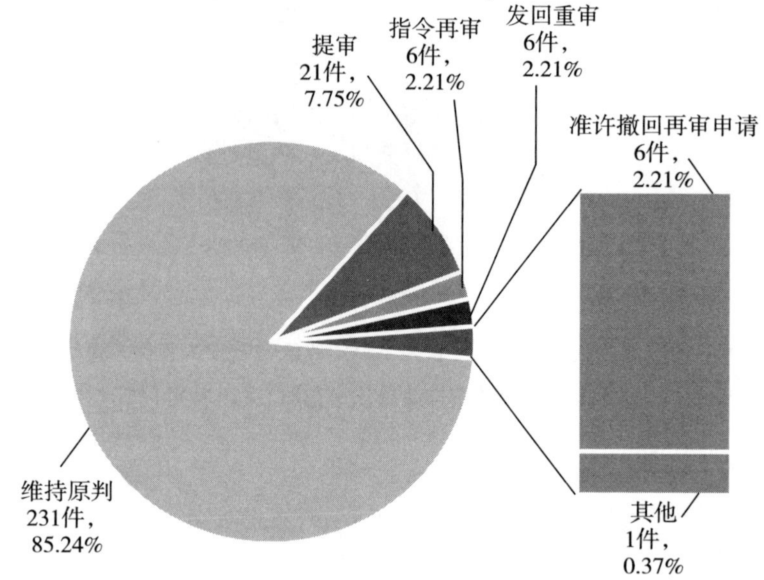

图 4－5　最高院第一巡回法庭裁定建设工程施工合同纠纷和建设工程优先受偿权纠纷案件再审结果情况(2015～2020 年)

第二巡回区的再审裁定情况如图 4－6 所示。

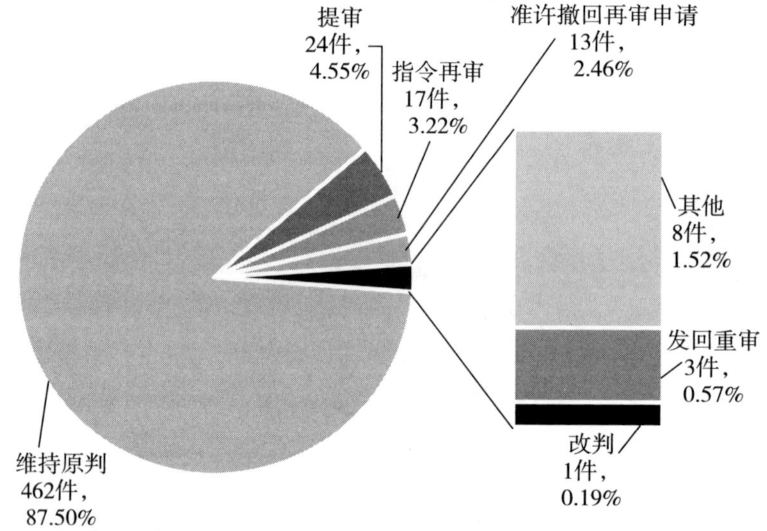

图 4－6　最高院第二巡回法庭裁定建设工程施工合同纠纷和建设工程优先受偿权纠纷案件再审结果情况(2015～2020 年)

第三巡回区的再审裁定情况如图 4 –7 所示。

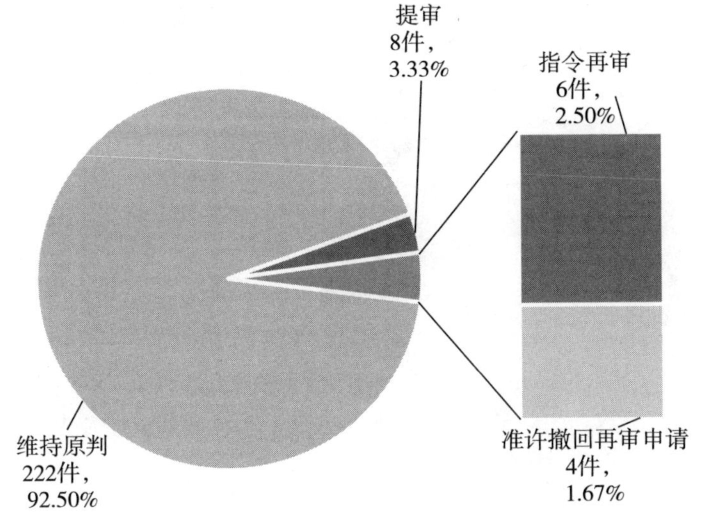

图 4 –7　最高院第三巡回法庭裁定建设工程施工合同纠纷和建设工程优先受偿权纠纷案件再审结果情况（2015 ~ 2020 年）

第四巡回区的再审裁定情况如图 4 –8 所示。

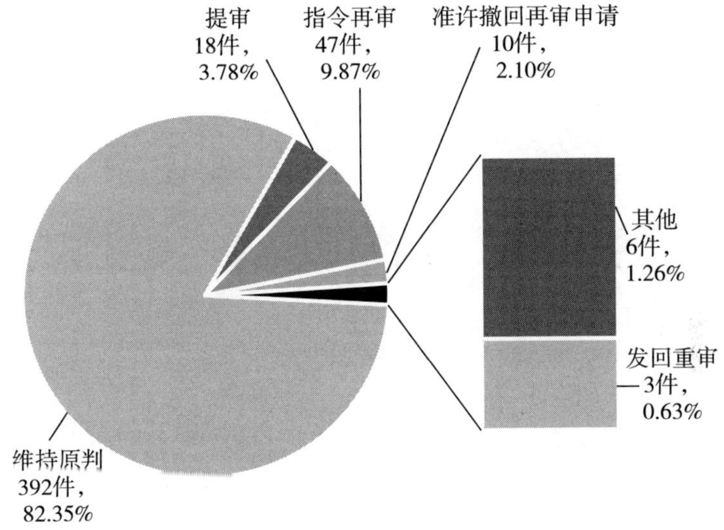

图 4 –8　最高院第四巡回法庭裁定建设工程施工合同纠纷和建设工程优先受偿权纠纷案件再审结果情况（2015 ~ 2020 年）

第五巡回区的再审裁定情况如图 4 –9 所示。

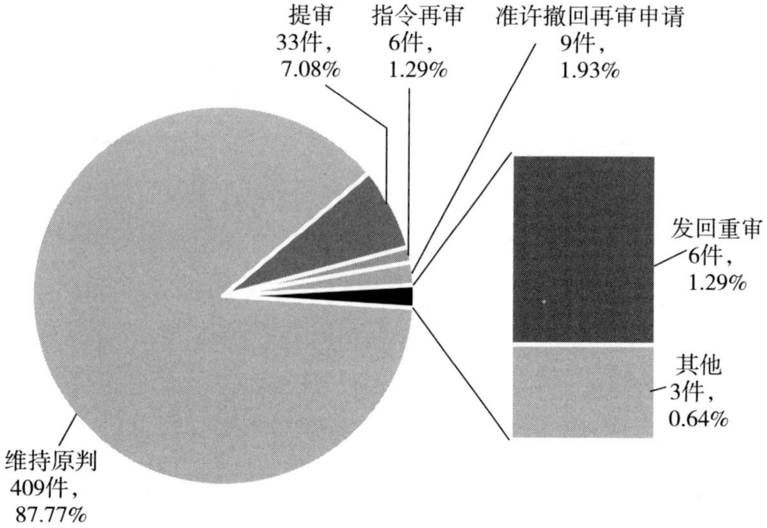

图 4 –9　最高院第五巡回法庭裁定建设工程施工合同纠纷和建设工程优先受偿权纠纷案件再审结果情况（2015 ~ 2020 年）

第六巡回区的再审裁定情况如图 4 –10 所示。

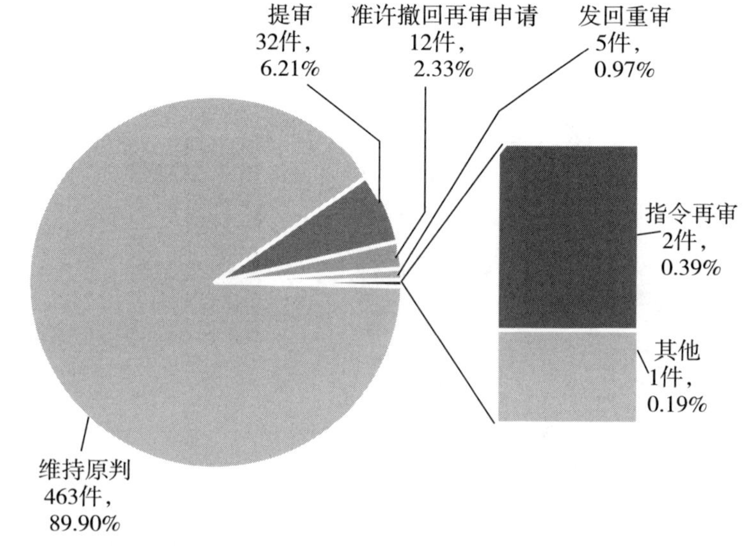

图 4 –10　最高院第六巡回法庭裁定建设工程施工合同纠纷和建设工程优先受偿权纠纷案件再审结果情况（2015 ~ 2020 年）

中央巡回区的再审裁定情况如图 4－11 所示。

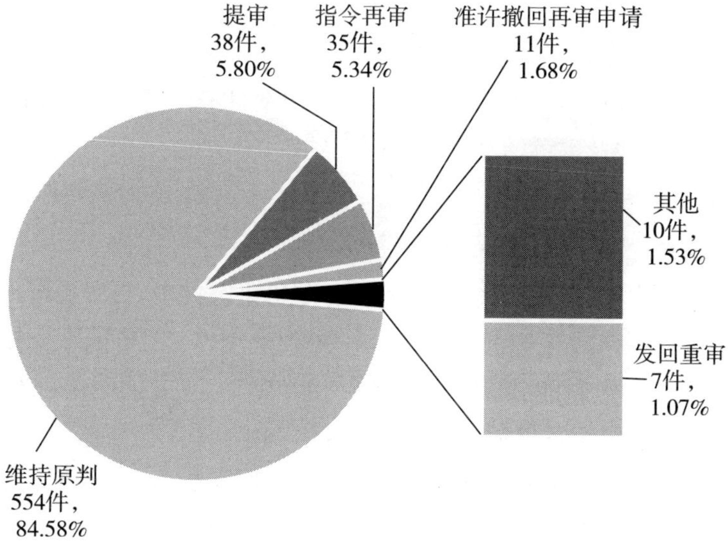

图 4－11　最高院中央巡回区裁定建设工程施工合同纠纷和建设工程优先受偿权纠纷案件再审结果情况（2015～2020 年）

2. 二审裁定结果

最高院在 2015～2020 年对于建设工程施工合同纠纷和建设工程优先受偿权纠纷仅作出了 218 份二审裁定，裁定结果如图 4－12 所示。

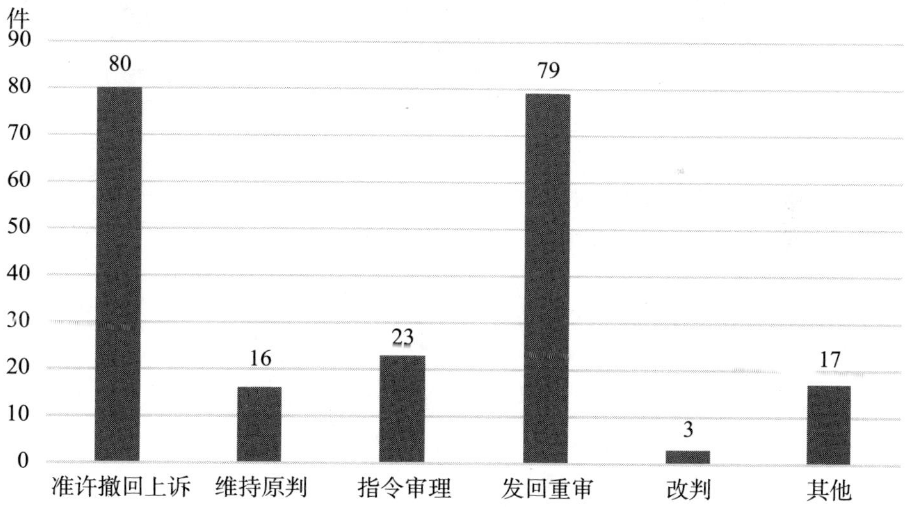

图 4－12　最高院裁定建设工程施工合同纠纷和建设工程优先受偿权纠纷案件二审结果情况（2015～2020 年）

因最高院的二审裁定案件数量较少,所以不再过多展开分析。

(四)反诉情况

最高院作出的3378份裁定书中,涉及反诉的案件有1088份,约占总数的32.2%。其中再审裁定有3157份,涉及反诉的案件有1032份,约占32.6%;二审裁定有218份,涉及反诉的案件有56份,约占25.7%。

(五)律师代理情况

1.再审律师代理情况

如图4-13所示,在最高院裁定的3157起再审案件中,再审申请人委托执业律师作为诉讼代理人的有2468起,约占总数的78.18%;被申请人委托执业律师作为诉讼代理人的有1280起,约占总数的,40.54%;双方同时委托律师的案件仅有1081起,仅占再审案件的34.24%。可以看出,再审程序作为一种"非常程序",申请再审的主体更需要寻求专业法律人士的帮助,在做好充分的准备后才会向上级法院申请"纠正错误的判决"。

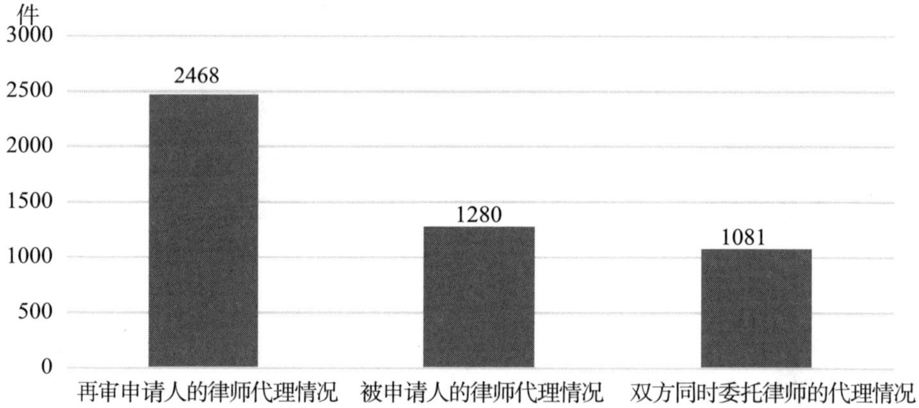

图4-13 最高院裁定建设工程施工合同纠纷和建设工程优先受偿权纠纷案件再审律师代理情况(2015~2020年)

同时,在最高院裁定"支持再审"的330起案件中,272起案件的再审申请人委托了执业律师代理案件,占比高达82.42%,占最高院再审裁定总案件数的8.6%;而未委托执业律师代理案件但也获得最高院"支持再审"裁定的案件仅占总数的1.8%,可见委托专业律师团队对案件进入再审程序还是有很大帮助的。

2. 二审律师代理情况

如图 4－14 所示，在最高院裁定的 218 起二审案件中，上诉人委托执业律师作为诉讼代理人的有 147 起，被上诉人委托执业律师作为诉讼代理人的有 123 起，双方同时委托律师的案件有 101 起。

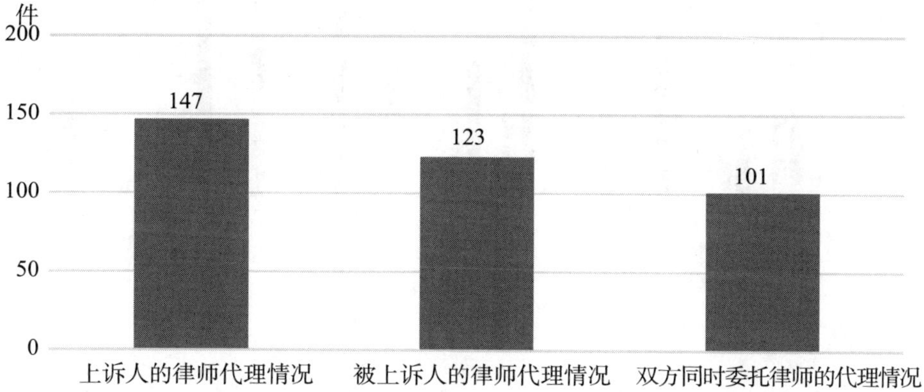

图 4－14　最高院裁定建设工程施工合同纠纷和建设工程优先受偿权纠纷案件二审律师代理情况（2015～2020 年）

二、六省份高院裁定书数据分析

2015 年 1 月 1 日至 2020 年 12 月 31 日，由广东高院、广西高院、海南高院、湖南高院、北京高院、上海高院作出的裁定文书总计 2767 份，相关的数据分析如下。

（一）案件数量

广东、广西、海南、湖南、北京、上海六省份高院 2015～2020 年，裁定建设工程施工合同纠纷和建设工程优先受偿权纠纷案件的数量分别为 866 件、350 件、186 件、817 件、328 件和 220 件，具体历年的数量分布如图 4－15 所示。

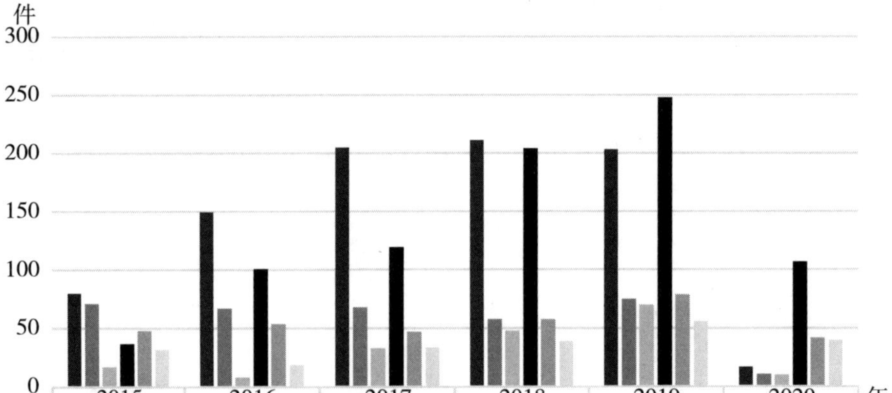

	2015	2016	2017	2018	2019	2020
■广东高院	80	150	205	211	203	17
■广西高院	71	67	68	58	75	11
■海南高院	17	8	33	48	70	10
■湖南高院	37	101	120	204	248	107
■北京高院	48	54	47	58	79	42
■上海高院	32	19	34	39	56	40

图 4－15　六省份高院裁定建设工程施工合同纠纷和建设工程优先受偿权纠纷案件数量(2015～2020 年)

(二)审判程序

六省份高院的裁定情况如图 4－16 所示。可以看出,再审程序占绝大多数。

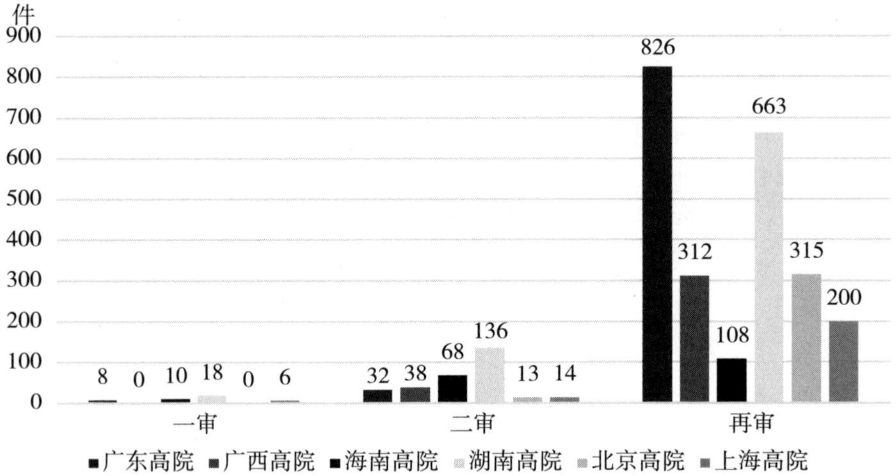

图 4－16　六省份高院裁定建设工程施工合同纠纷和建设工程优先受偿权纠纷案件审判程序情况(2015～2020 年)

其中,广东、北京、上海三省市高院的再审程序占比达90%以上,分别为95.4%、96.0%和90.9%;广西和湖南高院的再审程序占比也在80%以上,分别为89.1%和81.2%;海南高院的再审程序占比最小,为58.1%,但也超过半数。

（三）裁定结果

鉴于六省份的一审和二审程序案件数量较少,我们就仅讨论高院再审的审理情况见图4－17。

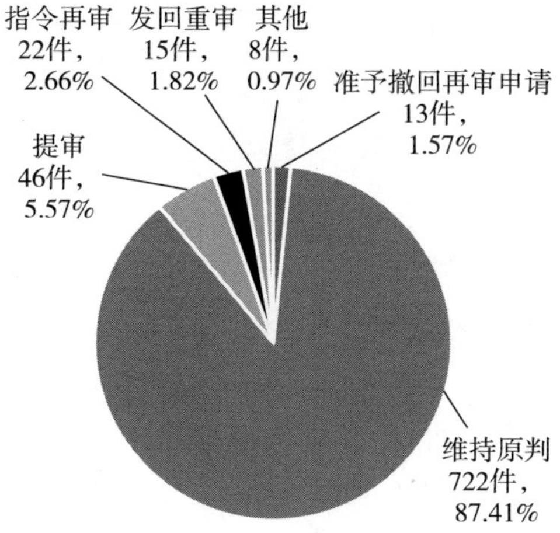

(a)广东高院

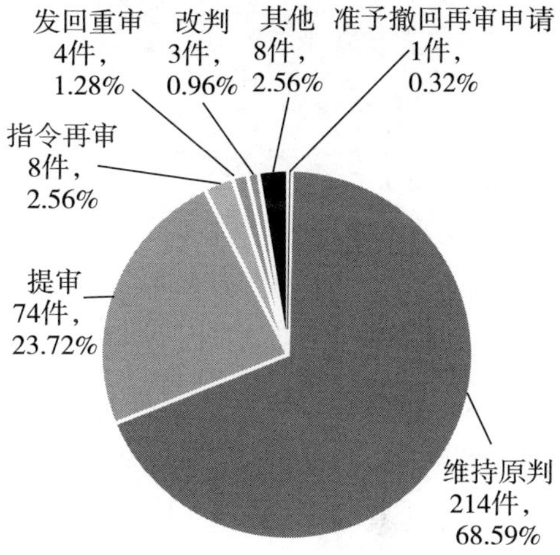

(b)广西高院

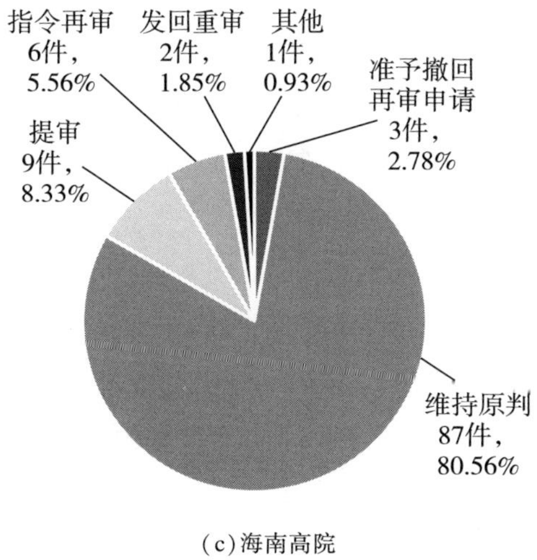

(c)海南高院

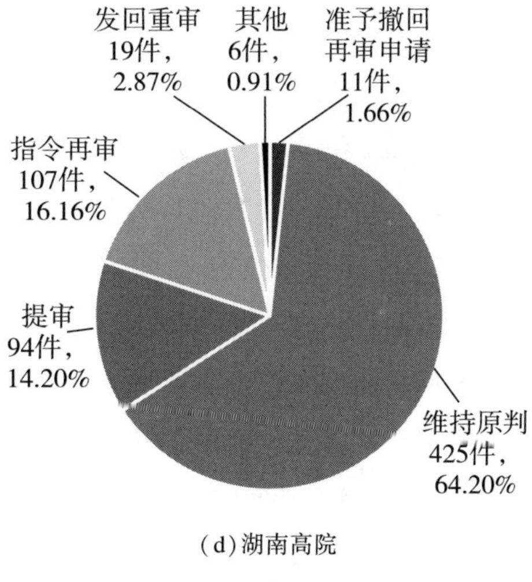

(d)湖南高院

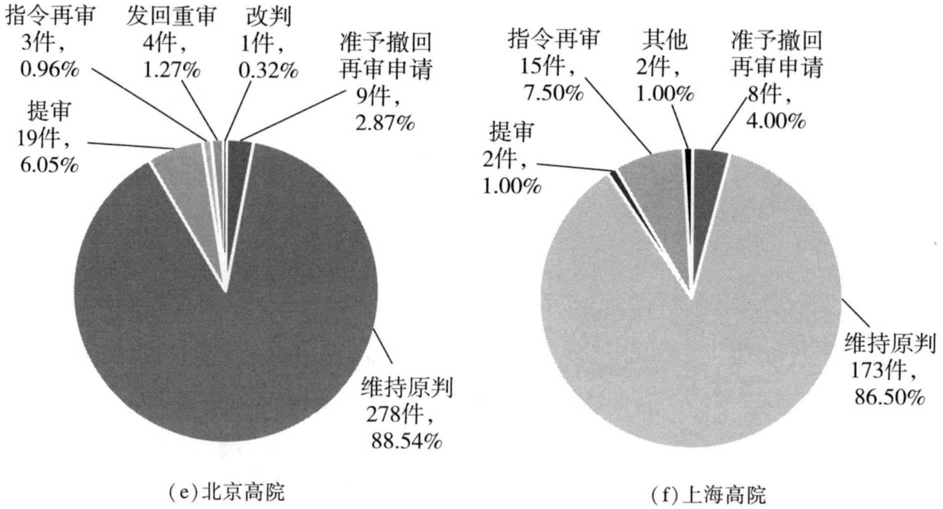

图4－17　六省份各高院裁定建设工程施工合同纠纷和建设工程优先受偿权纠纷案件再审裁定结果具体情况(2015～2020年)

从以上数据可以看出,“维持原判”的裁定结果在全部结果中占据主导地位,除广西和湖南高院外,其余四省份的“维持原判”的结果比例均在80%以上,广西和湖南也在60%以上。由于广西和湖南高院“维持原判”的比率相对较小,通过数据分析发现,这两个高院的“提审”判决率明显高于其他四省份。

(四)反诉情况

六省份高院的2767份裁定书中,涉及反诉的案件有595份,占总数的21.5%,低于前文所述最高院裁定中32.2%的反诉率。其中,再审裁定有2424份,涉及反诉的案件有545份,约占22.5%;二审裁定有301份,涉及反诉的案件有42份,约占14.0%;一审裁定有42份,涉及反诉的案件有8份,约占19.0%。对比发现,六省份高院各审判程序的反诉率都要低于最高院。

(五)律师代理情况

如图4－18所示,在六省份高院裁定的2424起再审案件中,再审申请人委托执业律师作为诉讼代理人的有1756起,约占总数的72.4%;被申请人委托执业律师作为诉讼代理人的有930起,约占总数的38.4%;双方同时委托律师的案件仅有747起,仅占30.8%。

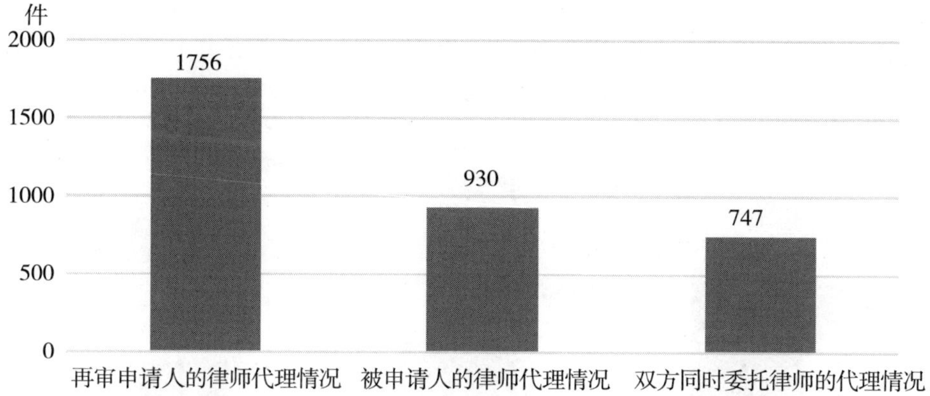

图 4-18　六省份各高院裁定建设工程施工合同纠纷和建设工程优先受偿权纠纷案件再审律师代理情况（2015～2020 年）

如图 4-19 所示，在六省份高院裁定的 301 起二审案件中，上诉人委托执业律师作为诉讼代理人的有 205 起，约占总数的 68.1%；被上诉人委托执业律师作为诉讼代理人的有 155 起，约占总数的 51.5%；双方同时委托律师的案件有 135 起，约占 44.9%。二审的被上诉人的律师代理率明显高于再审的被申请人的律师代理率，我们可以推断，二审程序诉讼当事人双方的对抗性更强，而进入再审程序后，再审申请人单方推进诉讼进程的欲望更强，被申请人对前审法院的审判结果更加认同。

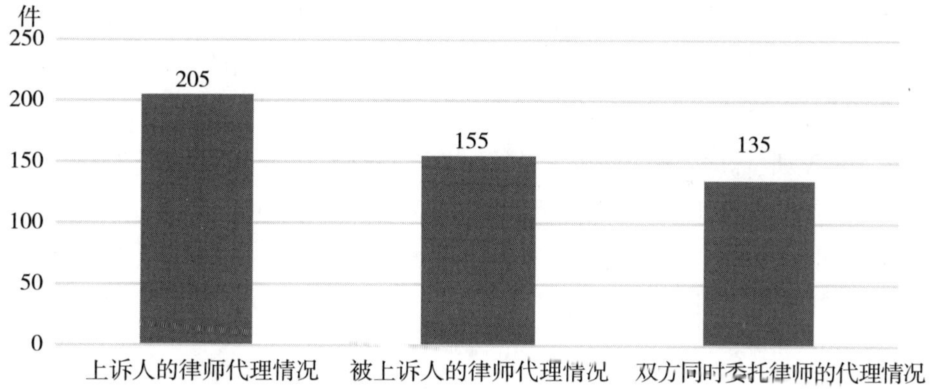

图 4-19　六省份各高院裁定建设工程施工合同纠纷和建设工程优先受偿权纠纷案件二审律师代理情况（2015～2020 年）

如图4－20所示，在六省份高院裁定的42起一审案件中，原告委托执业律师作为诉讼代理人的有34起，约占总数的81.0%；被上诉人委托执业律师作为诉讼代理人的有24起，约占总数的57.1%；双方同时委托律师代理的案件有22起，约占52.4%。

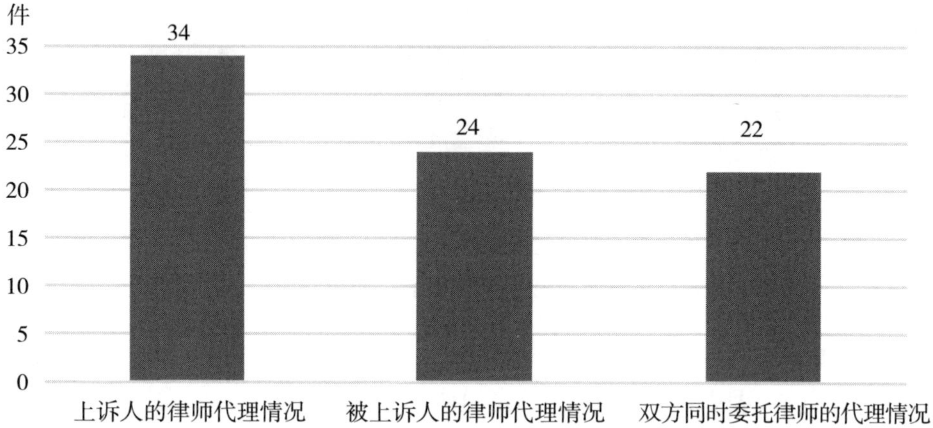

图4－20　六省份各高院裁定建设工程施工合同纠纷和建设工程优先受偿权纠纷案件一审律师代理情况(2015～2020年)

三、大湾区九市中院裁定书数据分析

由广州中院、深圳中院、珠海中院、佛山中院、江门中院、中山中院、东莞中院、惠州中院、肇庆中院在2015～2020年作出建设工程施工合同纠纷和建设工程价款优先受偿权纠纷的裁定文书总计1225份，相关的数据分析如下。

(一)案件数量

广州、深圳、珠海、佛山、江门、中山、东莞、惠州、肇庆九市中院2015～2020年，裁定建设工程施工合同纠纷和建设工程优先受偿权纠纷案件的数量分别为260件、153件、118件、197件、91件、100件、88件、131件、87件，具体历年的数量分布如图4－21、图4－22所示。

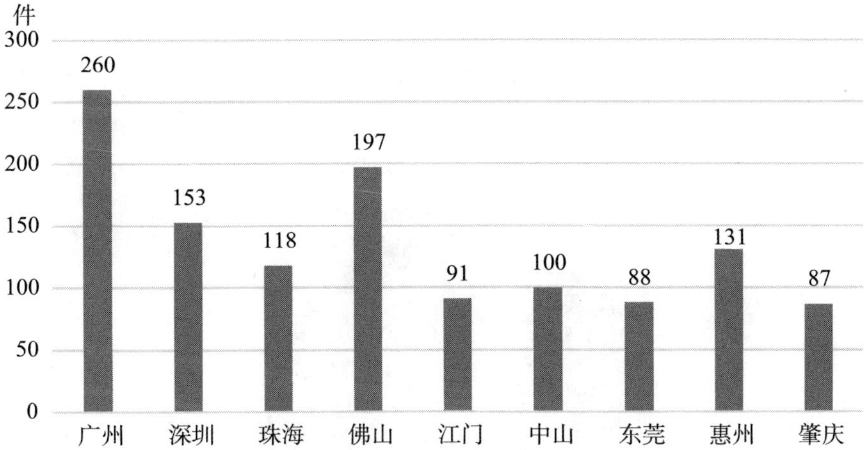

图 4－21 大湾区九市中院裁定建设工程施工合同纠纷和建设工程优先受偿权纠纷案件数量（2015～2020 年）

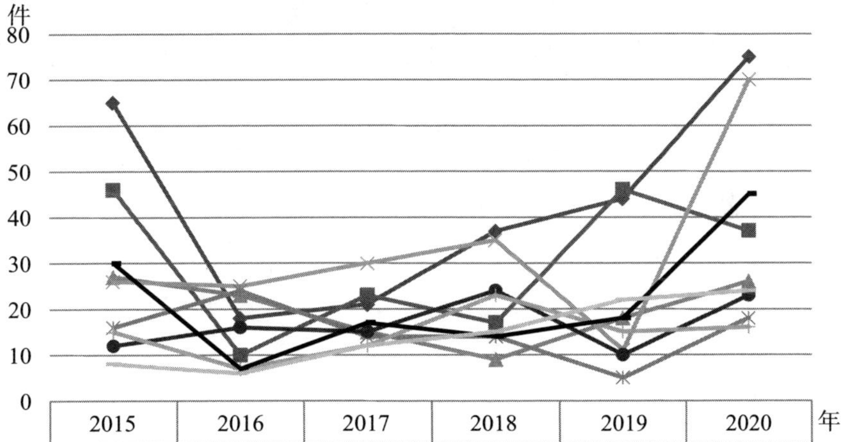

	2015	2016	2017	2018	2019	2020
广州	65	18	21	37	44	75
深圳	46	10	23	17	20	37
珠海	27	23	15	9	18	26
佛山	26	25	30	35	11	70
江门	16	24	14	14	5	18
中山	12	16	15	24	10	23
东莞	15	7	12	23	15	16
惠州	30	7	17	14	18	45
肇庆	8	6	12	15	22	24

图 4－22 大湾区九市中院裁定建设工程施工合同纠纷和建设工程优先受偿权纠纷案件数量变化情况（2015～2020 年）

(二)审判程序

九市中院裁定的审判程序情况如图 4-23 所示。可以看出,二审程序占绝大多数。

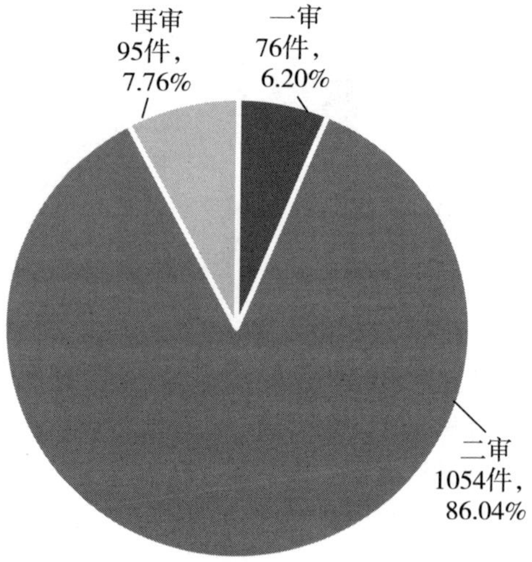

(a)

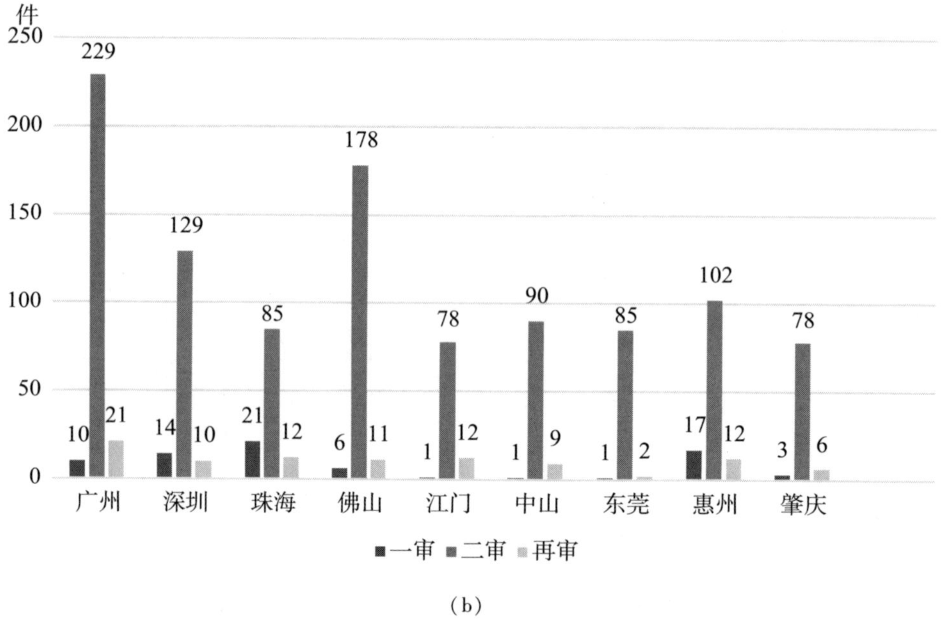

(b)

图 4-23 大湾区九市中院建设工程施工合同纠纷和建设工程优先受偿权纠纷案件裁定书审判程序情况(2015~2020 年)

(三)裁定结果

鉴于九市中院的一审和再审程序案件数量较少,我们仅讨论各中院的二审的审理情况(见图 4-24)。

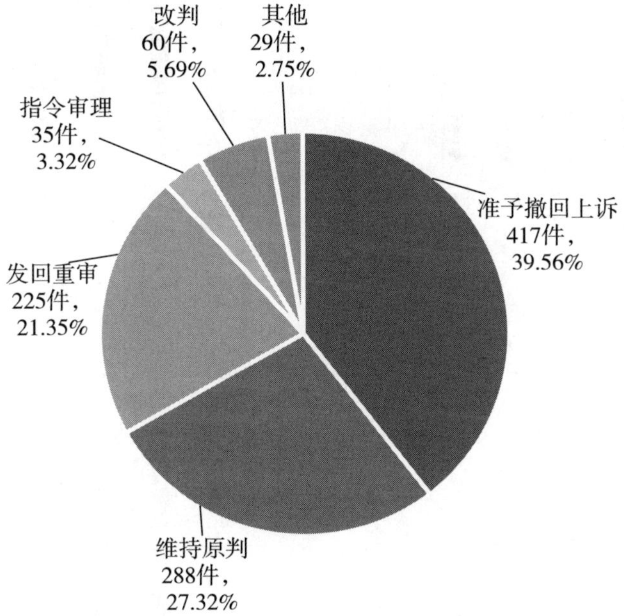

图 4-24 大湾区九市中院建设工程施工合同纠纷和建设工程优先受偿权纠纷案件二审裁定结果(2015~2020年)

从总体来看,如图 4-24 所示,准予撤回上诉与维持原判占绝大部分,合计共占 66.88%;对一审裁判结果的修正结果(发回重审、指令再审、改判与其他)相对较少,共占 33.12%,其中发回重审占了 21.35%。

九市各中院二审裁定结果具体如图 4-25 所示。

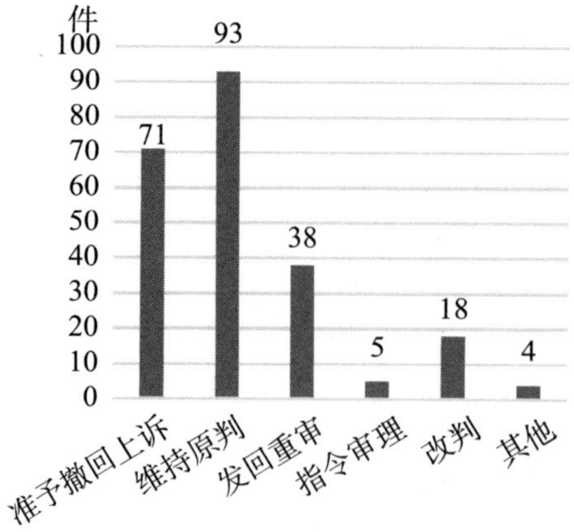

(a)广州中院

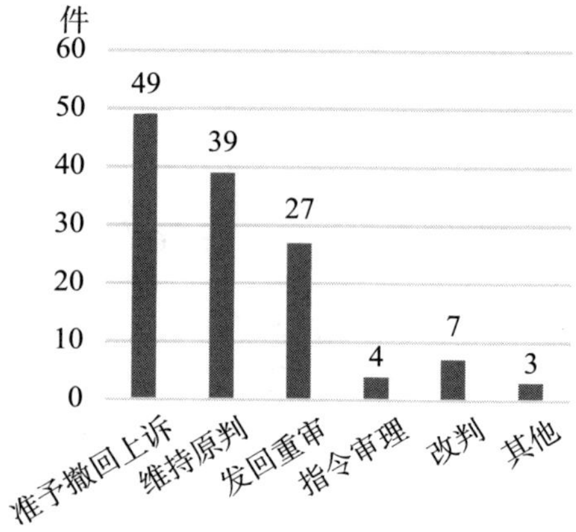

(b)深圳中院

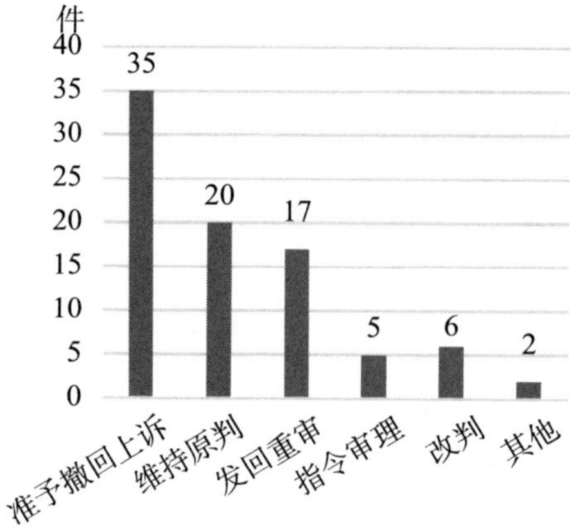

(c)珠海中院

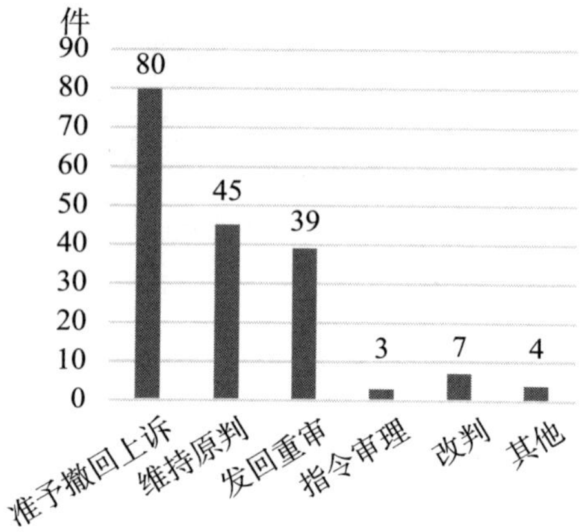

(d)佛山中院

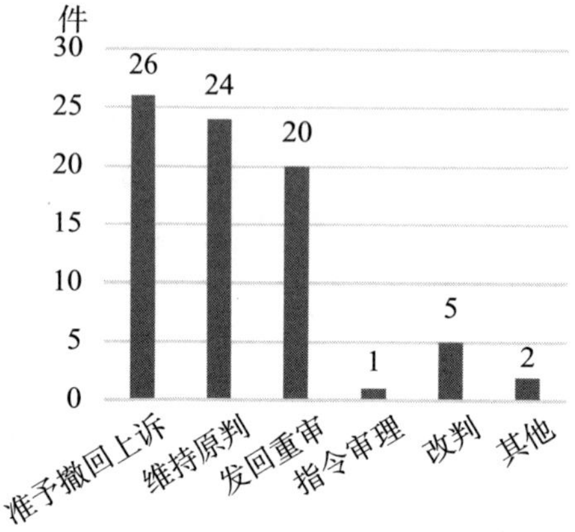

(e)江门中院

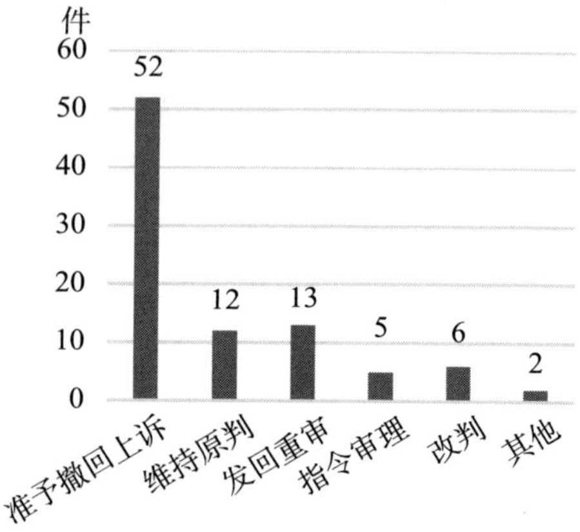

(f)中山中院

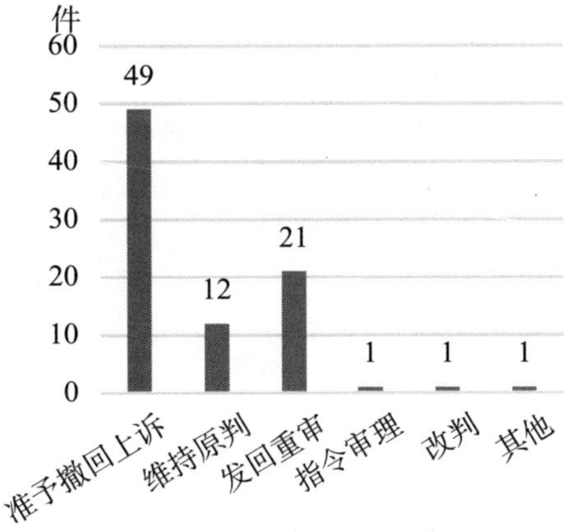

(g)东莞中院

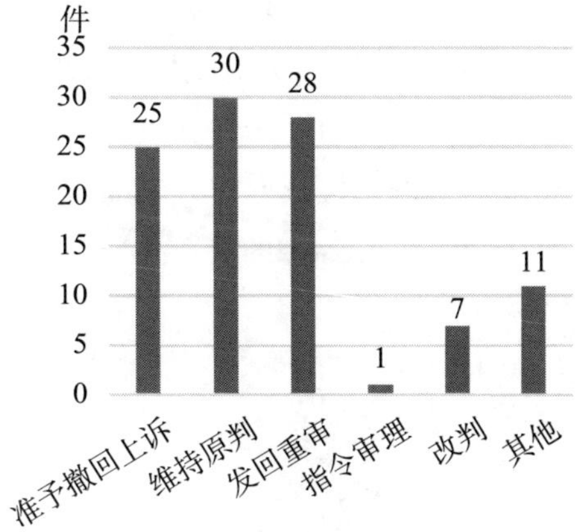

(h)惠州中院

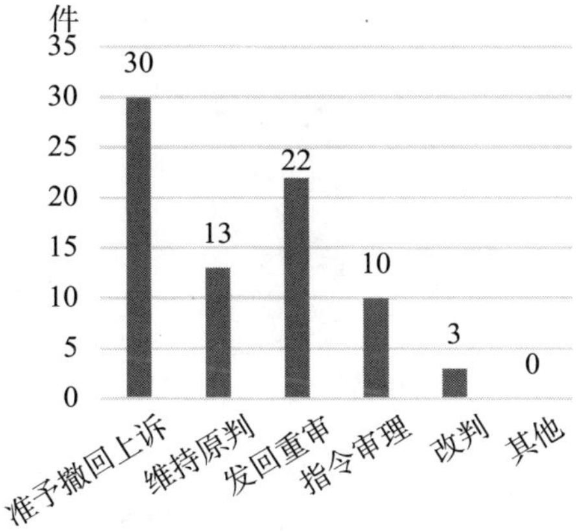

(i)肇庆中院

图4－25　大湾区九市中院裁定建设工程施工合同纠纷和建设工程优先受偿权纠纷案件二审裁定结果具体情况(2015～2020年)

(四)反诉情况

大湾区九市中院的1225份裁定书中,涉及反诉的案件有145份,占总数的11.8%,远低于前文所述最高院和六省份高院32.2%和21.5%的裁定反诉率。其中,一审裁定有76份,涉及反诉的案件有3份,约占3.9%;二审裁定1054份,涉及反诉的案件有127份,约占12.0%;再审裁定有95份,涉及反诉的案件有15份,约占15.8%。对比发现,随着审理程序的推进,提起反诉的概率逐渐提高。

(五)律师代理情况

如图4－26所示,在大湾区九市中院裁定的95起再审案件中,再审申请人委托执业律师作为诉讼代理人的有64起,约占总数的67.4%;被申请人委托执业律师作为诉讼代理人的有32起,约占总数的33.7%;双方同时委托律师的案件有23起,约占24.2%。

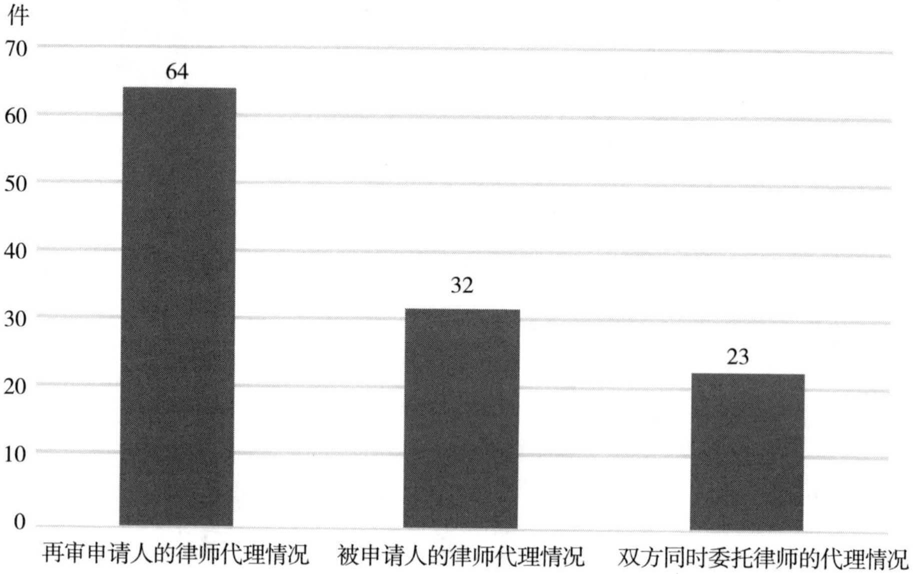

图4－26　大湾区九市中院裁定建设工程施工合同纠纷和建设工程优先受偿权纠纷案件再审律师代理情况(2015～2020年)

如图4－27所示,在大湾区九市中院裁定的1054起二审案件中,上诉人委托执业律师作为诉讼代理人的有567起,约占总数的53.8%;被上诉人委托执业律师作为诉讼代理人的有501起,约占总数的47.5%;双方同时委托律师的案件有362起,约占34.3%。

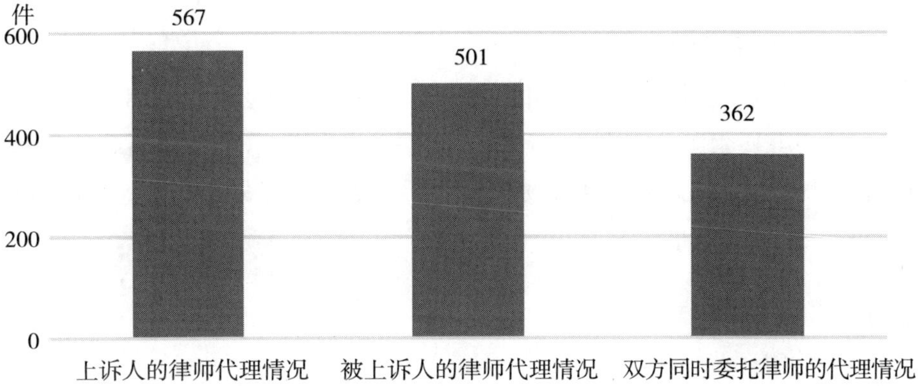

图4－27　大湾区九市中院裁定建设工程施工合同纠纷和建设工程优先受偿权纠纷案件二审律师代理情况(2015～2020年)

如图4－28所示,在大湾区九市中院裁定的76起一审案件中,原告拥有执业律师作为委托诉讼代理人的有48起,约占总数的63.2%;被告拥有执业律师作为委托诉讼代理人的有23起,约占总数的30.3%;双方同时委托律师的案件有21起,约占27.6%。

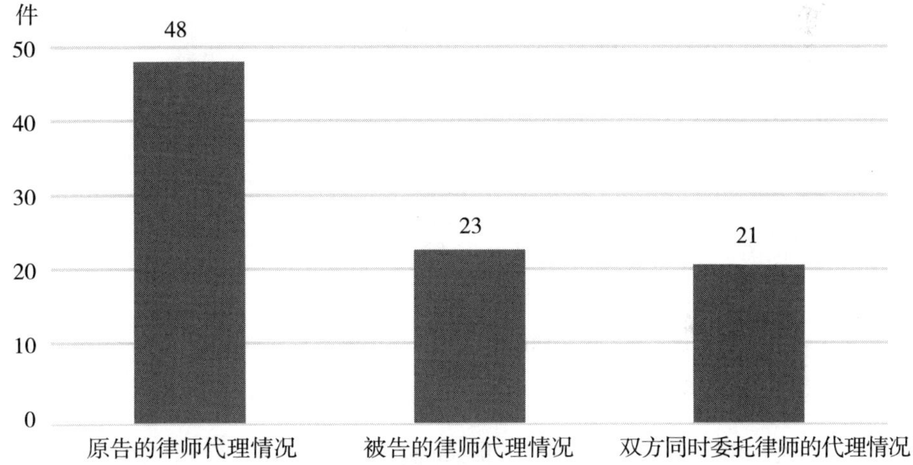

图4－28　大湾区九市中院裁定建设工程施工合同纠纷和建设工程优先受偿权纠纷案件一审律师代理情况(2015～2020年)

四、案件审理时间

为了研究建设工程施工合同纠纷和建设工程优先受偿权纠纷案件的审理时间，我们从符合检索条件的 11,856 份裁判文书中，筛选出了包含明确的受理时间和判决时间的裁判文书，总共 2084 份。其中，裁定书 240 份，判决书 1844 份，其对应的审理时间分布如图 4－29 所示。

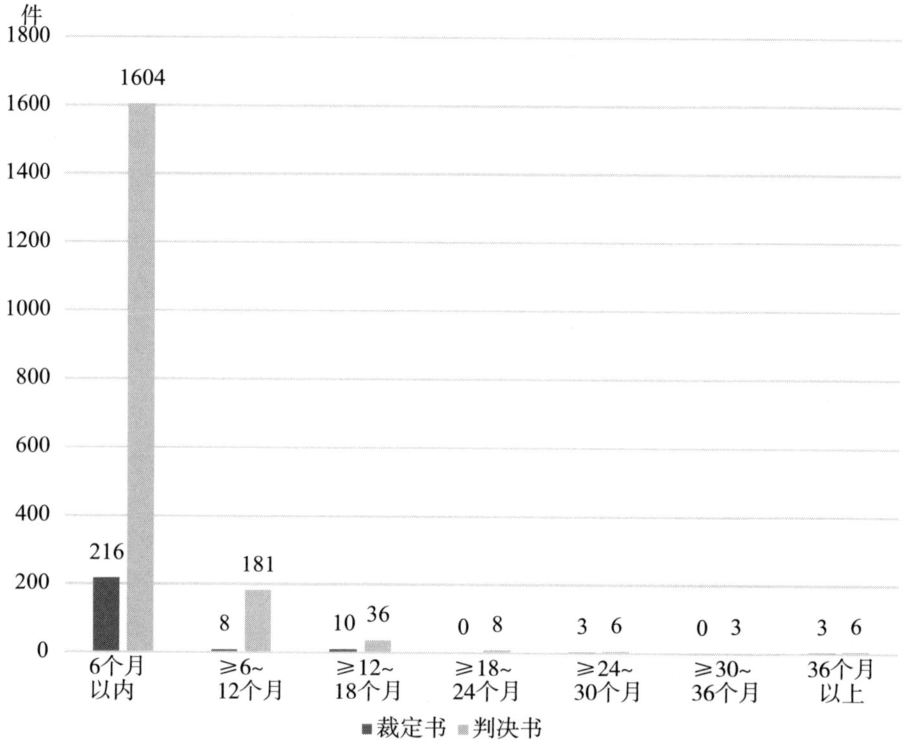

图 4－29 建设工程施工合同纠纷和建设工程优先受偿权纠纷案件不同类型裁判文书的审理时间统计（2015～2020 年）

由图 4－29 可以发现，裁定的审理时间绝大多数都在 6 个月以内，判决也基本都在 6 个月内作出，但仍有部分案件会延长到 6～12 个月。

从另一个维度——不同层级的法院来看，2084 份包含明确的审理时间的裁判文书中，最高院有 386 份，六省份高院有 338 份，大湾区九市中院有 1360 份，其审理时间分布如图 4－30 所示。

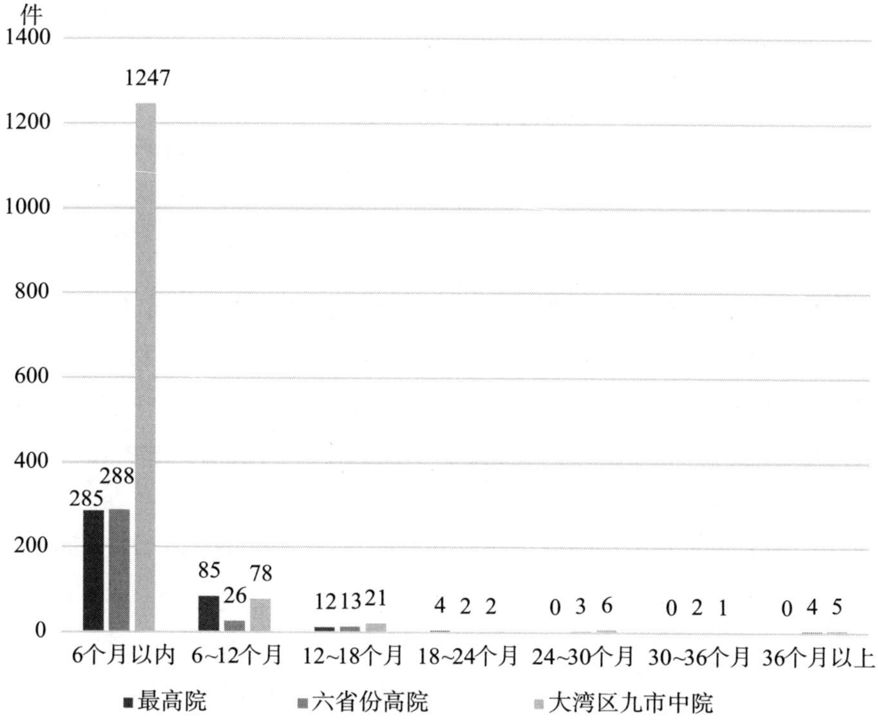

图 4－30　建设工程施工合同纠纷和建设工程优先受偿权纠纷案件不同层级法院的审理时间统计(2015～2020 年)

由图 4－30 可知,从最高院、高院到中院三个层级的法院基本都在 6 个月内完成审理,并且最高院在 24 个月内 100% 结案,但高院和中院就会有若干案件会迟延至 3 年甚至 3 年以上。

附　录

1.《中华人民共和国民法典》(主席令第45号,2021年1月1日施行)

2.《中华人民共和国建筑法》(主席令第29号,2019年4月23日施行)

3.《中华人民共和国招标投标法》(主席令第21号,2017年12月28日施行)

4.《中华人民共和国民事诉讼法》(主席令第71号,2017年7月1日施行,2021年修正)

5.《中华人民共和国行政诉讼法》(主席令第71号,2017年7月1日施行)

6.《中华人民共和国税收征收管理法》(主席令第23号,2015年4月24日施行)

7.《建设工程质量管理条例》(国务院令第714号,2019年4月23日施行)

8.《中华人民共和国招标投标法实施条例》(国务院令第709号,2019年3月2日施行)

9.《中华人民共和国审计法实施条例》(国务院令第571号,2010年5月1日施行)

10.《中华人民共和国发票管理办法》(国务院令第709号,2019年3月2日施行)

11.《工程造价咨询企业管理办法》(住房和城乡建设部令第50号,2020年2月19日施行)

12.《审计署关于内部审计工作的规定》(审计署令第11号,2018年3月1日施行)

13.《企业国有资产交易监督管理办法》(国资委令、财政部令第32号,2016年6月24日施行)

14.《司法鉴定程序通则》(司法部令第132号,2016年5月1日施行)

15.《国家发展改革委关于印发〈必须招标的基础设施和公用事业项目范围

规定〉的通知》(发改法规规〔2018〕843 号,2018 年 6 月 6 日施行)

16.《住房城乡建设部、工商总局关于印发建设工程施工合同(示范文本)的通知》(建市〔2017〕214 号,2017 年 10 月 1 日施行)

17.《财政部关于印发〈金融企业财务规则——实施指南〉的通知》(财金〔2007〕23 号,2007 年 3 月 30 日施行)

18.《国务院关于〈必须招标的工程项目规定〉的批复》(国函〔2018〕56 号,2018 年 3 月 8 日发文)

19.《国务院国有资产监督管理委员会关于施行〈上市公司国有股东标识管理暂行规定〉有关问题的函》(国资厅产权〔2008〕80 号,2008 年 3 月 4 日发文)

20.《财政部关于国有企业认定问题有关意见的函》(财企函〔2003〕9 号,2003 年 4 月 23 日发文)

21.《国家统计局关于对国有公司企业认定意见的函》(国统函〔2003〕44 号,2003 年 4 月 18 日发文)

22.《最高人民法院关于适用〈中华人民共和国民事诉讼法〉的解释》(法释〔2020〕20 号,2021 年 1 月 1 日施行)

23.《最高人民法院关于审理建设工程施工合同纠纷案件适用法律问题的解释(一)》(法释〔2020〕25 号,2021 年 1 月 1 日施行)

24.《最高人民法院关于人民法院民事诉讼中委托鉴定审查工作若干问题的规定》(法〔2020〕202 号,2020 年 9 月 1 日施行)

25.《最高人民法院关于民事诉讼证据的若干规定》(法释〔2019〕19 号,2020 年 5 月 1 日施行)

26.《最高人民法院关于当前形势下审理民商事合同纠纷案件若干问题的指导意见》(法发〔2009〕40 号,2009 年 7 月 7 日施行)

27.《最高人民法院民事审判庭关于如何理解和适用〈最高人民法院关于审理建设工程施工合同纠纷案件适用法律问题的解释〉第二十条的复函》(〔2005〕民一他字第 23 号,2006 年 4 月 25 日发文)

28.《最高人民法院关于印发〈人民法院司法鉴定工作暂行规定〉的通知》(法发〔2001〕23 号,2001 年 11 月 16 日施行)

29.《江苏省高级人民法院建设工程施工合同纠纷案件委托鉴定工作指南》(2019 年 12 月 27 日施行)

30.《江苏省高级人民法院关于审理建设工程施工合同纠纷案件若干问题的解答》(2018 年 6 月 26 日发文)

31.《河北省高级人民法院建设工程施工合同案件审理指南》(冀高法〔2018〕44 号,2018 年 6 月 13 日发文)

32.《四川省高级人民法院关于审理建设工程施工合同纠纷案件若干疑难问题的解答》(川高法民一〔2015〕3 号,2015 年 3 月 16 日发文)

33.《安徽省高级人民法院关于审理建设工程施工合同纠纷案件适用法律问题的指导意见(二)》(2014 年 1 月 1 日施行)

34.《北京市高级人民法院关于审理建设工程施工合同纠纷案件若干疑难问题的解答》(京高法发〔2012〕245 号,2012 年 8 月 6 日发文)

35.《浙江省高级人民法院民事审判第一庭关于审理建设工程施工合同纠纷案件若干疑难问题的解答》(浙江民一〔2012〕3 号,2012 年 4 月 10 日发文)

36.《杭州市中级人民法院民一庭关于审理建设工程及房屋相关纠纷案件若干实务问题的解答》(2010 年 11 月 1 日发文)

37.《福建省高级人民法院关于审理建设工程施工合同纠纷案件疑难问题的解答》(2007 年 11 月 22 日发文)

38.《北京市高级人民法院审理民商事案件若干问题的解答(之三)》(京高法发〔2002〕51 号,2002 年 3 月 18 日发文)

39.《建设工程造价鉴定规范》(GB/T 51262—2017)

40.《建设工程工程量清单计价规范》(GB 50500—2013)

41.《广东省住房和城乡建设厅、广东省市场监督管理局关于公开征求〈广东省建设工程施工合同(示范文本)2019 版(征求意见稿)〉意见的公告》

42.《中山市人民政府办公室关于批转市财政局市住房城乡建设局关于解决政府投资项目建筑主材价差问题指导性意见的通知》(中府办〔2018〕12 号,2018 年 5 月 2 日施行)

43.《深圳市住房和建设局关于印发〈深圳市建设工程工期管理办法〉的通知》(深建规〔2015〕4 号,2015 年 3 月 27 日施行)

44.《天津市建设管理委员会关于印发〈建设工程计价补充规定〉的通知》(建筑〔2008〕881 号,2008 年 9 月 23 日施行)

后　　记

本书的撰写得以顺利完成，首先感谢建纬湾区各业务中心的大力支持。本书的撰写是在上海市建纬（深圳）律师事务所贺倩明主任的主持下，由建设工程业务中心的成员在繁忙的工作之余利用空余时间完成的。本书的体例和结构体系安排是各业务中心群策群力的结果；得理大数据和律所多年以来积累的实务经验和逐渐形成的法律研究成果资料库，使本书的写作任务事半功倍；建纬湾区强大的团队协作给本书的撰写给予了巨大的启发与帮助。其次，感谢中科院先进院得理法律人工智能实验室对本书大数据报告分析的大力支持，本书大数据报告编制过程中，数据的提取、数据的分析以及争议焦点的提炼均由他们负责完成。他们给本书的撰写带来了极大的便利和帮助。最后，感谢曾参与本书撰写工作的其他同志，感谢张欢、李琎、李想、周乐、陈泳仪和杨思涵在本书的初稿起草、文稿审查等方面工作的付出，您们的辛勤付出推动了本书的顺利出版。